Direito Constitucional Tributário

ANÁLISE DE CASOS DE REPERCUSSÃO GERAL EM SEDE TRIBUTÁRIA

2023

Marcos Aurélio Pereira Valadão
Ricardo Victor Ferreira Bastos
Coordenadores

ALMEDINA

DIREITO CONSTITUCIONAL TRIBUTÁRIO
ANÁLISE DE CASOS DE REPERCUSSÃO GERAL EM SEDE TRIBUTÁRIA

COORDENADORES: Marcos Aurélio Pereira Valadão e Ricardo Victor Ferreira Bastos

DIRETOR ALMEDINA BRASIL: Rodrigo Mentz
EDITORA JURÍDICA: Manuella Santos de Castro
EDITOR DE DESENVOLVIMENTO: Aurélio Cesar Nogueira
ASSISTENTES EDITORIAIS: Larissa Nogueira e Rafael Fulanetti
ESTAGIÁRIA DE PRODUÇÃO: Laura Roberti

DIAGRAMAÇÃO: Almedina
DESIGN DE CAPA: FBA

ISBN: 9786556278155
Abril, 2023

Dados Internacionais de Catalogação na Publicação (CIP)
(Câmara Brasileira do Livro, SP, Brasil)

Direito Constitucional Tributário : análise de casos de repercussão geral em sede tributária / coordenação Marcos Aurélio Pereira Valadão, Ricardo Victor Ferreira Bastos. -- 1. ed. – São Paulo : Almedina, 2023.

Vários autores.
Bibliografia.
ISBN 978-65-5627-815-5

1. Direito constitucional tributário 2. Direito tributário I. Valadão, Marcos Aurélio Pereira. II. Bastos, Ricardo Victor Ferreira.

23-145313 CDU-342:336.2

Índices para catálogo sistemático:

1. Segurança jurídica : Direito constitucional tributário 342:336.2

Aline Graziele Benitez - Bibliotecária - CRB-1/3129

Este livro segue as regras do novo Acordo Ortográfico da Língua Portuguesa (1990).

EDITORA: Almedina Brasil
Rua José Maria Lisboa, 860, Conj.131 e 132, Jardim Paulista | 01423-001 São Paulo | Brasil
www.almedina.com.br

SOBRE OS COORDENADORES

Marcos Aurélio Pereira Valadão
Pós-Doutor em Direito (UnB). Doutor em Direito (SMU - EUA). Mestre em Direito Público (UnB). MBA em Administração Financeira (IBMEC). Bacharel em Direito (PUC-GO). Professor e Pesquisador da Escola de Políticas Públicas e Governo (EPPG) da Fundação Getúlio Vargas, em Brasília-DF. Ex-Presidente da 1ª Seção do Conselho Administrativo de Recursos Fiscais – CARF. Advogado e Consultor Tributário.

Ricardo Victor Ferreira Bastos
Doutor em Direito Constitucional pelo Instituto Brasiliense de Direito Público – IDP. Mestre em Direito pela Universidade Católica de Brasília. MBA em Direito Tributário pela FGV – RJ. Especialista em Direito Empresarial e Contratos – UNICEUB/DF. Professor do Centro Universitário de Brasília – UNICEUB. Advogado do BRB – Banco de Brasília.

SOBRE OS AUTORES

Aline Guiotti Garcia
Mestranda em Governo e Políticas Públicas (FGV/EPPG). Especialista em Direito Tributário (IBET). MBA em Contabilidade e Direito Tributário (IPOG). Professora Seminarista do IBET/GYN. Pesquisadora e advogada.

Beijanicy Ferreira da Cunha Abadia Valim
Mestre em Direito (UCB). Especialista em Direito Público e Direito do Trabalho (Uniasselvi – SP). MBA em Licitações e Contratos (IPOG-GO). Ex-Presidente da Comissão de Licitações e Contratos da OAB/GO Anápolis. Professora do Curso de Direito da Faculdade Anhanguera de Anápolis. Assessora Jurídica aprovada em concurso público na Câmara Municipal de Anápolis e advogada.

Daniel Vicente Evaldt da Silva
Mestre em Direito Tributário pela Universidade Católica de Brasília. Especialista em Direito Financeiro pela Universidade de Salamanca-ESP e Especialista em Finanças pela Fundação Getúlio Vargas. Bacharel em Direito pela Universidade Católica de Brasília. Bacharel em Administração de Empresas pela Universidade de Brasília. Advogado e Professor da graduação e da pós-graduação em Direito na UCB.

Danilo Borges Meira
Mestre em Direito pela Universidade Católica de Brasília. Especialista em Contabilidade, Controladoria Pública e Docência Superior pela Universidade Tuiuti do Paraná. Bacharel em Direito pelo Centro Universitário de Brasília. Contador. Servidor Público.

Henrique Paiva de Araujo
Mestre em Direito pela UCB. Especialista em Direito Tributário e Processual Tributário pela Pontifícia Universidade Católica do Paraná. Graduado em Direito pela Universidade Federal de Santa Catarina. Auditor Fiscal da Receita do Distrito Federal.

Juliana Bezerra de Melo P. Santana
Mestranda do Programa de Pós-graduação em Politicas Públicas e Governo da Fundação Getúlio Vargas (EPPG-FGV). Especialista em Direito Público (UNI-Anhanguera), Eleitoral (UFT) e Tributário Municipal (UCAM). Bacharel em Direito (PUC/GO). Advogada.

Kettilly Ingrid de Queiroz
Mestranda em Política Públicas e Governo (FGV). Especialista em Direito Penal e Processual Penal aplicados (EBRADI). Especialista em Direito Ambiental e Urbanístico, com magistério superior (LFG). Bacharel em Direito (UNIP). Ex-Coordenadora Substituta e Ex-Chefe do Serviço Técnico da Ouvidoria da FUNAI. Servidora Pública Federal.

Leidson Rangel Oliveira Silva
Doutorando em Direito (Universidade de Lisboa). Mestre em Direito Tributário (Universidade Católica de Brasília). Especialista em Direito Tributário (Uniderp). MBA em Gerenciamento de Projetos (FANESE). Bacharel em Ciências Contábeis (FIPECAFI), Direito (UNIT) e Administração (UFS). Auditor-Fiscal da Receita Federal do Brasil.

Luiz Henrique Pinheiro Bittencourt
Mestrando em Políticas Públicas e Governo (FGV). Pós-graduado em Direito Penal Econômico e Europeu (COIMBRA), em Direito Penal e Criminologia (PUC-RS) e em Processo Civil (UNITAU). Oficial Registrador Titular no Estado do Rio de Janeiro.

Maria das Graças Patrocínio Oliveira
Auditora-Fiscal da RFB aposentada. Pós-graduada em direito tributário na UCB. Mestre em direito na UCB. Bacharel em Direito.

Mathaus Ferreira Almeida
Graduado em Direito pela Universidade Católica de Brasília. Pós-Graduado em Processo Civil e Direito Civil pela Faculdade ATAME. Advogado.

Murilo Boscoli Dias
Mestre em Direito Tributário pela Universidade Católica de Brasília. Bacharel em direito pelas Faculdades Integradas Antonio Eufrasio de Toledo. Pós Graduado em Direito Tributário pelo Instituto Brasileiro de Estudos Tributários (Ibet). Advogado. Professor e Parecerista.

Renata Andréa Joner Parry
Mestre em Direito pela Universidade Católica de Brasília (UCB). Pós-graduada em Direito Tributário e Finanças Públicas pelo Instituto Brasiliense de Direito Público (IDP). Pós-graduada em Direito Processual Civil pelo Instituto Brasiliense de Direito Público (IDP). Bacharel em direito pelo Centro Universitário de Brasília (Uniceub). Advogada.

Ricardo Lima de Oliveira
Advogado, Mestre em Direito Tributário pela Universidade Católica de Brasília e Pós-Graduado em Direito e Jurisdição pela Escola da Magistratura do DF. Graduado em Ciências Jurídicas pelo IESB. Advogado. Professor universitário do Curso de Direito da UDF, Professor da Pós Graduação em Direito Tributário da UNEPOS e ATAME.

Ricardo Magaldi Messetti
Mestrando em Direito pelo Instituto Brasiliense de Direito Público. Graduado em Direito pela Pontifícia Universidade Católica de São Paulo (1999), com especialização em Direito Tributário pelo Centro de Extensão. Universitário. Palestrante e parecerista em Direito Processual e Tributário. Ex-membro do Conselho Administrativo de Recursos Fiscais (CARF). Advogado e professor.

Rodrigo Senne Capone
Doutor em Direito pela UERJ. Mestre em Direito Tributário pela UCB. Professor Assistente do Centro Universitário do Distrito Federal – UDF. Advogado.

APRESENTAÇÃO

Esta obra tem por escopo o estudo de casos decididos pelo STF em sede de repercussão geral, com foco nas imunidades genéricas, nas taxas, no tema da lei complementar e nas normas gerais de direito tributário. Trata-se de obra sequencial, cujas três edições prévias analisaram os temas relativos ao ICMS (imposto com mais casos), impostos em geral e contribuições, nesta sequência.[1]

Tem-se que é de fundamental importância para a efetiva compreensão do ordenamento jurídico-tributário que se dedique mais atenção à análise de casos que tenham sido submetidos ao Poder Judiciário, de maneira que se possa compreender como nossos tribunais abordam e tratam de temas tributários das mais diversas naturezas, sob a perspectiva constitucional, o que cresceu sobremaneira com o surgimento da repercussão geral.

Tal instituto foi inserido na Constituição Federal por via da Emenda Constitucional nº 45/2004, que acrescentou o § 3º ao seu art. 102, tendo sido regulamentado pela Lei nº 11.418, de 19 de dezembro de 2006, que alterou o Código de Processo Civil de Processo Civil de 1973. Cabe destacar o advento da Lei nº 13.105/15, o novo Código de Processo Civil (NCPC), que, ao regulamentar o recurso extraordinário, assim como o seu requisito da repercussão geral, deu mais força às decisões do Supremo Tribunal Federal, tendo em vista que as discussões envolvendo

[1] Cumpre destacar que esta obra decorre do grupo de pesquisa coordenado por mim no âmbito do Programa de Mestrado em Políticas Públicas e Governo da EPPG, da Fundação Getúlio Vargas (FGV) em Brasília, desenvolvida no período de 2021/2022 (Nota por Marcos Aurélio Pereira Valadão).

a adoção ou não de um sistema de precedentes pelo Código, passaram a ter maior importância dentro do ordenamento jurídico.

Neste sentido, o foco da obra são os recursos extraordinários e sua sistemática da repercussão geral, que buscaram ampliar os efeitos daquilo que é decidido pelo Supremo Tribunal Federal, servindo também como um filtro recursal que impede a repetição de demandas já apreciadas pelo tribunal.

Trata-se de obra no âmbito do Direito Constitucional Tributário que analisa os casos decididos em sede de repercussão geral que cuidaram de questões relativas às imunidades genéricas, às taxas, ao tema da lei complementar e às normas gerais de direito tributário.

Nesse contexto, este trabalho está dividido em três partes. Nas duas primeiras trataremos dos aspectos teóricos correlatos aos temas tratados nos estudos de casos. Na terceira parte são apresentados os estudos de casos em si.

Na Parte I é feita uma atualização do controle difuso de constitucionalidade em perspectiva analítica, num segundo momento são abordados aspectos específicos da repercussão geral à luz do que prevê o NCPC, de modo que se entenda qual a natureza do instituto, qual a sua evolução dentro do nosso ordenamento jurídico, bem como suas características de funcionamento e aplicação.

Na Parte II serão verificados os principais aspectos relacionados às imunidades e outros temas. Serão dedicados capítulos específicos sobre o conceito constitucional de taxa e limites para sua instituição, lei complementar tributária, estrutura e funções, normas gerais de direito tributário, imunidades tributárias, com foco nas imunidades genéricas (dos impostos e das contribuições), que constituem a maioria dos casos analisados.

Por último, a Parte III dedica-se à análise de vinte e nove recursos extraordinários, organizados por data de julgamento, já transitados em julgado. A análise de casos buscará discorrer sobre os elementos que compuseram o julgamento, especificando as razões e critérios de conhecimento da repercussão geral, detalhando o mérito da decisão com a apresentação de votos que conduziram o julgamento e dos que foram vencidos, realizando, por fim, uma análise crítica do julgado, de modo que se possa discutir aspectos técnicos e conceituais utilizados pelos ministros.

Ao todo são dezoito autores que se dedicaram à análise de cada caso, os quais foram objeto de intenso debate crítico dentro do Grupo. Dentre os autores há doutores e doutorandos em Direito, mestres e mestrandos, bem como professores e advogados com prática no Direito Tributário.

Os organizadores e autores dessa obra utilizaram os dados documentais disponibilizados pelo STF, considerando apenas os casos com trânsito em julgado sobre os temas objeto de análise até maio de 2022.

A metodologia utilizada na análise dos casos relaciona-se a discussão acadêmica dos aspectos presentes no acórdão, das próprias razões de decidir de modo que se busque enfrentar como os temas relativos às imunidades genéricas, às taxas, à temática da lei complementar e às normas gerais de direito tributário estão sendo debatidos no âmbito do Supremo Tribunal Federal. Os estudos são de suma relevância para se entender quais os aspectos controversos que cercam a efetividade e aplicação desses institutos tributários.

Esperamos que todos apreciem a leitura, a partir da qual poderão melhor compreender como o STF discute e decide temas relevantes do direito tributário.

Marcos Aurélio Pereira Valadão
Ricardo Victor Ferreira Bastos
Coordenadores

SUMÁRIO

PARTE 1
CONTROLE DE CONSTITUCIONALIDADE E REPERCUSSÃO GERAL

CAPÍTULO 1
CONTROLE DIFUSO DE CONSTITUCIONALIDADE

Ricardo Victor Ferreira Bastos
Marcos Aurélio Pereira Valadão

1. Controle de constitucionalidade em perspectiva

1.1. Generalidades

Observa-se que o instituto da repercussão geral e os efeitos das decisões proferidas no controle difuso estão em processo constante de alteração, surgindo assim a necessidade de discuti-los e identificar acerca dos efeitos vinculantes e *erga omnes*. Esse contexto demonstra um maior protagonismo do controle difuso dentro do cenário jurídico constitucional do País, especialmente, mesmo porque em se tratando como objetivação do controle difuso remete-se ao art. 52, X da CF[1].

Nos últimos anos, o que está ocorrendo é o caminhar do direito brasileiro para a internalização de características do *common law* e de alguns institutos a ele relacionados conforme se pode observar no julgamento da Reclamação 4.335/AC, no qual os Ministros do Supremo Tribunal Federal Gilmar Mendes e Eros Grau buscaram adotar entendimento consistente na alteração da opção expressa da Constituição Federal pelo modelo de controle de constitucionalidade acima descrito, através da

[1] Art. 52. Compete privativamente ao Senado Federal: (...) X- suspender a execução, no todo ou em parte, de lei declarada inconstitucional por decisão definitiva do Supremo Tribunal Federal.

ampliação dos efeitos da decisão proferida em sede de controle difuso de constitucionalidade.

Nesse sentido foi desenvolvida a tese da "abstrativização" ou "objetivação" do controle difuso de constitucionalidade, segundo a qual a decisão do Pleno do STF sobre a constitucionalidade de determinada norma como fundamento de uma decisão, especificamente aquela proferida no controle difuso, produziria efeitos *erga omnes* e vinculantes:

> Reclamação. 2. Progressão de regime. Crimes hediondos. 3. Decisão reclamada aplicou o art. 2º, § 2º, da Lei nº 8.072/90, declarado inconstitucional pelo Plenário do STF no HC 82.959/SP, Rel. Min. Marco Aurélio, DJ 1.9.2006. 4. Superveniência da Súmula Vinculante n. 26. 5. Efeito ultra partes da declaração de inconstitucionalidade em controle difuso. Caráter expansivo da decisão. 6. Reclamação julgada procedente.[2]

Essa situação sinaliza uma ampliação das competências objetivas do Poder Judiciário muito além do que se concebe ontologicamente como seu papel, o que pode ensejar uma litigiosidade mais acirrada na qual a sociedade vê no Poder Judiciário como a única e talvez, pelo menos sob a ótica do senso comum, uma saída para solução dos mais diversos problemas sociais. Isso pode levar a uma espécie de controle jurídico do papel dos demais poderes baseados em aspectos extrajurídicos, de modo que se extirpe o processo de construção política das bases sociais, deslocando ao Judiciário a decisão sobre valores sociais exacerbando o que Maus[3] chama de "excepcionalidade do jurista".

Com a repercussão geral, a ideia de que no controle difuso e concreto de constitucionalidade, mesmo após a decisão judicial para o caso individual transitar em julgado, eventual erro na interpretação constitucional poderá ser corrigido no futuro para outros casos, cai por terra, tendo em vista a eficácia vinculante que o instituto confere. Daí a necessidade de se discutir as decisões, dotadas de efeitos vinculantes e *erga*

[2] BRASIL. SUPREMO TRIBUNAL FEDERAL. *Rcl 4335*, Relator(a): Min. Gilmar Mendes, Tribunal Pleno, julgado em 20/03/2014, DJe-208 DIVULG 21-10-2014 PUBLIC 22-10-2014 EMENT VOL-02752-01 PP-00001.

[3] Maus, Ingeborg. O judiciário como superego da sociedade – o papel da atividade jurisprudencial na "sociedade órfã". **Novos Estudos**, São Paulo, n. 58, CEBRAP, 2000.

omnes, de modo a extrair o que representa esse atual controle difuso no cenário jurídico constitucional do País e constatar como a objetivação do controle difuso vem sendo tratada, também a partir da ideia de mutação constitucional.

O controle difuso de constitucionalidade vem ganhando novos contornos tendo em vista a ampliação dos efeitos das decisões proferidas nesse âmbito, o que eleva a necessidade de discussão das matérias tratadas pelo Supremo Tribunal Federal (STF) nos mais diversos ramos do direito. Esse cenário vem propiciando que as discussões proferidas em sede de controle difuso de constitucionalidade sejam mais aprofundadas, pelo menos em relação ao que foi imaginado pelo constituinte originário, especialmente pelo fato de que o quantitativo de demandas constitucionais com repercussão geral conhecida, seja com mérito julgado, seja com mérito pendente de julgamento, se elevaram nos últimos anos.

O excesso de litigiosidade em diversos ramos do direito no âmbito do STF pode representar uma desarmonia do nosso sistema jurídico, especialmente, pela necessidade de manifestação do Tribunal em razoável número de processos e em diversas áreas do direito, bem como pela amplitude que algumas decisões podem adquirir, o que pode representar uma alteração da aplicação do próprio sentido das normas jurídicas por decisões proferidas no âmbito do controle difuso. Cumpre mencionar que o ramo do direito tributário tem destaque nas ações jugadas pelo STF, seja em controle concentrado, seja em controle difuso (objeto deste estudo), chegando em alguns anos a corresponder a mais de 30% dessas ações, o que denota a relevância deste estudo no âmbito do direito tributário.

1.2. Atualidades – dados

Os dados do STF revelam que existem cerca de 813[4] processos com repercussão geral conhecida divididos em 15 áreas do direito[5], sendo

[4] BRASIL. Supremo Tribunal Federal. Repercussão Geral Pesquisa Avançada. Disponível em: https://transparencia.stf.jus.br/extensions/repercussao_geral/repercussao_geral.html. Acesso em 06 de jun. de 2022.

[5] Direito administrativo, direito tributário, direito processual civil e do trabalho, direito previdenciário, direito penal, direito civil, direito do trabalho, direito eleitoral e processo eleitoral, direito do consumidor, direito eleitoral, direito processual penal, direito internacional, direito ambiental registros públicos, direito penal militar

488[6] com mérito julgado, 141 com reafirmação de jurisprudência e 184 com mérito pendente de julgamento. No presente trabalho, separamos para análise 29 dos recursos relacionados a área tributária com trânsito em julgado cuja matéria tratada versa sobre imunidades (maioria dos casos) conceito constitucional de taxa e limites para sua instituição, lei complementar tributária- estrutura e funções, e normas gerais de direito tributário. Cabe destacar que existem cerca de 174 julgados versando sobre direito tributário cujo mérito já foi apreciado pelo STF.

[6] BRASIL. Supremo Tribunal Federal. Repercussão Geral. Disponível em: https://portal.stf.jus.br/repercussaogeral/. Acesso em 11. de mai de 2022.

CAPÍTULO 2
OS ELEMENTOS DA REPERCUSSÃO GERAL E SUA CARACTERIZAÇÃO NO ORDENAMENTO JURÍDICO BRASILEIRO

Ricardo Victor Ferreira Bastos
Marcos Aurelio Pereira Valadão

1. Evolução histórica e caracterização da repercussão geral

O instituto da repercussão geral está dentro do contexto do controle de constitucionalidade difuso estando presente como elemento de suma importância para o recurso, tendo em vista a sua dupla verificação, funcionando em um momento como filtro ou mesmo requisito recursal e em outro como um amplificador dos efeitos da decisão proferida em sede de julgamento. Através da repercussão geral, a discussão que, no primeiro momento, se limita as partes e possui um caráter subjetivo ganha força horizontal dentro do sistema jurídico e passa a ter eficácia *erga omnes*.

Cabe esclarecer que as decisões proferidas no exercício do controle difuso não possuem essa eficácia erga omnes em sua perspectiva originária, sendo essa característica de decisão própria do controle concentrado. Essa mudança ocorreu com a criação do instituto da repercussão geral cuja criação teve como objetivo maior definir a atuação do Supremo Tribunal Federal de maneira a tratar de demandas que possuam grande repercussão nacional. Não foi intento do legislador constituinte derivado impedir ou dificultar o acesso à justiça, mas sim criar uma espécie de refino das matérias submetidas ao Supremo.

A doutrina especifica a importância do STF não se tornar uma 4ª instância recursal:

> Esta figura impede que o STF se transforme numa 4ª instância e deve diminuir, consideravelmente, a carga de trabalho daquele Tribunal, resultando este que também acaba, de forma indireta, por beneficiar os jurisdicionados, que terão talvez uma jurisdição prestada com mais vagar, e haverá acórdãos, já que em menor número, que serão fruto de reflexões mais demoradas por parte dos julgadores.[1]

A doutrina de Mancuso[2] demonstra que "o STF não é simplesmente mais um Tribunal Superior, e sim a Corte Suprema, encarregada de manter o império e a unidade do direito constitucional(...). Em outro momento, o Autor aponta que o recurso extraordinário não pode ser visto como mais uma maneira de impugnação de decisão, mas sim como um "remédio de cunho político-constitucional", especialmente, pelo fato da missão que o STF recebeu de guardião da constituição.

O Instituto da repercussão geral foi inserido no ordenamento jurídico de modo textual pela Emenda Constitucional nº 45 que inseriu o § 3º no art. 102, III da Constituição Federal o qual possui a seguinte redação: "No recurso extraordinário o recorrente deverá demonstrar a repercussão geral das questões constitucionais discutidas no caso, nos termos da lei, a fim de que o Tribunal examine a admissão do recurso, somente podendo recusá-lo pela manifestação de dois terços de seus membros".

A ideia contida no instituto da Repercussão Geral não surgiu no ordenamento jurídico nacional com a Emenda Constitucional nº 45, juntamente o próprio instituto, devendo ser ressaltado que houve uma evolução de outros similares ao longo dos tempos em nosso país. A dou-

[1] WAMBIER, Teresa Arruda Alvim. *Recurso especial, recurso extraordinário e ação rescisória.* 2. Edição. São Paulo: Revista dos Tribunais, 2008. p. 293.

[2] MANCUSO, Rodolfo de Camargo. *Recurso extraordinário e recurso especial.* 10. ed. rev., atual. e ampl. de acordo com as leis nº 11.417 e nº 11.418/2006 e a emenda regimental STF 21/2007. São Paulo: Revista dos Tribunais, 2007. p. 153.

trina aponta um breve histórico acerca dessa necessidade de ampliação de feitos de decisões que antecedem a repercussão geral propriamente dita:

> Note-se que, já na década de 1980, a doutrina, ao tratar da Arguição de Relevância, na vigência da Emenda Constitucional n. 1/69 à Constituição de 1967, apontava o fato ligado ao "acúmulo de serviços do Supremo Tribunal Federal" (Alvim, 1988: 22), pelo excesso numérico de recursos extraordinários. Vê-se que a problemática do recurso extraordinário não é nova e o debate em torno da amplitude de hipóteses de admissibilidade pelo Supremo Tribunal Federal já causava então grande preocupação, por suas nefastas consequências no âmbito da impossibilidade de operacionalidade e das disfunções geradas no plano fático. Para situar o tema deste estudo em seu contexto evolutivo, no limite do necessário para a compreensão das origens da repercussão geral no recurso extraordinário, serão delineados os seguintes antecedentes históricos: a jurisprudência defensiva, a arguição de relevância e a transcendência do recurso de revista, no Tribunal Superior do Trabalho.[3]

A ideia contida na repercussão geral relaciona-se com a arguição de relevância, a jurisprudência defensiva e a transcendência do recurso de revista caracterizado no âmbito do Tribunal Superior do Trabalho. Pode-se apontar dois traços comuns a tais institutos: a abordagem de assuntos de grande amplitude no contexto da sociedade e a sua atuação como uma espécie de requisito recursal.

Desses três, um que mercê nossa atenção é arguição de relevância, introduzida na Constituição Federal de 1967 por meio da Emenda Constitucional nº 1/69, que estabeleceu no parágrafo primeiro do artigo 119 a seguinte redação: "As causas a que se refere o item III, alíneas a e d, deste artigo, serão indicadas pelo Supremo Tribunal Federal no regimento interno que atenderá à sua natureza, espécie, valor pecuniário e relevância da questão federal".

Essa arguição de relevância é tratada por Ulisses Schwarz Viana, que afirma que ela "pressupunha conceitualmente a relevância da questão

[3] VIANA, Ulisses Schwarz. *Repercussão geral sob a ótica da teoria dos sistemas de Niklas Luhmann.* 2ª Ed. São Paulo: Saraiva, 2011. p. 24.

federal"[4], não importando a possibilidade de admissão de questões regionais que tivessem interesse nacional. Sendo assim, para a repercussão geral importa a relevância temática, que envolva aspectos econômicos, políticos, sociais e jurídicos. O autor também destaca que:

> Deste modo, os temas com repercussão geral podem, originariamente, ser inclusive regionais, mas no plano da relevância constitucional da questão passam a constituir tema de interesse nacional, Nacional no sentido que não se prende somente à esfera da União, ao conceito de federativos, mas, antes disso, de tema de interesse de toda a sociedade brasileira.[5]

Apesar da similaridade entre os institutos, existem diversas diferenças apontadas pela doutrina

> Com efeito, há várias significativas diferenças entre a repercussão geral e a arguição de relevância. A antiga arguição de relevância era julgada em sessão secreta e sem fundamentação alguma. Já a nova repercussão geral deve ser julgada em sessão pública e a respectiva recusa depende de fundamentação, a qual pode ser concisa, mas deve ser explícita, consoante revelam o artigo 93, inciso IX, proêmio, da Constituição federal vigente, o artigo 543-A, §7º, do Código de Processo Civil, e os artigos 325, parágrafo único, e 329, ambos do Regimento Interno do Supremo Tribunal Federal em vigor.[6]

Com o advento da Constituição Federal de 1988, o instituto da arguição de relevância foi suprimido de nosso ordenamento jurídico, estando ausente da nossa Constituição vigente.

A repercussão geral possui grande relevância no quantitativo de processos dentro do Supremo Tribunal Federal. Teresa Wambier ensina que houve uma diminuição de recursos no STF através de uma nova

[4] Viana, Ulisses Schwarz. *Repercussão geral sob a ótica da teoria dos sistemas de Niklas Luhmann.* 2ª Ed. São Paulo: Saraiva, 2011, p. 24.

[5] Viana, Ulisses Schwarz. *Repercussão geral sob a ótica da teoria dos sistemas de Niklas Luhmann.* 2ª Ed. São Paulo: Saraiva, 2011, p. 25.

[6] Souza, Bernardo Pimentel. *Introdução aos recursos cíveis e à ação rescisória.* 6. ed. atual. de acordo com as Leis nº 11.672 e nº 11.697, de 2008. São Paulo: Saraiva, 2009. p. 883.

forma de prestação jurisdicional que passou a estar relacionada a critérios jurídicos, econômicos, sociais e políticos, sustentando que:-

> Esta redução da distribuição, portanto, não significa mera diminuição de carga de processos do Supremo Tribunal Federal, nem implica prejuízo da sua missão jurisdicional ou do acesso individual à Justiça. Revela, isto sim, uma nova forma de prestar jurisdição em matéria constitucional, assegurando às questões de relevância social, política, econômica e jurídica um processo decisório rápido e plural e, na sequência, maior disseminação dos efeitos desta decisão, de forma a garantir a isonomia na aplicação das normas constitucionais[7]

Ainda nessa perspectiva de impacto do instituto no STF, cabe destacar que existem cerca de 1193 teses catalogadas[8] cuja temática, como já dito se insere em 15 ramos do direito. O Tribunal possuía 12616 processos em 30/03/2022 que chegaram à Corte, de alguma forma, via recurso, sendo 8976 e 3580, respectivamente, classificados como RE (recurso extraordinário) ou ARE (agravo em recurso extraordinário), gráfico 2, conforme informa o próprio tribunal no gráfico abaixo[9].

Como se vê, não se pode diminuir a importância de tal instituto dentro de nosso sistema jurídico, tendo em vista que o Supremo Tribunal Federal possui uma ampla competência recursal que faz com que tenhamos os números consideravelmente relevantes expostos acima, o que evidencia a necessidade de compreender a repercussão geral sobre os efeitos das decisões concretas nela proferidas, conforme se busca na presente obra.

Tamanha a importância da repercussão geral, que a legislação processual civil permite a sua apreciação ainda que ocorra a desistência do

[7] WAMBIER, Teresa Arruda Alvim. *Recurso especial, recurso extraordinário e ação rescisória*. 2. Edição. São Paulo: Revista dos Tribunais, 2008, p. 105-106.

[8] BRASIL. Supremo Tribunal Federal. *Teses de Repercussão Geral*. Disponível em: http://portal.stf.jus.br/repercussaogeral/teses.asp. Acesso em 30 de março de 2022.

[9] BRASIL. Supremo Tribunal Federal. *Acervo do STF*. Disponível em: https://transparencia.stf.jus.br/single/?appid=e554950b-d244-487b-991d-abcc693bfa7c&sheet=9123f27b-bbe6-4896-82ea-8407a5ff7d3d&theme=simplicity&select=clearall. Acesso em 30 de marçç de 2022.

recurso conforme previsão no parágrafo único do art. 998 do CPC[10], especialmente, pela relevância da matéria nele veiculada que exige do tribunal um posicionamento, mesmo que não haja interesse da parte em recorrer. Assim, existe uma prevalência da matéria veiculada em sede de repercussão geral que se sobrepõe ao próprio interesse das partes.

2. Caracterização jurídica e definição

Como já dito, a repercussão geral chega no texto constitucional com o advento da Emenda Constitucional nº 45/2004, que acresceu o parágrafo terceiro ao artigo 102, incluindo a necessidade de a questão constitucional trazida nos recursos extraordinários possuir repercussão geral, caracterizando-o como uma preliminar do recurso ou mesmo um requisito de sua admissibilidade. É preciso destacar que tal dispositivo constitucional carecia de regulamentação por meio de lei, estando caracterizado como dispositivo de eficácia limitada conforme afirma Lamy:

> Como a emenda constitucional determinou que a demonstração da repercussão geral ocorrerá nos termos da lei, a eficácia de tal norma afigura-se limitada, na conhecida classificação de José Afonso da Silva, pois a utilização do instituto só poderá ocorrer por meio de posterior regulamentação legal, havendo a necessidade de criar um procedimento adequado à análise da repercussão, bem como de estabelecerem-se critérios mínimos acerca do que entender-se-á como repercussão geral, tudo sob pena de não possuir elementos legais suficientes à operabilidade do instituto, mormente porque a Emenda nº 45/2004 não teve efeito repristinatório em relação aos art. 327 a 329 do RISTF (até por se tratar de institutos diferentes)[11].

[10] Art. 998. O recorrente poderá, a qualquer tempo, sem a anuência do recorrido ou dos litisconsortes, desistir do recurso. Parágrafo único. A desistência do recurso não impede a análise de questão cuja repercussão geral já tenha sido reconhecida e daquela objeto de julgamento de recursos extraordinários ou especiais repetitivos.

[11] LAMY, Eduardo de Avelar. Repercussão geral no recurso extraordinário: a volta da arguição de relevância?. In: WAMBIER, Tereza Arruda Alvim; WAMBIER, Luiz Rodrigues; GOMES JUNIOR, Luiz Manoel; FISCHER, Octavio Campos; FERREIRA, William Santos (Coords.). *Reforma do Judiciário: primeiros ensaios críticos sobre a EC nº 45/2004*. São Paulo: Revista dos Tribunais, 2005. p. 167-168.

No plano infraconstitucional, a repercussão geral foi regulamentada pela Lei nº 11.418/2006 que acresceu os artigos 543-A e 543-B ao Código de Processo Civil de 1973. De modo concreto, a implementação do instituto no STF apenas ocorreu com a alteração do Regimento Interno do Supremo Tribunal Federal, com a publicação da Emenda Regimental nº 21, de 30 de abril de 2007[12].

É de suma importância destacar que que a lei nº 11.418/2006 inseriu como requisito para a configuração da repercussão geral que a questão debatida seja relevante do ponto de vista econômico, político, social ou jurídico: "§ 1º Para efeito da repercussão geral, será considerada a existência, ou não, de questões relevantes do ponto de vista econômico, político, social ou jurídico, que ultrapassem os interesses subjetivos da causa." Cabe destacar que a Constituição Federal não previu os requisitos específicos para caracterização da repercussão geral. O texto constitucional apenas previu o instituto e a lei apresentou os critérios econômico, politico, social e jurídico como sendo as matérias que devem versar no recurso para sua admissão.[13]

No Regimento Interno do STF observa-se diversos dispositivos acerca do tema, com destaque para o seguintes: art. 13, V, c; art. 13, XVII; art. 21, XVII que prevê (audiência pública para debates dos temas; art. 21 – B, § 1º e 323-A que prevê o julgamento eletrônico dos recursos com repercussão geral; art. 322; art. 323, caput, que prevê a análise da repercussão geral em meio eletrônico; art. 323, § 2º que menciona as hipóteses de repercussão geral presumida; art. 323, § 3º que admite amicus curie para falar da temática objeto da repercussão geral; art. 323, B; art. 324 que prevê o prazo de 20 dias para manifestação dos ministros acerca da repercussão geral; art. 324, § 1º que prevê maioria absoluta para reco-

[12] STF, DJU, 26 jun. 2007, AI 664567-RS, Rel. Min. Sepúlveda Pertence: "A exigência da demonstração formal e fundamentada, no recurso extraordinário, da repercussão geral das questões constitucionais discutidas só incide quando a intimação do acórdão recorrido tenha ocorrido a partir de 3 de maio de 2007, data da publicação da Emenda Regimental 21, de 30 de abril de 2007."

[13] É importante mencionar que o tema do conhecimento de causas que chegam às cortes máximas e é efetivamente julgado é tratado de formas diferentes pelos diversos sistemas, com é o caso da análise do *writ of certiorary* nos Estados Unidos, que demanda requisitos específicos e são analisados pela Suprema Corte em escrutínio estrito, fazendo com que a aquele Corte julgue menos de uma centena de casos por ano em média. Ver, e.g., Carvalho Filho, José S. *Repercussão Geral: Balanço e Perspectivas.* São Paulo; Almedina, 2015, p. 32-27.

nhecimento da questão constitucional; art. 324, § 2º que menciona que a "A decisão da maioria absoluta dos ministros no sentido da natureza infraconstitucional da matéria terá os mesmos efeitos da ausência de repercussão geral, autorizando a negativa de seguimento aos recursos extraordinários sobrestados na origem que versem sobre matéria idêntica"; art. 326 que trata da irrecorribilidade da decisão de inexistência de repercussão geral; art. 326, § 1º que menciona que o relator poderá "negar repercussão geral com eficácia apenas para o caso concreto".

Com a chegada do Código de Processo Civil de 2015, Lei nº 13105/2015, a questão está inserida em diversos dispositivos com destaque aos artigos 979, § 3º, 987, § 1º; art. 988; art. 998, III e art. 1035[14], sendo que nesse último consta maior parte do procedimento a ser seguido pelo recurso que tenha a repercussão geral como a irrecorribilidade das

[14] Art. 1.035. O Supremo Tribunal Federal, em decisão irrecorrível, não conhecerá do recurso extraordinário quando a questão constitucional nele versada não tiver repercussão geral, nos termos deste artigo. § 1º Para efeito de repercussão geral, será considerada a existência ou não de questões relevantes do ponto de vista econômico, político, social ou jurídico que ultrapassem os interesses subjetivos do processo. § 2º O recorrente deverá demonstrar a existência de repercussão geral para apreciação exclusiva pelo Supremo Tribunal Federal. § 3º Haverá repercussão geral sempre que o recurso impugnar acórdão que: I – contrarie súmula ou jurisprudência dominante do Supremo Tribunal Federal; II – tenha sido proferido em julgamento de casos repetitivos; III – tenha reconhecido a inconstitucionalidade de tratado ou de lei federal, nos termos do art. 97 da Constituição Federal.§ 4º O relator poderá admitir, na análise da repercussão geral, a manifestação de terceiros, subscrita por procurador habilitado, nos termos do Regimento Interno do Supremo Tribunal Federal. § 5º Reconhecida a repercussão geral, o relator no Supremo Tribunal Federal determinará a suspensão do processamento de todos os processos pendentes, individuais ou coletivos, que versem sobre a questão e tramitem no território nacional. § 6º O interessado pode requerer, ao presidente ou ao vice-presidente do tribunal de origem, que exclua da decisão de sobrestamento e inadmita o recurso extraordinário que tenha sido interposto intempestivamente, tendo o recorrente o prazo de 5 (cinco) dias para manifestar-se sobre esse requerimento. § 7º Da decisão que indeferir o requerimento referido no § 6º caberá agravo, nos termos do art. 1.042. § 8º Negada a repercussão geral, o presidente ou o vice-presidente do tribunal de origem negará seguimento aos recursos extraordinários sobrestados na origem que versem sobre matéria idêntica. § 9º O recurso que tiver a repercussão geral reconhecida deverá ser julgado no prazo de 1 (um) ano e terá preferência sobre os demais feitos, ressalvados os que envolvam réu preso e os pedidos de habeas corpus. § 10. Não ocorrendo o julgamento no prazo de 1 (um) ano a contar do reconhecimento da repercussão geral, cessa, em todo o território nacional, a suspensão dos processos, que retomarão seu curso normal. § 11. A súmula da decisão sobre a repercussão geral constará de ata, que será publicada no diário oficial e valerá como acórdão.

decisões que atestem a inexistência da repercussão geral, a existência da repercussão geral presumida, etc. Ressalte-se que o instituto está presente ainda nos artigos 1039 e 1042 e o Recurso Extraordinário é tratado em outros dispositivos.

É importante ressaltar o teor daquilo que dispõe o § 1º, do art. 543-A do CPC de 1973 e o art. § 1 do art. 1035 do CPC de 2015. Tais dispositivos possuem alguma semelhança, diferindo pelo fato de que aquele faz referência aos interesses subjetivos da causa ao passo que, neste encontra-se menção aos interesses subjetivos do processo:

> § 1º Para efeito da repercussão geral, será considerada a existência, ou não, de questões relevantes do ponto de vista econômico, político, social ou jurídico, que ultrapassem os interesses subjetivos da causa.
>
> § 1º Para efeito de repercussão geral, será considerada a existência ou não de questões relevantes do ponto de vista que ultrapassem os interesses subjetivos do processo.

Apesar desse cenário legislativo bem especificado, é importante mencionar que a legislação é omissa no que se refere aos parâmetros de identificação daquilo que seria uma questão relevante do ponto de vista econômico, jurídico, social e político, o que deixa nas mãos do Tribunal essa tarefa. Nos casos analisados na presente obra, observa-se a diversos critérios adotados para a identificação dessas relevâncias, o que reforça a necessidade de análise dos casos para que se possa compreender o que o STF entende como uma questão relevante sob qualquer dessas quatro perspectivas.

O que a legislação criou foi uma possibilidade de adoção de conceitos jurídicos indeterminados, não tão simples de se identificar na prática, posto que devem estar associados ao pano de fundo constitucional. Para Marinoni e Mitidiero: "No que concerne especificamente à repercussão geral, a dúvida inerente à caracterização desse halo de modo nenhum pode ser dissipada partindo-se tão somente de determinado ponto de vista individual; não há, em outras palavras, discricionariedade no preenchimento desse conceito".[15]

[15] Marinoni, Luiz Guilherme; Mitidiero, Daniel. *Repercussão geral no recurso extraordinário.* 2 ed. rev. e atual. São Paulo: Revista dos Tribunais, 2008. p. 34-35.

Nesse contexto, tem-se que a repercussão geral é tratada[16] como um pressuposto especial de cabimento do recurso extraordinário, exigido pela própria Constituição Federal, mas não delimitado por ela, visto que é a lei que considera como existente a repercussão geral relacionada a questão econômica, política, social ou jurídica. São parâmetros que devem demonstrar o impacto indireto que a decisão pode ter, ou seja, como a decisão impactará a vida da sociedade ou mesmo de parte significativa dela num desses quatro aspectos.

Daniel Amorin Assumpção Neves[17] possui entendimento no sentido de que a repercussão geral é um pressuposto específico de admissibilidade, o qual não pode ser analisado por quem proferiu a decisão que se impugna, consistindo no último requisito a ser observado após a verificação dos demais. No mesmo sentido, o próprio Supremo Tribunal Federal o define como: "Instituto processual que reserva ao STF o julgamento exclusivo de temas, trazidos em recursos extraordinários, que apresentem questões relevantes do ponto de vista econômico, político, social ou jurídico, que ultrapassem os interesses subjetivos da causa".[18]

Para Fredie Didier e Leonardo Cunha:

> Como se trata de conceitos jurídicos indeterminados, o preenchimento da hipótese de incidência não prescinde do exame das peculiaridades da situação concreta. Como bem afirmam Marinoni e Arenhart, não é possível estabelecer uma noção a priori, abstrata, do que seja questão de repercussão geral, pois essa cláusula depende, sempre, das circunstâncias do caso concreto.[19]

O que essas lições nos mostram é que existem duas perspectivas daquilo que seria a repercussão geral, posto que ela pode funcionar como verdadeiro requisito, servindo como uma espécie de filtro recursal, bem como o vetor de ampliação dos efeitos da decisão proferida em sede de

[16] DANTAS, Bruno. *Repercussão geral: perspectivas histórica, dogmática e de direito comparado: questões processuais.* São Paulo: Ed. Revista dos Tribunais, 2008.

[17] NEVES, Daniel Amorin Assumpção. *Manual de Direito Processual Civil.* 5ª ed. São Paulo: Método 2015. p. 745.

[18] Repercussão Geral. Disponível em: http://www.stf.jus.br/portal/cms/verTexto.asp?servico=estatistica& pagina=entendarg. Acesso em 25 de fev. de 2016.

[19] DIDIER JR, Fredie; CUNHA, Leonardo Carneiro da. *Curso de Direito Processual Civil,* vol 3. Editora Juspodivm: Salvador, 2017, p. 366.

controle difuso de constitucionalidade que, originariamente, não tem caráter *erga omnes*. É preciso apontar que a repercussão geral das questões postas no Recurso Extraordinário está dentro do contexto dos precedentes judiciais a serem fixados pelas cortes superiores e com caráter obrigatório para todo o Poder Judiciário.

Segundo Marinoni e Mitidiero a repercussão geral configura-se, a partir da conjunção de dois fatores que seria: a relevância e a transcendência, o que evidencia que não é suficiente essa relevância do ponto de vista econômico, político, social ou jurídico, deve ir além daquilo que as partes pretendem com a demanda levando em consideração o alcance de um grupo determinado de pessoas.

Para eles: "A fim de caracterizar a existência de repercussão geral e, dessarte, viabilizar o conhecimento do recurso extraordinário, nosso legislador alçou mão de uma fórmula que conjuga relevância e transcendência (repercussão geral = relevância + transcendência)". Corroboram, portanto, afirmação aqui feita e que poderá ser constatada quando da análise dos casos de que existe uma preocupação da Corte acerca do impacto e da transcendência ao interesse dos litigantes.[20]

3. Aspectos relevantes do procedimento de reconhecimento e análise da repercussão geral

Existe um procedimento específico para reconhecimento da repercussão geral das questões constitucionais debatidas no bojo de um recurso extraordinário que deve veicular temática que transcenda ao interesse subjetivo das partes e sejam relevantes do ponto de vista econômico, político, social e jurídico. Esse rito foi tratado, inicialmente, nos artigos 543-A e 543-B do Código de Processo Civil de 1973 e agora está previsto nos artigos 1035 e seguintes do CPC de 2015, além de um maior detalhamento no próprio Regimento interno do STF, conforme especificado acima.

A primeira ideia a ser tratada é a de que a repercussão geral é uma preliminar de admissibilidade do Recurso Extraordinário que deve ser devidamente fundamentada de modo que fique bem clara a relevância constitucional da matéria debatida, especificando os aspectos econô-

[20] Marinoni, Luiz Guilherme; Mitidiero, Daniel. *Repercussão geral no recurso extraordinário.* 2 ed. rev. e atual. São Paulo: Revista dos Tribunais, 2008. p. 33-34.

micos, políticos, sociais e jurídicos. Cabe relembrar que o RE é interposto, é submetido à análise dos requisitos formais pelo tribunal de origem, momento em que ocorre o primeiro juízo de admissibilidade com a verificação do fato de o recurso possuir os pressupostos mínimos.[21] A apresentação do recurso nas instâncias originárias pode resultar na sua admissão ou não. Com sua admissão ou com a interposição de agravo[22] o Recurso Extraordinário chega ao STF e sofre um segundo juízo de admissibilidade. No STF aplica-se o art. 322 do regimento interno da corte que diz "O Tribunal recusará recurso extraordinário cuja questão constitucional não oferecer repercussão geral, nos termos deste capítulo".

Observe-se que o extraordinário deve sempre tratar de questão constitucional, conforme dispõe o art. 102 da Constituição:

Art. 102. Compete ao Supremo Tribunal Federal, precipuamente, a guarda da Constituição, cabendo-lhe:

> [...]
>
> III – julgar, mediante recurso extraordinário, as causas decididas em única ou última instância, quando a decisão recorrida:
>
> a) contrariar dispositivo desta Constituição;
>
> b) declarar a inconstitucionalidade de tratado ou lei federal;
>
> c) julgar válida lei ou ato de governo local contestado em face desta Constituição.
>
> d) julgar válida lei local contestada em face de lei federal. (Incluída pela Emenda Constitucional nº 45, de 2004).

As alíneas "a" a "c" do dispositivo acima remetem à afronta direta à Constituição e a alínea "d" a uma afronta indireta (questão das competências legislativas). A partir desse filtro máximo é que se se deve ser feita a análise de admissibilidade da repercussão geral, ou seja, se o tema não enquadra nos termos do art. 102, II da Constituição, não haveria

[21] BRASIL. Supremo Tribunal Federal. *Recurso Extraordinário nº 560.476* Rel Min. Ellen Gracie. Disponível em: <http://www.stf.jus.br/portal/jurisprudencia/listarConsolidada.asp?classe=RE&numero=560476&origem=AP>. Acesso em: 10 de abr. de 2016.

[22] Art. 1.042. Cabe agravo contra decisão do presidente ou do vice-presidente do tribunal recorrido que inadmitir recurso extraordinário ou recurso especial, salvo quando fundada na aplicação de entendimento firmado em regime de repercussão geral ou em julgamento de recursos repetitivos.

que se falar em recuso extraordinário. Existindo a ofensa constitucional deve ser analisada a admissibilidade, nos termos do art. 102, § 3º e das leis reguladoras.

É nessa admissibilidade que se verifica a existência ou não da relevância social, política, econômica ou jurídica, bem como se a decisão terá efeito além dos interesses subjetivos da causa de modo a se validar a existência da repercussão geral da questão constitucional, ressaltando que esse julgamento sobre a repercussão geral pode ocorrer no plenário virtual.

O relator do recurso, de acordo com o art. 323 do Regimento Interno do STF, examina esses requisitos de admissibilidade do recurso, estando presentes os requisitos de admissibilidade e não sendo o caso de já existência de recurso idêntico a outro já com repercussão geral, pois, nesse caso, poderia haver a aplicação da tese já fixada monocraticamente, caberá ao relator manifestar-se sobre a existência ou não da repercussão geral, com a submissão da questão aos demais ministros por meio eletrônico, que terão o prazo de vinte dias[23] para pronunciar-se nos termos do art. 323[24] do Regimento Interno do STF.

Caso negada a repercussão geral, prevê o art. 1035, § 8º do CPC/2015 que o "presidente ou o vice-presidente do tribunal de origem negará seguimento aos recursos extraordinários sobrestados na origem que versem sobre a mesma matéria", ocorrendo a imediata e automática inadmissão dos recursos sobrestados, conforme art. 1039, parágrafo único do CPC/2015. Tal decisão é irrecorrível e deve ser comunicada a Presidência do Tribunal conforme art. 326 do RISTF[25].

Cabe apontar o teor do art. 323-A do regimento interno do STF que afirma o julgamento de mérito de questões com repercussão geral

[23] Art. 324. Recebida a manifestação do(a) Relator(a), os demais ministros encaminhar-lhe-ão, também por meio eletrônico, no prazo comum de 20 (vinte) dias, manifestação sobre a questão da repercussão geral.

[24] Quando não for caso de inadmissibilidade do recurso por outra razão, o(a) Relator(a) ou o Presidente submeterá, por meio eletrônico, aos demais ministros, cópia de sua manifestação sobre a existência, ou não, de repercussão geral.

[25] Toda decisão de inexistência de repercussão geral é irrecorrível e, valendo para todos os recursos sobre questão idêntica, deve ser comunicada, pelo(a) Relator(a), à Presidência do Tribunal, para os fins do artigo subsequente e do art. 329.

quando for o caso de reafirmação de jurisprudência do tribunal também poderá ser por meio eletrônico[26].

Outro aspecto a ser destacado é que os recursos sobrestados que tratarem do mesmo tema que possui repercussão geral já com mérito julgado no recurso extraordinário, serão igualmente decididos pelos Tribunais com a possibilidade de retratação ou julgamento prejudicado nos termos daquilo que já foi decidido pela corte.[27] O Código de Processo Civil de 2015 estabeleceu prazo para julgamento do recurso que tiver a repercussão geral reconhecida, conforme art. 1035, § 9º CPC/2015 que diz:

> Art. 1035 [...]
>
> ...
>
> § 9º O recurso que tiver a repercussão geral reconhecida deverá ser julgado no prazo de 1 (um) ano e terá preferência sobre os demais feitos, ressalvados os que envolvam réu preso e os pedidos de *habeas corpus.*

Assim, o que ocorre no reconhecimento e julgamento de recurso extraordinário que possui repercussão geral é a admissão do recurso e sua submissão, pelo Relator, de forma eletrônica, aos demais ministros, apresentando sua manifestação na qual se posicionará pela existência ou não[28] da repercussão geral conforme preceitua o art. 323[29] do Regimento Interno. É importante ressaltar que, pode haver o reconhecimento da repercussão geral por presunção nos casos existência anterior de repercussão geral, quando a decisão recorrida for contrária a súmula ou jurisprudência dominante do próprio STF.

A doutrina processualista aponta que existem na legislação hipóteses de repercussão geral já definidas como "decisão recorrida que contraria (a) súmula ou (b) jurisprudência dominante do STF ainda que não

[26] "O julgamento de mérito de questões com repercussão geral, nos casos de reafirmação de jurisprudência dominante da Corte, também poderá ser realizado por meio eletrônico."

[27] Art. 543-B, parágrafo 3º do CPC/73.

[28] A decisão pela inexistência é irrecorrível conforme preceitua o art. 326 do regimento interno do STF.

[29] Art. 3231. Quando não for caso de inadmissibilidade do recurso por outra razão, o(a) Relator(a) ou o Presidente submeterá, por meio eletrônico, aos demais Ministros, cópia de sua manifestação sobre a existência, ou não, de repercussão geral.

vinculantes, mas ratificadoras da jurisprudência da corte, bastando que a decisão recorrida viole jurisprudência dominante do Tribunal"[30], o que também ocorre no art. 1035, § 3º do CPC:

> § 3º Haverá repercussão geral sempre que o recurso impugnar acórdão que:
>
> I – contrarie súmula ou jurisprudência dominante do Supremo Tribunal Federal;
>
> (...)
>
> III – tenha reconhecido a inconstitucionalidade de tratado ou de lei federal, nos termos do art. 97 da Constituição Federal

Ponto importante é a existência do chamado efeito *erga omnes* ou multiplicativo das questões relacionadas ao instituto nos termos do art. 328 do Regimento Interno do STF que diz:

> Art. 328. Protocolado ou distribuído, recurso cuja questão for suscetível de reproduzir-se em múltiplos feitos, a Presidência do Tribunal ou o(a) Relator(a), de ofício ou a requerimento da parte interessada, comunicará o fato aos tribunais ou turmas de juizado especial, a fim de que observem o disposto no art. 543-B do Código de Processo Civil, podendo pedir-lhes informações, que deverão ser prestadas em cinco dias, e sobrestar todas as demais causas com questão idêntica.
>
> Parágrafo único. Quando se verificar subida ou distribuição de múltiplos recursos com fundamento em idêntica controvérsia, a Presidência do Tribunal ou o(a) Relator(a) selecionará um ou mais representativos da questão e determinará a devolução dos demais aos tribunais ou turmas de juizado especial de origem, para aplicação dos parágrafos do art. 543-B do Código de Processo Civil.

Outro aspecto relevante relaciona-se à amplitude da decisão proferida em sede de repercussão geral é a possibilidade de admissão da figura do *amicus curiae* nos julgamentos dos recursos cuja repercussão geral foi conhecida, bem como da realização de audiência pública, de modo que se possa ampliar o debate de uma demanda que possui discussão

[30] THEODORO JÚNIOR, Humberto. *Curso de Direito Processual Civil.* 49ª Ed. São Paulo: Forense, 2012. p. 324.

jurídica limitada às partes, mas que terá seus efeitos expandidos para toda a sociedade.

Em relevante síntese Fredie Didier e Leonardo Cunha destacam os pontos importantes a serem observados em relação ao procedimento da repercussão geral:

> a) somente o Pleno do STF pode negar a existência de repercussão geral; b) pode uma turma do STF reconhecer a existência de repercussão geral; c) nem todo recurso extraordinário será julgado pelo Pleno do STF; d) somente as decisões do Pleno do STF sobre a repercussão geral são consideradas precedentes vinculantes; e) a repercussão geral pode ser examinada pelas técnicas do julgamento dos casos repetitivos ou do incidente de assunção de competência.[31]

Por fim, é importante destacar o fato de que essa temática é muito relevante para o Direito Tributário, tendo em vista que a complexidade dos temas, bem como o volume de demandas que chegam a corte ocupam um quantitativo de demandas razoáveis no STF. A repercussão geral em matéria tributária tratada na presente obra por meio da análise de diversos casos evidencia que o STF possui uma competência amplíssima no que se refere a matéria tributária, muito pelo fato de que nossa Constituição possui um número considerável de dispositivos constitucionais que permitem o manejo de recurso extraordinário.

4. O cenário jurídico dos os efeitos da decisão proferida em sede de repercussão geral

Ponto importante acerca do tema tratado na presente obra são os efeitos que a decisão proferida em sede de repercussão geral conferiu ao Recurso Extraordinário. Como é sabido, originariamente, o controle difuso de constitucionalidade possui decisão que se limita as partes litigantes, o que passou a ganhar outro rumo com a adoção da repercussão geral da questão constitucional. Para Fredie Didier e Leonardo Cunha essa decisão vinculante está relacionada ao plenário do Tribunal:

[31] DIDIER JR, Fredie; CUNHA, Leonardo Carneiro da. *Curso de Direito Processual Civil, vol. 3.* Editora Juspodivm: Salvador, 2017, p. 376.

> O pronunciamento do Plenário do STF sobre a repercussão geral de determinada questão vincula os demais órgãos do tribunal e dispensa, inclusive, que se remeta o tema a um novo exame do Plenário, em recurso extraordinário que verse sobre a questão cuja amplitude da repercussão já tenha sido examinada'", haja ou não enunciado sumulado a respeito. Note, porém, que o precedente vinculante é do Plenário do STF (reconhecendo ou negando); reconhecida a repercussão geral pela turma do STF (turma não pode negar repercussão geral, lembre-se), não há precedente vinculante.[32]

Levando em consideração o já exposto, pode ser dito que a criação da repercussão geral possui uma dupla conotação em nosso ordenamento jurídico: vedar demandas sem impacto jurídico, econômico, social e político, sejam apreciadas pela Corte, evitando assim que o Supremo se torne uma instancia recursal pura e simples, se afastando de sua missão constitucional, ao passo que a outra seria ampliar aquilo que seria para ser decidido com eficácia interpartes.

Essa primeira perspectiva está diretamente relacionada com a busca de redução do quantitativo de recursos que chegam até a corte, posto que é necessário, além da demonstração da questão constitucional debatida, deve o recorrente demonstrar a relevância da questão suscitada do ponto de vista econômico, político, social e jurídico. O que deve ser entendido é a necessidade de demonstrar que a demanda está bem além da subjetividade típica do controle difuso e a decisão tomada no caso transcende ao caso concreto e pode impactar toda a sociedade.

Para o Código de Processo Civil há uma restrição ainda maior acerca da admissibilidade do recurso, estando presente no art. 1.036. regra que afirma que "Sempre que houver multiplicidade de recursos extraordinários ou especiais com fundamento em idêntica questão de direito, haverá afetação para julgamento de acordo com as disposições desta Subseção" (..) Nesse ponto o § 6º assevera que apenas serão selecionados recursos nos quais tenha ocorrido ampla "argumentação e discussão a respeito da questão a ser decidida". Corroborando a situação descrita, Ulisses Viana ensina que:

[32] Didier Jr, Fredie; Cunha, Leonardo Carneiro da. *Curso de Direito Processual Civil, vol. 3*. Editora Juspodivm: Salvador, 2017, p. 385.

> Não basta a formulação genérica, vaga e inconsistente dos argumentos em prol da existência da repercussão geral, mas sim o desenvolvimento argumentativo-demonstrativo pontual da relevância da questão do ponto de vista econômico, político, social e jurídico **e** da ***transcendência*** temática em relação aos interesses individuais das partes concretas atuantes no recurso extraordinário específico. [33] (grifos no original)

Essa exigência já era encontrada na jurisprudência da Suprema Corte e foi consolidada no NCPC, conforme se pode observar no RE nº 601.81[34] pois nele ficou demonstrado que é "insuficiente a simples alegação de que a matéria em debate no recurso extraordinário tem repercussão geral", devendo ser ressaltada a necessidade de demonstração de um dos quatro aspectos justificadores da repercussão geral.

A jurisprudência acerca dos requisitos da repercussão geral nos ensina muito acerca de como esses elementos podem ou devem ser demonstrados para que um recurso extraordinário seja admitido. Do ponto de jurídico, por exemplo, uma das causas de acatamento desse critério de repercussão geral contida na jurisprudência do STF é a divergência de interpretação de dispositivo constitucional como se pode observar no Recurso Extraordinário nº. 330.817 RG. Outra questão acerca do aspecto jurídico seria ao fato de a decisão recorrida influenciar julgamentos posteriores, o que poderia trazer insegurança jurídica como ocorreu no RE 611.586 RG.

[33] VIANA, Ulisses Schwarz. *Repercussão geral sob a ótica da teoria dos sistemas de Niklas Luhmann.* 2ª Ed. São Paulo: Saraiva, 2011, p. 41.

[34] EMENTA: AGRAVO REGIMENTAL EM AGRAVO DE INSTRUMENTO. RECURSO EXTRAORDINÁRIO. DEFICIÊNCIA NA FUNDAMENTAÇÃO RELATIVA À PRELIMINAR DE EXISTÊNCIA DE REPERCUSSÃO GERAL DA MATÉRIA CONSTITUCIONAL INVOCADA NO RECURSO. INTIMAÇÃO DO ACÓRDÃO RECORRIDO POSTERIOR A 03.05.2007. De acordo com a orientação firmada neste Tribunal, é insuficiente a simples alegação de que a matéria em debate no recurso extraordinário tem repercussão geral. Cabe à parte recorrente demonstrar de forma expressa e clara as circunstâncias que poderiam configurar a relevância – do ponto de vista econômico, político, social ou jurídico – das questões constitucionais invocadas no recurso extraordinário. A deficiência na fundamentação inviabiliza o recurso interposto. Agravo regimental a que se nega provimento. (RE 601381 AgR, Relator(a): Min. JOAQUIM BARBOSA, Segunda Turma, julgado em 06/10/2009, DJe-204 DIVULG 28-10-2009 PUBLIC 29-10-2009 EMENT VOL-02380-08 PP-01656 LEXSTF v. 31, n. 371, 2009, p. 309-312).

Uma situação interessante como motivo de reconhecimento da repercussão geral na jurisprudência do STF é a admissão de recurso extraordinário em razão do que a corte define como "conceito constitucional" de determinados institutos tendo aparecido em alguns recursos como o RE 611.586 RG – conceito constitucional de renda e o RE 634764 RG – conceito constitucional de serviço.

Uma outra forma utilizada para admissão da repercussão geral relaciona-se ao argumento que a corte utilizou no RE 640.905 que seria a "quantidade significativa ações semelhantes sobre o tema em todo país, ensejando a manifestação da Corte" tal argumento caracterizou aspectos político, social e jurídico segundo o Tribunal, o que demonstra que o enquadramento em um ou outro dos quatro aspectos não é ação isolada, mas sim algo aliados a diversos outros fatores.

Por fim, cabe ressaltar que, a exemplo do que ocorreu no RE 651703 essa admissão, da repercussão geral não encontra muita fundamentação consistindo, muitas das vezes, em mera menção: (...) "o recurso merece ter reconhecida a repercussão geral, haja vista que o tema constitucional versado nestes autos é questão relevante do ponto de vista econômico, político, social e jurídico, e ultrapassa os interesses subjetivos da causa".

No RE 660933, quando da admissão da repercussão geral, foi mencionado que "Sob os pontos de vista político, social e econômico, também entendo caracterizada a relevância da questão, pois a solução a ser dada à controvérsia poderá interferir na arrecadação de valores destinados à educação e no funcionamento das empresas." Observe-se que, no citado RE, a influência na arrecadação também foi justificadora da caracterização do aspecto econômico.

Ainda nesse cenário de caracterização da repercussão geral é a abrangência que as decisões proferidas sem sede de Recurso Extraordinário tomaram, de modo que essa preliminar do recurso possibilitou o que se tem chamado de objetivação das decisões proferidas pelo STF, gerando uma força-horizontal, *erga omnes* por todo o Judiciário do país, o que pode auxiliar na uniformização de entendimentos e procedimentos sobre determinadas matérias.

Para Taís Ferraz o cerne das discussões constitucionais a serem dirimidas tem efeitos bem relevantes na forma de verificar o processo constitucional e o recurso extraordinário, dando destaque a crescente comunicação dos órgãos recursais com toda as demais instâncias do

Poder Judiciário, o que reforça a importância da discussão e a aplicação dos efeitos das decisões de repercussão geral para a harmonia dessas decisões do Supremo Tribunal Federal e do próprio Tribunal de Justiça[35].

As discussões que possuem repercussão geral devem ser tratadas levando em consideração a necessidade de que uma decisão tomada no exercício do controle difuso possa ser estendida a todo ordenamento jurídico, sendo isso que amplia os limites subjetivos das decisões proferidas e sendo definido como objetivação do controle difuso.

É preciso trazer ao debate a informação de que, em relação ao controle concentrado de constitucionalidade, a ideia contida no art. 102, § 2º da CF é de uma eficácia geral e contra todos decidido pela Corte, sendo que a regra é de que as decisões de mérito "produzirão eficácia contra todos e efeito vinculante, relativamente aos demais órgãos do Poder Judiciário e à administração pública direta e indireta, nas esferas federal, estadual e municipal".[36]

Cabe mencionar o conteúdo dos incisos do art. 1.040 do NCPC que atribui esse efeito vinculante ao que o Supremo decide em sede de recurso extraordinário, posteriormente a publicação do acórdão paradigma, sendo determinado que, após essa publicação:

> I – o presidente ou o vice-presidente do tribunal de origem negará seguimento aos recursos especiais ou extraordinários sobrestados na origem, se o acórdão recorrido coincidir com a orientação do tribunal superior;
>
> II – o órgão que proferiu o acórdão recorrido, na origem, reexaminará o processo de competência originária, a remessa necessária ou o recurso anteriormente julgado, se o acórdão recorrido contrariar a orientação do tribunal superior;

[35] Ferraz, Taís Schilling. Repercussão geral- muito mais que um pressuposto de admissibilidade. In Paulsen, Leandro (coord). *Repercussão geral no recurso extraordinário.* Porto Alegre: Livraria do Advogado, 2011, p. 106.

[36] As decisões definitivas de mérito, proferidas pelo Supremo Tribunal Federal, nas ações diretas de inconstitucionalidade e nas ações declaratórias de constitucionalidade produzirão eficácia contra todos e efeito vinculante, relativamente aos demais órgãos do Poder Judiciário e à administração pública direta e indireta, nas esferas federal, estadual e municipal.

> III – os processos suspensos em primeiro e segundo graus de jurisdição retomarão o curso para julgamento e aplicação da tese firmada pelo tribunal superior;
>
> IV – se os recursos versarem sobre questão relativa a prestação de serviço público objeto de concessão, permissão ou autorização, o resultado do julgamento será comunicado ao órgão, ao ente ou à agência reguladora competente para fiscalização da efetiva aplicação, por parte dos entes sujeitos a regulação, da tese adotada.

O que se observa é que essas decisões proferidas em sede de repercussão geral, não necessitam seguir o disposto no art. 52, X, da CF para essa expansão de efeitos conforme, o posicionamento do Ministro Gilmar Mendes na Reclamação nº. 4335 [37]que se posicionou da seguinte forma:

> (...)
>
> É possível, sem qualquer exagero, falar-se aqui de uma autêntica mutação constitucional em razão da completa reformulação do sistema jurídico e, por conseguinte, da nova compreensão que se conferiu à regra do art. 52, X, da Constituição de 1988. Valendo-nos dos subsídios da doutrina constitucional a propósito da mutação constitucional, poder-se-ia cogitar aqui de uma autêntica reforma da Constituição sem expressa modificação do texto. Em verdade, a aplicação que o Supremo Tribunal Federal vem conferindo ao disposto no art. 52, X, da CF indica que o referido instituto mereceu uma significativa reinterpretação a partir da Constituição de 1988. É possível que a configuração emprestada ao controle abstrato pela nova Constituição, com ênfase no modelo abstrato, tenha sido decisiva para a mudança verificada, uma vez que as decisões com eficácia *erga omnes* passaram a se generalizar. A multiplicação de processos idênticos no sistema difuso – notória após 1988 – deve ter contribuído, igualmente, para que a Corte percebesse a necessidade de atualização do aludido instituto. Nesse contexto, assume relevo a decisão que afirmou a dispensabilidade de se submeter a questão constitucional ao Plenário de qualquer Tribunal se o Supremo Tribunal já se

[37] BRASIL. Supremo Tribunal Federal. *Rcl 4335*, Relator(a): Min. Gilmar Mendes, Tribunal Pleno, julgado em 20/03/2014. Disponível em: http://portal.stf.jus.br/processos/detalhe.asp?incidente=2381551. Acesso em 10 de mai. de 2019.

tiver manifestado pela inconstitucionalidade do diploma. Tal como observado, essa decisão acaba por conferir uma eficácia mais ampla – talvez até mesmo um certo efeito vinculante – à decisão do Plenário do Supremo Tribunal no controle incidental. Essa orientação está devidamente incorporada ao direito positivo (CPC, art. 481, parágrafo único, 53 parte final, na redação da Lei n . 9756, de 1998). No mesmo contexto situa-se a decisão que outorgou ao relator a possibilidade de decidir, monocraticamente, os recursos extraordinários vinculados às questões já resolvidas pelo Plenário do Tribunal (CPC, art. 557, § 1º A).

Acerca do tema, em dissertação de mestrado na qual se analisou essa temática, foi dito que:

> Assim, não obstante todas as discussões acerca da abstrativização do controle de constitucionalidade que não são o foco do estudo aqui realizado, o que deve ser ressaltado é que nosso ordenamento jurídico já possui institutos que tornam essas decisões oponíveis por aqueles que não, necessariamente, são partes na demanda de modo que os jurisdicionados possam invocar teses já fixadas quando da análise pelos tribunais superiores que garantam seu direito. Atualmente, enxerga-se um cenário no qual os juízes e os próprios tribunais também se utilizam desses instrumentos para decidir suas causas em consonância com o que os tribunais superiores do país decidem o que pode representar um meio eficaz de redução de litígios que já possuem teses jurídicas pré-definidas.[38]

Assim, está demonstrado que existe um cenário todo peculiar para esse instituto que aqui escolhemos analisar, de modo que a repercussão geral deu novos contornos ao controle difuso que tem suas decisões dotadas de efeito *erga omnes*.

Referências

Bastos, Ricardo Victor Ferreira. *O controle difuso de constitucionalidade como elemento de harmonização e integração do Sistema Tributário Nacional*. Dissertação de Mestrado. Universidade Católica de Brasília, 2016.

[38] Bastos, Ricardo Victor Ferreira. O controle difuso de constitucionalidade como elemento de harmonização e integração do Sistema Tributário Nacional. Dissertação de Mestrado. Universidade Católica de Brasília, 2016.

BRASIL. Supremo Tribunal Federal. *Recurso Extraordinário nº. 560.476* Rel Min. Ellen Gracie. Disponível em: <http://www.stf.jus.br/portal/jurisprudencia/listarConsolidada.asp?classe=RE&numero=560476&origem=AP>. Acesso em: 10 de abr. de 2016.

BRASIL. Supremo Tribunal Federal. *Rcl 4335*. Relator(a): Min. GILMAR MENDES, Tribunal Pleno, julgado em 20/03/2014. Disponível em: http://portal.stf.jus.br/processos/detalhe.asp?incidente=2381551. Acesso em 10 de mai. de 2019.

BRASIL. Supremo Tribunal Federal. *RE 601381 AGR*, Relator(a): Min. JOAQUIM BARBOSA, Segunda Turma, julgado em 06/10/2009.Disponível em: www.stf.jus.br.

CARVALHO FILHO, José S. *Repercussão Geral: Balanço e Perspectivas*. São Paulo; Almedina, 2015.

DANTAS, Bruno. *Repercussão geral: perspectivas histórica, dogmática e de direito comparado: questões processuais*. São Paulo: Ed. Revista dos Tribunais, 2008.

DIDIER JR, Fredie e CUNHA, Leonardo Carneiro da; *Curso de Direito Processual Civil, vol 3*. Editora Juspodivm: Salvador, 2017.

FERRAZ, Taís Schilling. Repercussão geral – muito mais que um pressuposto de admissibilidade. In Paulsen, Leandro (coord). *Repercussão geral no recurso extraordinário*. Livraria do Advogado, Porto Alegre, 2011.

LAMY, Eduardo de Avelar. *Repercussão geral no recurso extraordinário: a volta da arguição de relevância?* In: WAMBIER, Tereza Arruda Alvim; WAMBIER, Luiz Rodrigues; GOMES JUNIOR, Luiz Manoel; FISCHER, Octavio Campos; FERREIRA, William Santos (Coords.). Reforma do Judiciário: primeiros ensaios críticos sobre a EC nº 45/2004. São Paulo: Revista dos Tribunais, 2005.

MAUS, Ingeborg. O judiciário como superego da sociedade – o papel da atividade jurisprudencial na "sociedade órfã". *Novos Estudos*, São Paulo, n. 58, CEBRAP, 2000.

MANCUSO, Rodolfo de Camargo. *Recurso extraordinário e recurso especial. 10. ed. rev., atual. e ampl. de acordo com as leis nº 11.417 e nº 11.418/2006 e a emenda regimental STF 21/2007*. São Paulo: Revista dos Tribunais, 2007.

MARINONI, Luiz Guilherme; MITIDIERO, Daniel. *Repercussão geral no recurso extraordinário*. 2 ed. rev. e atual. São Paulo: Revista dos Tribunais, 2008.

NEVES, Daniel Amorin Assumpção. *Manual de Direito Processual Civil*. 5ª ed. São Paulo: Método 2015.

SOUZA, Bernardo Pimentel. *Introdução aos recursos cíveis e à ação rescisória*. 6. ed. atual. de acordo com as Leis nº 11.672 e nº 11.697, de 2008. São Paulo: Saraiva, 2009.

THEODORO JÚNIOR, Humberto. *Curso de Direito Processual Civil*. 49ª Ed. São Paulo: Forense, 2012.

UNGER, Roberto Mangabeira. *O Direito e o Futuro da Democracia*. São Paulo: Boitempo Editorial, 2004.

VIANA, Ulisses Schwarz. *Repercussão geral sob a ótica da teoria dos sistemas de Niklas Luhmann*. 2ª Ed. São Paulo: Saraiva, 2011.

WAMBIER, Teresa Arruda Alvim. *Recurso especial, recurso extraordinário e ação rescisória*, 2. Edição. São Paulo: Revista dos Tribunais, 2008.

PARTE 2
TEMAS DE DIREITO CONSTITUCIONAL TRIBUTÁRIO

CAPÍTULO 1
CONCEITO CONSTITUCIONAL DE TAXA E LIMITES PARA SUA INSTITUIÇÃO

Kettilly Ingrid de Queiroz
Luiz Henrique Pinheiro Bittencourt

Introdução

É cediço que as origens do Direito Tributário, ramo do direito público, guarda relação com a necessidade de se incrementar a atividade estatal diante do crescimento das obrigações do Estado para com a sociedade, oriundas do surgimento do Estado Social, o qual exige uma fonte permanente de recursos a serem angariados aos cofres públicos para o custeio de direitos como a educação, a saúde, a segurança, dentre outros.

Em razão da complexidade das relações que envolvem a cobrança dos tributos, especialmente o fato de que o poder público, também na atividade de tributação, não pode agir de forma desproporcional ou desarrazoada, houve a necessidade de se estabelecer um sistema tributário brasileiro, que é integrado, essencialmente, pelo Código Tributário Nacional, pela Constituição Federal de 1988, e por outras normas gerais de direito tributário.

Busca-se com o presente capítulo contribuir para a compreensão do conceito constitucional de taxa e limites para sua instituição, apresentando o tema a partir de uma análise que ressalte, de forma sintética, (i) os preceitos constitucionais que versam sobre essa espécie tributária;

(ii) a definição do exercício do poder de polícia e, por conseguinte, da taxa de fiscalização de localização; (iii) a concepção da utilização efetiva ou potencial de serviços públicos específicos e divisíveis, prestados ao contribuinte ou postos a sua disposição, tratando-se, ainda, da taxa de combate a incêndio ou a outros sinistros e da taxa de coleta, remoção e destinação de lixo; (iv) a vedação das taxas terem a base de cálculo própria de impostos; e (v) o regramento do Código Tributário Nacional sobre as taxas e seus limites.

Por fim, ressalta-se que o processo de construção da análise adotou a revisão bibliográfica, bem como a consulta e a coleta de dados nos julgados do Supremo Tribunal Federal, com temas afetados à sistemática da repercussão geral, os quais versam sobre objeto de estudo e foram amplamente debatidos em reuniões do Grupo de Pesquisa de Direito Constitucional Tributário, cujos subscritores integram.

1. Conceito constitucional de taxa

O conceito de taxa é um tema que suscita considerável divergência doutrinária, não havendo harmonia quanto à sua definição. Não obstante, segundo o Prof. Roque Antonio Carrazza (2021)[1], a taxa seria uma obrigação *ex lege* proveniente de uma atividade estatal que se relaciona, de maneira específica, ao contribuinte, muito embora ele assim, por vezes, não o deseje ou, ainda, traga a ele alguma desvantagem.

De uma forma simplória, é preciso que haja uma atividade estatal em favor do contribuinte para que a ele seja demandado o adimplemento da referida espécie tributária. Nos termos do artigo 145 da Constituição da República de 1988[2], essa atuação estatal deverá ser dirigida à prestação de um serviço público ou a um ato de polícia.

Dessa feita, não há se falar em impor a cobrança de taxa àquelas pessoas que não foram beneficiadas, ao menos diretamente, pelos serviços

[1] Carrazza, Roque Antonio. *Curso de Direito Constitucional Tributário.* 33ª edição. São Paulo: Malheiros, 2021, p. 609.

[2] Art. 145. A União, os Estados, o Distrito Federal e os Municípios poderão instituir os seguintes tributos:

[...]

II – taxas, em razão do exercício do poder de polícia ou pela utilização, efetiva ou potencial, de serviços públicos específicos e divisíveis, prestados ao contribuinte ou postos a sua disposição.

estatais, notadamente em homenagem ao princípio da igualdade. Assim sendo, verifica-se que o constituinte se preocupou em delinear limites constitucionais à criação da citada espécie tributária, conforme veremos a seguir.

2. Limites constitucionais à criação de taxas

Os fatos geradores da taxa estão elencados no artigo 145, inciso II, da Constituição Federal de 1988, quais sejam: i) a prestação de serviço público; e ii) o exercício do poder de polícia.

Ressalta-se que o exercício da atividade estatal no que respeita às hipóteses de incidência da taxa encontra-se vinculado à determinação legal e não poderá recair sobre particulares ou empresas privadas.

Assim sendo, segundo o Prof. Carrazza (2021)[3], para que a tributação por via de taxa se aperfeiçoe é imprescindível que sejam editadas duas leis, uma, de cunho administrativo, responsável por regular o exercício do poder polícia ou a prestação de serviço, e, outra, de natureza tributária, a qual disciplinará as atuações estatais que motivarão o pagamento do tributo ora tratado.

2.1. Exercício do poder de polícia

A Administração Pública é dotada de prerrogativas capazes de oferecer meios para se assegurar o exercício das atividades administrativas. Desse modo, embora ao cidadão sejam conferidos direitos, incumbe à Administração o desenvolvimento de mecanismo hábil apto a condicionar o exercício dos direitos de ordem individual ao bem-estar coletivo. A esse mecanismo dá-se o nome de poder de polícia, o qual tem por base o princípio da predominância do interesse público[4].

Carvalho Filho (2020)[5] entende que a expressão poder de polícia comporta dois sentidos: i) um amplo; e ii) um restrito. No primeiro, verifica-se que toda e qualquer ação restritiva estatal será considerado poder de polícia. Já o poder de polícia em sua modalidade estrita, con-

[3] Op. Cit.

[4] Di Pietro, Maria Sylvia Zanella. *Direito Administrativo*. 34ª edição revista, atualizada e ampliada. Rio de Janeiro: Forense, 2021, p. 162.

[5] Carvalho Filho, José dos Santos. *Manual de Direito Administrativo*. 34. Ed. São Paulo: Atlas, 2020, p. 197.

substancia-se em verdadeira prerrogativa conferida aos agentes públicos que permite a restrição e o condicionamento da liberdade e da propriedade.

Nesse sentido, aliás, foi o entendimento do Supremo Tribunal Federal no julgamento do RE 633.782/MG[6], oportunidade na qual discutiu-se acerca da delegação do poder de polícia à pessoa jurídica de direito privado.

Corroborando entendimento, o artigo 78 do Código Tributário Nacional assim define o Poder de Polícia:

> Art. 78. Considera-se poder de polícia atividade da administração pública que, limitando ou disciplinando direito, interêsse ou liberdade, regula a prática de ato ou abstenção de fato, em razão de intêresse

[6] recurso extraordinário. repercussão geral. tema 532. direito constitucional e administrativo. preliminares de violação do direito à prestação jurisdicional adequada e de usurpação da competência do supremo tribunal federal afastadas. poder de polícia. teoria do ciclo de polícia. delegação a pessoa jurídica de direito privado integrante da administração pública indireta. sociedade de economia mista. prestadora de serviço público de atuação própria do estado. capital majoritariamente público. regime não concorrencial. constitucionalidade. necessidade de lei formal específica para delegação. controle de abusos e desvios por meio do devido processo. controle judicial do exercício irregular. indelegabilidade de competência legislativa. 1. O Plenário deste Supremo Tribunal reconheceu repercussão geral ao thema decidendum, veiculado nos autos destes recursos extraordinários, referente à definição da compatibilidade constitucional da delegação do poder de polícia administrativa a pessoas jurídicas de direito privado integrantes da Administração Pública indireta prestadoras de serviço público. 2. O poder de polícia significa toda e qualquer ação restritiva do Estado em relação aos direitos individuais. Em sentido estrito, poder de polícia caracteriza uma atividade administrativa, que consubstancia verdadeira prerrogativa conferida aos agentes da Administração, consistente no poder de delimitar a liberdade e a propriedade. 3. A teoria do ciclo de polícia demonstra que o poder de polícia se desenvolve em quatro fases, cada uma correspondendo a um modo de atuação estatal: (i) a ordem de polícia, (ii) o consentimento de polícia, (iii) a fiscalização de polícia e (iv) a sanção de polícia. 4. A extensão de regras do regime de direito público a pessoas jurídicas de direito privado integrantes da Administração Pública indireta, desde que prestem serviços públicos de atuação própria do Estado e em regime não concorrencial é admissível pela jurisprudência da Corte. (Precedentes: RE 225.011, Rel. Min. Marco Aurélio, Red. p/ o acórdão Min. Maurício Corrêa, Tribunal Pleno, julgado em 16/11/2000, DJ 19/12/2002; RE 393.032-AgR, Rel. Min. Cármen Lúcia, Primeira Turma, DJe 18/12/2009; RE 852.527-AgR, Rel. Min. Cármen Lúcia, Segunda Turma, DJe 13/2/2015) [...] (RE 633782, Relator(a): Luiz Fux, Tribunal Pleno, julgado em 26/10/2020, PROCESSO ELETRÔNICO REPERCUSSÃO GERAL – MÉRITO DJe-279 DIVULG 24-11-2020 PUBLIC 25-11-2020).

> público concernente à segurança, à higiene, à ordem, aos costumes, à disciplina da produção e do mercado, ao exercício de atividades econômicas dependentes de concessão ou autorização do Poder Público, à tranqüilidade pública ou ao respeito à propriedade e aos direitos individuais ou coletivos.
>
> Parágrafo único. Considera-se regular o exercício do poder de polícia quando desempenhado pelo órgão competente nos limites da lei aplicável, com observância do processo legal e, tratando-se de atividade que a lei tenha como discricionária, sem abuso ou desvio de poder.

O exercício do Poder de Polícia estatal poderá então, com assento constitucional, ser objeto de cobrança de taxa. Dito de outra forma, essa espécie tributária terá espaço como forma de contraprestação pelo fato de o Estado estar desempenhando uma atividade de fiscalização, observados os limites legais, conforme a seguir detalhado.

3.1.1. Taxa de fiscalização e localização

Nessa modalidade de taxa temos uma atividade administrativa de fiscalização estatal dirigida ao cumprimento de normas que disciplinem a segurança, a higiene, a ordem, a disciplina da produção e do mercado, o exercício de atividades econômicas dependentes de concessão ou autorização do Poder Público, a tranquilidade pública ou ao respeito à propriedade e os direitos individuais ou coletivos, nos termos do artigo 78 do Código Tributário Nacional[7].

Dessa feita, a taxa de fiscalização e localização não incidirá sobre a simplória prestação, mas sim em razão da prestação de tal serviço pelo Estado, sendo a regularidade do Poder de Polícia essencial para a cobrança da citada taxa.

Ressalta-se, por oportuno, que o Supremo Tribunal Federal possui entendimento no sentido de que a taxa em estudo é constitucional, conforme se verifica no julgamento do RE 856.185 AgR, senão vejamos:

[7] Art. 78. Considera-se poder de polícia atividade da administração pública que, limitando ou disciplinando direito, interêsse ou liberdade, regula a prática de ato ou abstenção de fato, em razão de intêresse público concernente à segurança, à higiene, à ordem, aos costumes, à disciplina da produção e do mercado, ao exercício de atividades econômicas dependentes de concessão ou autorização do Poder Público, à tranqüilidade pública ou ao respeito à propriedade e aos direitos individuais ou coletivos.

> Direito tributário. agravo regimental em recurso extraordinário. taxa de licença para localização de estabelecimento. constitucionalidade. base de cálculo. proporcionalidade com o custo da atividade estatal de fiscalização. precedentes. 1. Nos termos da jurisprudência da Corte, a taxa de renovação de licença de funcionamento é constitucional, desde que haja o efetivo exercício do poder de polícia, o qual é demonstrado pela mera existência de órgão administrativo que possua estrutura e competência para a realização da atividade de fiscalização. 2. A base de cálculo da taxa de fiscalização e funcionamento fundada na área de fiscalização é constitucional, na medida em que traduz o custo da atividade estatal de fiscalização. Quando a Constituição se refere às taxas, o faz no sentido de que o tributo não incida sobre a prestação, mas em razão da prestação de serviço pelo Estado. A área ocupada pelo estabelecimento comercial revela-se apta a refletir o custo aproximado da atividade estatal de fiscalização. 3. Agravo regimental a que se nega provimento.[8]

Outro ponto que merece destaque e que já foi objeto de debates perante a Suprema Corte, se refere à existência do órgão administrativo como condição para o reconhecimento da constitucionalidade da cobrança da taxa de fiscalização e localização.

O assunto foi debatido no RE 588.322/RO[9], no qual restou assente o entendimento de que, embora a existência do órgão administrativo não

[8] RE 856185 AgR, Relator(a): Roberto Barroso, Primeira Turma, julgado em 04/08/2015, ACÓRDÃO ELETRÔNICO DJe-190 DIVULG 23-09-2015 PUBLIC 24-09-2015.

[9] Recurso Extraordinário 1. Repercussão geral reconhecida. 2. Alegação de inconstitucionalidade da taxa de renovação de localização e de funcionamento do Município de Porto Velho. 3. Suposta violação ao artigo 145, inciso II, da Constituição, ao fundamento de não existir comprovação do efetivo exercício do poder de polícia. 4. O texto constitucional diferencia as taxas decorrentes do exercício do poder de polícia daquelas de utilização de serviços específicos e divisíveis, facultando apenas a estas a prestação potencial do serviço público. 5. A regularidade do exercício do poder de polícia é imprescindível para a cobrança da taxa de localização e fiscalização. 6. À luz da jurisprudência deste Supremo Tribunal Federal, a existência do órgão administrativo não é condição para o reconhecimento da constitucionalidade da cobrança da taxa de localização e fiscalização, mas constitui um dos elementos admitidos para se inferir o efetivo exercício do poder de polícia, exigido constitucionalmente. Precedentes. 7. O Tribunal de Justiça de Rondônia assentou que o Município de Porto Velho, que criou a taxa objeto do litígio, é dotado de aparato fiscal necessário ao exercício do poder de polícia. 8. Configurada a existência de instrumentos necessários e do efetivo exercício do poder de polícia. 9. É constitucional taxa de renovação de funcionamento e localização

seja condição para o reconhecimento da constitucionalidade da sobredita espécie tributária, constitui um dos elementos admitidos para se inferir o efetivo exercício do poder de polícia, reclamado pela Constituição.

3.2. Utilização efetiva ou potencial de serviços públicos e divisíveis, prestados ao contribuinte ou postos a sua disposição

A prestação de um serviço público de forma direta a determinado contribuinte caracteriza a chamada taxa de serviço. Maria Sylvia Zanella Di Pietro (2021, p. 147), entende serviço público como "[...] toda atividade material que a lei atribui ao Estado para que a exerça diretamente ou por meio de seus delegados, com o objetivo de satisfazer concretamente às necessidades coletivas, sob o regime total ou parcialmente público."

Sobre o tema, precisamos rememorar que o que torna um serviço público não é a sua natureza, mas sim o regime o qual estará submetido.

É cediço que os serviços públicos podem ser divididos em serviços gerais ou universais e específicos ou singulares. Na primeira modalidade, tem-se a prestação de forma *uti universi*, ou seja, o serviço é colocado à disposição de toda a sociedade, de modo a beneficiar um número indeterminado ou indeterminável de pessoas, a exemplo da segurança pública.

Por sua vez, os serviços públicos específicos ou singulares são aqueles prestados de maneira *uti singuli*, de forma individualizada, mensurável, divisível; sendo possível, portanto, avaliar no caso concreto a utilização efetiva ou potencial de cada indivíduo beneficiado, *v.g.* energia elétrica.

Veja-se ainda que não é qualquer serviço público que será objeto da cobrança da taxa, mas somente aquele serviço tido como público, específico e divisível, em atenção ao inciso II do artigo 145 da Magna Carta.

Assim, conforme leciona Criales (2014), a utilização efetiva é materializada quando o contribuinte usufrui desse serviço, e a potencialidade é vista quando o serviço estiver à disposição do contribuinte para o seu desfrute, de modo que, caso esse serviço seja geral e indivisível, ter-se-á

municipal, desde que efetivo o exercício do poder de polícia, demonstrado pela existência de órgão e estrutura competentes para o respectivo exercício, tal como verificado na espécie quanto ao Município de Porto Velho/RO 10. Recurso extraordinário ao qual se nega provimento. (RE 588322, Relator(a): Gilmar Mendes, Tribunal Pleno, julgado em 16/06/2010, REPERCUSSÃO GERAL - MÉRITO DJe-164 DIVULG 02-09-2010 PUBLIC 03-09-2010 EMENT VOL-02413-04 PP-00885 RTJ VOL-00224-01 PP-00614 RIP v. 12, n. 63, 2010, p. 243-255 RT v. 99, n. 902, 2010, p. 149-157).

a sua remuneração mediante imposto, de acordo com a orientação jurisprudencial do Supremo Tribunal Federal na ADI 1.942[10].

Nesse sentido, é a incidência da taxa de combate a incêndio ou a outros sinistros e da taxa de coleta, remoção e destinação de lixo, nos termos do a seguir detalhado.

3.2.1. *Taxa de combate à incêndio ou a outros sinistros*

Doravante, entrando no tema da taxa de combate a sinistros – assistência, combate e extinção de incêndios e de outros sinistros em prédios, o Supremo Tribunal Federal, por meio do Recurso Extraordinário nº 643.247[11] ementou assim:

> Taxa de combate a incêndio – inadequação constitucional. Descabe introduzir no cenário tributário, como obrigação do contribuinte, taxa visando a prevenção e o combate a incêndios, sendo imprópria a atuação do Município em tal campo.

Ora, como explicamos acima, os serviços remunerados por taxas devem ser específicos e divisíveis, de modo que a extinção e prevenção de incêndios e de defesa civil não são específicos e divisíveis, sendo exercidos de forma geral, razão pela qual devem ser remunerados por meio de impostos e não taxas.

[10] Ação direta de inconstitucionalidade. direito tributário. taxa. segurança pública. eventos privados. serviço público geral e indivisível. lei 6.010/96 do estado do pará. teoria da divisibilidade das leis. medida cautelar deferida. 1. A jurisprudência do Supremo Tribunal Federal se consolidou no sentido de que a atividade de segurança pública é serviço público geral e indivisível, logo deve ser remunerada mediante imposto, isto é, viola o artigo 145, II, do Texto Constitucional, a exigência de taxa para sua fruição. 2. Da argumentação exposta pela parte Requerente não se extrai a inconstitucionalidade in totum do dispositivo impugnado, assim se aplica ao caso a teoria da divisibilidade das leis, segundo a qual, em sede de jurisdição constitucional, somente se deve proferir a nulidade dos dispositivos maculados pelo vício de inconstitucionalidade, de maneira que todos aqueles dispositivos legais que puderem subsistir autonomamente não são abarcados pelo juízo de inconstitucionalidade. 3. Ação direta de inconstitucionalidade a que se dá parcial procedência, a fim de declarar inconstitucional a expressão "serviço ou atividade policial militar, inclusive policiamento preventivo" constante no artigo 2º da Lei 6.010/96 do estado do Pará, assim como a Tabela V do mesmo diploma legal. (ADI 1942, Relator(a): Edson Fachin, Tribunal Pleno, julgado em 18/12/2015, ACÓRDÃO ELETRÔNICO DJe-027 DIVULG 12-02-2016 PUBLIC 15-02-2016)

[11] STF, Pleno, RE 643.247/SP, rel. Min. Marco Aurélio, 8.2017.

Da mesma forma, a base de cálculo da taxa deve mensurar a atividade estatal, guardando estrita relação com o fato gerador, não se admitindo a utilização de índices típicos de impostos, como patrimônio da pessoa, como o fez o Município de São Paulo nesse caso.

Ademais, é proibido, a pretexto de se prevenir sinistro relativo a incêndio, que a municipalidade acabe por fazer as vezes do Estado, criando tributo sob o rótulo taxa.

O ministro Edson Fachin, em seu voto no recurso citado, expressou de forma clara os problemas de se instituir pelo Município a taxa referida, vejamos:

> Porém, ante a realidade constitucional subjacente ao litígio constitucional, firmo convicção no sentido de superar expressamente o precedente firmado no âmbito do RE 206.777, embasado nas seguintes razões: (i) a atividade de combate a incêndios e demais sinistros é serviço público geral e indivisível, portanto deve ser remunerada por meio de impostos; (ii) a ausência de prestação de serviço público na espécie, pois a taxa foi criada para custear convênio administrativo entre os litigantes; e (iii) a inexistência de competência tributária do Município, à luz da função constitucional da instituição Corpo de Bombeiros.

Enfim, cabe ressaltar que não cabe ao Município a criação de taxa de incêndio, mas tal competência cabe ao estado membro, preenchidos os requisitos constitucionais, de modo que soa inconstitucional a criação de eventual taxa de combate à sinistros ou incêndios por qualquer municipalidade, mormente observada a ausência de especificidade e divisibilidade do serviço.

Por último, cabe mencionar uma questão importante, qual seja, na divisão de competências tributárias a existência de conflitos nas criações de taxas pelos entes federados, pois não raras vezes invadem competências materiais uns dos outros, o que afeta sua legitimidade para instituir o tributo, como o presente caso do RE 643.247 utilizado para explicar a referida taxação.

Vejamos a redação do artigo 144 da Constituição Federal de 1988, que diz:

> Art. 144. A segurança pública, dever do Estado, direito e responsabilidade de todos, é exercida para a preservação da ordem pública e da incolumidade das pessoas e do patrimônio, através dos seguintes órgãos:

> V – polícias militares e corpos de bombeiros militares.
>
> [...]
>
> § 5º Às polícias militares cabem a polícia ostensiva e a preservação da ordem pública; aos corpos de bombeiros militares, além das atribuições definidas em lei, incumbe a execução de atividades de defesa civil.
>
> § 6º As polícias militares e corpos de bombeiros militares, forças auxiliares e reserva do Exército, subordinam-se, juntamente com as polícias civis, aos Governadores dos Estados, do Distrito Federal e dos Territórios.

O parágrafo sexto é específico ao dizer que se subordinam os corpos de bombeiros militares, forças auxiliares e reserva do Exército, juntamente com as polícias civis, aos Governadores dos Estados, do Distrito Federal e dos Territórios, de modo que criar taxas utilizando-se de serviços cuja competência material cabe a outro ente federativo é inconstitucional. Aliás, a jurisprudência do Supremo Tribunal Federal é pacífica no sentido de que é inconstitucional a instituição de taxa para custear serviços prestados por órgãos de Segurança Pública, pois neste caso deve-se custear os serviços por impostos. Da mesma forma, a atividade de combate a incêndios e demais sinistros é serviço público geral e indivisível, portanto, deve ser remunerada por meio de impostos.

3.2.1.2. *Taxa de coleta, remoção e destinação de lixo*

O tema das taxas e sua instituição e cobrança sempre levantou muitas dúvidas aos doutrinadores e juristas, não obstante sua delimitação e exposição constitucional e infraconstitucional.

Lembremos que a utilização do serviço público pelo contribuinte pode ser compulsória ou facultativa, dependendo do que disser a lei, neste caso, por se tratar a coleta de lixo de uma questão de saúde pública, consagrada constitucionalmente, a utilização do serviço é compulsória pelo administrado e, portanto, passível de tributação por taxa.

Esse assunto, taxa de coleta, remoção e destinação de lixo, chegou ao Supremo por meio do RE 576.321/SP[12], julgado em 04 de dezembro de 2008, julgando constitucional sua cobrança, cuja ementa segue:

[12] STF, Pleno, RE 576.321/SP, rel. Min. Ricardo Lewandowski, 12.2008.

Ementa: constitucional. direito tributário. taxa. serviços de limpeza pública. distinção. elementos da base de cálculo própria de impostos. ausência de identidade. art. 145, ii e § 2º, da constituição. i – questão de ordem. matérias de mérito pacificadas no stf. repercussão geral reconhecida. confirmação da jurisprudência. denegação da distribuição dos recursos que versem sobre os mesmos temas. devolução desses re à origem para adoção dos procedimentos previstos no art. 543-b, § 3º, do cpc. precedentes: re 256.588-ed-edv/rj, min. ellen gracie; re 232.393/sp, carlos velloso. ii – julgamento de mérito conforme precedentes. iii – recurso provido.

Tema

146 – a) Cobrança de taxa em razão de serviços públicos de limpeza; b) Adoção de um ou mais elementos que compõem a base de cálculo própria de imposto para apuração do valor de taxa.

Tese

I – A taxa cobrada exclusivamente em razão dos serviços públicos de coleta, remoção e tratamento ou destinação de lixo ou resíduos provenientes de imóveis não viola o artigo 145, II, da Constituição Federal; II – A taxa cobrada em razão dos serviços de conservação e limpeza de logradouros e bens públicos ofende o art. 145, II, da Constituição Federal; III – É constitucional a adoção, no cálculo do valor de taxa, de um ou mais elementos da base de cálculo própria de determinado imposto, desde que não haja integral identidade entre uma base e outra. Obs: Redação da tese aprovada nos termos do item 2 da Ata da 12ª Sessão Administrativa do STF, realizada em 09/12/2015.

No âmbito do Supremo Tribunal Federal também houve muita dúvida a respeito da taxa de coleta, remoção e destinação de lixo criada pelo município de Campinas e levada à Corte Suprema, pois levava em consideração um dos elementos da base de cálculo do IPTU, qual seja, a metragem do imóvel, o que gerou muita discussão sobre o tema.

Pois veja, a despeito de se pensar que a base de cálculo levava em consideração a metragem do imóvel, isso levava a uma presunção nem sempre real de que quanto maior o imóvel mais lixo ele produziria, o que não é sempre uma verdade, gerando distorções e desigualdades na cobrança, bem como ferindo princípios de ordem constitucional, como o da igualdade.

Há desigualdade quando em imóveis grandes moram apenas uma pessoa ou casais que produzem pouco lixo e imóveis pequenos onde moram famílias inteiras, que produzem muito lixo. Parece desarrazoada a cobrança de uma taxa fixa mensal e igual para todos por um serviço mensurado apenas pelo metro quadrado do imóvel ou presumindo que haja a produção de lixo igual e constante por metro quadrado.

A questão de a base de cálculo ser formada com o metro quadrado do imóvel é algo que gerou e gera um grande desconforto na população e nos julgadores.

No tocante à taxa de coleta, remoção e destinação de lixo julgada constitucional pelo STF (prestado ao contribuinte ou posto à sua disposição), há casos, no entanto, que precisam ser discutidos e compatibilizados com os novos princípios ambientais (artigo 225 da CF), como, por exemplo, princípio do protetor-recebedor, princípio de direito ambiental, expresso no artigo 6º, II, da Lei 12.305/2010 (Institui a Política Nacional de Resíduos Sólidos), onde aquele que promove a proteção do meio ambiente merece receber uma vantagem, muitas vezes pecuniária, por tal conduta.

Agora imagine um imóvel residencial ou empresarial que recicla totalmente seu lixo (certificado de lixo zero) ou, ainda, uma empresa que tem por objeto social a reciclagem de lixo. Cobrar as referidas taxas de tais contribuintes não parece razoável, ao contrário, é desestimulante à preservação do meio ambiente (bem de interesse difuso) e contrário aos seus princípios norteadores. Ao invés de receber um prêmio o contribuinte acaba taxado por um serviço que lhe é inútil. Melhor seria que a lei que trouxesse a taxação também contemplasse as hipóteses de isenção, tais como: a certificação de lixo zero, o objeto social vinculado a reciclagem etc.

No entanto, não se desconhece o fato de que o STF no RE 588.322/RO[13] assentou em repercussão geral que somente às taxas de utilidade de serviços específicos e divisíveis há o caráter de prestação potencial. Ou seja, mesmo que não se utilize do serviço o contribuinte deve arcar com a taxa.

As taxas têm sua competência expressa na Constituição Federal de 1988, artigo 145, o qual diz em seu inciso II que essa espécie tributária

[13] STF, Pleno, RE 588.322/RO, rel. Min. Gilmar Mendes, 6.2010.

pode ser: a) em razão do exercício do poder de polícia; b) ou pela utilização, efetiva ou potencial, de serviços públicos específicos e divisíveis, prestados ao contribuinte ou postos a sua disposição. Ambas devem atingir contribuinte determinado.

A taxa deve decorrer de lei do ente tributante, tanto no âmbito tributário como no âmbito administrativo, de forma a contemplar toda regra-matriz e atuação administrativa na cobrança da referida exação.

Sobre o tema, o Supremo Tribunal Federal editou a Súmula Vinculante nº 19, aprovada em 29/10/2009, cujo enunciado é o seguinte: "A taxa cobrada exclusivamente em razão dos serviços públicos de coleta, remoção e tratamento ou destinação de lixo ou resíduos provenientes de imóveis, não viola o artigo 145, II, da Constituição Federal."

Entendeu-se no caso do RE que a taxa de coleta, remoção e destinação de lixo do Município de Campinas, além de não possuir base de cálculo própria de imposto, é cobrada pela utilização de serviço público específico e divisível, portanto, totalmente constitucional.

Ficou também assentada a questão da conservação e limpeza de logradouros e bens públicos não serem passíveis de taxas, pois realizados em caráter geral *uti universi*. Aí entram as calçadas, praças, vias, ruas, bueiros etc. A manutenção desses serviços se dá pela via dos impostos.

Nos termos do artigo 145, § 2º, as taxas não poderão ter base de cálculo própria de impostos, de maneira que questionou-se a utilização do metro quadrado para integrar a base de cálculo da taxa, pois esse critério também serve ao IPTU, no entanto, ficou consignado que o Tribunal reconhece a constitucionalidade de taxas que, na apuração do montante devido, adote um ou mais dos elementos que compõem a base de cálculo própria de determinado imposto, desde que não se verifique identidade integral entre uma base e a outra.

3.3. Vedação das taxas terem a base de cálculo própria de impostos

De início, cabe ressaltar o que é base de cálculo. No ensino de Andrei Velloso:

> [...] a base de cálculo é a 'perspectiva dimensível do aspecto material', consistindo num 'padrão, critério ou referência para medir um fato tributário' ou, em outros termos, na 'descrição legal de um padrão ou unidade de referência que possibilite a quantificação da grandeza financeira

do fato tributário'. É, enfim, uma 'grandeza ínsita à hipóteses de incidência', razão pela qual está indissociavelmente ligada a esta.[14]

Base de cálculo[15] de um tributo é a ordem de grandeza que, posta na consequência da norma criadora do tributo, presta-se a mensurar o fato descrito na hipótese, possibilitando a quantificação do dever tributário, sua graduação proporcional à capacidade contributiva do sujeito passivo e a definição da espécie tributária.

A vedação encontra-se no Texto Maior, artigo 145, § 2º, que diz:

> Art. 145. A União, os Estados, o Distrito Federal e os Municípios poderão instituir os seguintes tributos:
>
> (...)
>
> § 2º As taxas não poderão ter base de cálculo própria de impostos.

No mesmo sentido, vem o estatuído no Código Tributário Nacional, artigo 77, que se transcreve:

> Art. 77. As taxas cobradas pela União, pelos Estados, pelo Distrito Federal ou pelos Municípios, no âmbito de suas respectivas atribuições, têm como fato gerador o exercício regular do poder de polícia, ou a utilização, efetiva ou potencial, de serviço público específico e divisível, prestado ao contribuinte ou posto à sua disposição.
>
> Parágrafo único. A taxa não pode ter base de cálculo ou fato gerador idênticos aos que correspondam a imposto nem ser calculada em função do capital das empresas. (Vide Ato Complementar nº 34, de 1967).

O que se quer impedir com a regra estatuída é a criação de novos impostos dissimulados, de modo que tendo base de cálculo próprio de imposto venha com o invólucro constitucional de taxa, portanto infringindo a distribuição de competências tributária organizada pela Constituição Federal.

[14] Velloso, Andrei Pitten. *Constituição Tributária Interpretada.* 3ª ed. Porto Alegre: Livraria do Advogado Editora, 2016, p. 90.

[15] Baleeiro, Aliomar. *Direito Tributário Brasileiro* – CTN Comentado (p. 857). Forense. Edição do Kindle.

Explica Roque Carrazza:

> Portanto, a base de cálculo das taxas só poderá dimensionar o custo do 'exercício do poder de polícia' (no caso das taxas de polícia) ou dos 'serviços públicos específicos e divisíveis' (no caso das taxas de serviço), sem qualquer alusão à condição do contribuinte (v.g., seus rendimentos, o volume das operações mercantis que presta, seu patrimônio líquido etc.). Do contrário, ter-se-á base de cálculo 'própria de impostos' (e, não, 'própria de taxa') e, nesta medida, manifestamente inconstitucional, por falta de nexo lógico com a hipótese de incidência do tributo.[16]

Essa previsão constitucional não é nova, já havia previsão na Emenda Constitucional nº 18 de 1965, bem como nas Cartas Constitucionais de 1967 e 1969, que devido a sua importância foi esculpida na Carta de 1988.

De outro lado, o que se veda é a identidade total com a base de cálculo de imposto, mas não há vedação quando a base e cálculo empregada pela taxa utiliza elementos da base de cálculo de impostos, desde que não haja identidade total entre elas.

Esse, hoje, é o posicionamento do Supremo Tribunal Federal, ao editar a Súmula Vinculante nº 29[17], aprovada na Sessão Plenária de 03/02/2010, que diz:

> É constitucional a adoção, no cálculo do valor de taxa, de um ou mais elementos da base de cálculo própria de determinado imposto, desde que não haja integral identidade entre uma base e outra.

Tema interessante, também, é o das taxas com valores variáveis segundo a intensidade do serviço, ou valor do bem, do patrimônio etc. Essas taxas fixas, mas cuja base de cálculo varia segundo os critérios

[16] Carrazza, Roque Antonio, *Curso de Direito Constitucional Tributário,* 33ª ed., São Paulo, Brasil, Malheiros, 2021, p. 480.

[17] Tal posicionamento teve como precedentes os RE 576321 RG-QO Publicação: DJe nº 30 de 13/02/2009 AI 441038 AgR Publicação: DJe nº 55 de 28/03/2008 RE 491216 AgR Publicação: DJe nº 165 de 19/12/2007 RE 346695 AgR Publicação: DJ de 19/12/2003 RE 241790 Publicação: DJ de 27/09/2002 RE 232393 Publicação: DJ de 05/04/2002 RE 220316 Publicação: DJ de 29/06/2001 RE 177835 Publicação: DJ de 25/05/2001 ADI 1926 MC Publicação: DJ de 10/09/1999.

legais, no entender da Corte Suprema, não afrontam o texto constitucional gizado no artigo 145, §2º.

São chamadas taxas fixas, mas que variam conforme a grandeza do serviço, ou seja, são proporcionais ao valor do bem ou da capacidade contributiva do contribuinte, ou ainda ao valor do patrimônio, o que denota claramente que não se trata de uma taxa fixa imposta ao contribuinte.

No entanto, essa forma de se ver a taxa foi permitida pelo Supremo Tribunal Federal em diversos casos, tais como: taxas de emolumentos em razão do valor do imóvel[18], sobre o patrimônio líquido da empresa[19] na taxa de polícia da Comissão de Valores Mobiliários (Súmula nº 665 do STF), entre outras.

Segue abaixo parte do voto do Exmo. Ministro Relator Menezes Direito[20], voto condutor na ADI 3.887 7/SP, que explicou a ideia de variação do parâmetro de cálculo da taxa, *in verbis*:

> O que os dispositivos atacados indicam são referências que não se confundem com identidade capaz de atrair a vedação do art. 145 da Constituição Federal. Esse critério foi admitido pela Suprema Corte quando do julgamento da ADI nº 1.948, Relator o Ministro Gilmar Mendes (DJ de 7/2/03), apoiado em outro precedente de que Relator o Ministro Carlos Velloso, em que se fez a distinção entre essa identidade vedada constitucionalmente e o estabelecimento de mero critério de referência para a incidência da taxa, afastada a ideia de incidência sobre o faturamento.
>
> Como bem assinalou o parecer do eminente Procurador-Geral de Justiça, "conclui-se, no caso presente, que a variação do valor da taxa (emolumentos), em função dos padrões considerados nos incisos da norma atacada, não significa que o valor do imóvel seja sua base de cálculo (muito embora tenha sido essa a expressão utilizada pela lei paulista)" (fl. 138). E prossegue afirmando que o "preço do imóvel, isso sim, e utilizado apenas como parâmetro para determinação do valor daquela espécie de tributo. A taxa, nesse caso, segundo entende o Supremo

[18] STF, 2ª Turma, RE 181.475, rel. Min. Carlos Velloso, 5.1999.

[19] STF, Pleno, RE 177.835, rel. Min. Carlos Velloso, 4.1999.

[20] STF, Pleno, Adin 3887-7 São Paulo, rel. Menezes Direito, 10.2008.

> Tribunal, passa a ser um tributo fixo, ou seja, sem base de cálculo, não ofendendo, por conseguinte, o art. 145, § 2º, da Lei Fundamental" (fl. 138).

Claramente vemos uma forma de flexibilização do texto constitucional do artigo 145, § 2º, da CF, quando há o permissivo da Suprema Corte para usar uma base de cálculo que varia segundo critérios semelhantes ao usado para o cálculo de impostos. Emprega-se critérios valorativos a fim de variar o valor da taxa segundo o valor do imóvel, mas, de fato, o serviço público prestado é o mesmo.

3.4. O regramento do ctn sobre as taxas e seus limites

O Código Tributário Nacional trata das taxas nos artigos 77 a 80, trazendo praticamente o mesmo critério adotado pela Constituição Federal de 1988. Cabe destacar que as taxas se submetem ao artigo 150, III, "c", da Constituição Federal, prazo nonagesimal[21], isto é, antes de decorridos noventa dias da data em que haja sido publicada a lei que os instituiu ou aumentou, observado o disposto na alínea "b".

Conforme o artigo 4º do Código Tributário Nacional, a natureza jurídica específica do tributo é determinada pelo fato gerador da respectiva obrigação. Em respeito ao princípio da legalidade, cada tributo possui, portanto, agrupadas em lei, as circunstâncias ou condições que permitem, uma vez concretizadas, a criação da obrigação tributária, conectando o Poder Público tributante ao contribuinte. Dessa forma, a taxa, como espécie de tributo, possui um pressuposto de fato típico que dá origem à respectiva obrigação tributária.

E o CTN em seu artigo 77 começa por caracterizar as competências e as modalidades de taxas permitidas no Brasil, pois veja:

> Art. 77. As taxas cobradas pela União, pelos Estados, pelo Distrito Federal ou pelos Municípios, no âmbito de suas respectivas atribuições, têm como fato gerador o exercício regular do poder de polícia, ou a utilização, efetiva ou potencial, de serviço público específico e divisível, prestado ao contribuinte ou posto à sua disposição,

[21] ADI nº 3694, Rel. Min. Sepúlveda Pertence, Tribunal Pleno, j. 20.09.2006, DJ 06.11.2006, p. 00030, Ement. vol. 02254-01, p. 00182, RTJ 00201-03, p. 00942, RDDT, n. 136, p. 221, 2007.

O Bernardo Ribeiro de Moraes ao entrar no fato gerador da taxa explica, com sabedoria peculiar que:

> A taxa, no seu sentido genérico, caracteriza-se por um fato gerador típico, que consiste numa situação de fato em que existe uma atividade estatal diretamente dirigida ao contribuinte. Na lição de Achille Donato Giannini, "o pressuposto de fato da taxa consiste em uma situação que determina ou necessariamente se liga a uma atividade do Poder Público relacionada com o obrigado" ("nei riguardi dell'obrigato"). Outra não é a lição de Amílcar de Araújo Falcão, quanto afirma que o fato gerador da taxa "há de ser alguma ocorrência diretamente ligada à utilização, disposição ou requisição do serviço ou atividade determinada do Estado."[22]
>
> O ordenamento positivo brasileiro restringe a figura do fato gerador da obrigação tributária relativa às taxas. Embora conservando a ideia central do fato gerador da taxa (situação de fato relativa a uma atuação do Estado em direção ao obrigado), a Constituição Federal de 88, apenas admite duas causas jurídicas que possam dar origem ao tributo específico: pelo exercício do poder de polícia ou em razão de serviços públicos específicos e divisíveis prestados ou colocados à disposição do obrigado (art. 145, II). Eis os dois tipos de fatos geradores que podem originar taxas no Brasil. Caracterizam as duas espécies genéricas de taxas.

Baleeiro explica que: "Taxa é o tributo cobrado de alguém que se utiliza de serviço público especial e divisível, de caráter administrativo ou jurisdicional, ou o tem à sua disposição, e ainda quando provoca em seu benefício, ou por ato seu, despesa especial dos cofres públicos." E continua o mesmo autor dizendo que:

> Quem paga a taxa recebeu serviço ou vantagem: goza da segurança decorrente de ter o serviço à sua disposição, ou, enfim, provocou uma despesa do poder público. A casa de negócio, a fábrica ou o proprietário podem não invocar nunca o socorro dos bombeiros, mas a existência de uma corporação disciplinada e treinada para extinguir incêndios, dotada de veículos e equipamentos adequados e mantida permanentemente de

[22] Moraes, Bernardo Ribeiro de. *Doutrina e Prática das Taxas*. 2ª ed., São Paulo: Quartier Latin, 2007, p. 148-149.

> prontidão, constitui serviço e vantagem que especialmente lhes aproveita e reduz a um mínimo inevitável seus prejuízos e riscos. Essa vantagem sobe de vulto para as companhias que exploram o negócio do seguro contra fogo. O proprietário de um veículo força o poder público a melhorar pavimentações, instalar sinalizações elétricas, inspecionar periodicamente máquinas e freios, dirigir o tráfego nos pontos de congestionamento e estabelecer permanente polícia da velocidade e da observância das regras de prudência e perícia no trânsito. A taxa fornece à autoridade o meio de o automobilista indenizar o Estado pelo uso de coisa conveniente a seus interesses, mas que ocasiona riscos para o público e maiores despesas para os serviços governamentais.[23]

O parágrafo único do artigo 77 veda que a taxa tenha a base de cálculo ou fato gerador idênticos aos que correspondam a imposto, e seja calculada em função do capital das empresas. Claro que, neste último ponto, também teria base de imposto, portanto, foi um fator confirmador apenas. A CF de 1988 replicou a matéria no 145, § 2º, de modo a proteger as competências tributárias e evitar sobreposições dos tributos.

No artigo 78 o CTN traz o conceito de poder de polícia, conceito conhecido e utilizado pela Administração Pública e pelo Poder Judiciário. Veja o texto:

> Art. 78. Considera-se poder de polícia atividade da administração pública que, limitando ou disciplinando direito, interesse ou liberdade, regula a prática de ato ou abstenção de fato, em razão de interesse público concernente à segurança, à higiene, à ordem, aos costumes, à disciplina da produção e do mercado, ao exercício de atividades econômicas dependentes de concessão ou autorização do Poder Público, à tranquilidade pública ou ao respeito à propriedade e aos direitos individuais ou coletivos.
>
> Parágrafo único. Considera-se regular o exercício do poder de polícia quando desempenhado pelo órgão competente nos limites da lei aplicável, com observância do processo legal e, tratando-se de atividade que a lei tenha como discricionária, sem abuso ou desvio de poder.

[23] Baleeiro, Aliomar. *Direito Tributário Brasileiro* – CTN Comentado, 14ª ed., Rio de Janeiro: Forense, 2018, p. 840.

O poder de polícia é o conjunto de normas que impõem regras de uso e disposição dos direitos a liberdade pessoal ou profissional ou, ainda, patrimonial das pessoas; e o ente público pode cobrar pela prática de ato de poder de polícia, isto é, o serviço prestado que permite ao contribuinte usufruir ou exercer algum direito.

Machado Segundo explica sua base de cálculo:

> Exercício do poder de polícia e base de cálculo – A base de cálculo de qualquer tributo deve sempre corresponder ao aspecto dimensível de seu fato gerador, vale dizer, deve corresponder à quantificação pecuniária de seu fato gerador. Assim, as taxas devem ser cobradas em função do custo aproximado que a atividade representa para o Poder Público, e do grau de utilização do contribuinte em relação a essa atividade. Forte nessas premissas, o STJ já considerou ilegítima a cobrança de taxa de licença de publicidade calculada em função da área do anúncio a ser colocado na fachada do estabelecimento: "A Taxa de licença de publicidade não pode ter como base de cálculo o espaço ocupado pelo anúncio na fachada externa do estabelecimento, porque o trabalho da fiscalização, independente do tamanho da placa de publicidade (CTN, art. 78). [...]" (STJ, 2a T., RESP 78.048/SP, Rel. Min. Ari Pargendler, DJ de 9/12/1997, p. 64.657/8, RDDT 30, p. 224).[24]

Por fim, cabe mencionar o artigo 79 do CTN, pois traz as modalidades de taxas, razão pela qual não pode o ente tributante criar outras fora das normas aqui descritas e replicadas na Constituição Federal de 1988. Diz o artigo citado:

> Art. 79. Os serviços públicos a que se refere o artigo 77 consideram-se:
> I – utilizados pelo contribuinte:
> a) efetivamente, quando por ele usufruídos a qualquer título;
> b) potencialmente, quando, sendo de utilização compulsória, sejam postos à sua disposição mediante atividade administrativa em efetivo funcionamento;
> II – específicos, quando possam ser destacados em unidades autônomas de intervenção, de utilidade, ou de necessidades públicas;

[24] Machado Segundo, Hugo de Brito. *Código Tributário Nacional.* 7ª ed., São Paulo: Atlas, 2018, p. 209.

III – divisíveis, quando suscetíveis de utilização, separadamente, por parte de cada um dos seus usuários.

Já em relação ao artigo 80, o CTN não traz uma divisão de competências, mas diz que para efeito de instituição e cobrança de taxas, consideram-se compreendidas no âmbito das atribuições da União, dos Estados, do Distrito Federal ou dos Municípios, aquelas que, segundo a Constituição Federal, as Constituições dos Estados, as Leis Orgânicas do Distrito Federal e dos Municípios e a legislação com elas compatível, competem a cada uma dessas pessoas de direito público.

Isso quer dizer que os entes tributantes da taxa encontram suas respectivas legitimidades nas competências materiais dispostas no direito administrativo e constitucional, ou seja, se cabe a determinado ente público liberar certo alvará, então caberá a este tributar por taxa de polícia o respectivo serviço.

Conclusões

O Código Tributário Nacional conceitua tributo como toda prestação pecuniária compulsória, em moeda ou cujo valor nela se possa exprimir, que não constitua sanção de ato ilícito, instituída em lei e cobrada mediante atividade administrativa plenamente vinculada.

Por sua vez, a Constituição Federal de 1988 instituiu as formas de tributos que poderão ser criados, pela União, os Estados, o Distrito Federal e os Municípios, quais seja: I – impostos; II – taxas, em razão do exercício do poder de polícia ou pela utilização, efetiva ou potencial, de serviços públicos específicos e divisíveis, prestados ao contribuinte ou postos a sua disposição; III – contribuição de melhoria, decorrente de obras públicas.

Em relação às taxas, a Constituição estipulou que essas não poderão ter base de cálculo própria de impostos. E assim o fez para proteger o contribuinte de exações mascaradas de taxas, mas com natureza de impostos, que facilmente poderiam ser criadas pelos entes federativos.

Daí porque não se fala em competência de taxas, mas se extrai sua possibilidade das competências materiais extraídas do próprio direito administrativo e constitucional, pois quando se fala de taxa se espera de fato um serviço público prestado ou colocado à disposição.

Não bastasse isso, tanto o CTN quanto a Constituição especificam as possibilidades ou modalidades de taxas, quais sejam: a) taxas, em razão do exercício do poder de polícia; b) pela utilização, efetiva ou potencial, de serviços públicos específicos e divisíveis, prestados ao contribuinte ou postos a sua disposição. Assim, não se pode criar taxa fora dessas hipóteses e como taxa é um tributo, deve se apresentar por meio de lei (art. 3º do CTN).

Cabe, ainda, ressaltar a discussão que acabou sendo pacificada na Suprema Corte de que pode sim uma taxa variar seu valor em casos específicos, como emolumentos, critério da base de cálculo do IPVA, patrimônio líquido da empresa nas taxas da CVM etc., isto é, temos o mesmo serviço prestado pelo ente público, mas a taxa varia conforme os critérios da base de cálculo, e isso não afeta a proibição do artigo 145, § 2ª da CF/88. Da mesma forma, as taxas podem adotar a certos critérios da base de cálculo de outro imposto, como vimos, mas não pode ser idêntico.

Outrossim, o CTN traz o conceito de poder de polícia, que é extremamente importante para o estudo da taxa de polícia, razão pela qual foi tratado em tópico próprio acima, sempre representando um serviço efetivamente prestado ao contribuinte.

Por fim, as taxas se submetem ao artigo 150, III, "c", da Constituição Federal, prazo nonagesimal, isto é, antes de decorridos noventa dias da data em que haja sido publicada a lei que os instituiu ou aumentou, observado o disposto na alínea "b".

Referências

BALEEIRO, Aliomar. Direito Tributário Brasileiro – CTN Comentado, 14ª ed., Rio de Janeiro, Forense, 2018.

BRASIL. Constituição Federal de 1988. Disponível em: http://www.planalto.gov.br/ccivil_03/constituicao/constituicao.htm, acesso em 27 fev. 2022.

BRASIL. Código Tribunal Nacional. Disponível em: http://www.planalto.gov.br/ccivil_03/leis/l5172compilado.htm, acesso em: 27 fev. 2022.

BRASIL. Lei nº 12.305, de 2 de agosto de 2010. Disponível em: http://www.planalto.gov.br/ccivil_03/_ato2007-2010/2010/lei/l12305.htm, acesso em 28 fev. 2022.

BRASIL. Supremo Tribunal Federal. RE 856.185/PR. Disponível em: https://jurisprudencia.stf.jus.br/pages/search?classeNumeroIncidente=%22RE%20

856185%22&base=acordaos&sinonimo=true&plural=true&page=1&pageSize=10&sort=_score&sortBy=desc&isAdvanced=true, acesso em 27 fev. 2022.

BRASIL. Supremo Tribunal Federal. RE 588.322/RO. Disponível em: https://jurisprudencia.stf.jus.br/pages/search?classeNumeroIncidente=%22RE%20588322%22&base=acordaos&sinonimo=true&plural=true&page=1&pageSize=10&sort=_score&sortBy=desc&isAdvanced=true, acesso em 18 fev. 2022.

BRASIL. Supremo Tribunal Federal. ADI 1.942. https://jurisprudencia.stf.jus.br/pages/search?classeNumeroIncidente=%22ADI%201942%22&base=acordaos&sinonimo=true&plural=true&page=1&pageSize=10&sort=_score&sortBy=desc&isAdvanced=true, acesso em 21 fev. 2022.

BRASIL. Supremo Tribunal Federal. RE 633.782/MG. Disponível em: https://jurisprudencia.stf.jus.br/pages/search?classeNumeroIncidente=%22RE%20633782%22&base=acordaos&sinonimo=true&plural=true&page=1&pageSize=10&sort=_score&sortBy=desc&isAdvanced=true, acesso em 14 fev. 2022.

BRASIL. Supremo Tribunal Federal. Constituição e o Supremo. Disponível em: http://portal.stf.jus.br/constituicao-supremo/constituicao.asp, acesso em 14 fev. 2022.

BRASIL. Supremo Tribunal Federal. RE 181.475/RS. Disponível em: chrome-extension://efaidnbmnnnibpcajpcglclefindmkaj/viewer.html?pdfurl=https%3A%2F%2Fredir.stf.jus.br%2Fpaginadorpub%2Fpaginador.jsp%3FdocTP%3DAC%26docID%3D226079&clen=647242, acesso em 28 fev. 2022.

BRASIL. Supremo Tribunal Federal. RE 177.835/PE. Disponível em: chrome-extension://efaidnbmnnnibpcajpcglclefindmkaj/viewer.html?pdfurl=https%3A%2F%2Fredir.stf.jus.br%2Fpaginadorpub%2Fpaginador.jsp%3FdocTP%3DAC%26docID%3D223337&clen=706089, acesso em 28 fev. 2022.

BRASIL. Supremo Tribunal Federal. ADI 3.887-7/SP. Disponível em: chrome-extension://efaidnbmnnnibpcajpcglclefindmkaj/viewer.html?pdfurl=https%3A%2F%2Fredir.stf.jus.br%2Fpaginadorpub%2Fpaginador.jsp%3FdocTP%3DTP%26docID%3D332581&clen=472144, acesso em 28 fev. 2022.

BRASIL. Supremo Tribunal Federal. ADI 3.694-7/AP. Disponível em: chrome-extension://efaidnbmnnnibpcajpcglclefindmkaj/viewer.html?pdfurl=https%3A%2F%2Fredir.stf.jus.br%2Fpaginadorpub%2Fpaginador.jsp%3FdocTP%3DAC%26docID%3D389976&clen=227934, acesso em 28 fev. 2022.

BRASIL. Supremo Tribunal Federal. RE 576.321. Disponível em: https://jurisprudencia.stf.jus.br/pages/search/repercussao-geral662/false, acesso em 28 fev. 2022.

BRASIL. Supremo Tribunal Federal. RE 643.247. Disponível em: chrome-extension://efaidnbmnnnibpcajpcglclefindmkaj/viewer.html?pdfurl=http%3A%2F%2Fportal.stf.jus.br%2Fprocessos%2FdownloadPeca.asp%3Fid%3D15340499915%26ext%3D.pdf&clen=316626, acesso em 28 fev. 2022.

CARRAZZA, Roque Antonio. *Curso de Direito Constitucional Tributário.* 33ª edição. São Paulo: Malheiros, 2021.

CARVALHO FILHO, José dos Santos. *Manual de Direito Administrativo.* 34. Ed. São Paulo: Atlas, 2020.

CRIALES, Marly Moreira Couto. O empréstimo compulsório na Teoria Triconômica. *Revista Tributária e de Finanças Públicas.* Ano 22. Volume 115. Março-Abril, 2014.

DI PIETRO, Maria Sylvia Zanella. *Direito Administrativo.* 34ª edição revista, atualizada e ampliada. Rio de Janeiro: Forense, 2021.

MACHADO, Hugo de Brito. *Código Tributário Nacional.* 7ª ed., São Paulo, Atlas, 2018.

MORAES, Bernardo Ribeiro de. *Doutrina e Prática das Taxas,* 2ª ed., São Paulo, Quartier Latin, 2007.

VELLOSO, Andrei Pitten. *Constituição Tributária Interpretada,* 3ª ed., Porto Alegre, Livraria do Advogado Editora, 2016.

CAPÍTULO 2
LEI COMPLEMENTAR TRIBUTÁRIA – ESTRUTURA E FUNÇÕES

Danilo Borges Meira

Introdução

A plena compreensão do sistema normativo brasileiro e da sua hierarquia das fontes do direito requer um estudo da lei complementar, da sua estrutura e das suas funções, além de outros aspectos não menos importantes, devido à relevância que este instrumento legislativo possui no âmbito do Direito Tributário.

As principais fontes do Direito Tributário brasileiro são a Constituição Federal e o Código Tributário Nacional (CTN). Contudo, a legislação tributária brasileira é composta por um conjunto de normas jurídicas expressas nos seguintes textos legais:

- Constituição Federal de 1988;
- Código Tributário Nacional (Lei nº 5.172, de 25 de outubro de 1966)[1];
- leis complementares e leis ordinárias;
- constituições estaduais e leis estaduais e municipais, nos limites de suas competências; e
- normas complementares (atos normativos em geral).

[1] Editado como lei ordinária, o CTN tem *status* de lei complementar e foi recepcionado como tal pela CF/88.

No que se refere ao CTN, este diploma trouxe uma definição para a expressão "legislação tributária" que ilustra a fonte material do Direito Tributário:

> [...]
>
> "Art. 96. A expressão "legislação tributária" compreende as leis, os tratados e as convenções internacionais, os decretos e as normas complementares que versem, no todo ou em parte, sobre tributos e relações jurídicas a eles pertinentes." [2]
>
> [...]

A lei complementar prevista na Constituição Federal de 1988, expressão que apareceu no ordenamento brasileiro primeiramente na Emenda 17/65 à Constituição de 1946, teve origem na denominada lei orgânica francesa. Até a Constituição francesa de 1958, as *lois organiques* eram leis ordinárias que podiam ser modificadas nas mesmas condições das demais leis; a partir de 1958, passaram a ter quórum especial (maioria absoluta).[3]

Além do Brasil, o direito francês inspirou Constituições de outros países, como Marrocos, Senegal, Espanha, Itália e Portugal. Na América do Sul, há previsão de lei complementar no Chile, na Colômbia, no Peru e na Venezuela.[4]

Contudo, no Brasil, a lei complementar, especialmente quando trata de matéria tributária, foi assumindo feições diferenciadas. Enquanto na origem se destinava a regular temas de caráter mais geral, sobre temas que se desejava uma maior estabilidade jurídica, na seara de direito tributário brasileiro, passou a ter diversas funções além da nobre função relacionada à sua origem. Assim, a lei complementar pode se destinar a veicular as normas gerais de direito tributário (que sujeitam as três entidades tributantes), com particularidades em função das especifici-

[2] BRASIL. *Lei nº 5.172, de 25 de outubro de 1966.* Dispõe sobre o Sistema Tributário Nacional e institui normas gerais de direito tributário aplicáveis à União, Estados e Municípios. Disponível em: www4.planalto.gov.br/legislacao/. Acesso em: 30 abr. 2021.

[3] CHEHAB, Gustavo Carvalho. A lei complementar no direito brasileiro. *Revista de Informação Legislativa.* a. 49. N. 193 jan/mar 2012. p. 192.

[4] CHEHAB, Gustavo Carvalho. A lei complementar o direito brasileiro. *Revista de Informação Legislativa.* a. 49. N. 193 jan/mar 2012. p. 193.

dades da federação brasileira, e regular limitações ao poder de tributar como as imunidades, prevenir desequilíbrios concorrenciais por meio da tributação, bem como também pode ser destinada meramente à instituição de tributos específicos (caso dos empréstimos compulsórios), aspectos que adiante serão retomados.

1. Estrutura e funções da lei complementar

A Lei Complementar é uma espécie normativa prevista na Constituição de 1988 que possui iniciativa, discussão e quórum de aprovação diferenciados.

Segundo Moraes, o procedimento de elaboração da lei complementar segue o modelo padrão do processo legislativo ordinário, com a única diferença em relação à subfase de votação, pois o quórum será de maioria absoluta.[5]

Dessa forma, o processo legislativo pode ser[6]:

> a) Ordinário (ou comum) – Processo destinado à elaboração de leis ordinárias.
>
> b) Sumário – Processo dedicado à elaboração de leis ordinárias em regime de urgência. O que difere este do ordinário é a existência de prazo para o Congresso Nacional deliberar sobre o assunto.
>
> c) Especial – Processo recebe esta designação quando difere, em algum fator, do comum. Quando o quórum de aprovação é diferenciado, deixa de ser ordinário para ser especial, como emenda constitucional, lei complementar, lei delegada, medida provisória, decreto legislativo, resoluções e leis financeiras.

As espécies normativas usuais estão no art. 59 da Constituição de 1988[7], que dispõe: "O processo legislativo compreende a elaboração de:

> I – emendas à Constituição;

[5] Moraes, Alexandre de. *Direito Constitucional.* 37 ed. São Paulo: Atlas, 2021. p. 773.

[6] Padilha, Rodrigo. *Direito Constitucional.* 6ª ed. Rio de Janeiro: Forense São Paulo: Método 2020. p. 477.

[7] BRASIL. [Constituição (1988)]. Constituição da República Federativa do Brasil de 1988. Brasília, DF: Presidência da República, [2021]. Disponível em: www4.planalto.gov.br/legislacao/. Acesso em: 30 abr. 2021.

II – leis complementares;
III – leis ordinárias;
IV – leis delegadas;
V – medidas provisórias;
VI – decretos legislativos;
VII – resoluções".

Completando o art. 59, seu parágrafo único exige lei complementar para dispor sobre a elaboração, redação, alteração e consolidação das leis. Nesse sentido, foi publicada a Lei Complementar nº 95, de 1998.[8]

De acordo com Motta, as leis complementares são atos normativos primários cujas hipóteses de aplicação estão taxativamente prescritas na Constituição e que exigem para sua aprovação maioria absoluta.[9]

Para o autor, entende nossa doutrina que o objetivo que norteou o legislador constituinte, ao instituir a lei complementar como espécie legislativa autônoma, foi a intenção de conferir maior estabilidade a certas matérias, em função da necessidade de quórum qualificado para a aprovação dessa espécie legislativa, em ambas as Casas do Congresso. Este quórum qualificado para aprovação situa a lei complementar num ponto intermediário entre a lei ordinária, que exige apenas maioria relativa para sua aprovação, e as emendas à Constituição, que exigem para sua aprovação três quintos dos votos dos membros da Câmara e do Senado, em dois turnos de votação.[10]

No mesmo sentido, Padilha afirma que as leis complementares surgiram pela primeira vez na Constituição de 1946, graças à Emenda Constitucional nº 4, de 1961, com a função de regulamentar a organização do sistema de governo parlamentarista que acabara de ser criado. Como o próprio nome induz a crer, lei complementar era toda norma que

[8] BRASIL. Lei Complementar nº 95, de 26 de fevereiro de 1998. Dispõe sobre a elaboração, a redação, a alteração e a consolidação das leis, conforme determina o parágrafo único do art. 59 da Constituição Federal, e estabelece normas para a consolidação dos atos normativos que menciona. Disponível em: www4.planalto.gov.br/legislacao/. Acesso em: 30 abr. 2021.

[9] MOTTA, Sylvio. *Direito constitucional: teoria, jurisprudência e questões.* 29 ed. Rio de Janeiro: Forense Método 2021. p. 701.

[10] MOTTA, Sylvio. *Direito constitucional: teoria, jurisprudência e questões.* 29 ed. Rio de Janeiro: Forense Método 2021. p. 701.

tivesse função de complementar a Constituição. O processo legislativo que elabora lei complementar é similar ao que elabora a lei ordinária. Dessa forma, as leis complementares são leis ordinárias votadas com quórum especial.[11]

Assim, a razão de existência da lei complementar consubstancia-se no fato de o legislador constituinte ter entendido que determinadas matérias, apesar da evidente importância, não deveriam ser regulamentadas na própria Constituição Federal, sob pena de engessamento de futuras alterações; mas, ao mesmo tempo, não poderiam comportar constantes alterações através de um processo legislativo ordinário. O legislador constituinte pretendeu resguardar determinadas matérias de caráter infraconstitucional contra alterações volúveis e constantes, sem, porém, lhes exigir a rigidez que impedisse a modificação de seu tratamento, assim que necessário.[12] Na realidade, existem somente duas distinções em relação às leis ordinárias e complementares: uma de ordem formal, outra de ordem material.

Para Moraes, são duas as diferenças entre lei complementar e lei ordinária. A primeira é material, uma vez que somente poderá ser objeto de lei complementar a matéria taxativamente prevista na Constituição Federal, enquanto todas as demais matérias deverão ser objeto de lei ordinária. Assim, a Constituição Federal reserva determinadas matérias cuja regulamentação, obrigatoriamente, será realizada por meio de lei complementar. A segunda é formal e diz respeito ao processo legislativo, na fase de votação. Enquanto o quórum para aprovação da lei ordinária é de maioria simples (art. 47), o quórum para aprovação da lei complementar é de maioria absoluta (art. 69), ou seja, o primeiro número inteiro subsequente à divisão dos membros da Casa Legislativa por dois. Note-se que, nas votações por maioria absoluta, não devemos nos fixar no número de presentes, mas sim no número total de integrantes da Casa Legislativa. Portanto, a maioria absoluta é sempre um número fixo, independentemente dos parlamentares presentes.[13]

[11] Padilha, Rodrigo. *Direito Constitucional.* 6ª ed. Rio de Janeiro: Forense São Paulo: Método 2020. p. 493.

[12] Moraes, Alexandre de. *Direito Constitucional.* 37 ed. São Paulo: Atlas, 2021. p. 772.

[13] Moraes, Alexandre de. *Direito Constitucional.* 37 ed. São Paulo: Atlas, 2021. p. 773.

A diferença material entre lei ordinária e complementar é que a aprovação na forma de lei complementar está expressamente prevista no texto constitucional, como no art. 22, parágrafo único, 93, 146 e 154, I.[14]

De regra, a lei ordinária está no texto constitucional de forma residual, quando não for hipótese de lei complementar, como nos arts. 5º, II, VI, VII, VIII, XIII, XV; 18, §§ 3º e 4º; 37, VII, e assim por diante.[15]

Padilha alerta que é preciso ter cuidado, pois essa regra não é absoluta. Às vezes a Constituição utiliza o termo "lei" querendo se referir à lei complementar.[16]

Os arts. 150, VI, "c", e 195, § 7º, versam sobre limitação constitucional ao poder de tributar. Apesar de os artigos em comento só se referirem à "lei", deve-se observar que o art. 146, II, exige lei complementar para regulamentá-los.[17] Assim, dentro do sistema constitucional tributário não é necessário que o termo "lei complementar" esteja expresso no dispositivo para que seja entendido que a regulação de determinado instituto seja feita por lei complementar, embora remanesçam controvérsias nos casos acima mencionados, sobre o nível de detalhamento da regulação exigível em lei complementar.

No mesmo sentido, o art. 195, § 4º, da Constituição também se refere à lei, porém ao fazer referência ao art. 154, I, deixa claro o intuito constitucional de exigir lei complementar para estabelecer contribuição social residual.[18]

[14] BRASIL. [Constituição (1988)]. *Constituição da República Federativa do Brasil de 1988*. Brasília, DF: Presidência da República, [2021]. Disponível em: www4.planalto.gov.br/legislacao/. Acesso em: 30 abr. 2021.

[15] BRASIL. [Constituição (1988)]. *Constituição da República Federativa do Brasil de 1988*. Brasília, DF: Presidência da República, [2021]. Disponível em: www4.planalto.gov.br/legislacao/. Acesso em: 30 abr. 2021.

[16] PADILHA, Rodrigo. *Direito Constitucional*. 6ª ed. Rio de Janeiro: Forense São Paulo: Método 2020. p. 493.

[17] BRASIL. [Constituição (1988)]. *Constituição da República Federativa do Brasil de 1988*. Brasília, DF: Presidência da República, [2021]. Disponível em: www4.planalto.gov.br/legislacao/. Acesso em: 30 abr. 2021.

[18] BRASIL. [Constituição (1988)]. *Constituição da República Federativa do Brasil de 1988*. Brasília, DF: Presidência da República, [2021]. Disponível em: www4.planalto.gov.br/legislacao/. Acesso em: 30 abr. 2021.

A diferença formal entre as duas normas é que lei complementar exige quórum de maioria absoluta para sua aprovação (art. 69), enquanto lei ordinária exige quórum de maioria simples (art. 47).[19]

De acordo com Moraes, não será o detentor da iniciativa legislativa, tampouco o Congresso Nacional, que determinará qual o procedimento a seguir, se o da lei ordinária ou se o da lei complementar. Isso dependerá da matéria e da própria exigência constitucional.[20]

Em razão da diferença de quórum para aprovação, chega-se a discutir uma possível hierarquia entre lei complementar e lei ordinária. Esse assunto já está superado pelo STF, que possui largo entendimento pela inexistência de hierarquia entre as duas normas em estudo.[21]

Segundo Motta, apesar dessas diferenças, o STF entende que essas espécies legislativas se situam em idêntico patamar hierárquico, sem sobreposição de qualquer lei complementar sobre a lei ordinária. O máximo que a Corte afirmou até hoje é que a lei complementar goza de uma "especial dignidade", comparativamente à lei ordinária.[22]

Porém, se eventualmente uma matéria sob reserva de lei complementar vier a ser regulada por lei ordinária, esta lei ordinária apresenta defeito formal de constitucionalidade, que pode ser reconhecido em controle difuso ou concentrado, uma vez que o quórum de aprovação da lei complementar é mais rigoroso. O mesmo se aplica às demais espécies legislativas que exigem somente maioria relativa para sua aprovação: se adentrarem em matérias sob reserva de lei complementar, sofrem de inconstitucionalidade formal.[23]

A mesma conclusão não se aplica caso uma matéria passível de disciplinamento por lei ordinária vier a ser tratada em lei complementar. Nessa hipótese, entende o STF que este diploma legislativo tem natureza de lei complementar apenas em termos formais (foi produzido

[19] PADILHA, Rodrigo. *Direito Constitucional.* 6ª ed. Rio de Janeiro: Forense São Paulo: Método 2020. p. 493.

[20] MORAES, Alexandre de. *Direito Constitucional.* 37 ed. São Paulo: Atlas, 2021. p. 773.

[21] PADILHA, Rodrigo. *Direito Constitucional.* 6ª ed. Rio de Janeiro: Forense São Paulo: Método 2020. p. 493.

[22] MOTTA, Sylvio. *Direito constitucional: teoria, jurisprudência e questões.* 29 ed. Rio de Janeiro: Forense Método 2021. p. 701.

[23] MOTTA, Sylvio. *Direito constitucional: teoria, jurisprudência e questões.* 29 ed. Rio de Janeiro: Forense Método 2021. p. 701.

segundo o procedimento prescrito para essa espécie legislativa, inclusive quanto ao quórum de maioria absoluta para aprovação); mas em termos materiais ostenta a condição de lei ordinária (já que tratou de matéria sujeita a regramento por essa espécie legislativa). A diferença se fará sentir no momento de alteração dessa matéria, a qual poderá ser promovida por meio de lei ordinária.[24]

É possível que um assunto, típico de lei ordinária, seja aprovado por lei complementar, pois o quórum é maior. Esse processo não "complementariza" a matéria típica de lei ordinária, podendo ser revogada pelo processo legislativo comum. O inverso, porém, não é possível. Um projeto de lei ordinária não pode dispor sobre assuntos em que a Constituição exige lei complementar, pois o quórum mais exigente não seria alcançado.[25]

Porém, o tema da existência da inexistência de hierarquia entre lei complementar e lei ordinária em matéria tributária, considerando os aspectos formal e material, é controverso, a despeito do STF ter manifestado pela inexistência em casos concretos. Veja-se, por exemplo, no caso de leis complementares que disciplinem conflitos de competência entre entidades tributantes, nesse caso a hierarquia material parece ser evidente.[26]

Cabe ressaltar, que é possível que os Estados estabeleçam nas suas Constituições lei complementar estadual, desde que sigam as regras legislativas traçadas pela Constituição Federal.[27]

2.1. Funções da lei complementar tributária

É relevante o papel reservado pelo constituinte de 1988 às leis complementares em matéria tributária. A ela dedicou-se o art. 146 do texto constitucional, dando-lhe a tríplice função de:

[24] Motta, Sylvio. *Direito constitucional: teoria, jurisprudência e questões.* 29 ed. Rio de Janeiro: Forense Método 2021. p. 701.

[25] Padilha, Rodrigo. *Direito Constitucional.* 6ª ed. Rio de Janeiro: Forense São Paulo: Método 2020. p. 493.

[26] Moura, Frederico Araújo Seabra de. Lei Complementar Tributária. São Paulo: Quatier Latin, 2009, p. 100-105.

[27] Padilha, Rodrigo. *Direito Constitucional.* 6ª ed. Rio de Janeiro: Forense São Paulo: Método 2020. p. 493.

> a) dispor sobre conflitos de competência, i.e., firmar os limites até onde podem andar os legisladores federal, estadual, distrital ou municipal na instituição dos tributos que lhes tenham sido atribuídos pela própria Constituição, esclarecendo, nos casos em que duas ou mais competências pareçam coincidir, a quem cabe a competência;
>
> b) regular as limitações constitucionais ao poder de tributar, o que se torna especialmente importante quando dispositivos constitucionais exijam algum tipo de esclarecimento ou complementação para sua própria eficácia (por exemplo: os requisitos para que uma entidade assistencial sem fins lucrativos seja imune a impostos), mas também relevante para a solução de casos conflituosos entre dispositivos constitucionais (por exemplo: no conflito entre legalidade e igualdade, a decisão sobre os limites do emprego da analogia); e
>
> c) estabelecer normas gerais em matéria de legislação tributária, assegurando uma disciplina única, em âmbito nacional, para a matéria tributária, apesar da existência de diversas legislações editadas pelas pessoas jurídicas de direito público. Estas devem dobrarse ao que for previsto pela lei complementar.[28]

Schoueri afirma que no ordenamento positivo brasileiro, cumpre as funções acima, por excelência, o Código Tributário Nacional. Conquanto editado sob a forma de lei ordinária (Lei n. 5.172/66), a matéria que ele regulou é, hoje, por força do art. 146 acima referido, reservada pela Constituição à lei complementar. Por tal razão, apenas uma lei complementar poderia inovar em tais matérias. Quando legislação anterior regula matéria de modo que não contraria o novo texto constitucional, ocorre o fenômeno da recepção: examina-se a legislação anterior em seu aspecto material, validando (ou não) a disciplina conforme as normas constitucionais da nova ordem e, a partir de então, a legislação anterior é recepcionada pela nova ordem, com o *status* que esta lhe confere. Nesse sentido, o Código Tributário Nacional, do ponto de vista material, tem eficácia de lei complementar.[29]

O autor acrescenta ainda que, ao lado dessas importantes funções, o texto constitucional se refere à lei complementar em matéria tributária

[28] SCHOUERI, Luís Eduardo. *Direito tributário.* 11 ed. São Paulo: SaraivaJur, 2022. p. 82.

[29] SCHOUERI, Luís Eduardo. *Direito tributário.* 11 ed. São Paulo: SaraivaJur, 2022. p. 82.

por diversas vezes. O art. 156, III, por exemplo, dispõe caber à lei complementar definir os serviços sujeitos ao ISS, o que vai além do art. 146, III, "a", já que enquanto este, aplicável a todos os impostos previstos na Constituição, exige uma definição (uma moldura) dentro da qual o legislador ordinário tem ampla liberdade, o primeiro, concernente ao ISS, é mais restrito: serviços não previstos pela própria lei complementar não podem ser alcançados pelo imposto municipal. Outro exemplo de situação em que cabe lei complementar em matéria tributária dá-se nas hipóteses em que ela mesma deve instituir determinado tributo, como no caso dos empréstimos compulsórios (art. 148)[30]. No que se refere ao inciso I do art. 146 da Constituição, Velloso afirma que é certo que terá reduzido espaço para dispor sobre conflitos de competência, dado que a competência tributária dos entes políticos mencionados está estabelecida na Constituição.[31]

Em continuidade, no que se refere ao inciso II, do art. 146, da Constituição, Velloso esclarece que as limitações ao poder de tributar estão na Constituição, especialmente nos artigos 150, 151 e 152. Elas não se esgotam, entretanto, em tais disposições. Estão dispostas em vários momentos na Constituição, principalmente quando tratam de princípios gerais, princípios especiais, princípios específicos e imunidades.[32]

Para Velloso, no que se refere ao inciso III do art. 146 da Constituição, reforça que a lei complementar definirá o tributo e as suas espécies, certo de que estas estão na Constituição: impostos, taxas. contribuições de melhoria, contribuições parafiscais, em suas diversas espécies, e empréstimo compulsório. Definirá, também, no tocante aos impostos, os respectivos fatos geradores, bases de cálculo e contribuintes, sem desbordar, evidentemente, do já estabelecido na Constituição. Estabelecerá normas gerais sobre obrigação tributária, o lançamento. o crédito, a prescrição e a decadência tributários.[33]

[30] Schoueri, Luís Eduardo. *Direito tributário.* 11 ed. São Paulo: SaraivaJur, 2022. p. 82.

[31] Velloso, Carlos Mário da Silva. Lei complementar tributária. *Revista de Direito Administrativo.* N. 235. p. 117-138. Jan/mar 2004. Rio de Janeiro. p. 124.

[32] Velloso, Carlos Mário da Silva. Lei complementar tributária. *Revista de Direito Administrativo.* N. 235. p. 117-138. Jan/mar 2004. Rio de Janeiro. p. 125.

[33] Velloso, Carlos Mário da Silva. Lei complementar tributária. *Revista de Direito Administrativo.* N. 235. p. 117-138. Jan/mar 2004. Rio de Janeiro. p. 127.

Cabe também à lei complementar estabelecer critérios especiais de tributação, com o objetivo de prevenir desequilíbrios da concorrência, nos termos do art. 146-A da Constituição.

Velloso complementa que os incisos I a XVI do art. 24 da Constituição Federal relacionam matérias sobre as quais a União, os Estados e o Distrito Federal legislarão, concorrentemente. Uma dessas matérias é a tributária: art. 24. I. É dizer, União. Estados e Distrito Federal legislarão, concorrentemente, sobre direito tributário. A regra de competência legislativa, entre as entidades federativas brasileiras. é a horizontal. É dizer, cada ente político labora em área reservada: União, art. 22: Estados. art. 25. § 1°: Distrito Federal, art. 32. § 1º; Municípios. art. 30. Consagra a Constituição. Entretanto, na competência concorrente, regra de competência legislativa vertical. nas modalidades não-cumulativa e cumulativa. Quando duas entidades políticas - União e Estado - têm competência para legislar sobre uma mesma matéria, tem-se competência concorrente, que pode ser cumulativa e não-cumulativa. É cumulativa. quando os entes políticos legislam sobre a mesma matéria, sem limitações. A não-cumulativa ocorre. por exemplo. quando à União reserva-se a competência para expedir normas gerais e aos Estados a competência para preencher os vazios da lei federal. Assim uma competência de complementação.[34]

Esta competência dos estados se transforma em competência plena em decorrência da ausência de lei federal sobre normas gerais, conforme estabelecem os §§ 2º e 3º do art. 24. A leitura superficial do dispositivo poderia levar à conclusão que os Estados poderiam, à falta de lei complementar (norma geral) sobre a matéria, instituir e legislar sobre os impostos estabelecidos pela Constituição da forma que quisessem, pois ainda que se entenda o significado da parte final do citado § 2º: "para atender a suas peculiaridades locais", em sentido estrito, isto não seria suficiente para afastar a instituição dos tributos pelos Estados federados. Porém há limitações. A questão foi primeiramente suscitada com a instituição pelos Estados do adicional do imposto de renda - AIR, previsto no art. 153, inciso II da Constituição de 988 (revogado o dispositivo pela Emenda 3/1993). O STF entendeu que a instituição do AIR

[34] VELLOSO, Carlos Mário da Silva. Lei complementar tributária. *Revista de Direito Administrativo*. N. 235. p. 117-138. Jan/mar 2004. Rio de Janeiro. p. 132.

era inconstitucional, ficando estabelecido que os Estados não podem, no caso, utilizar a prerrogativa prevista no § 3º do art. 24 (competência suplementar), ou no art. 34, §§ 3º , 4º e 5º do ADCT (que autorizavam a União, Estados, Distrito Federal e Municípios a editar as leis necessárias à aplicação do novo Sistema Tributário), e que se fazia necessária a edição de lei complementar, em obediência ao art. 146 da Carta de 1988, para viabilizar a cobrança do tributo. Isto porque, conforme o STF, o fato de que o AIR, tendo como base de cálculo o imposto de renda (imposto da União), poderia suscitar conflitos entre os Estados e, portanto, depende de lei complementar, sendo inviável sua instituição somente por lei local (e.g., ADIn 618-5-RS, RE 136.215-4-RJ e RE 140.887-1-RJ, todos decididos em 1993)[35].

2.2. O âmbito das normas gerais de direito tributário

Cumpre retomar o que dispõe o art. 146, III, da Constituição que remete à lei complementar estabelecer normas gerais em matéria de legislação tributária, nos seguintes termos:

> Art. 146. Cabe à lei complementar:
>
> ...
>
> III – estabelecer normas gerais em matéria de legislação tributária, especialmente sobre:
>
> a) definição de tributos e de suas espécies, bem como, em relação aos impostos discriminados nesta Constituição, a dos respectivos fatos geradores, bases de cálculo e contribuintes;
>
> b) obrigação, lançamento, crédito, prescrição e decadência tributários;
>
> c) adequado tratamento tributário ao ato cooperativo praticado pelas sociedades cooperativas.
>
> d) definição de tratamento diferenciado e favorecido para as microempresas e para as empresas de pequeno porte, inclusive regimes especiais ou simplificados no caso do imposto previsto no art. 155, II, das contribuições previstas no art. 195, I e §§ 12 e 13, e da contribuição a que se refere o art. 239.
>
> [...]

[35] Valadão, Marcos Aurélio Pereira. *Limitações Constitucionais ao Poder de Tributar e Tratados Internacionais.* Belo Horizonte: Del Rey, 2000, p. 92-94.

Importa, pois estabelecer o significado do termo "normas gerais" do inciso III, mesmo porque a parte final diz "especialmente sobre", antes de explicitar o rol de aplicação. Destaque-se que, em virtude da parte final do inciso III, pode-se dizer que normas gerais de direito tributário não são apenas aquelas elencadas expressamente nas alíneas "a" a "d".

Ademais, o termo "normas gerais" pode ter uma amplitude que fique restrita aos termos do CTN (no que concerne às alíneas "a" e "b", mas pode ser entendido em sentido mais amplo ou até mais estrito, embora nunca menos do que se contém expressamente nas alíneas do inciso III do art. 146 da Constituição. Por exemplo, a questão referente às normas sobre administração tributária do CTN, se essas podem ser consideradas como normas gerais na acepção constitucional, já que não estão contidas nos núcleos semânticos das alíneas "a e "b" do art. 146, III da Constituição. Trata-se de controvérsia que não tem solução geral, mas que deve ser enfrentada caso a caso.

De toda sorte, as normas veiculadas por via de lei complementar com funções específicas, como a criação de determinados tributos (empréstimos compulsórios, IGF), não são normas gerais.

Conclusões

A Lei Complementar não é um instituto inédito. Ela tem origem na Constituição francesa onde tinha uma finalidade orgânica, ou seja, de complementar a constituição na organização do Estado.

Trata-se de uma espécie legislativa onde obedece ao rito de iniciativa, discussão e deliberação no âmbito do Poder Legislativo, porém com quórum privilegiado, e destinada a regular matérias específicas.

Diversos autores coincidem em afirmar que a Lei Complementar se diferencia da lei ordinária nos aspectos material e formal.

No aspecto material, a diferenciação está na matéria reservada a lei complementar prevista na Constituição e que deve ser observada na sua elaboração.

Por outro lado, no aspecto formal, a característica fundamental consiste no quórum de aprovação. Para a aprovação da Lei Complementar é necessária a concordância de maioria absoluta dos membros das duas casas do Congresso Nacional.

Verificou-se, por fim, que a Lei Complementar possui relevância primordial no âmbito tributário, na medida em que, a Constituição de

1988 reservou-lhe três funções importantes: dispor sobre conflitos de competência, regular as limitações constitucionais ao poder de tributar e estabelecer normas gerais em matéria de legislação tributária, além de outras como o tratamento tributário diferenciado para atos cooperativos e para as microempresas e empresas de pequeno porte, a instituição de determinados tributos (empréstimo compulsório, IGF, tributos da competência residual da União), e estabelecimento de critérios especiais de tributação, com o objetivo de prevenir desequilíbrios da concorrência.

Essas funções, com *status* de Lei Complementar, tornam diversas matérias tributárias mais difíceis de serem alteradas devido a um processo legislativo mais rígido no aspecto formal.

Diversos aspectos na instituição e aplicação das leis complementares permanecem controversos, especialmente no que diz respeito à regulação das imunidades genéricas e a extensão do termo "normas gerais" conforme disciplinado no art. 146, inciso III da Constituição.

Referências

BRASIL. [Constituição (1988)]. *Constituição da República Federativa do Brasil de 1988.*

BRASIL. *Lei nº 5.172, de 25 de outubro de 1966.* Dispõe sobre o Sistema Tributário Nacional e institui normas gerais de direito tributário aplicáveis à União, Estados e Municípios. Disponível em: www4.planalto.gov.br/legislacao/. Acesso em: 13 mar. 2022.

BRASIL. *Lei Complementar nº 95, de 26 de fevereiro de 1998.* Dispõe sobre a elaboração, a redação, a alteração e a consolidação das leis, conforme determina o parágrafo único do art. 59 da Constituição Federal, e estabelece normas para a consolidação dos atos normativos que menciona. Disponível em: www4.planalto.gov.br/legislacao/. Acesso em: 13 mar. 2022.

Brasília, DF: Presidência da República, [2021]. Disponível em: www4.planalto.gov.br/legislacao/. Acesso em: 13 mar. 2022.

CHEHAB, Gustavo Carvalho. A lei complementar o direito brasileiro. *Revista de Informação Legislativa.* a. 49. N. 193 jan/mar 2012.

MORAES, Alexandre de. *Direito Constitucional.* 37 ed. São Paulo: Atlas, 2021.

MOTTA, Sylvio. *Direito constitucional: teoria, jurisprudência e questões.* 29 ed. Rio de Janeiro: Forense Método 2021.

MOTTA, Frederico Araújo Seabra de. *Lei Complementar Tributária.* São Paulo: Quartier Latin, 2009.

PADILHA, Rodrigo. *Direito Constitucional.* 6ª ed. Rio de Janeiro: Forense São Paulo: Método 2020.

SCHOUERI, Luís Eduardo. *Direito tributário*. 11 ed. São Paulo: SaraivaJur, 2022.

VALADÃO, Marcos Aurélio Pereira. *Limitações Constitucionais ao Poder de Tributar e Tratados Internacionais*. Belo Horizonte: Del Rey, 2000.

VELLOSO, Carlos Mário da Silva. Lei complementar tributária. *Revista de Direito Administrativo*. N. 235. p. 117-138. Jan/mar 2004.

CAPÍTULO 3
NORMAS GERAIS DE DIREITO TRIBUTÁRIO

Aline Guiotti Garcia

Introdução

O artigo 146, III da Constituição Federal determina que lei complementar deverá dispor sobre normas gerais em matéria de legislação tributária, especialmente sobre:

> a) definição de tributos e de suas espécies, bem como, em relação aos impostos discriminados nesta Constituição, a dos respectivos fatos geradores, bases de cálculo e contribuintes;
>
> b) obrigação, lançamento, crédito, prescrição e decadência tributários;
>
> c) adequado tratamento tributário ao ato cooperativo praticado pelas sociedades cooperativas.
>
> d) definição de tratamento diferenciado e favorecido para as microempresas e para as empresas de pequeno porte, inclusive regimes especiais ou simplificados no caso do imposto previsto no art. 155, II, das contribuições previstas no art. 195, I e §§ 12 e 13, e da contribuição a que se refere o art. 239.

Mas, o que são normas gerais de direito tributário? Todas as normas do Código Tributário Nacional são normas gerais em matéria de legislação tributária? É, de fato, necessária uma lei geral tributária? Diante das disposições constitucionais já existentes, qual sua função? Estas questões, embora soem superficiais e básicas, estão no cerne de qualquer discussão acerca das normas gerais em direito tributário, cujo conceito varia bastante na doutrina.

1. Noções gerais, conceito, código tributário nacional e leis esparsas

A Constituição Federal, de fato, estabelece funções genéricas da lei complementar tributária, cujo papel destinado às normas gerais em matéria de legislação tributária não parece se confundir com as questões de conflito de competência ou de regular limitações ao poder de tributar[1]. Entretanto, o conceito de "normas gerais" é de dificílima determinação[2], o que justifica a inserção expressa de diversas matérias no texto constitucional. Assim, não há dúvidas de que temas relacionados ao lançamento, por exemplo, são normas gerais. Todavia, conforme alerta SCHOUERI[3], o rol constitucional mostra-se exemplificativo em função da expressão "especialmente sobre", indicando que aquelas matérias, embora inseridas no âmbito das normas gerais, não o encerram.

Ainda assim, devemos nos debruçar sobre qual o sentido que se deve dar para o termo "normas gerais". Em princípio, a partir da semântica, só podemos concluir que a ideia ali descrita já implica dever ela ser observada por todos os entes federativos. Portanto, não é necessário adentrar à discussão acerca da (in)existência de hierarquia entre lei complementar e lei ordinária. Trata-se realmente de uma norma geral sobre determinados temas, cujas prescrições deverão ser observadas por todos. É a típica ideia de lei nacional, ou seja, normas que compõem a ordem jurídica total ou nacional. Entretanto, como alerta CARRAZZA[4], sua função se limita a "apenas dar orientação, e não fundamento de validade."

[1] Entretanto, alguns autores, como Roque Antônio Carrazza (1995), entendem que a "lei complementar em exame só poderá veicular normas gerais em matéria de legislação tributária, as quais ou disporão sobre conflitos de competência, em matéria tributária, ou regularão 'as limitações constitucionais ao poder de tributar'."

[2] SCHOUERI, Luis Eduardo. *Direito Tributário.* 10ª edição. São Paulo: Saraiva Educação, 2021, p. 86.

[3] SCHOUERI, Luis Eduardo. *Direito Tributário.* 10ª edição. São Paulo: Saraiva Educação, 2021, p. 86.

[4] CARRAZZA, Roque Antônio. *Curso de Direito Constitucional Tributário.* 6ª edição. Malheiros: São Paulo, 1995, p. 407.

Quanto ao ordenamento jurídico, ensina SCHOUERI[5], baseado em Kelsen, Souto Maior Borges e Geraldo Ataliba, que há uma ordem jurídica total ou nacional ao lado de ordens jurídicas parciais, que são compostas por normas centrais (válidas para todo o território nacional) e normas parciais ou locais (válidas para diferentes partes do território). Destaca o professor que, assim, "a ordem jurídica (parcial) federal é diversa das ordens jurídicas (parciais) mineiras e paulistas." Portanto, a eficácia das normas é variável, podendo algumas alçarem o *status* de normas nacionais, hipótese em que suas disposições serão válidas em todo o território nacional e para todos os entes federados.

Neste cenário, o Código Tributário Nacional, mesmo tendo sido editado em momento em que não se previa a lei complementar, possui caráter nacional, intuito já existente no momento de sua promulgação, o que fica evidente no relatório de Rubens Gomes de Sousa colacionado por SCHOUERI[6] em sua obra:

> 7. Uma peculiaridade do Código Tributário brasileiro, que o distinguirá de todos os demais da mesma natureza, é justamente o caráter nacional decorrente de sua aplicabilidade simultânea aos três níveis de governo integrantes da federação.

A professora e Ministra Regina Helena Costa[7] narra o percurso do Código Tributário Nacional durante, pelo menos, três Constituições Federais, ressaltando que ele nunca perdeu seu caráter de lei nacional:

> Nasceu o CTN como lei ordinária, porquanto o texto constitucional de 1946 no previa a espécie legislativo 'lei complementar'. Mesmo alterado pela Emenda 18/1945, não contemplou a exigência da utilização desta espécie legislativa para veiculação das normas gerais de direito tributário.

[5] SCHOUERI, Luis Eduardo. *Direito Tributário.* 10ª edição. São Paulo: Saraiva Educação, 2021, p. 88.

[6] SCHOUERI, Luis Eduardo. *Direito Tributário.* 10ª edição. São Paulo: Saraiva Educação, 202, p. 89.

[7] COSTA, Regina Helena. *Código Tributário Nacional em sua moldura constitucional.* Rio de Janeiro: Forense, 2021, p. XI.

> Logo após o CTN entrar em vigor, em 1° de janeiro de 1967, sobreveio nova Constituição, cuja vigência iniciou-se em março do mesmo ano. Nesse momento, a ordem jurídica passou a exigir lei complementar para a edição de normas gerais de direito tributário (art. 18, § 1º). Passado um breve período, foi promulgada a Emenda 1, de 1969, a qual, pelas múltiplas alterações promovidas nesta, é considerada, por muitos, um novo texto constitucional.
>
> Em 1988, advém a Constituição atual e o CTN, uma vez mais, é colhido por disciplina normativa hierarquicamente superior, na qual se mantem a exigência de lei complementar para a veiculação de normas gerais de direito tributário.

Deste modo, a legislação vigente, bem como ampla doutrina tributária, nos leva a crer que normas gerais em direito tributário englobam aquelas que fixam diretrizes que deverão ser observadas por todos os entes federativos, ou seja, normas de caráter nacional. Corrobora com esta posição SCHOUERI[8] ao citar Eurico Di Santi: "normas 'gerais' não são apenas as 'genéricas, mas sim normas que valem para todos."

Ademais, dado o rol exemplificativo constante na Constituição, consideramos que todas as normas inseridas do Código Tributário Nacional são normas gerais de direito tributário. Entretanto, este não é um posicionamento pacífico. Por outro lado, tais normas são também encontradas em outros dispositivos legais. A título de exemplo, citam-se aquelas regras que buscam seu fundamento de validade no artigo 155, § 2º, XII da Constituição, ou seja, as regras gerais do ICMS previstas na Lei Complementar 87 de 1996. Afinal, não seria possível que cada legislador estadual pudesse legislar a seu bel prazer sobre o imposto, sob pena de se prejudicar gravemente o mercado nacional.

Outro exemplo são as normas gerais do ISS constantes na Lei Complementar 116 de 2003, que busca seu fundamento de validade no artigo 156, § 3º da Constituição Federal. No mesmo sentido ainda, as regras constantes na Lei Complementar 123, de 2006 que, baseadas no artigo 146, parágrafo único da Constituição, instituem e estabelecem um regime tributário diferenciado.

[8] SCHOUERI, Luis Eduardo. *Direito Tributário.* 10ª edição. São Paulo: Saraiva Educação, 2021, p. 90.

Destaca-se também o artigo 146-A da Constituição Federal, que prevê:

> Art. 146-A. Lei complementar poderá estabelecer critérios especiais de tributação, com o objetivo de prevenir desequilíbrios da concorrência, sem prejuízo da competência de a União, por lei, estabelecer normas de igual objetivo.

Ainda que não se analise o dispositivo, percebe-se o caráter geral das normas ali previstas, bem como a diferenciação entre a lei nacional e a lei federal, tendo em vista que, expressamente, o constituinte determinou a edição de lei complementar para tratar do tema, autorizando a lei federal a também fazê-lo.

Mostra-se interessante também verificar o artigo 24 da Constituição Federal:

> Art. 24. Compete à União, aos Estados e ao Distrito Federal legislar concorrentemente sobre:
>
> I – direito tributário, financeiro, penitenciário, econômico e urbanístico;
>
> [...]
>
> § 1º No âmbito da legislação concorrente, a competência da União limitar-se-á a estabelecer normas gerais.
>
> § 2º A competência da União para legislar sobre normas gerais não exclui a competência suplementar dos Estados.
>
> § 3º Inexistindo lei federal sobre normas gerais, os Estados exercerão a competência legislativa plena, para atender a suas peculiaridades.
>
> § 4º A superveniência de lei federal sobre normas gerais suspende a eficácia da lei estadual, no que lhe for contrário.

Note que, diante dos dois primeiros parágrafos, a competência concorrente da União se restringe à edição normas gerais, ou seja, aquelas que deverão ser observadas por todos os entes federativos. Sendo assim, aos estados foi delegada a competência suplementar, ou seja, naquilo de sua competência em que regras gerais não tenham sido editadas. De acordo com SCHOUERI[9], trata-se da competência concorrente não

[9] SCHOUERI, Luis Eduardo. *Direito Tributário.* 10ª edição. São Paulo: Saraiva Educação, 2021, p. 92.

cumulativa, já que os estados e municípios apenas complementam os espaços não regulados pela lei geral.

Já o § 3º trata de situação em que há lacuna, ou seja, não há lei geral sobre a matéria. Neste caso, há competência concorrente cumulativa, já que os estados e municípios exercem competência plena, quer dizer, eles editarão normas gerais e suas normas não encontrarão barreiras em normas hierarquicamente superiores. Foi exatamente esta a posição do Supremo Tribunal Federal ao apreciar o RE 599.362, em que o tribunal analisou o tratamento tributário diferenciado concedido aos atos cooperados e as normas estaduais editadas sobre o tema, reconhecendo-lhes validade diante da lacuna legislativa.

E, da mesma maneira, decidiu o Supremo Tribunal Federal ao apreciar o RE 101.6605[10], em que fixou: "Embora o IPVA esteja previsto em nosso ordenamento jurídico desde a Emenda 27/1985 à Constituição de 1967, ainda não foi editada a lei complementar estabelecendo suas normas gerais, conforme determina o art. 146, III, da CF/88. Assim, os Estados poderão editar as leis necessárias à aplicação do tributo, conforme estabelecido pelo art. 24, § 3º, da Carta, bem como pelo art. 34, § 3º, do Ato das Disposições Constitucionais Transitórias – ADCT."

Neste sentido, SCHOUERI resume:

> No caso da competência concorrente não cumulativa, havendo lei complementar, então os Estados e municípios legislam suplementarmente, i.e., apenas naquilo que já não tenha sido regulado pela União; na competência concorrente cumulativa, e, insista-se, apenas para atender às peculiaridades locais. Sobrevindo, posteriormente, lei complementar, então esta prevalece, suspendendo-se as leis estaduais com ela incompatíveis, dentro do brocardo *Bundesrecht britch Landersrecht* (a norma federal se sobrepõe à estadual). [11]

Por fim, não obstante os conceitos e posicionamentos ora demonstrados, é curiosa a prescrição do § 4º do artigo 1º da Lei n. 13.874, de 20 de setembro de 2019, que dispõe:

[10] RE 1016605, Relator(a): MARCO AURÉLIO, Relator(a) p/ Acórdão: ALEXANDRE DE MORAES, Tribunal Pleno, julgado em 16/09/2020, PROCESSO ELETRÔNICO REPERCUSSÃO GERAL – MÉRITO DJe-293 DIVULG 15-12-2020 PUBLIC 16-12-2020.

[11] SCHOUERI, Luis Eduardo. *Direito Tributário.* 10ª edição. São Paulo: Saraiva Educação, 2021, p. 94.

> § 4º O disposto nos arts. 1º, 2º, 3º e 4º desta Lei constitui norma geral de direito econômico, conforme o disposto no inciso I do caput e nos §§ 1º, 2º, 3º e 4º do art. 24 da Constituição Federal, e será observado para todos os atos públicos de liberação da atividade econômica executados pelos Estados, pelo Distrito Federal e pelos Municípios, nos termos do § 2º deste artigo.

Veja que, ainda que se trate de lei voltada ao direito econômico, trata-se de norma geral veiculada por meio de lei ordinária federal, ou seja, norma não veiculada por meio de lei complementar, mas que obriga estados e municípios no âmbito da competência concorrente.

2. Funções das normas gerais em matéria de legislação tributária

Partindo-se do conceito trabalhado no item anterior, a norma geral em matéria tributária deverá explicitar o que está implícito na Constituição Federal, sendo-lhe vedada a inovação. Trata-se da definição de institutos comuns no Direito Tributário, que deverão ser observados por todos os entes. Assim, a legislação tenta, de certa forma, padronizar sua aplicação em âmbito nacional, conferindo maior segurança jurídica.

2.1. Definição de tributos e de suas espécies e aspectos nucleares dos impostos

A Constituição Federal, a partir de seu artigo 145, estabelece as diretrizes do Sistema Tributário Nacional. Ela delineia as competências tributárias, bem como os tributos que podem ser criados por determinados entes federativos. Possibilita a criação de impostos, conforme os artigos 153, 155 e 156, bem como a criação de taxas, contribuições de melhoria, outras espécies de contribuições e, por fim, os empréstimos compulsórios.

O conceito de tributo possui extrema relevância por influenciar o regime jurídico que deverá ser observado. Entretanto, embora cite os tributos existentes com base nas competências estabelecidas, a Constituição deixou para a lei complementar definir seu conceito. E é o Código Tributário Nacional quem o faz:

> Art. 3º Tributo é toda prestação pecuniária compulsória, em moeda ou cujo valor nela se possa exprimir, que não constitua sanção de ato

ilícito, instituída em lei e cobrada mediante atividade administrativa plenamente vinculada.

O disposto, todavia, não esgota o conceito de tributo ou o alcance da regra constitucional. Afinal, há outros dispositivos, tanto no Código Tributário Nacional, como em leis complementares, que tratarão especificamente das espécies tributárias e seus aspectos básicos da incidência.

A título de exemplo, menciona-se o Imposto sobre a Renda e Proventos de Qualquer Natureza, regulamentado pelos artigos 43 e 45 do Código Tributário Nacional. Embora estes dispositivos esclareçam o conteúdo do imposto previsto no artigo 153, III da Constituição Federal, há diversas leis que trazem sua instituição e regulamentação[12], tendo culminado no Decreto nº 9.580, de 22 de novembro de 2018 (Regulamento do Imposto de Renda). Assim, percebe-se claramente a diferença das regras gerais trazidas pelo Código Tributário Nacional e as regras trazidas na legislação ordinária e no decreto.

Outro exemplo interessante, ainda no âmbito dos impostos, é o ICMS. Afinal, o Código Tributário Nacional hodiernamente não dispõe sobre ele, mas sim a Lei Complementar n. 87 de 1996. Entretanto, por se tratar de imposto estadual, cabe a estes a instituição e cobrança do imposto. Assim, cada estado possui sua lei que dispõe sobre o ICMS, embora estas devam observar a lei complementar.

2.2. Obrigação, lançamento, crédito, prescrição e decadência tributários

O Código Tributário Nacional compõe-se de dois livros: um que, após trazer algumas definições, dispõe sobre as limitações constitucionais ao poder de tributar e conflitos de competência (artigos 1 ao 95); o segundo, que traz as normas gerais reclamadas pelo artigo 146, III (artigos 96 a 208). Embora apenas o segundo livro faça menção expressa às normas gerais, entende-se que no primeiro livro também há normas gerais previstas, tendo em vista o caráter geral de algumas normas lá estabelecidas, como a definição do conceito de "tributo".

[12] Lei nº 4.506, de 30 de novembro de 1964, art. 1º; Lei nº 5.172, de 25 de outubro de 1966 – Código Tributário Nacional, art. 43 e art. 45; Lei nº 7.713, de 22 de dezembro de 1988, art. 2º; Lei nº 8.383, de 30 de dezembro de 1991, art. 4º; e Lei nº 9.250, de 26 de dezembro de 1995, art. 3º, parágrafo único.

Os aspectos relacionados à incidência tributária (como àqueles relativos à regra matriz de incidência do tributo) serão definidos pelo ente competente. Entretanto, é necessário que a lei complementar estabeleça, de maneira geral, sobre o que se trata a obrigação tributária, o lançamento, o crédito, a prescrição e a decadência. É exatamente isto que o Código Tributário Nacional faz, garantindo maior uniformidade entre as disposições dos entes tributantes e, consequentemente, maior segurança jurídica no país.

Embora possa parecer, em determinados momentos, que o código exceda sua competência constitucional ao dispor sobre temas não expressos no texto constitucional, como interpretação da legislação tributária, capacidade tributária, domicílio tributário, responsabilidade, administração tributária, dentre outros, entendemos que estes temas se encontram adstritos àqueles citados na Constituição, não podendo o legislador se furtar de trazer tais definições. Entretanto, deve ficar claro que estas disposições não podem invadir o campo legislativo dos entes competentes, ou seja, seu objetivo deve se restringir a definições de conceitos e regras gerais dos temas tratados.

Outrossim, seria de se imaginar que o fato de determinada matéria constar no rol constitucional do artigo 146, III já a excluiria de veiculação por meio de lei ordinária ou qualquer instrumento infralegal, dado seu caráter de norma geral, o que enseja sua veiculação por meio de lei complementar. Entretanto, o artigo 5º do Decreto-Lei n. 1.569/77 e os artigos 45 e 46 da Lei n. 8.212/91 tratavam de prescrição e decadência de crédito tributário previdenciário. Diante de tal falha, em 20/06/2008 foi publicada a Súmula Vinculante n. 8[13], que declarou a inconstitucionalidade daqueles dispositivos. Afinal, não obstante a ausência de instrumento legal competente, tais dispositivos iam de encontro ao que dispõe o Código Tributário Nacional.

Outrossim, veja a decisão do Supremo Tribunal Federal ao apreciar o RE 566.621[14], que tratou da prescrição da repetição de indébito

[13] Súmula Vinculante 8 – Prescrição e decadência. São inconstitucionais o parágrafo único do artigo 5º do Decreto-Lei nº 1.569/1977 e os artigos 45 e 46 da Lei nº 8.212/1991, que tratam de prescrição e decadência de crédito tributário.

[14] RE 566621, Relator(a): Ellen Gracie, Tribunal Pleno, julgado em 04/08/2011, REPERCUSSÃO GERAL – MÉRITO DJe-195 DIVULG 10-10-2011 PUBLIC 11-10-2011 EMENT VOL-02605-02 PP-00273 RTJ VOL-00223-01 PP-00540.

tributário. Neste caso, embora a Lei Complementar n. 118, de 2005, tenha se autoproclamado interpretativa, promoveu efetiva alteração no prazo prescricional e, diante de sua dissonância com o disposto no Código Tributário Nacional, foi reconhecida sua inconstitucionalidade parcial.

Ainda apreciando as normas gerais de direito tributário, ao julgar o RE 648.245[15], o Supremo Tribunal Federal reconheceu a inconstitucionalidade de majoração do IPTU sem edição de lei em sentido formal. Do mesmo modo, ao apreciar o RE 601.235[16] (cujo mérito foi julgado no AI 698.626[17]), o tribunal reconheceu a impossibilidade de a legislação exigir depósito prévio como requisito de admissibilidade de recurso administrativo.

Destarte, deve-se sempre ter em mente que as normas gerais estabelecidas por lei complementar objetivam garantir isonomia e uniformidade ao Sistema Tributário Nacional, bem como segurança jurídica e, por isso, devem ser respeitadas.

2.3. Adequado tratamento tributário ao ato cooperativo praticado pelas sociedades cooperativas

Cabe à lei complementar definir normas gerais sobre o adequado tratamento ao ato cooperativo. Entretanto, tal lei não foi editada. Apenas a Lei n. 5.764/1971 dispõe sobre a matéria ao tratar da política nacional de cooperativismo, sem se referir ao tratamento tributário diferenciado.

Ante a lacuna legislativa, evidentemente várias dúvidas surgem. Portanto, coube ao Supremo Tribunal Federal, em decisão com repercussão geral, esclarecer que: (i) "O adequado tratamento tributário referido no art. 146, III, c, CF é dirigido ao ato cooperativo. A norma constitucional concerne à tributação do ato cooperativo, e não aos tributos dos quais as cooperativas possam vir a ser contribuintes."; (ii) "O art. 146, III, c, CF pressupõe a possibilidade de tributação do ato cooperativo [...] O texto

[15] RE 648245, Relator(a): Gilmar Mendes, Tribunal Pleno, julgado em 01/08/2013, ACÓRDÃO ELETRÔNICO REPERCUSSÃO GERAL – MÉRITO DJe-038 DIVULG 21-02-2014 PUBLIC 24-02-2014.

[16] Ver: https://portal.stf.jus.br/processos/detalhe.asp?incidente=2688440 Acesso em 01/02/2022.

[17] AI 698626 QO-RG, Relator(a): Ellen Gracie, Tribunal Pleno, julgado em 02/10/2008, REPERCUSSÃO GERAL – MÉRITO DJe-232 DIVULG 04-12-2008 PUBLIC 05-12-2008 EMENT VOL-02344-06 PP-01253.

constitucional a ele não garante imunidade ou mesmo não incidência de tributos [...]; (iii) Até que sobrevenha a lei complementar que definirá esse adequado tratamento, a legislação ordinária relativa a cada espécie tributária deve, com relação a ele, garantir a neutralidade e a transparência, evitando tratamento gravoso ou prejudicial ao ato cooperativo e respeitando, ademais, as peculiaridades das cooperativas com relação às demais sociedades de pessoas e de capitais"[18].

Portanto, de acordo com o Supremo, há possibilidade de os legisladores ordinários estaduais e municipais atuarem em situações em que não haja lei complementar regulando o tema. E, talvez, seja até mesmo recomendável que o façam, a fim de garantir a neutralidade e transparência, evitando tratamento gravoso ou prejudicial ao ato cooperativo.

2.4. Tratamento diferenciado e favorecido para as microempresas e para as empresas de pequeno porte

Cabe também à lei complementar a definição de tratamento tributário diferenciado e favorecido destinado às Microempresas e Empresas de Pequeno Porte. Mas, ao contrário do que ocorre com o tratamento diferenciado destinado ao ato cooperado, a lei complementar a que se refere o artigo 146, III, "d" da Constituição Federal já existe. Trata-se da Lei Complementar n. 123, de 2006, que estabeleceu o Simples Nacional.

Pela redação constitucional, ao determinar que fosse estabelecido tratamento diferenciado, percebe-se que haverá a incidência tributária, que deverá ser menos gravosa a estas empresas. Sendo assim, a lei complementar criou o Simples Nacional e estabeleceu os critérios para enquadramento no sistema tributário diferenciado. As empresas optantes por ele poderão recolher oito tributos por meio de uma única guia de arrecadação, cujo valor será destinado à União Federal, que posteriormente repassará aos outros entes federativos sua parte. O recolhimento é baseado no faturamento mensal, assim como a alíquota (que varia conforme o tipo de empresa e faturamento).

Destarte, tendo estabelecido um regime tributário diferenciado, benéfico e simplificado, conclui-se que a lei complementar cumpriu a determinação constitucional.

[18] RE 599362, Relator(a): DIAS TOFFOLI, Tribunal Pleno, julgado em 06/11/2014, ACÓRDÃO ELETRÔNICO REPERCUSSÃO GERAL – MÉRITO DJe-027 DIVULG 09-02-2015 PUBLIC 10-02-2015.

3. Lei geral tributária

A questão das normas gerais de direito tributário, em razão de seu caráter basilar e abrangente, tem chamado cada vez mais atenção. Afinal, as definições de regras gerais em lei nacional garantem uniformidade e segurança jurídica ao país, trazendo benefícios aos órgãos fazendários e aos contribuintes.

Por esta razão destaca-se o trabalho do Núcleo de Estudos Fiscais da Escola de Direito de São Paulo da FGV (Fundação Getúlio Vargas), cujo Grupo de Trabalho 5 investiga o Código Tributário Nacional e as normas gerais de direito tributário imprescindíveis na sua composição (dada a necessidade de sua atualização), à luz dos princípios norteadores: simplicidade, eficiência, segurança jurídica, equidade.[19]

Partindo da ideia de que haja uma Lei Geral Tributária – seja ou não o Código Tributário Nacional – esta deverá indicar a estrutura básica tributária para todos os entes tributantes, a fim de obter um comportamento balizado a nível nacional. Em evento realizado com este propósito revisional, Maria Rita Ferragut destacou, dentre outras matérias, que tal lei deverá regulamentar a substituição tributária. Karem Jureidini, por sua vez, acrescentou a necessidade de que conste em tal lei "algo sobre a responsabilização do estado pelos seus atos".[20]

Percebe-se, portanto, a relevância das normas gerais para o Sistema Tributário Nacional, não apenas em função da determinação constitucional, mas especialmente pela função balizadora destas normas, conferindo maior segurança ao sistema tributário brasileiro.

Referências

BRASIL. *CONSTITUIÇÃO FEDERAL DE 1988.* Disponível em http://www.planalto.gov.br/ccivil_03/constituicao/constituicao.htm Acesso em 27/02/2022.

BRASIL. CÓDIGO TRIBUTÁRIO NACIONAL. *Lei nº 5.172, de 25 de outubro de 1966.* Disponível em http://www.planalto.gov.br/ccivil_03/leis/l5172compilado.htm Acesso em 27/02/2022.

[19] FGV/SP. Núcleo de Estudos Fiscais. Disponível em https://direitosp.fgv.br/nucleo-de-pesquisas/nucleo-de-estudos-fiscais Acesso em 27/02/2022.

[20] FGV. Webinar | O Código Tributário Nacional no Século XXI. Evento ocorrido em 19/11/2020. https://www.youtube.com/watch?v=K-kcq4iweVM&list=PLBFR-vj94HFEXuJyvh3YUNlGvDWdIAZB_&index=12 Acesso em 27/02/2022.

CARRAZZA, Roque Antônio. *Curso de Direito Constitucional Tributário.* 6ª edição. Malheiros: São Paulo, 1995.

COSTA, Regina Helena. *Código Tributário Nacional em sua moldura constitucional.* Rio de Janeiro: Forense, 2021.

FGV/SP. *Núcleo de Estudos Fiscais.* Disponível em https://direitosp.fgv.br/nucleo-de-pesquisas/nucleo-de-estudos-fiscais Acesso em 27/02/2022.

FGV. Webinar | *O Código Tributário Nacional no Século XXI.* Evento ocorrido em 19/11/2020. https://www.youtube.com/watch?v=K-kcq4iweVM&list=PLBFR-vj94HFEXuJyvh3YUNlGvDWdIAZB_&index=12 Acesso em 27/02/2022.

SCHOUERI, Luis Eduardo. Direito Tributário. 10ª edição. São Paulo: Saraiva Educação, 2021.

SUPREMO TRIBUNAL FEDERAL. *AI 698626 QO-RG,* Relator(a): ELLEN GRACIE, Tribunal Pleno, julgado em 02/10/2008, REPERCUSSÃO GERAL – MÉRITO DJe-232 DIVULG 04-12-2008 PUBLIC 05-12-2008 EMENT VOL-02344-06 PP-01253.

SUPREMO TRIBUNAL FEDERAL. *RE 1016605,* Relator(a): MARCO AURÉLIO, Relator(a) p/ Acórdão: ALEXANDRE DE MORAES, Tribunal Pleno, julgado em 16/09/2020, PROCESSO ELETRÔNICO REPERCUSSÃO GERAL – MÉRITO DJe-293 DIVULG 15-12-2020 PUBLIC 16-12-2020.

SUPREMO TRIBUNAL FEDERAL. *RE 566621,* Relator(a): ELLEN GRACIE, Tribunal Pleno, julgado em 04/08/2011, REPERCUSSÃO GERAL – MÉRITO DJe-195 DIVULG 10-10-2011 PUBLIC 11-10-2011 EMENT VOL-02605-02 PP-00273 RTJ VOL-00223-01 PP-00540

SUPREMO TRIBUNAL FEDERAL. *RE 599362,* Relator(a): DIAS TOFFOLI, Tribunal Pleno, julgado em 06/11/2014, ACÓRDÃO ELETRÔNICO REPERCUSSÃO GERAL – MÉRITO DJe-027 DIVULG 09-02-2015 PUBLIC 10-02-2015.

SUPREMO TRIBUNAL FEDERAL. *RE 648245,* Relator(a): GILMAR MENDES, Tribunal Pleno, julgado em 01/08/2013, ACÓRDÃO ELETRÔNICO REPERCUSSÃO GERAL – MÉRITO DJe-038 DIVULG 21-02-2014 PUBLIC 24-02-2014.

CAPÍTULO 4
CONSIDERAÇÕES TEÓRICAS SOBRE AS IMUNIDADES TRIBUTÁRIAS

Marcos Aurélio Pereira Valadão
Daniel Vicente Evaldt da Silva

Introdução

Este capítulo tem por finalidade apresentar aspectos teóricos do tema das imunidades tributárias. Parte-se das disposições constitucionais sobre a matéria, inclusive da evolução no tema nas constituições que o País já teve, colhendo-se ensinamentos da doutrina, que esclarecem a classificação adotada e a extensão de cada uma das imunidades. Aspectos de jurisprudência também são carreados, quando hábeis a demonstrar a dimensão de sua aplicação no campo de Direito Constitucional Tributário.

Primeiramente, verifica-se o conceito de imunidade, enquanto limitação constitucional ao poder de tributar, de forma a parametrizar a discussão. A seguir, são analisadas as diversas formas de imunidade. A análise parte da distinção entre imunidades genéricas e imunidades específicas, sendo que as genéricas não nominam os tributos a que referem de forma específica, embora se dirijam a impostos ou contribuições. Já as específicas são elencadas nos dispositivos constitucionais de cada tributo individualmente. As maiores celeumas surgem no campo das imunidades genéricas, dada sua natureza mais principiológica e mesmo porque, como não se referem à incidência específica de determinado tributo, trazem, em si, um campo maior para debate.

Cumpre destacar que o tema das imunidades específicas, em geral, não são objeto de contestação judicial, em virtude de sua precisão e circunscrição normativa, atuando mais como regras, como é ocaso da imunidade do IPI nas operações de exportação, razão pela qual a verificação teórica deste tema não será objeto de maior aprofundamento.

1. Normas constitucionais de imunidade

A Constituição Federal de 1988 reservou grande quantidade de dispositivos para tratar do Direito Tributário. Alguns dispositivos regulam temas bastante específicos e com detalhamento exacerbado, engessando a evolução legislativa ou provocando o desgaste político-institucional das constantes emendas constitucionais.

Mas há na Constituição dispositivos que tratam de um tema de especial importância no Direito Constitucional Tributário, que são as normas sobre imunidades tributárias. São normas de especial relevo, pois, indiretamente, tem por finalidade preservar direitos fundamentais, decorrendo daí a necessidade de se proteger, no plano constitucional, o patrimônio de determinadas entidades, ou mesmo, operações específicas, contra a tributação.

Há grande debate sobre a natureza jurídica das imunidades tributárias. Para Aliomar Baleeiro, é uma limitação constitucional do poder de tributar[1]. Essa posição revelaria o conteúdo de proteção às liberdades fundamentais. Aliás, a Constituição Federal atual insere no artigo 150 as principais imunidades sobre a alcunha de "garantias asseguradas aos contribuintes".

Não há dúvida que as imunidades são limitações ao poder de tributar, mas sua razão de existir vai mais além do que proteção de liberdades fundamentais ou de princípios constitucionais, podendo serem estabelecidas também como normas de conformação do sistema tributário. Entende-se que a imunidade exclui a competência tributária na raiz, desautorizando a instituição de tributo sobre as pessoas, coisas

[1] BALEEIRO, Aliomar. *Limitações constitucionais ao poder de tributar.* 7. ed., Rio de Janeiro: Forense, 1997.

ou operações imunizadas. É uma espécie de não incidência tributária constitucional, mas que precede a própria repartição das competências tributárias.[2]

Para Paulo de Barros de Carvalho, a regra que imuniza é apenas mais uma das formas de demarcar a competência tributária, revelando a imprecisão de se definir a imunidade como princípio ou como limitação ao poder de tributar, sendo as imunidades tributárias uma classe finita e imediatamente determinável de normas jurídicas, que estão estabelecidas na própria Constituição e expressam a incompetência de pessoas políticas para instituir tributos sobre situações específicas e suficientemente caracterizadas.[3]

Há razão também naqueles que sustentam que as imunidades se referem à ausência de capacidade contributiva e ao papel social de determinados sujeitos na sociedade contemporânea, tratando-se, então, de uma vedação constitucional ao poder de tributar (competência negativa).[4]

Assim, parece mais adequado tratar a regra imunizante como hipótese de não-incidência constitucionalmente qualificada, afastando-se qualquer comparação com a isenção. É que nesta, há, no plano da legislação ordinária, uma regra que reduz o campo de abrangência dos critérios de hipótese ou do consequente da regra-matriz do tributo; naquela, por sua vez, há regra constitucional atuando em instante que antecede a hipótese, operando na lógica do sistema[5]. Não há como, então, afirmar que a regra de imunidade tem natureza de supressão da competência tributária. Isto porque supressão de algo implica aspecto cronológico, o que, seguramente, não pode haver em relação ao que consta na Carta Política.

Celso de Barros Correia Neto[6], sustenta que as imunidades não têm estrutura jurídica de benefícios fiscais, mas, por terem poder de induzir e motivar condutas, teriam eficácia externa de benefício fiscal.

[2] Valadão, Marcos Aurélio Pereira. Limitações Constitucionais ao Poder de Tributar e Tratados Internacionais. Belo Horizonte: Del Rey, 2010, p. 26-27; 75-78.

[3] Carvalho, Paulo de Barros. *Curso de Direito Tributário.* 29ª Ed. São Paulo: Saraiva, 2015, p. 193-206.

[4] Carneiro. Cláudio. *Curso de Direito Tributário e Financeiro.* 9ª ed. São Paulo: Saraiva, 2020, p. 382, 385; Schoueri, Luis Eduardo. *Direito Tributário.* 8ª Ed. São Paulo: Saraiva, 2018, p. 425.

[5] Carvalho, Paulo de Barros. Op. cit. p. 207.

[6] Correia Neto, Celso de Barros. *O avesso do tributo.* 2ª Ed. São Paulo: Almedina, 2016, p. 203.

A natureza jurídica revela e auxilia na interpretação das normas de imunidade. Ora, por terem sua previsão no próprio texto constitucional, as normas sobre imunidades constantes da Constituição originária de 1988, não se sujeitam ao controle de constitucionalidade. O STF decidiu, no julgamento da Adin 939-DF que as imunidades, pelo menos as contidas no art. 150, inciso VI, como sendo cláusulas pétreas.[7] Por outro lado, por serem normas constitucionais estão sujeitas à técnica particular de interpretação e aplicação normativa.[8]

Cotejam-se, então, em sua aplicação, diversos valores e princípios que muitas vezes se contrapõem na ordem jurídica pré-estabelecida para, assim, determinar-se seu novo alcance no mundo dos fatos, tornando o tema de imunidades um dos mais sofisticados e controversos nos estudos de Direito Tributário.

A noção de imunidade tributária surgiu nos EUA, no final do século XVIII, e é, neste momento, ligada à proteção da tributação de pessoas políticas, umas em face das outras[9]. A chamada imunidade recíproca foi afirmada pela Suprema Corte dos EUA no caso *McCulloch v. Maryland*, 1819[10], que estabeleceu o princípio da *reciprocal immunity of Federal and State Instrumentalities*, apesar de não haver na Constituição de 1787 qualquer norma específica sobre a possibilidade de entes cobrarem tributos uns dos outros.

O Brasil, porém, desenvolveu amplamente o tema das imunidades tributárias, principalmente, por ter positivado diversas de suas espécies desde a primeira constituição republicana (1891), inclusive a imunidade

[7] Ver Valadão, Marcos Aurélio Pereira. Acerca das decisões relevantes do STF em matéria tributária a partir da Constituição de 1988. In: Mendes, Gilmar Ferreira; Branco, Paulo Gustavo Gonet; Valle, André Rufino do. *A Jurisprudência do STF nos 20 anos da Constituição.* São Paulo: Saraiva, 2010, p. 257-269.

[8] Marco Aurélio Greco sustenta que sua interpretação, exatamente por seu matiz constitucional, não pode ser muito ampla, tornando-a maior que o próprio poder limitado, nem pode estabelecer um sentido tão restrito que iniba a proteção ao seu valor subjacente. Greco, Marco Aurélio. *Imunidade Tributária.* In Silva Martins (coord.). Imunidades Tributárias. São Paulo: Editora Revista dos Tribunais, 1998, p. 711.

[9] Há quem sustente ser a imunidade atual um instituto assemelhado ao *immunitas,* do Direito Romano, que exonerava pessoas ou situações de contribuírem por meio do *tributum.* Carneiro. Cláudio. *Curso de Direito Tributário e Financeiro.* 9ª ed. São Paulo: Saraiva, 2020, p. 385.

[10] UNITED STATES. Supreme Court. McCulloch v. Maryland, 17 U.S. 316 (1819).

recíproca. O tratamento constitucional das imunidades foi ampliando-se de constituição em constituição, com alguns reveses, alcançando atualmente grande quantidade de situações e pessoas.

A Constituição do Império (1824), embora não tenha criado, diretamente, qualquer benefício fiscal, incorporou o princípio "*no taxation without representation*"', art. 36, I, principal conquista da Carta Magna inglesa, e, ainda um embrião do princípio da capacidade contributiva e da noção de que qualquer benefício fiscal seria excepcional (179, inciso XV). Sobre imunidades, embora não houvesse expressamente nenhuma delas no texto constitucional, havia à época uma proteção em relação à Igreja Oficial do Império contra a cobrança de tributos.[11]

De lembrar que, por força da continuidade com a tradição portuguesa, no Brasil do período imperial, algumas classes se subtraiam, na prática, ao pagamento de tributos, nas relações patrimonialistas e clientelistas, que aliás, marcam a práxis tributária brasileira até nossos dias, demonstrando, assim, o aspecto histórico das imunidades como mero privilégio, sem qualquer relação com a finalidade ou atividade social, capacidade contributiva ou proteção a direitos fundamentais. Não sem razão, o combate a privilégios fiscais sempre esteve na base de conflitos cíveis, tanto na Idade Média quanto no Período Moderno ou mesmo Contemporâneo.[12] Apenas na passagem do Estado Patrimonial para o Estado Fiscal e na era dos Estados Democráticos é que se pode afirmar que a imunidade ganha conotação de limitação ao poder tributário pelos direitos preexistentes do indivíduo.[13]

A Constituição de 1891, primeira constituição republicana no Brasil, estabeleceu, então, a imunidade recíproca (art. 10), a imunidade de cultos (art. 11), e mesmo de trânsito de pessoas e de algumas mercadorias e bens (Art. 9º, § 2º e § 3º e art. 11).

Já a Constituição de 1934 manteve a imunidade aos cultos, ampliou a imunidade recíproca aos Municípios, além da vedação de cobrar, sob

[11] Danieli Filho, Eloi Cezar; Pilau Sobrinho, Liton Lanes. *As Constituições Brasileiras e a Imunidade Tributária de Templos de Qualquer Culto.* In: ENCONTRO NACIONAL DO CONPEDI, 19, 2010, Fortaleza. Anais. Fortaleza: CONPEDI, 2010.

[12] Gama, Guilherme Calmon Nogueira da. *Os privilégios fiscais: isenções e incentivos fiscais.* Revista de Direito Tributário, São Paulo, n. 76, p. 215-225, 2001.

[13] Torres, Ricardo Lobo. *Tratado de Direito Constitucional Financeiro e Tributário. Os direitos humanos e a tributação. Imunidades e Isonomia.* Rio de Janeiro: Renovar, 1999, vol. III, p. 41.

qualquer denominação, impostos interestaduais, intermunicipais de viação ou de transporte, ou quaisquer tributos que, no território nacional, gravem ou perturbem a livre circulação de bens ou pessoas e dos veículos que os transportarem (art. 17). Destaca-se na Constituição de 1934 a proibição contra a cobrança de imposto diretamente da profissão de escritor, jornalista ou professor (art. 113, 36).

A Constituição de 1937 foi menos generosa e estabeleceu apenas a proteção da imunidade de cultos (artigo 32, "b") e por meio da Emenda Constitucional nº 9/1945 reestabeleceu a imunidade recíproca (artigo 32, "c").

Já na Constituição de 1946, há uma grande ampliação das imunidades, ainda que com tratamento terminológico menos acurado. Por exemplo, o texto previu isenção de imposto de consumo sobre bens ligados ao mínimo indispensável à habitação, vestuário, alimentação e tratamento médico das pessoas de restrita capacidade econômica (artigo 15, § 1º). Também manteve a imunidade recíproca (artigo 31, V, "a") e de templos. Estabeleceu, pela primeira vez, a imunidade de partidos políticos, instituições educacionais e de assistência social (artigo 31, V, "b"), e ainda as imunidades objetivas do papel destinado à impressão de jornais, periódicos e livros (artigo 31, inciso V, "c"). Manteve também a imunidade em relação a professores e jornalistas e criou a imunidade aos direitos de autor.

Diversas emendas constitucionais no período inicial da ditadura militar estabeleceram ampliações das imunidades tributárias. A principal delas é a Emenda nº 18/1965, que introduziu uma reforma tributária ampla e estabeleceu as bases do sistema tributário atual, sendo à época uma grande evolução no sentido de racionalização do sistema tributário. A Emenda nº 18/1965 extinguiu as imunidades em relação a professores e jornalistas e direitos de autor, mas manteve as outras imunidades estruturantes já existentes e introduziu imunidades específicas.

A Constituição de 1967 estabeleceu uma espécie de centralismo tributário, alterando as regras de repartição de receitas, mas pouco alterou na estrutura estabelecida pela emenda nº 18/1956 em relação às limitações ao poder de tributar e, também em relação às imunidades. A Constituição de 1969 (tecnicamente, Emenda Constitucional nº 01, de 17 de outubro de 1969), introduziu algumas mudanças na repartição, e alterou o princípio da anualidade para anterioridade tributária, em termos de limitações constitucionais tributárias. Foram introduzidas imunidades no tema de pequenas glebas rurais e desapropriação para fins de reforma agrária, estendeu-se a imunidade recíproca às autarquias públicas, garantiu-se imunidade excludente de outros tributos e, ainda, imunidade em relação ao Imposto sobre Circulação de Mercadorias sobre produtos industrializados destinados ao exterior.

Finalmente, chega-se à Constituição de 1988.[14] Nesta o tema de imunidades vem previsto em diversos dispositivos. As seguir, relaciona-se as imunidades atualmente encontradiças no texto da Constituição de 1988[15]:

> 1) recíproca, das pessoas jurídicas de direito público interno, com relação ao patrimônio, renda e serviços uns dos outros – art. 150, inciso VI, "a" e parágrafos 2º e 3º;
>
> 2) templos de qualquer culto – art. 150, inciso VI, "b", e § 4º;
>
> 3) partidos políticos, inclusive suas fundações, entidades sindicais dos trabalhadores, instituições de educação e de assistência social, sem fins lucrativos, com relação ao patrimônio, renda ou serviços, e atendidos os requisitos da lei – 150, inciso VI, "c" e § 4º;
>
> 4) livros, jornais, periódicos e o papel destinado a sua impressão – art. 150, inciso VI, "d";
>
> 5) fonogramas e videofonogramas musicais produzidos no Brasil contendo obras musicais ou literomusicais de autores brasileiros e/ou obras em geral interpretadas por artistas brasileiros bem como os suportes materiais ou arquivos digitais que os contenham, salvo na etapa de replicação industrial de mídias ópticas de leitura a laser – 150, inciso VI, "e"
>
> 6) com relação ao IPI, dos produtos destinados ao exterior – 153, § 3º inciso III;
>
> 7) com relação ao ITR, das pequenas glebas rurais, definidas em lei, quando as explore, só ou com sua família, o proprietário que não possua outro imóvel – 153 e § 4º;

[14] Para uma perspectiva do histórico constitucional relativamente às limitações ao poder tributar ver VALADÃO, Marcos Aurélio Pereira, *Limitações... op. cit.*, p. 50-75.

[15] Cabe lembrar que imunidade dos rendimentos provenientes de aposentadoria e pensão pagas pela previdência social da União, dos Estados, do Distrito Federal e dos Municípios, a pessoas com idade acima de sessenta e cinco anos, cuja renda seja constituída, exclusivamente, de rendimentos do trabalho, nos termos e limites fixados em lei – 153, § 2º, inciso II revogada pela Emenda Constitucional nº 20, de 1998.

8) do ouro, quando definido em lei como ativo financeiro ou instrumento cambial, com relação aos outros tributos, exceto o IOF – arts. 153, § 5º e 155, § 2º inciso X, alínea "c";

9) com relação ao ICMS, nas operações com produtos industrializados destinados ao exterior, excluídos os semi-elaborados definidos em lei complementar – art. 155, inciso X, "a";

10) com relação ao ICMS, nas operações interestaduais envolvendo petróleo, inclusive lubrificantes, combustíveis líquidos e gasosos dele derivados, e energia elétrica – art. 155, inciso XI, "b";

11) com relação aos demais tributos, exceto o ICMS, o Imposto de Importação e o Imposto de Exportação, nas operações com energia elétrica, serviços de telecomunicação, derivados de petróleo, combustíveis e minerais do País – art. 155, § 3º (nova redação dada pela Emenda nº 3/93);

12) com relação ao Imposto sobre a Transmissão de Bens Imóveis "inter-vivos" sobre a transmissão de bens ou direitos incorporados ao patrimônio de pessoa jurídica em realização de capital, e sobre a transmissão de bens e direitos decorrentes de fusão, incorporação, cisão ou extinção de pessoa jurídica, salvo se a atividade preponderante do adquirente for a compra e venda desses bens ou direitos, locação de bens imóveis ou arrendamento mercantil – art. 156, § 2º, inciso I;

13) receitas decorrentes de exportação em relação às contribuições sociais e de intervenção no domínio econômico – art. 149, §2º, I;

14) as operações de transferência de imóveis desapropriados para fins de reforma agrária, com relação a todos os impostos – art. 184, § 5º;

15) com relação às contribuições para a seguridade social, as entidades beneficentes de assistência social que atendam às exigências estabelecidas em lei – art. 195, § 7º;

16) com relação às taxas no uso do direito de petição aos Poderes Públicos em defesa de direito ou contra ilegalidade ou abuso de poder e para obtenção de certidões em repartições públicas, para defesa de direitos e esclarecimento de situações de interesse pessoal – art. 5º, inciso XXXIV, "a" e "b";

17) na impetração de ação popular, salvo comprovada má-fé do autor – art. 5º, inciso LXXIII;

18) com relação aos tributos incidentes na prestação de assistência jurídica (via de regra, as taxas), aos que comprovarem insuficiência de recursos – art. 5º, inciso LXXIV;

19) com relação aos tributos incidentes no registro civil de nascimento e na expedição de certidão de óbito para os reconhecidamente pobres – art. 5º, inciso LXXVI, "a" e "b";

20) com relação aos atos necessários ao exercício da cidadania, e às ações de "habeas-corpus" e "habeas data" – art. 5º, inciso LXXVII.

Tomando-se como referência as imunidades constantes na atual Carta Política, pode-se classificar as imunidades de diversas maneiras. Há as imunidades subjetivas e objetivas, expressas ou implícitas, e, ainda, as condicionadas ou incondicionadas. A classificação mais importante, porém, é a que estabelece uma geral e outra por exclusão. A imunidade geral ou imunidades genéricas são aquelas constantes nas alíneas do inciso VI do art. 150 da CF/1988, que atingem apenas os impostos. São ditas genéricas porque não se dirigem especificamente a nenhum imposto, mas às suas incidências (renda, patrimônio ou serviços) ou ao objeto da tributação, sendo que neste último caso a imunidade se dirige aos impostos sobre produção e circulação. As imunidades genéricas dos impostos são: imunidade recíproca, de templos, de partidos e de entidades sindicais, de ensino e de assistência, de livros, jornais e periódicos e do papel destinado à sua impressão; e fonogramas ou videofonogramas de artistas brasileiros.

As imunidades genéricas ainda podem se referir às contribuições sociais, quando não especificam a que contribuição se refere, estando previstas no art. 149, § 2º, inciso I (imunidade à exportação das contribuições sociais e de intervenção no domínio econômico) e do § 6º do art. 195 (imunizando das contribuições para a seguridade social as entidades beneficentes de assistência social).

Já as imunidades específicas seriam todas as outras imunidades para as quais haveria proteção constitucional a situações específicas, abrangendo, inclusive, contribuições e taxas.

3. Imunidades genéricas dos impostos

3.1. Imunidade recíproca

A imunidade recíproca é considerada a primeira estabelecida no Direito de países na Era Contemporânea e foi a primeira a constar em constituições brasileiras. A Constituição do EUA não havia previsto qualquer tipo de proteção tributária em relação às pessoas jurídicas, um tema, aliás, que teria o caráter inédito justamente nos EUA porque foi esta a primeira Federação do mundo moderno. A problemática se daria exata e precisamente quando entes com autonomia política lançassem exação um sobre os outros no novo arranjo político institucional recém-nascido na América do Norte.

Fernando Santos Arenhart[16] mostra que, em 1791, o governo dos EUA criou um banco nacional e uma de suas filiais foi, então, tributada pelo Estado de Maryland. O pagamento do tributo foi recusado por James McCulloch, um preposto da filial do banco em Baltimore, o que levou o Estado de Maryland a levar a contenda à Suprema Corte[17], que assegurou, em 1819, pela primeira vez[18], a imunidade tributária do governo federal contra pretensões tributárias dos estados. Neste julgado, o Chief Justice Marshall proferiu a famosa frase: "*the power to tax involves the power to destroy*". Ficou, então, estabelecido o princípio da *intergovernmental tax imunity*, apesar de não haver na Constituição de 1787 qualquer norma específica sobre a possibilidade de entes cobrarem tributos uns dos outros, um marco também para os estudos de controle de constitucionalidade, e muito significativo para a consolidação de diversas teorias jurídicas, como a dos poderes implícitos e da limitação do poder de tributar dos Estados.[19]

Essa imunidade é chamada de recíproca porque estabelece que nenhum ente federativo pode lançar mão de tributos em relação a qualquer outro. Sua finalidade, então, é assegurar a autonomia, equilíbrio e cooperação no nosso sistema federativo.[20]

16 ARENHART, Fernando Santos. *Imunidade recíproca e federalismo: da construção norte-americana à atual posição do STF. In:* Revista Brasileira de Direito Público. Volume 3. Nº 02. jul/dez. 2013.

17 UNITED STATES. Supreme Court. McCulloch v. Maryland, 17 U.S. 316 (1819).

18 Diversos casos foram levados à Suprema Corte nos anos seguintes sobre o tema da *intergovernmental tax imunity*, dos quais destacam-se Weston v. City Council of Charleston, The Collector v. Day, Pollock v. Farmers' Loan & Trust Co., Helvering v. Gerhardt e Graves v. New York ex rel. O'Keefe.

19 CASAGRANDE, C. L. BARREIRA, J. H. *O caso McCulloch v. Maryland e sua utilização na jurisprudência do STF.* RIL Brasília a. 56 n. 221 jan./mar. 2019 p. 247-270.

20 CARNEIRO. Cláudio. *Curso de Direito Tributário e Financeiro.* 9ª ed. São Paulo: Saraiva, 2020, p. 390.

Na CF/88 ela está estabelecida no art. 150, inciso VI, alínea "a". Atinge somente impostos e tem aplicação para a União e todos os entes subnacionais, incluindo-se, então, Municípios e o Distrito Federal. O Constituinte expressamente garantiu a mesma proteção às autarquias e às fundações instituídas e mantidas pelo Poder Público, desde que vinculados a suas finalidades essenciais ou às delas decorrentes (§§ 2º e 3º do artigo 150).

Isso porque as entidades de natureza pública exercem atividades de especial importância para a sociedade, por meio de serviços públicos, operando no sistema jurídico de Direito Público, inclusive com capacidade tributária ativa.

Portanto, a Constituição expressamente não estende a imunidade recíproca ao exercício de atividades econômicas, quando realizadas pelo Estado. É que as pessoas jurídicas têm capacidade contributiva, em especial, quando exercem atividades econômicas. Como afirma José Casalta Nabais[21], assegurar às pessoas políticas a imunidade quando do exercício destas atividades subverte a concorrência. Aliás, a Constituição Federal estabelece expressamente que às estatais exploradoras de atividades econômicas sejam concedidos privilégios típicos do setor público (art. 173, § 1º, Inciso II). Contudo, há diversos casos julgados pelo STF, em que a imunidade para empresas públicas, ou mesmo de economia mista, foi reconhecida, ainda que em situações dotadas de particularidades, como é o caso da ECT. Situações típicas da intepretação constitucional, onde a elasticidade interpretativa, levada a efeito pelos ministros do STF, não contém as mesmas barreiras da intepretação das leis infraconstitucionais, e são impulsionadas por princípios e valores, explícitos e implícitos, enquanto vetores interpretativos.

3.2. Imunidade religiosa

O Estado brasileiro está erigido sobre valores e princípios estruturantes do regime geral de direitos fundamentais[22] e que constituem signos centrais das democracias liberais[23]. Da experiência democrática, o Estado

[21] Nabais. José Casalta. +++++++++++2. Coimbra: Almedina, 1998, pág. 486.

[22] Canotilho, José Joaquim Gomes. *Direito Constitucional e Teoria da Constituição.* 7. ed. 16. reimp. Coimbra: Almedina, 2003, p. 426.

[23] Silva, José Afonso. *Curso de Direito Constitucional Positivo.* 32. ed. São Paulo: Malheiros, 2019, p. 213.

Laico é grande conquista das civilizações, não por afastar o Estado das coisas espirituais. Mas por garantir que ele não interferirá no exercício de tão importante direito fundamental, quer seja impulsionando uma religião, quer seja por embaraçar o funcionamento de outra. É aí que se insere o tema da imunidade dos templos de qualquer culto, também chamada de imunidade religiosa, no direito à liberdade de expressão, de liberdade de consciência e de crença, estabelecidos no inciso VI do artigo 5º da CF/1988.

A imunidade religiosa está assentada no inciso VI, "b", do art. 150 da Constituição, que veda aos templos de qualquer culto a instituição de impostos. A expressão "qualquer culto" é bastante ampla, mas o entendimento é que é preciso estar a organização religiosa devidamente constituída na forma da legislação cível, sendo indiferente o culto ou a fé propagada, contanto que sejam lícitas.[24]

Ora, é de se notar que o texto constitucional estabelece vedação à instituição de impostos sobre templos de qualquer culto. A expressão 'templo' parece ter sido utilizada de propósito pelo constituinte para delimitar a imunidade ao local de exercício do culto e às atividades ligadas às finalidades espirituais e sociais lá realizadas. Não é, assim, porém, o entendimento do STF sobre o assunto. Utilizando-se uma ampliação da teoria clássico-liberal de templo, o STF adota a teoria moderna para proteger toda atividade da religião, enquanto organização religiosa.[25]

Assim, estão protegidas pela imunidade bens e atividades realizadas na forma comercial, pois, em tese, serviriam para financiar a sua atividade fim. Os cemitérios de caráter religioso também, por decisão da Suprema Corte, estão protegidos contra a exação de impostos.[26]

Destaque-se que a imunidade das entidades religiosas, na letra do texto constitucional, se limita à incidência de impostos sobre rendas, serviços e patrimônios vertidos às suas finalidades essenciais, como dispõe o § 4º do artigo 150 da CF/88. Porém, muitas vezes, impostos indiretos como o ICMS, o IPI e o imposto de importação têm imunidade reconhecida em situações específicas pelo STF.

[24] Rodrigues, Denise Lucena. *A imunidade como limitação à competência impositiva*. – São Paulo: Malheiros Editores Ltda., 1995, p. 54.

[25] RE 247809. Dec. 15/05/2001. Rel. Min Ilmar Galvão. 1ª T.

[26] RE: 578562 BA, Data de Julgamento: 21/05/2008. Relator: Eros Grau, , Tribunal Pleno.

Luis Eduardo Schoueri questiona a extensão da imunidade dessas entidades que auferem renda no mercado privado de bens e serviços. Isso porque há inequívoco prejuízo à lealdade concorrencial quando organizações religiosas exercem atividades no mercado de bens e serviços com prerrogativas fiscais indisponíveis a empresas que disputam o mesmo mercado.[27] Como sabemos, a Carta Política estabelece que são princípios da Ordem Econômica no Estado Brasileiro a livre iniciativa e a concorrência, fundamentos da República (art. 1º, inciso IV) e da Ordem Econômica (art. 170 e art. 173, *caput*).

Ademais, o uso destas instituições para atividade comercial pode eclipsar a pura e simples fraude fiscal, como meio para obter-se privilégio tributário, em absoluta burla ao dever fundamental de pagar impostos, dever este imanente às sociedades contemporâneas.

3.4. Imunidade política, sindical, educacional e assistencial

Trata-se de imunidade voltada às pessoas jurídicas que prestem atividade de especial relevo para a sociedade, atendidos os requisitos legais. Está prevista no artigo 150, inciso VI, alínea "c" da Constituição Federal e restringe-se aos impostos. Assim, é a referida imunidade do tipo condicional ou não autoaplicável. A imunidade destas entidades deve restringir-se ao patrimônio, renda e serviços afetos às suas atividades essenciais, excluindo-se os impostos incidentes sobre a produção e circulação de riquezas, ainda que a ela inerentes.[28]

A imunidade de partidos políticos exige que estes estejam devidamente registrados junto à Justiça Eleitoral. Sua finalidade é assegurar autenticidade do regime representativo, assegurando fruição plena à liberdade política. A Constituição assegura esta imunidade às suas respectivas fundações, mas desde que vinculadas às suas finalidades essenciais.

Já a imunidade de entidades sindicais abrange confederações, federações e centrais sindicais de trabalhadores, não se aplicando aos sindicatos patronais. Tem por finalidade preservar a liberdade de associação sindical.

[27] SCHOUERI, Luis Eduardo. *Imunidade Tributária e Ordem Econômica*. In: ROCHA, Valdir de Oliveira (org). *Grandes Questões atuais do direito tributário*. São Paulo. Dialética, 2011. V.15 p. 229-242.

[28] CARNEIRO. Cláudio. *Curso de Direito Tributário e Financeiro*. 9ª ed. São Paulo: Saraiva, 2020, p. 414.

Quanto às instituições de educação, suas imunidades se amparam no objetivo constitucional de propagação da educação e do ensino. Envolve escolas e universidades e se estende a entidades de educação em sentido amplo, como teatros e bibliotecas.

Em relação às entidades de assistência social, Paulo de Barros Carvalho entende que a regra constitucional da imunidade tributária destas entidades é uma norma de eficácia contida e de aplicabilidade condicionada, porquanto se exige uma efetiva comprovação de atendimento a exigências infraconstitucionais.[29] De toda sorte, este condicionamento deve ser previso em lei complementar, sendo que o CTN disciplina o instituto em seu art. 14.

José Sabo Paes[30] ensina que as instituições de assistência social são as pessoas jurídicas de direito privado, associações civis, fundações e serviços sociais dedicados às atividades de previdência, saúde e assistência social. As atividades e modo de operações estão definidos em diversos diplomas infralegais. Ressalta-se a determinação constitucional que tais entidades não tenham fins lucrativos e que a imunidade se restringe as rendas, serviços e patrimônios vertidos às suas finalidades essenciais, como dispõe o § 4º do artigo 150 da Constituição.

3.5. Imunidade do conhecimento

São as imunidades de livros, jornais e periódicos, bem como do papel destinado à sua impressão. São do tipo 'objetivas' porque não importam as qualificações pessoais da entidade que opera com estes bens.[31] Tem por finalidade assegurar a liberdade de expressão do pensamento, a difusão de informações, da cultura e a liberdade de imprensa, temas de especial relevo e grande envergadura nas sociedades democráticas.

Está prevista no artigo 150, inciso VI, alínea "d" da Constituição Federal e restringe-se aos impostos sobre a venda de livros, periódicos e o papel, e não sobre as rendas de editoras e empresas que operam

[29] Carvalho, Paulo de Barros. *Curso de Direito Tributário.* 29ª Ed. São Paulo: Saraiva, 2015, p. 210.

[30] Paes, José Eduardo Sabo. *Fundações, associações e entidades de interesse social: aspectos jurídicos, administrativos, contábeis, trabalhista e tributários.* 6º Ed. Brasília: Brasília Jurídica, 2006, p. 702.

[31] Carvalho, Paulo de Barros. *Curso de Direito Tributário.* 29ª Ed. São Paulo: Saraiva, 2015, p. 212.

estes bens, exatamente porque a imunidade é do tipo objetiva. Assim, essa imunidade, que não tem condicionantes nos diversos parágrafos do art. 150, e conforme entendimento consolidado, se refere aos impostos que incidem sobre a operações e bens, como o ICMS, o IPI e os impostos de importação e exportação.

Sobre o tema, a doutrina destaca a importância de se conceber ampla interpretação às normas de aplicação destas imunidades já que o objetivo constitucional seria a proteção da informação e da liberdade de expressão. Daí que se defende a extensão da sobredita imunidade a bens e serviços, independentemente do meio ou canal.[32]

Assim, o STF tem ampliado o conceito de livro (classicamente livro impresso) para livro eletrônico e os suportes (*hardware*) próprios para sua leitura[33], numa evolução interpretativa, condicionado pela evolução dos conceitos e forma de surporte da matéria cultural e informacional, numa era pós Gutemberg.

3.6. Imunidade musical brasileira

Atendendo anseios do setor artístico e cultural do Brasil, o Congresso Nacional promulgou a Emenda Constitucional nº 75/2013 criando mais uma hipótese de imunidade objetiva em razão do tema de cultura e educação, impedindo a incidência de impostos sobre CDs, DVDs e arquivos digitais produzidos no Brasil com obras musicais de autores brasileiros. Essa imunidade está prevista no art. 150, inciso IV, alínea "e" da CF/88.

Estas medidas, embora tenham grande apelo e popularidade, revelam o pouco apreço que o país guarda às finanças públicas e ao princípio da capacidade contributiva, que é no dizer de Maurício do Valle, a própria aptidão econômica do sujeito para suportar o tributo, verdadeira expressão do princípio isonômico, pilar do Direito Constitucional Democrático.[34] É que na extensão de qualquer benesse fiscal deve-se ter em mente um binômico entre ter recursos à sua disposição para fazer frente ao ônus e à carência daqueles que não têm recursos.

[32] Carneiro. Cláudio. *Curso de Direito Tributário e Financeiro*. 9ª ed. São Paulo: Saraiva, 2020, p. 426.

[33] RE 330.817-RJ. Dec. 08/03/2017. Rel. Min. Dias Toffoli.

[34] Valle, Maurício Dalri Timm do. *Princípios Constitucionais e Regras-Matrizes de Incidência Do Imposto Sobre Produtos Industrializados – IPI*. 1ª edição. São Paulo: Noeses, 2016. p. 459.

O fato de haver nestes setores aqueles que precisam de estímulos e mesmo benefícios fiscais não é capaz, *per si*, de amparar a existência de indiscriminada e cada vez mais larga imunidade, ampla e geral. Não há discussão sobre a importância do setor de educação e cultura para o desenvolvimento de um país livre, democrático, solidário e justo, dada a evidência dessa importância. Assim, como não há discussão sobre a importância superlativa de alimentos, remédios, vacinas, energia, combustíveis e dos profissionais de saúde, segurança, transporte, advocacia etc.

O critério jus político a amparar a imunidade não poderia ser a atividade, tomada em si, exclusivamente. Mas a conjugação entre o valor fundamental a ser protegido constitucionalmente e a capacidade contributiva, critérios que o constituinte original, e mesmo o derivado, ignoram.

A chamada imunidade musical foi gestada e discutida num cenário onde ainda predomina a circulação e venda de músicas e videofonogramas (shows, etc) por meio de CDs e DVDs, tendo como um dos argumentos o combate à pirataria (mercado negro de CDs e DVDs), e assim remunerar adequadamente os artistas brasileiros.[35] Este cenário que evoluiu bastante nos últimos quinze anos predominando atualmente a circulação pela nuvem da internet e por meio de outros mecanismos de circulação por *streaming*, muitas vezes sem ônus direto pelo ouvinte, ou outros como *Spotify*, fizeram com que o mecanismo constitucional perdesse eficiência.

4. Imunidades genéricas das contribuições

As imunidades genéricas não estão restritas aos impostos como sucedia até a CF/88. A CF/88 originária trouxe uma imunidade genéricas às contribuições sociais do art. 195 (art. 195, § 7º), e a Emenda n. 33/2001 criou outra direcionada às contribuições sociais e às contribuições de intervenção no domínio econômico (art. 149, § 2º, inciso I, da CF/88).

Diz-se que são imunidades genéricas pois não se referem a uma espécie específica de contribuição, mas aos subgêneros de contribuições sociais (que tem uma gama de incidências conforme delimitada nos

[35] Sobre a eficiência da medida ver Bomtempo, Eugênio. *E-Commerce; tributação e cultura*; Análise Juseconômica das Imunidades Tributárias sobre Cadeias Produtivas de Livros e Músicas. Curitiba: Juruá, 2016.

incisos do art. 195 da CF/88) e das contribuições de intervenção no domínio econômico (das quais existem diversos tipos).

4.1. Imunidade sobre as receitas de exportação

O art. 149, § 2º, inciso I, da Constituição Federal estabelece a imunidade em relação às contribuições sociais e contribuições de intervenção no domínio econômico sobre as receitas decorrentes de exportação de bens ou serviços.

A não tributação por tributos indiretos na exportação é um imperativo do sistema de comércio moderno, onde a tributação indireta só ocorre nos países consumidores, nunca no exportador (salvo exceções ligadas a questões extrafiscais).

O interessante, e sutil, no dispositivo constitucional imunizante é que ela se refere às contribuições sociais de forma genérica, ou seja, não se restringe àquelas previstas no art. 195 (destinadas à seguridade social). Assim, caso seja criada outra contribuição social cuja incidência possa atingir a exportação, qualquer que seja ela, a imunidade permanecerá aplicável, diferente da imunidade do § 7º do art. 195, que só se aplica às contribuições sociais previstas nos incisos do próprio art. 195.

Em geral, o tema da imunidade às exportações dos tributos indiretos não suscita muitas controvérsias. Porém, houve uma importante discussão se essa imunidade atingiria a Contribuição Social sobre o Lucro Líquido, a CSLL, prevista no art. 195, inciso I, "c", em relação aos lucros decorrente das operações de exportação, restando decidido em sentido contrário pelo SFT[36], sob o argumento de que a imunidade não atinge a atividade de exportação (sujeita à tributação sobre o lucro), mas as receitas decorrentes de exportação (sujeita às incidências indiretas, objeto da imunidade).

4.2. Imunidade assistencial

A imunidade assistencial está prevista no artigo 195, § 7º, da CF/88, a qual determina que não haverá incidência de contribuições sociais destinadas ao custeio da seguridade social sobre as receitas de instituições

[36] RE 474.132-SC. Dec. 12/08/2010, Rel. Min. Gilmar Mendes, Tribunal Pleno; RE 564.413-SC, Dec. 12/08/2010, Rel. Min. Marco Aurélio, Tribunal Pleno (com repercussão geral).

beneficentes de assistência social, desde que atendam às exigências estabelecidas em lei.

De observar que, embora o dispositivo se refira à imunidade, o texto diz que "São isentas de contribuição para a seguridade social as entidades beneficentes de assistência social que atendam às exigências estabelecidas em lei." Mas não é de isenção que se trata aqui. Isenção é tema de lei ordinária, exercido no âmbito do poder tributante para situações específicas e sujeitos aos regramentos previstos no CTN. O termo foi usado de forma errada no texto constitucional, que se diga, não utiliza o termo "imunidade tributária" ou 'estão imunes" em nenhum momento.

Uma importante discussão acerca deste dispositivo é se o termo 'lei" se referiria a lei ordinária ou a lei complementar. O art. 146, inciso II, da CF/88 dispõe que cabe à lei complementar regular as limitações constitucionais ao poder de tributar. O tema assume relevância porque as contribuições não estão sujeitas a algumas amarras legislativas que só afetam os impostos, a exemplo do art. 146, III, "a", *in fine*, da CF/88. O STF entendeu que se trata de lei complementar, assim como é o caso do art. 150, VI, "c". Ressalta-se, porém, que outros aspectos que não afetem a imunidade podem ser regulados por lei ordinária.[37]

As maiores discussões, no entanto, se referem ao próprio conceito de entidade beneficente de assistência social, ou seja, quais entidades estariam ao abrigo da imunidade e quais requisitos devem cumprir para poder usufrui-la.

5. Imunidades específicas

As imunidades específicas são aquelas previstas na Constituição Federal de modo individualizado e expresso para determinados tributos, podendo abranger contribuições, taxas e mesmo impostos, para os quais o Constituinte encontrou fundamento valorativo especial no plexo de direitos fundamentais ou mesmo para proteção de interesses nacionais específicos. Estabelecem, então, a incompetência do legislador infraconstitucional para lançar tributação sobre pessoas, coisas ou operações.

A seção 2 acima traz vinte itens listando as imunidades, dentre elas sete são genéricas e treze específicas. Ou seja, a maioria das imunidades da CF/88 são imunidades específicas, sendo que, em geral, essas imuni-

[37] E.g., RE 428.815 AgR. Dec. 07/06/2005. Relator. Min. Sepúlveda Pertence. 1ª T.

dades causam menos discussões por conta da especificidade e da precisão normativa, como é o caso, por exemplo, da imunidade de IPI para operações de exportação de bens, estabelecida no art. 153, § 3º, inciso III, da CF/88. Esse tipo de imunidade não costuma suscitar grande discussões, como já foi dito. Adiante comenta-se algumas destas imunidades específicas, em função de suas particularidades.

Algumas dependem de norma reguladora, sendo, portanto, de eficácia contida, como é o caso da imunidade prevista no art. 153, § 4º, inciso II, da CF/88, que disciplina a imunidade de ITR sobre as pequenas glebas rurais, conforme definidas em lei, desde que seja a única de propriedade do sujeito passivo da exação.

No art. 155, § 2º, inciso X, alíneas "a" a "d", da Constituição Federal um plexo de imunidades em relação ao ICMS, um dos impostos mais importantes do país, por ser a maior base contributiva de Estados-membros e mesmo de Municípios, via repasses constitucionais. Assim, pela regra constitucional, não haverá incidência do tributo estadual sobre operações que destinem mercadorias e serviços ao exterior, sobre operações que destinem aos outros estados o petróleo, inclusive lubrificante, os líquidos, os gasosos e a energia elétrica, sobre o ouro (definido como ativo financeiro) e sobre as prestações de serviços de comunicação, na modalidade de rádio difusão sonora e de sons e imagens de recepção livre e gratuita.

Interessante a imunidade contida no § 3º do art. 155 que, disciplinado o ICMS, imuniza outros impostos, ao dizer que incidem sobre operações relativas a energia elétrica, serviços de telecomunicações, derivados de petróleo, combustíveis e minerais do País o ICMS, o Imposto de Importação e o Imposto de Exportação, nenhum outro mais. De observar que a redação original deste dispositivo trazia a palavra tributo ("nenhum outro tributo poder incidir..."), que foi substituída pela palavra 'imposto" pela Emenda Constitucional nº 33/2001, de forma que o PIS/COFINS (e outras contribuições) pudessem também incidir sobre bens e serviços imunizados no dispositivo, que passou a só imunizar impostos.

O artigo 156, § 2º, inciso II, da CF, determina imunidade em relação ao ITBI sobre a operação de transferência onerosa de imóveis incorporados ao patrimônio de pessoa jurídica em realização de capital, mesmo que seja sobre a forma de transmissão de bens ou direitos decorrentes de fusão, incorporação, cisão ou extinção de pessoa jurídica. Trata-se de dar dinâmica ao setor empresarial, permitindo adequações societárias rápidas, quando a finalidade não é realizar uma operação financeiramente onerosa. Isso fica claro quando se nota que há incidência do ITBI para a operação de transferência de bens imóveis para pessoa jurídica, com o objetivo de integralização de capital.

O tema das imunidades específicas das taxas (relacionadas na seção 2 acima, itens 16, 1 e 20) remete à proteção do exercício dos direitos da cidadania, constando do art. 5º, *locus* de matéria deste jaez e não na parte da constituição tributária).

Referências

ARENHART, Fernando Santos. *Imunidade recíproca e federalismo: da construção norte-americana à atual posição do STF. In:* Revista Brasileira de Direito Público. Volume 3. Nº 02. jul/dez. 2013.

BALEEIRO, Aliomar. *Limitações constitucionais ao poder de tributar.* 7. ed., Rio de Janeiro: Forense, 1997.

BOMTEMPO, Eugênio. *E-Commerce; tributação e cultura;* Análise Juseconômica das Imunidades Tributárias sobre Cadeias Produtivas de Livros e Músicas. Curitiba: Juruá, 2016.

CANOTILHO, José Joaquim Gomes. *Direito Constitucional e Teoria da Constituição.* 7. ed. 16. reimp. Coimbra: Almedina, 2003.

CARNEIRO. Cláudio. *Curso de Direito Tributário e Financeiro.* 9ª ed. São Paulo: Saraiva, 2020.

CARVALHO, Paulo de Barros. *Curso de Direito Tributário.* 29ª Ed. São Paulo: Saraiva, 2015.

CASAGRANDE, C. L. BARREIRA, J. H. *O caso McCulloch v. Maryland e sua utilização na jurisprudência do STF.* RIL Brasília a. 56 n. 221 jan./mar. 2019.

CORREIA NETO, Celso de Barros. O avesso do tributo. 2ª Ed. São Paulo: Almedina, 2016.

DANIELI FILHO, Eloi Cezar; PILAU SOBRINHO, Liton Lanes. *As Constituições Brasileiras e a Imunidade Tributária de Templos de Qualquer Culto.* In: ENCONTRO NACIONAL DO CONPEDI, 19, 2010, Fortaleza. Anais. Fortaleza: CONPEDI, 2010.

GAMA, Guilherme Calmon Nogueira da. *Os privilégios fiscais: isenções e incentivos fiscais.* Revista de Direito Tributário, São Paulo, n. 76., p. 215-225, 2001.

GRECO, Marco Aurélio. *Imunidade Tributária.* In Silva Martins (coord.). Imunidades Tributárias. São Paulo: Editora Revista dos Tribunais, 1998, p. 711.

NABAIS. José Casalta. *O dever fundamental de pagar impostos.* Coimbra: Almedina, 1998.

PAES, José Eduardo Sabo. *Fundações, associações e entidades de interesse social: aspectos jurídicos, administrativos, contábeis, trabalhista e tributários.* 6º Ed. Brasília: Brasília Jurídica, 2006.

ROCHA, Valdir de Oliveira (org). *Grandes Questões atuais do direito tributário: Imunidades.* V.15 São Paulo. Dialética, 2011.

RODRIGUES, Denise Lucena. *A imunidade como limitação à competência impositiva.* – São Paulo: Malheiros Editores Ltda., 1995, p. 54.

SCHOUERI, Luis Eduardo. *Direito Tributário.* 8ª Ed. São Paulo: Saraiva, 2018.

SCHOUERI, Luis Eduardo. *Imunidade Tributária e Ordem Econômica.* In: ROCHA, Valdir de Oliveira (org). *Grandes Questões atuais do direito tributário.* V.15 São Paulo. Dialética, 2011.

SILVA, José Afonso. *Curso de Direito Constitucional Positivo.* 32. ed. São Paulo: Malheiros, 2019.

TORRES, Ricardo Lobo. *Tratado de Direito Constitucional Financeiro e Tributário. Os direitos humanos e a tributação. Imunidades e Isonomia.* V. III, Rio de Janeiro: Renovar, 1999.

VALADÃO, Marcos Aurélio Pereira. Acerca das decisões relevantes do STF em matéria tributária a partir da Constituição de 1988. In: MENDES, Gilmar Ferreira; BRANCO, Paulo Gustavo Gonet; VALLE, André Rufino do. *A Jurisprudência do STF nos 20 anos da Constituição.* São Paulo: Saraiva, 2010.

VALADÃO, Marcos Aurélio Pereira. *Limitações Constitucionais ao Poder de Tributar e Tratados Internacionais.* Belo Horizonte: Del Rey, 2000.

VALLE, Maurício Dalri Timm. *Princípios Constitucionais e Regras-Matrizes de Incidência Do Imposto Sobre Produtos Industrializados – IPI.* São Paulo: Noeses, 2016.

PARTE 3
ANÁLISES DE CASOS

CAPÍTULO 1
RECURSO EXTRAORDINÁRIO Nº 588.322

Beijanicy Ferreira da Cunha Abadia Valim

1. Recurso extraordinário nº 588.322 – Rondônia[1]

Recorrente: Associação Comercial de Rondônia – ACR
Recorrido: Município de Porto Velho
Relator: Ministro Gilmar Mendes
Voto Vencedor: Ministro Gilmar Mendes
Data de julgamento: 16 de junho de 2010.

1.1. Ementa

Recurso Extraordinário 1. Repercussão geral reconhecida. 2. Alegação de inconstitucionalidade da taxa de renovação de localização e de funcionamento do Município de Porto Velho. 3. Suposta violação ao artigo 145, inciso II, da Constituição, ao fundamento de não existir comprovação do efetivo exercício do poder de polícia. 4. O texto constitucional diferencia as taxas decorrentes do exercício do poder de polícia daquelas de utilização de serviços específicos e divisíveis, facultando

[1] BRASIL. Supremo Tribunal Federal. *Recurso Extraordinário nº 588322/RO*, Relator: Min. Gilmar Mendes, Plenário, julgado em 16/06/2010, REPERCUSSÃO GERAL – MÉRITO DJe-164 DIVULG 02-09-2010 PUBLIC 03-09-2010 EMENT VOL-02413-4 PP-00885. Disponível em: <https://redir.stf.jus.br/paginadorpub/paginador.jsp?docTP=AC&docID=613943>. Acesso em: 15 de jul. de 2021.

apenas a estas a prestação potencial do serviço público. 5. A regularidade do exercício do poder de polícia é imprescindível para a cobrança da taxa de localização e fiscalização. 6. À luz da jurisprudência deste Supremo Tribunal Federal, a existência do órgão administrativo não é condição para o reconhecimento da constitucionalidade da cobrança da taxa de localização e fiscalização, mas constitui um dos elementos admitidos para se inferir o efetivo exercício do poder de polícia, exigido constitucionalmente. Precedentes. 7. O Tribunal de Justiça de Rondônia assentou que o Município de Porto Velho, que criou a taxa objeto do litígio, é dotado de aparato fiscal necessário ao exercício do poder de polícia. 8. Configurada a existência de instrumentos necessários e do efetivo exercício do poder de polícia. 9. É constitucional taxa de renovação de funcionamento e localização municipal, desde que efetivo o exercício do poder de polícia, demonstrado pela existência de órgão e estrutura competentes para o respectivo exercício, tal como verificado na espécie quanto ao Município de Porto Velho/RO 10. Recurso extraordinário ao qual se nega provimento.

1.2. Tese fixada

É constitucional taxa de renovação de funcionamento e localização municipal, desde que efetivo o exercício do poder de polícia, demonstrado pela existência de órgão e estrutura competentes para o respectivo exercício. (Obs: Redação da tese aprovada nos termos do item 2 da Ata da 12ª Sessão Administrativa do STF, realizada em 09/12/2015.)

Tema 217 – Comprovação do poder de polícia para cobrança de taxa de localização e funcionamento.

1.3. Especificação do caso e razões da submissão à repercussão geral

Com base no voto do Relator, Ministro Gilmar Ferreira Mendes, a controvérsia dos autos gira em torno da inconstitucionalidade da taxa de renovação de localização e de funcionamento cobrada pelo Município de Porto Velho – RO, ao argumento de suposta ausência do exercício do poder de polícia.

A Associação Comercial de Rondônia (ACR) recorreu ao STF em Recurso Extraordinário (RE 588.322) contra acórdão do Tribunal de

Justiça do Estado de Rondônia proferido em Embargos Infringentes que decidiu pela legalidade da cobrança da taxa de fiscalização para a renovação de funcionamento e localização em face da notoriedade do exercício do poder de polícia da Municipalidade.

A Recorrente em suas razões recursais alega como tese principal a violação ao artigo 145, II da Constituição Federal, que traz a hipótese de incidência das taxas, as quais exigem atuação estatal por serem tributos vinculados. Assim, afirma a inconstitucionalidade da taxa de renovação de localização e de funcionamento cobrada pelo Município de Porto Velho pela ausência do efetivo exercício do poder de polícia.

Vale mencionar que o dispositivo constitucional citado (art. 145, II da CF/88) define taxas como "pagamento pela utilização, efetiva ou potencial, de serviços públicos específicos e divisíveis, prestados ao contribuinte ou postos a sua disposição".

No mesmo sentido tem-se o conceito de taxa previsto no artigo 77 do Código Tributário Nacional, *in verbis*:

> Art. 77. As taxas cobradas pela União, pelos Estados, pelo Distrito Federal ou pelos Municípios, no âmbito de suas respectivas atribuições, têm como fato gerador o exercício regular do poder de polícia, ou a utilização, efetiva ou potencial, de serviço público específico e divisível, prestado ao contribuinte ou posto à sua disposição.

Assim, segundo a maioria dos Ministros é constitucional a cobrança da taxa de fiscalização para a renovação de funcionamento e localização, à luz da jurisprudência do Supremo Tribunal Federal, que sustenta que a existência do órgão administrativo não seria condição para o reconhecimento da constitucionalidade da cobrança da taxa de localização e fiscalização, mas constitui um dos elementos admitidos para se inferir o efetivo exercício do poder de polícia. E que o Município de Porto Velho, que criou a taxa objeto do litígio, é dotado de aparato fiscal necessário ao exercício do poder de polícia, com exceção do entendimento do Ministro Marco Aurélio, que no seu entendimento contrário aos demais Ministros, com base no Recurso Extraordinário nº 286.246-1/SP de relatoria do Ministro Moreira Alves, entendeu que a cobrança da taxa de renovação de licença para localização e funcionamento era indevida por falta de comprovação do exercício, por parte do Município, da atividade de fiscalização, uma vez que o fato discutido no acórdão impugnado seria de renovação de alvará e não da atuação considerando o poder de polícia, devendo assim acolher o pedido formulado pela Associação Comercial de Rondônia.

Pelo Recorrido estava o Sr. Procurador Geral do Município de Porto Velho que em contrarrazões sustenta que a Suprema Corte já decidiu reiteradas vezes sobre a constitucionalidade desta forma de cobrança de taxa, e que a questão não merecia maiores digressões, uma vez que o poder de polícia é a faculdade que a Administração Pública dispõe para condicionar e restringir o uso de gozo de bens, atividades e direitos individuais, em benefício de toda a coletividade e do próprio Estado.

Afirma ainda o Recorrido que seria inexigível a comprovação de efetiva contraprestação estatal, por ser suficiente que o Município demonstre possuir o aparato necessário para o exercício de seu poder-dever, no âmbito de sua competência territorial.

Por fim, aduz o Município de Porto Velho que no caso concreto, o poder de fiscalização é incumbido ao Departamento Fiscal da Secretaria Municipal da Fazenda, entendendo que o exercício do poder de polícia é presumido, incumbindo ao contribuinte o ônus de comprovar o contrário.

Importante salientar, que inicialmente o recurso em comento não foi admitido pelo Tribunal *a quo*. Entretanto, o Relator Ministro Cezar Peluso deu provimento ao Agravo de Instrumento para convertê-lo neste Recurso Ordinário.

O Recurso Ordinário então teve a repercussão geral reconhecida pelo Plenário nos termos da ementa colacionada, *in verbis*:

> RECURSO. Extraordinário. Tributo. Taxa de Localização e Funcionamento. Comprovação do efetivo exercício do poder de polícia. Relevância da questão. Repercussão geral reconhecida. Apresenta repercussão geral o recurso ordinário que verse sobre a necessidade de comprovação do efetivo poder de polícia para legitimar a cobrança da Taxa de Localização e Funcionamento. (DJe 18.12.2009)

Nesse sentido, no referido acórdão recorrido, decidiu-se por maioria, dar provimento ao recurso, nos termos do voto do Relator, no sentido de reconhecer a existência de repercussão geral, ratificando o entendimento firmado pelo Supremo Tribunal Federal sobre o tema de que a existência do órgão administrativo não é condição para o reconhecimento da constitucionalidade da cobrança da taxa de localização e fiscalização, mas constitui um de seus elementos exigidos na CF/88 para que haja o efetivo exercício do poder de polícia.

Assim, o Tribunal Pleno do Supremo Tribunal Federal afetou a matéria à sistemática da repercussão geral da questão constitucional suscitada pelo Recorrente em 02/10/2009.

O feito foi levado a julgamento na sessão plenária virtual de 23 de outubro de 2009, onde o Tribunal reconheceu a existência de repercussão geral da questão constitucional suscitada.

1.4. Critério de conhecimento da repercussão geral

Sobre a repercussão geral, o Ministro Relator Gilmar Mendes analisou o Recurso Extraordinário, fundamentado no artigo 102, III, "a" e "c" da CF, que sustentava a inconstitucionalidade da cobrança da taxa de renovação de localização e de funcionamento cobrada pelo Município de Porto Velho por ausência de exercício de poder de polícia, interposto pela Associação Comercial de Rondônia (ACR) contra acórdão do Tribunal de Justiça do Estado de Rondônia, proferido em Embargos Infringentes, que entendeu pela legalidade da cobrança da taxa de renovação de funcionamento e localização porque a exigibilidade da cobrança pelo Município prescinde de comprovação de atividade fiscalizadora, em face da notoriedade do exercício de poder de polícia da Municipalidade, uma vez que a base de cálculo do IPTU é o valor venal do imóvel e não coincide com a base de cálculo da taxa de renovação que é a área utilizada.

Alegou a Recorrente a existência de violação do artigo 145, II da Constituição Federal, uma vez que o dispositivo constitucional traz a hipótese de incidência das taxas, os quais são tributos vinculados e exigem a atuação do Estado.

Aduziu ser inconstitucional a taxa de renovação de funcionamento e localização cobrada pelo Município por ausência de exercício do poder de polícia.

O Recurso Extraordinário foi fundamentado no inciso III, alínea "a" e "c" do permissivo constitucional, onde a Associação Comercial de Rondônia (ACR) sustentou a inconstitucionalidade da cobrança e que o acórdão recorrido violaria o artigo 145, incisos II da Constituição Federal de 1988.

Assim, a matéria foi afetada na sistemática da repercussão geral devido a questão ultrapassar o interesse subjetivo das partes, uma vez que seria relevante do ponto de vista jurídico, que o seu julgamento definiria se a hipótese de incidência prevista no disposto legal em análise referente a cobrança da taxa de renovação de funcionamento e localização estaria sendo feita em conformidade com a Constituição Federal, além de inexistir qualquer óbice regimental ou sumular à discussão da matéria. Destaca também que a questão é relevante do ponto de vista econômico, por se tratar de incidência tributária que pode afetar diretamente o interesse do Munícipio em afronta ao princípio da autonomia municipal, prejudicando sobremaneira as finanças públicas.

2. Mérito da decisão

O Recurso Extraordinário nº 588.332 foi julgado em 16 de junho de 2010, em sessão plenária presidida pelo Ministro Cezar Peluso, onde estavam presentes o Relator Ministro Gilmar Mendes, Ayres Britto, Ricardo Lewandowski, Celso de Mello, Marco Aurélio, Ellen Gracie, Eros Grau, Cármen Lúcia e Dias Toffoli. Votou o presidente Ministro Cezar Peluso. Vencido o voto do Ministro Marco Aurélio. Ausente, neste julgamento, o Ministro Joaquim Barbosa, licenciado. Presença do Procurador-Geral da República, Dr. Roberto Monteiro Gurgel Santos. Falou, pela Recorrente Associação Comercial de Rondônia, o Dr. Breno Dias de Paula. Recurso Extraordinário que se negou provimento, por maioria dos votos, nos termos do voto do Relator Gilmar Mendes.

2.1. Voto condutor

Em seu voto, o Relator Ministro Gilmar Mendes assevera que o Recurso Extraordinário interposto pela Associação Comercial de Rondônia, com fundamento no artigo 102, III, "a" e "c", da Constituição Federal, tem como base a constitucionalidade e a interpretação dada ao artigo 145, II da Constituição Federal, pelo Supremo Tribunal Federal, ao fundamento de não existir comprovação do efetivo exercício do poder de polícia na cobrança de taxa de renovação de licença para localização, pois o recurso de apelação foi fundamentado na mudança de entendimento que o STF trouxe sobre o tema, uma vez o Tribunal vinha decidindo acompanhando o entendimento do STJ de que a referida taxa somente era devida se ficasse comprovado o efetivo exercício do poder de polícia. Entretanto, o STF afirmou a constitucionalidade da cobrança da taxa instituída pelo Município em vários precedentes, tais como: RE 220.316, Pleno, Galvão, 12/10/99; RE 198.904, 1º T, Galvão, 28/5/96; RE 222.252, 1º T, Ellen, 17/4/01; RE 213.552, 2º T, Marco Aurélio, 30/05/00; e que pela mudança de entendimento, o Superior Tribunal de Justiça – STJ havia inclusive cancelado a Súmula 157, que tratava como inconstitucional a cobrança de taxa. Assim, com o novo entendimento dado pelo STF a cobrança da taxa seria legítima, não havendo necessidade da comprovação do efetivo exercício do poder de polícia, por parte do Município, bastando a demonstração de potencial atuação ante o aparato fiscal que está dotado.

Afirma o Relator que, decorre daí o entendimento, em sede de Embargos Infringentes, onde o Tribunal de Justiça de Rondônia manteve a orientação do STF, afirmando que a cobrança de taxa de renovação de localização e funcionamento é legal, independentemente de haver comprovação de efetiva fiscalização por parte do Município, uma vez que resta evidenciado o exercício do poder de fiscalização na atividade do Município quando este estabelece posturas a serem seguidas pelos contribuintes, limitando o exercício de liberdades individuais em benefício de toda a coletividade, mediante prévia autorização legislativa, uma vez que se verifica a atividade fiscalizatória pelo simples fato de existir o ente municipal, não podendo o contribuinte furtar-se à sua obrigação sob a alegação de falta de fiscalização efetiva.

Aduz o Ministro Relator que a alegação de violação do art. 145, II da CF estava fundamentada na não existência de comprovação de efetivo exercício do poder de polícia. Ainda transcreve o citado artigo visando apontar as hipóteses de incidência possíveis para a cobrança de taxas, conforme colacionado:

> Art. 145. A União, os Estados, o Distrito Federal e os Municípios poderão instituir os seguintes tributos:
>
> ...
>
> II – taxas, em razão do exercício do poder de polícia ou pela utilização, efetiva ou potencial, de serviços públicos específicos e divisíveis, prestados ao contribuinte ou postos a sua disposição;

O Relator Ministro Gilmar Mendes destaca que o texto constitucional diferencia as taxas em razão do exercício do poder de polícia dos decorrentes da utilização de serviços específicos e divisíveis, e que nesta última seria facultada a prestação potencial do serviço público, pois não basta que a taxa se baseie no poder de polícia, seria necessário ainda que o Estado prestasse o serviço relacionado a este poder, nos termos do entendimento do Ministro Moreira Alves no RE 80.441/ES, DJ. 28/04/1978.

Assim, destaca que a regularidade do exercício do poder de polícia é imprescindível para a cobrança da taxa de localização e fiscalização, no sentido de que a materialização da atividade de fiscalização é necessária, sob pena, de não se adequar a previsão da CF, pois esta seria uma indevida equiparação das duas subespécies tributárias. Afirma ainda que é inegável que o exercício do poder de polícia é a essência do serviço público, o qual possui uma singular característica que é o exercício deste poder em benefício primordial da coletividade, e não de quem está sendo fiscalizado, característica que é deveras relevante ao ramo do direito tributário, uma vez que todos os administrados serão indistintamente beneficiados pelo agir da Administração Pública, com objetivo precípuo de acautelar a coletividade.

Fundamenta ainda seu entendimento na lição do doutrinador Ives Gandra da Silva Martins (O Sistema Tributário na Constituição, Saraiva, p. 90), na qual dispõe que no exercício do poder de polícia seu grande beneficiário é toda coletividade, mesmo que embora indiretamente o sujeito passivo também o seja, porque no serviço público de oferta de um bem material ou imaterial para utilização efetiva ou potencial pelo sujeito, este seria o beneficiário de maior monta, e a comunidade seria beneficiária decorrente.

Assim, o Ministro afirma que não se justifica a cobrança por mera natureza potencial, ao contrário dos serviços específicos e divisíveis, em razão do serviço público profilático, exercido para benefício da coletividade.

Assinala ser o exercício do poder de polícia indispensável, cabendo então analisar se a existência de aparato administrativo pressupõe o efetivo exercício do poder de polícia, fundamentando-o no julgamento do RE 80441-2/ES, julgado com base na antiga CF/1967, onde o Plenário da Corte discutiu acerca da constitucionalidade de taxa similar instituída pelo Município de Vitória, com base no artigo 18, I, que estabelecia hipóteses de incidência para a criação de taxas nos mesmos moldes da CF/88, que entendia que desde que haja órgão administrativo que exercite essa faceta do poder de polícia do município quanto a licença de localização e autorização anual para funcionamento e permanência de estabelecimento produtor, industrial, comercial e similares, e desde que não seja vedada a base de cálculo, essa taxa seria considerada como constitucional, ou seja, naquele caso o STF assentou a existência de órgão administrativo como sendo um dos elementos aptos a demonstrar o exercício efetivo do poder de polícia.

O Relator destaca que os fundamentos para a decisão estão em consonância com o entendimento do Ministro Moreira Alves, que afirma que a taxa municipal com base no exercício regular do poder de polícia pode ter como exemplo a taxa de licença para localização. Entretanto, não basta que a taxa se baseie no poder de polícia, é necessário ainda que o Estado preste serviço relacionado a este poder, devendo conceder, por exemplo, autorização ou licenças, ou estabelecer proibições ou outorgar documentos de prova dotados de fé pública, devendo por sua vez, aqueles que recorrem, pedindo tais atividades, contribuir de forma especial para cobrir tais gastos da Administração Pública.

Salienta o Ministro Gilmar Mendes, ainda em relação ao entendimento do Ministro Moreira Alves, que no RE 69.957 o Plenário, ao julgar, considerou inconstitucional a taxa de licença de localização instituída pelo Município de Vitória porque não havia órgão administrativo que efetivamente exercitasse esse poder de polícia, não havendo, portanto, o caráter contraprestacional característico de toda taxa, mesmo que baseado no poder de polícia, mas que foi criado órgão administrativo para o efetivo exercício do poder de polícia.

Sobre o assunto, ainda destaca o Ministro Relator, que a mesma orientação foi aplicada quando houve questionamento na mesma Corte de taxa criada pelo Município de São Paulo, na qual foi aplicado o entendimento de que o Supremo Tribunal Federal tem admitido a constitucionalidade de taxa de renovação anual de licença para localização, instalação e funcionamento de estabelecimento comercial ou similares, desde que haja órgão administrativo que exercite o poder de polícia do Município, não havendo ofensa ao artigo 18, I da CF/1967 (EC nº 1/69). Sendo importante salientar que nas demandas repetitivas foi aplicado o entendimento de que é constitucional a cobrança de taxa cobrada pelo Município de São Paulo, por se fundar no poder de polícia efetivamente exercido pelos seus órgãos fiscalizadores, prescindindo de efetiva fiscalização, diante do aparato administrativo da municipalidade, destacando os RE 116518/SP de 30/04/1993, RE 222252 Agr/SP de 18/05/2001 e RE 1889088 de 17/10/2003.

Prossegue em seu voto o Relator, que a jurisprudência do STF admitiu a existência de órgão administrativo como sendo o elemento demonstrador do efetivo exercício de poder de polícia, não podendo este ser confundido com o exercício potencial do poder de polícia, em que pese haver precedentes que afirmem a prescindibilidade da existência de órgão fiscalizador para a cobrança da taxa, como por exemplo o RE 198.904-1/RS de 27/09/1996, RE 396846 Agr/MG de 29/08/2008 e AI 654292 Agr/MG de 30/06/2009, que destacam que é irrelevante a falta de prova do efetivo exercício do poder de polícia, não podendo o contribuinte esquivar-se da exigência tributária com base em alegação de que o ente público não estaria exercendo a fiscalização devida, sendo independente a existência ou não de órgão de controle, sendo constitucional a cobrança da referida taxa.

Diante do exposto, conclui seu voto o Ministro Relator, Gilmar Mendes, que conforme entendimento do STF, a existência do órgão administrativo não é condição para se reconhecer a constitucionalidade da cobrança da taxa de localização e funcionamento, mas é um dos elementos admitidos para que haja o efetivo exercício do poder de polícia, o qual é exigido pela CF/88, sendo que no caso concreto, o Tribunal de Justiça de Rondônia afirmou que o Município de Porto Velho, que é o criador da taxa objeto da demanda, possui aparato fiscal necessário ao exercício do poder de polícia, ou seja, que seria sem êxito o pedido da Recorrente, pois restaria configurada a existência dos instrumentos necessários e do efetivo exercício do poder de polícia, sendo constitucional a cobrança da referida taxa, negando, assim, o provimento ao Recurso Extraordinário.

2.2. Votos vencidos

O Ministro Marco Aurélio deu provimento ao recurso, restando vencido.

Em seu voto, o Ministro Marco Aurélio, ressaltou ao Presidente que deveria ser verificada a singularidade do caso, pois não se tratava propriamente de uma taxa, considerado o poder de polícia, pois a taxa, como já sustentado pelo Ministro em outras oportunidades, pressupõe um conteúdo de um certo serviço, devendo o mesmo ser considerado como uma taxa de renovação de alvará de localização e funcionamento, e que não teria sido demonstrada nem mesmo a periodicidade da taxa, se era mensal, semestral, quinquenal ou anual, o que poderia dar azo a fúria arrecadatória dos entes públicos, tornando-a até mesmo de renovação mensal.

Salienta o Ministro em seus fundamentos, ao Presidente, que em seu entendimento, poderia ser admitida a cobrança baseada no poder de polícia se a taxa fosse estritamente de funcionamento, diferente do caso dos autos, que trata de renovação de alvará, o que se distancia da previsão do artigo 145 da CF/88, devendo neste caso ser observado o que decidiu a Primeira Turma, onde o Relator Ministro Moreira Alves, Presidente da Turma à época, no RE 286.246-1/SP, que entendeu no acórdão que a cobrança da taxa de renovação de licença para localização e funcionamento era indevida por falta de comprovação do exercício da atividade de fiscalização por parte do Município, onde a taxa seria para o contribuinte continuar a sua atuação.

Destaca o Ministro que o acórdão impugnado, que trata de renovação de alvará e não da atuação, considerado o poder de polícia, chegando até a exigência dessa renovação a possibilidade ou não de continuar atuando, devendo, portanto, o Recurso Extraordinário ser provido para que fosse acolhido o pedido da Associação Comercial de Rondônia.

2.3. Debate

Após o voto do Relator, o Ministro Ayres Britto solicitou ao Presidente, Ministro Cezar Peluso, que fosse registrada sua ressalva sobre o tema, mesmo acompanhando o Relator, afirmando que é preciso que o Município disponha de um órgão de fiscalização para que a cobrança possa ganhar o caráter de contrapartida pelo exercício do poder de polícia, como já registrado em seu entendimento no Agravo de Instrumento nº 527.814/MG.

Em resposta, o Presidente Ministro Cezar Peluso ponderou que o poder de polícia no caso é disciplinar o uso da propriedade privada em benefício do interesse público, pois quando o Município permite que certo estabelecimento, comercial ou industrial, se localize em determinado lugar, ele está exercendo esse poder na própria autorização, sem a efetiva necessidade de se ir *in loco*, pois utiliza-se de seus dados de caráter geral para determinar que naquela zona não seria tolerado o uso residencial, disciplinando assim a situação, mesmo sem ir ao local examinar.

O Ministro Ayres Britto, interveio concordando com a tese apresentada, aduzindo que originalmente ela seria do Ministro Ilmar Galvão.

Em resposta, o Presidente Cezar Peluso asseverou que já estaria implícito em si o exercício do poder de polícia quando há a autorização da localização. Sendo que o Ministro Ayres Britto completou que "Olha, uma coisa é ir lá in loco, eu concordo; outra, é não dispor sequer de um órgão de fiscalização."

Interveio o Presidente Ministro Cezar Peluso, aduzindo que ao se verificar em sentido contrário, tem-se que se alguém pedir, como por exemplo, a localização e funcionamento de um estabelecimento comercial numa zona estritamente residencial, vai ser o pedido indeferido com base no poder de polícia, ou seja, não seria preciso ir ao local para se fazer tal verificação, haja vista este já estar exercendo em si o poder de polícia.

Completa o entendimento o Ministro Ayres Britto aduzindo que concordava, desde que o município especialize um órgão voltado para essa atividade dentro de seu âmbito de organização.

O Presidente Ministro Cezar Peluso afirma que essa deveria ser provavelmente a presunção, de que todos os Municípios tenham uma ideia geral do seu zoneamento dentro de sua organização.

Mas o Ministro Relator Gilmar Mendes, ainda ponderou que "o que não pode é cobrar e não ter de fato." Complementa o Relator, informando ao presidente, que é importante que esta é uma matéria que se repete em centenas, talvez milhares, de Municípios. Que se começarem a fazer distinção nos entendimentos do Tribunal, correria o risco de não ter uma jurisprudência sobre o tema, propondo que deveriam deixar definido que se houver órgão fiscalizador já é uma prova de que o Município exerce o poder de polícia, podendo este também provar o exercício do poder de polícia pelo fato de exercê-lo.

Assim, o Presidente Ministro Cezar Peluso concordou afirmando: "exatamente. Pela própria lei de zoneamento."

Complementa o entendimento, o Relator Ministro Gilmar Mendes, aduzindo que pelas medidas de zoneamento, pelas licenças concedidas, e a reverificação efetivada, este se trata de tema extremamente importante, no sentido de fiscalização e no sentido da sanha tributária e furor arrecadatório, uma vez que assim poderia se saber efetivamente se em um determinado bairro ou zona poderia funcionar uma determinada atividade.

Afirma ainda, mesmo com seu voto vencido, o Ministro Marco Aurélio, que no caso cogita-se da renovação com periodicidade anual, entendendo que já se teria um ano, presumindo assim que se tenha a taxa cobrada para lograr algo formal, ou seja, a renovação da licença concedida por mais um ano.

Complementa o entendimento, o Ministro Ayres Britto, ponderando que este seria o motivo de sua ressalva, haja vista que o Município deve criar na sua estrutura interna um órgão especializado nessa fiscalização, não precisando necessariamente provar que efetivamente fiscalizou, mas que possui disponibilidade de um órgão especializado, pois no caso em destaque a palavra taxa é dirigida à taxa de localização e funcionamento, ou seja, a renovação do alvará seria desnecessária porque o próprio funcionamento já significaria uma continuidade, não haveria portanto a necessidade de cobrar uma nova taxa a cada ano.

Entretanto, destacou o Ministro Marco Aurélio, que no caso concreto seria renovação de alvará.

Mas ainda destacou o Presidente Ministro Cezar Peluso que poderia mudar não apenas o tipo de comércio exercido, mas até mesmo poderia se mudar o próprio zoneamento. No caso poderia mudar as condições de habitabilidade, complementa o Ministro Ricardo Lewandowski.

Acrescenta o Presidente Ministro Cezar Peluso que existe uma série de circunstâncias supervenientes que justificam que isso seja sempre revisto, sem efetivamente ser necessária a verificação *in loco*.

Assim, definiu o Ministro Ayres Britto afirmando que acompanharia o Relator Ministro Gilmar Mendes, apenas devendo ser destacada a sua ressalva pessoal.

Conclui o Ministro Ricardo Lewandowski afirmando que "as edificações se deterioram com o passar do tempo."

Nesse sentido, o Ministro Presidente sugeriu que fosse encaminhada a votação. Em resposta à sugestão, o Ministro Relator Gilmar Mendes encaminhou a votação no sentido de desprovimento do Recurso Extraordinário.

Ao final do debate, o Tribunal, por maioria e nos termos do voto do Relator Gilmar Mendes, negou provimento ao recurso, vencido o Senhor Ministro Marco Aurélio. Votou o Presidente, Ministro Cezar Peluso. Ausente, licenciado, o Ministro Joaquim Barbosa. Presentes à sessão os senhores Ministros Celso de Mello, Marco Aurélio, Ellen Gracie, Gilmar Mendes, Ayres Britto, Eros Grau, Ricardo Lewandowski, Cármen Lúcia e Dias Toffoli. Participação do Procurador da República, Dr. Roberto Monteiro Gurgel Santos.

3. Análise crítica

O Supremo Tribunal Federal, no julgamento do Recurso Extraordinário nº 588.322 (Rel. Min. Gilmar Mendes, Tema 217) assentou a constitucionalidade de taxa de fiscalização e funcionamento, desde que se possa inferir, pela existência de órgão administrativo na municipalidade, o efetivo exercício do poder de polícia, conforme colacionado:

> **Tema: 217** – Comprovação do poder de polícia para cobrança de taxa de localização e funcionamento. Ementa: RECURSO. Extraordinário. Tributo. Taxa de Localização e Funcionamento. Comprovação do efetivo exercício do poder de polícia. Relevância da questão. Repercussão geral reconhecida. Apresenta repercussão geral o recurso extraordinário que verse sobre a necessidade de comprovação do efetivo poder de polícia para legitimar a cobrança da Taxa de Localização e Funcionamento. (STF, Tema nº 217, RE 588322 RG, Relator(a): Min. CEZAR PELUSO. Julgamento: 22/10/2009. Órgão Julgador: Tribunal Pleno – meio eletrônico, julgado em 22/10/2009, DJe-237 DIVULG 17-12-2009 PUBLIC 18-12-2009 EMENT VOL-02387-10 PP-01791).

O Tribunal, por maioria, e nos termos do voto do Relator, Ministro Gilmar Mendes, desproveu o Recurso Extraordinário em questão para manter o acordão recorrido no qual se discute a constitucionalidade do artigo 145, II da CF/88, uma vez que o Tribunal de Justiça de Estado de Rondônia decidiu pela legalidade da cobrança da taxa de fiscalização para a renovação de funcionamento e localização em face da notoriedade do exercício do poder de polícia da Municipalidade.

O Supremo Tribunal Federal resolveu a questão de ordem suscitada pelo Relator no sentido de reconhecer a existência de repercussão geral, conforme entendimento do STF, afirmando que a existência do órgão administrativo não é condição para se reconhecer a constitucionalidade da cobrança da taxa de localização e funcionamento, mas é um dos elementos admitidos para que haja o efetivo exercício do poder de polícia, o qual é exigido pela CF/88.

Assim, no caso concreto, o Tribunal de Justiça de Rondônia afirmou, em recurso ao STF contra acórdão do Tribunal de Justiça do Estado de Rondônia proferido em Embargos Infringentes, que o Município de Porto Velho, que é o criador da taxa objeto da demanda, possui aparato fiscal necessário ao exercício do poder de polícia, ou seja, que seria sem êxito o pedido da Recorrente, Associação Comercial de Rondônia, pois restaria configurada a existência dos instrumentos necessários e do efetivo exercício do poder de polícia, sendo constitucional a cobrança da referida taxa, negando, assim, provimento ao Recurso Extraordinário.

Ocorre que, em que pese o Recurso Extraordinário nº 588.322 ter tido sua baixa definitiva desde 07/07/2011 e ter sido já exaustivamente discutido pelos Tribunais Superiores, ainda há discussão sobre o assunto em casos concretos sobre a legalidade da cobrança da taxa de fiscalização para a renovação de funcionamento e localização em razão do exercício do poder de polícia, mesmo já havendo o alinhamento do entendimento do STJ e do STF.

Importante destacar que a taxa é espécie, cujo gênero é o tributo, previsto no artigo 145, II da Constituição Federal, a qual é um tributo vinculado e exige a atuação do Estado, quer pelo exercício do poder de polícia, quer pela prestação efetiva ou potencial de um serviço público específico e divisível, cuja base de cálculo difere, necessariamente, da de qualquer imposto.

Vale destacar que o conceito expresso de poder de polícia no Ordenamento Jurídico Pátrio é previsto no artigo 78 do Código Tributário Nacional, que prevê:

> Art. 78 – Considera-se poder de polícia atividade da administração pública que, limitando ou disciplinando direito, interesse ou liberdade, regula a prática de ato ou abstenção de fato, em razão de interesse público concernente à segurança, à higiene, à ordem, aos costumes, à disciplina da produção e do mercado, ao exercício de atividades econômicas dependentes de concessão ou autorização do Poder Público, à

tranquilidade pública ou ao respeito à propriedade e aos direitos individuais ou coletivos.

Ocorre, que é amplo o conceito de poder de polícia, no sentido de um Estado que busca garantir o bem comum, intervindo quando necessário e assegurando o convívio social, limitando abusos" (SCHOUERI, 2018, p.176).

Ainda convém salientar algumas considerações acerca da taxa de localização e funcionamento, conforme colacionado:

> A Taxa de Localização e Funcionamento (TLF) é uma típica taxa de polícia, ou seja, decorre duma atividade de fiscalização por parte do município, tendente a observar se o zoneamento do espaço urbano encontra-se respeitado, com a finalidade de garantir a segurança, a higiene, a ordem, ou seja, o bem estar geral da população do município.[2]

Importante destacar, que no entendimento do Recurso Especial nº 261.571/SP o STJ decidiu pelo cancelamento da Súmula 157, passando a ter o seguinte entendimento:

> TRIBUTÁRIO – TAXA DE FISCALIZAÇÃO DE LOCALIZAÇÃO E FUNCIONAMENTO. 1. O STF já proclamou a constitucionalidade de taxas, anualmente renováveis, pelo exercício do poder de polícia, e se a base de cálculo não agredir o CTN. 2. Afastada a incidência do enunciado da Súmula 157/STJ. 3. Recurso especial improvido.[3]

Acerca da cobrança da taxa sem efetiva vistoria do órgão fiscalizador, destaca-se RE 361.009 AgR/RJ, de relatoria do Ministro Joaquim Barbosa, de 31 de agosto de 2010, julgado por unanimidade, em que pugnava pela inconstitucionalidade de taxa de fiscalização ambiental por falta de vistorias locais, por suposta violação ao mesmo artigo 145, II da CF, no qual

[2] SOUSA, Leonardo. *Revista de Direito Internacional Econômico e Tributário*. Brasília. V.9. Nº 2, 2014. p. 58.

[3] BRASIL. Superior Tribunal de Justiça – *Recurso Especial nº 261571* SP 2000/0054910-0, Relator: Min. ELIANA CALMON, Data de Julgamento: 24/04/2002, S1 – PRIMEIRA SEÇÃO, Data de Publicação: DJ 06.10.2003 p. 199. Disponível em: <https://stj.jusbrasil.com.br/jurisprudencia/225130/recurso-especial-resp-261571-sp-2000-0054910-0/inteiro-teor-100190938>. Acesso em: 15 de jul. de 2021.

destacou que a incidência de taxa pelo exercício de poder de polícia somente pode ocorrer se houver a efetiva atuação do ente federado, sendo que essa atuação pressupõe ao menos (1) competência para fiscalizar a atividade e (2) a existência de órgão ou aparato aptos a exercer a fiscalização, conforme ementa colacionada:

> Constitucional. tributário. taxa de localização e funcionamento. hipótese de incidência. efetivo exercício de poder de polícia. ausência eventual de fiscalização presencial. irrelevância. processual civil. agravo regimental. 1. A incidência de taxa pelo exercício de poder de polícia pressupõe ao menos (1) competência para fiscalizar a atividade e (2) a existência de órgão ou aparato aptos a exercer a fiscalização. 2. O exercício do poder de polícia não é necessariamente presencial, pois pode ocorrer a partir de local remoto, com o auxílio de instrumentos e técnicas que permitam à administração examinar a conduta do agente fiscalizado (cf., por semelhança, o RE 416.601, rel. min. Carlos Velloso, Pleno, DJ de 30.09.2005). Matéria debatida no RE 588.332-RG (rel. min. Gilmar Mendes, Pleno, julgado em 16.06.2010. Cf. Informativo STF 591/STF). 3. Dizer que a incidência do tributo prescinde de fiscalização porta a porta (in loco) não implica reconhecer que o Estado pode permanecer inerte no seu dever de adequar a atividade pública e a privada às balizas estabelecidas pelo sistema jurídico. Pelo contrário, apenas reforça sua responsabilidade e a de seus agentes. 4. Peculiaridades do caso. Necessidade de abertura de instrução probatória. Súmula 279/STF. Agravo regimental ao qual se nega provimento.[4]

Tem-se no entendimento do RE 361.009 AgR/RJ, de relatoria do Ministro Joaquim Barbosa, acima destacado, que o exercício do poder de polícia não seria necessariamente presencial, pois poderia ocorrer em local remoto, com o auxílio de instrumentos e técnicas que permitam à Administração examinar a conduta do agente fiscalizado, e que a mesma racionalidade deveria ser aplicada à taxa de localização e funcio-

[4] BRASIL. Supremo Tribunal Federal. *Recurso Extraordinário nº 361009* RJ, Relator: Min. Joaquim Barbosa, Data de Julgamento: 31/08/2010, Segunda Turma, Data de Publicação: DJe-217 DIVULG 11-11-2010 PUBLIC 12-11-2010 EMENT VOL-02430-01 PP-00087. Disponível em: <https://stf.jusbrasil.com.br/jurisprudencia/17187238/agreg-no-recurso-extraordinario-re-361009-rj>. Acesso em: 10 de jul. 2021.

namento, pois a efetiva atividade do exercício de poder de polícia não se limitaria à fiscalização presencial (*in loco*).

Ademais, o Supremo Tribunal Federal firmou entendimento no sentido de que a cobrança da taxa de localização e funcionamento, dispensa a comprovação da atividade fiscalizadora, diante da notoriedade do exercício do poder de polícia pelo aparato administrativo da municipalidade, indicando vários Precedentes: AGRRE 222.252/SP, D.J. de 18.05.01, AG 258.043/RJ, DJ de 10.04.02 e RE 293.907-SP, D.J. de 30.04.02.

Destarte, como houve o alinhamento do entendimento do Superior Tribunal de Justiça, inclusive com o cancelamento da Súmula 157, que tratava como inconstitucional a cobrança de taxa, unificando o entendimento dado pelo STF de que a cobrança da taxa de localização e funcionamento seria legítima, não havendo necessidade da comprovação do efetivo exercício do poder de polícia, por parte do Município, bastando a demonstração de potencial atuação ante o aparato fiscal que está dotada tem-se que a discussão caminha para pacificação deste entendimento, em que pese tal entendimento ser ainda muito discutido em casos concretos que não se coadunam ao tema analisado, onde o órgão administrativo possui o aparato especifico para exercer a fiscalização.

Nesse diapasão, tem-se como acertada a decisão por maioria do Recurso Extraordinário analisado que declarou a constitucionalidade da cobrança da taxa de fiscalização para a renovação de funcionamento e localização em face da notoriedade do exercício do poder de polícia dos Municípios, desde que demonstrada a existência de órgão e estrutura competentes para o respectivo exercício, sem ofensa à previsão do art. 145, II da CF/88, pois a jurisprudência do STF já firmou o entendimento neste sentido, não havendo também qualquer violação aos princípios constitucionais, sendo a cobrança de natureza tributária, e, portanto, constitucional.

CAPÍTULO 2

RECURSO EXTRAORDINÁRIO Nº 576.321 QO-RG

Beijanicy Ferreira da Cunha Abadia Valim

1. Recurso extraordinário nº 576.321 QO-RG – São Paulo (repercussão geral na questão de ordem no recurso extraordinário)[1]

Recorrente: Município de Campinas
Recorrido: Helenice Bérgamo de Freitas Leitão e outros
Relator: Ministro Ricardo Lewandowski
Voto vencedor: Ministro Ricardo Lewandowski
Data de julgamento: 04 de dezembro de 2008.

1.1. Ementa

Constitucional. Direito Tributário. Taxa. Serviços de Limpeza Pública. Distinção. Elementos da base de cálculo própria de impostos. Ausência de identidade. Art. 145, II e § 2º, da Constituição. I – Questão de ordem. Matérias de mérito pacificadas no STF. Repercussão geral reconhecida. Confirmação da jurisprudência. Denegação da distribuição dos recursos que versem sobre os mesmos temas. Devolução desses RE à origem para

[1] BRASIL. Supremo Tribunal Federal. *Recurso Extraordinário nº. 5763218/SP*, Relator: Min. Ministro Ricardo Lewandowski, Tribunal Pleno, julgado em 04/12/2008, REPERCUSSÃO GERAL - MÉRITO DJe-30 DIVULG 12-02-2009 PUBLIC 13-02-2009 EMENT VOL-02348-5 PP-00976. Disponível em: <https://redir.stf.jus.br/paginadorpub/paginador.jsp?docTP=AC&docID=576025>. Acesso em: 01 de out. de 2020.

adoção dos procedimentos previstos no art. 543-B, § 3º, do CPC. Precedentes: RE 256.588-ED-EDV/RJ, Min. Ellen Gracie; RE 232.393/SP, Carlos Velloso. II – Julgamento de mérito conforme precedentes. III – Recurso provido.

1.2. Tese fixada

I – A taxa cobrada exclusivamente em razão dos serviços públicos de coleta, remoção e tratamento ou destinação de lixo ou resíduos provenientes de imóveis não viola o artigo 145, II, da Constituição Federal; II – A taxa cobrada em razão dos serviços de conservação e limpeza de logradouros e bens públicos ofende o art. 145, II, da Constituição Federal; III – É constitucional a adoção, no cálculo do valor de taxa, de um ou mais elementos da base de cálculo própria de determinado imposto, desde que não haja integral identidade entre uma base e outra. (Obs: Redação da tese aprovada nos termos do item 2 da Ata da 12ª Sessão Administrativa do STF, realizada em 09/12/2015.)

Tema 146 – a) Cobrança de taxa em razão de serviços públicos de limpeza; b) Adoção de um ou mais elementos que compõem a base de cálculo própria de imposto para apuração do valor de taxa.

1.3. Especificação do caso e razões da submissão à repercussão geral

Com base no voto do Relator Ministro Ricardo Lewandowski, a controvérsia dos autos gira em torno da constitucionalidade de taxas cobradas em razão dos serviços públicos de coleta, remoção e destinação de lixo instituída pelo Município de Campinas em razão da metragem dos imóveis, assim como ocorre com o IPTU.

O Município de Campinas recorreu ao STF em Recurso Extraordinário (RE 576321) contra acórdão do Tribunal de Justiça de São Paulo que em Apelação Cível com Revisão nº 638.552-5/4-00, da Comarca de Capinas, em que era recorrente o Juízo "*Ex Ofício*", sendo Apelante a Prefeitura Municipal de Campinas, a qual julgou inconstitucional e proibiu a utilização da metragem do imóvel como referencial no cálculo da taxa, ao fundamento de que ela é cobrada em razão de serviços públicos caracterizados como universais e indivisíveis.

A tese principal do julgamento foi o artigo 145 da Constituição Federal, que distingue taxas de impostos, pois a lei define taxas como "pagamento pela utilização, efetiva ou potencial, de serviços públicos específicos e divisíveis, prestados ao contribuinte ou postos a sua disposição". Contudo, o mesmo artigo diz, no parágrafo segundo que "taxas não poderão ter base de cálculo própria de impostos".

Assim, segundo a maioria dos Ministros, com exceção dos Ministros Marco Aurélio e Carlos Ayres Britto, contrários à cobrança baseada no tamanho do imóvel, permaneceu o entendimento adotado pela Corte em julgamentos anteriores, de que o artigo 145 da Constituição Federal de 1988 trata as taxas como serviços divisíveis entre os usuários reais ou potenciais, ou seja, na divisão, pode-se, sim, levar em conta o tamanho do imóvel para referência do consumo, sob o argumento de que locais maiores abrigam mais pessoas e, quanto mais gente, maior a produção de lixo.

Pelos Recorridos estavam a Sra. Helenice Bérgamo de Freitas Leitão e outros que ingressaram com Ação Ordinária com objetivo de eximir-se das exações de IPTU e da taxa de lixo do exercício de 2000 incidentes sobre imóveis de sua propriedade.

Assim, o Recurso Extraordinário foi interposto pelo Município de Campinas, com fundamento na alínea "a", do inciso III do artigo 102 da CF/88, contra acórdão prolatado pela Egrégia Décima Quinta Câmara do Tribunal de Justiça de São Paulo que considerou inconstitucional a taxa de coleta, remoção e destinação de lixo em razão da cobrança ocorrer em razão de serviços públicos caracterizados como universais e indivisíveis.

Nesse sentido, no referido acórdão recorrido, decidiu-se por maioria, dar provimento ao recurso, nos termos do voto do Relator, no sentido de reconhecer a existência de repercussão geral, ratificando o entendimento firmado pelo Tribunal sobre o tema e denegar a distribuição dos demais processos que versem sobre a matéria, determinando a devolução dos autos à origem para a adoção dos procedimentos do artigo 543-B, § 3º do CPC, para que os recursos sobrestados sejam apreciados pelos Tribunais, Turmas de Uniformização ou Turmas Recursais, que poderão declará-los prejudicados ou retratar-se.

Assim, o Tribunal Pleno do Supremo Tribunal Federal afetou a matéria à sistemática da repercussão geral da questão constitucional suscitada pelo Município/Recorrente em 04/12/2008.

O feito foi levado a julgamento na sessão plenária de 04 de dezembro de 2008, sob a Presidência do Ministro Gilmar Mendes, na conformidade da ata de julgamento e das notas taquigráficas, que por maioria de votos e nos termos do voto do Relator, proferiu voto no sentido de conhecer a existência de repercussão geral, ratificar o entendimento firmado pelo Tribunal sobre o tema e denegar a distribuição dos demais processos que versem sobre a matéria (artigo 543-B, § 3º do CPC). Quanto ao mérito, por maioria, deu-se provimento ao recurso, nos termos do voto do Relator Ricardo Lewandowski, tendo votado também o Presidente Ministro Gilmar Mendes. Vencidos os Ministros Marco Aurélio e Carlos Ayres Britto. Ausentes os Ministros Celso de Mello, justificadamente, e o Ministro Joaquim Barbosa, licenciado.

1.4. Critério de conhecimento da repercussão geral

Sobre a repercussão geral, o Ministro Relator Ricardo Lewandowski analisou o Recurso Extraordinário, fundamentado no artigo 102, III, "a" da CF, que sustentava a constitucionalidade da cobrança, interposto pelo Município de Campinas contra acórdão do Tribunal de Justiça de São Paulo que julgou inconstitucional a taxa de coleta, remoção e destinação de lixo instituída pelo Município, levando para a apreciação do Plenário a questão de ordem em recurso extraordinário, ao fundamento de que ela é cobrada em razão de serviços públicos caracterizados como universais e indivisíveis.

Alegou em preliminar, que há existência de repercussão geral das questões constitucionais discutidas no processo, exigência prevista no artigo 543-A do CPC, com redação da Lei nº 11.418/2006, uma vez que a decisão recorrida contraria jurisprudência dominante da Corte, além de repercutir em indispensável fonte de recurso do Município na execução do serviço de coleta de lixo.

No mérito, aduziu que a taxa de coleta, remoção e destinação do lixo do Município de Campinas é cobrada pela utilização de serviço público específico e divisível, além de não possuir base de cálculo própria do imposto.

O Recurso Extraordinário foi fundamentado no inciso III, alínea "a" do permissivo constitucional, onde o Município de Campinas sustentou a constitucionalidade da cobrança e que o acórdão recorrido contraria a jurisprudência dominante do STF, violando os artigos 145, incisos I, II e § 1º, os artigos 1º, incisos II e III, §§ 2º e 3º, incisos I, II, III e IV, e 5º, *caput*, da Constituição Federal de 1988.

Ocorre, que no voto, o Ministro Ricardo Lewandowski afirma que "o Supremo Tribunal Federal fixou balizas quanto à interpretação dada ao art. 145, II da Constituição Federal, no que concerne à cobrança de taxas pelos serviços públicos de limpeza prestados à sociedade", com fundamento no que a Corte entende como específicos e divisíveis os serviços públicos de coleta, remoção e tratamento ou destinação de lixo ou resíduos dos imóveis, desde que estes sejam completamente dissociados de outros serviços públicos de maneira coletiva, tais como serviços públicos de limpeza realizados em benefício da população em geral, considerados *uti universi*, que são os prestados pela Administração sem que existam usuários determinados, ou seja, de forma indivisível, como por exemplo, os serviços de conservação e limpeza de logradouros e bens públicos, tais como calçadas, praças, vias, ruas, bueiros etc.

Nesse sentido, fundamenta o voto, o Ministro Ricardo Lewandowski que por esse motivo as taxas cobradas em razão exclusivamente dos serviços públicos de coleta, remoção e tratamento ou destinação de lixo ou resíduos provenientes de imóveis são consideradas constitucionais, ao passo que será inconstitucional a cobrança de valores de taxas decorrentes de serviços de conservação e limpeza de logradouros e bens públicos, citando inúmeros precedentes e juntando ao voto como fundamento a ementa do julgamento do Plenário, de relatoria da Ministra Ellen Gracie, no RE 256.588 – ED – EDV/RJ, *in verbis*:

> serviço de limpeza de logradouros públicos e de coleta domiciliar de lixo. universalidade. cobrança de taxa. impossibilidade. Tratando-se de taxa vinculada não somente à coleta domiciliar de lixo, mas, também, à limpeza de logradouros públicos, que é serviço de caráter universal e indivisível, é de se reconhecer a inviabilidade de sua cobrança. Precedente: RE 206.777. Embargos de divergência conhecidos e providos.

Destaca ainda o Relator em seu voto, que em relação ao argumento da utilização de base de cálculo própria do imposto, o Tribunal reconhece a constitucionalidade de taxas que adotem um ou mais dos elementos que compõem a base de cálculo própria do imposto na apuração do montante devido, desde que não haja identidade integral entre uma base de cálculo e a outra, uma vez que no cálculo da taxa, não há como se exigir igualdade específica com o valor despendido na prestação do serviço, ou ainda, adotar fatores vinculados exclusivamente ao seu custo.

Nesse sentido, aduz que o que a Constituição Federal prevê é a ausência de completa identidade com a base de cálculo própria dos impostos, e que, em seu cálculo, sejam verificadas uma equivalência razoável entre o custo individual do serviço prestado e o valor efetivamente pago pelo contribuinte, juntando vários precedentes acerca da base de cálculo de taxas.

Destarte, destaca o Relator que devido à discussão versada nos autos foram verificadas as seguintes questões constitucionais no Recurso Extraordinário, a saber: i) constitucionalidade de taxas cobradas em razão de serviços públicos de limpeza, e ii) a utilização de elementos que compõem a base de cálculo própria dos impostos na apuração do valor de taxas. Questões que oferecem repercussão geral, embora a matéria de mérito já tenha sido pacificada no STF e já julgada em inúmeros recursos, sendo que o tema continua a reproduzir inúmeros processos com mesma fundamentação e idêntica controvérsia.

Ao final do voto, o Relator propõe, inclusive, aos demais Ministros que para solucionar a questão de ordem, deveria ser reconhecida a repercussão geral dos temas tratados neste recurso, com vistas a confirmar a jurisprudência da Corte sobre o assunto, em conjunto com os demais recursos que tenham como fundamento as mesmas matérias que tenham a distribuição denegada, devolvendo-se os autos à origem para a adoção do procedimento do artigo 543-B, § 3º, do CPC.

Inclusive, conforme notícia do portal do STF[2], o Ministro Ricardo Lewandowski propôs a elaboração de uma Súmula Vinculante sobre o assunto, para que controvérsias semelhantes não precisem ser julgadas novamente pelo Supremo, uma vez que a Corte já debateu e votou o assunto. Entretanto, essa proposta ainda não tem data para ser avaliada pelo Plenário.

[2] BRASIL. *Supremo Tribunal Federal.* STF admite cobrança de taxa de limpeza baseada no tamanho do imóvel. Disponível em: <http://www.stf.jus.br/portal/cms/verNoticiaDetalhe.asp?idConteudo=100337&tip=UN>. Acesso em: 17 out. 2020.

Assim, o Tribunal Pleno do STF afetou a matéria à sistemática da repercussão geral devido a questão ultrapassar o interesse subjetivo das partes, uma vez que seria relevante do ponto de vista jurídico, uma vez que o seu julgamento definiria se a hipótese de incidência prevista no disposto legal em análise referente à cobrança da taxa de remoção de lixo estaria sendo feita em conformidade com a Constituição Federal, além de inexistir qualquer óbice regimental ou sumular à discussão da matéria. Destaca também que a questão é relevante do ponto de vista econômico, por se tratar de incidência tributária que pode afetar diretamente o interesse do Munícipio em afronta ao princípio da autonomia municipal, prejudicando sobremaneira as finanças públicas.

2. Mérito da decisão

O Recurso Extraordinário nº 576.321-8 foi julgado em 04 de dezembro de 2008, em sessão plenária presidida pelo Ministro Gilmar Mendes, onde estavam presentes o Relator Ministro Ricardo Lewandowski e os Ministros Carlos Britto, Marco Aurélio, Ellen Gracie, Cezar Peluso, Eros Grau, Cármem Lúcia e Menezes Direito. Ausentes, neste julgamento, os Ministros Celso de Mello e Ministro Joaquim Barbosa, este licenciado. Presença do Vice-Procurador-Geral da República, Dr. Roberto Monteiro Gurgel Santos. Falou, pela Recorrente Município de Campinas, o Dr. João Batista Borges. Recurso Extraordinário que se deu provimento, por maioria dos votos, nos termos do voto do Relator Ricardo Lewandowski.

2.1. Voto condutor

Em seu voto, o Relator Ministro Ricardo Lewandowski assevera que o Recurso Extraordinário interposto pelo Município de Campinas, com fundamento no artigo 102, III, "a", da Constituição Federal, tem como base a constitucionalidade e a interpretação dada ao artigo 145, II da Constituição Federal pelo Supremo Tribunal Federal, quanto à cobrança de taxas pelos serviços públicos de limpeza prestados à sociedade, uma vez que a Corte entende o serviço de coleta, remoção e tratamento ou destinação do lixo ou resíduos provenientes dos imóveis como específicos e indivisíveis, desde que sejam completamente dissociados de outros serviços públicos de limpeza realizados em benefício da população de maneira geral e de forma indivisível.

Afirma o Relator que, decorre daí o entendimento de que são consideradas constitucionais as taxas cobradas em razão exclusivamente dos serviços públicos de coleta, remoção e tratamento ou destinação de lixo ou resíduos provenientes de imóveis, sendo pelo contrário consideradas inconstitucionais as cobranças de valores tidos como "taxa" em razão de serviços de conservação e limpeza de logradouros e bens públicos.

Destaca-se, que o recurso extraordinário, com repercussão geral reconhecida, foi interposto em face de acórdão da Egrégia Décima Quinta Câmara do Tribunal de Justiça de São Paulo, cuja ementa colaciona-se a seguir:

> APELAÇÃO - Mandado de Segurança - IPTU e taxas de remoção de lixo e de combate à prevenção de sinistros - É inconstitucional a Lei Municipal de Campinas nº 10.400/99, que instituiu a progressividade das alíquotas de IPTU às avessas, por violar os princípios da isonomia e da capacidade contributiva - Ilegalidade da cobrança das referidas taxas, uma vez que, elas não preenchem os requisitos de especificidade e divisibilidade mencionados no art. 145, II da Constituição Federal e arts. 77 e 79 do Código Tributário Nacional, e por conter caráter "*uti universi*" - Recursos improvidos.

Entretanto, o Relator esclareceu que o Recurso Extraordinário discute duas questões constitucionais, uma quanto à constitucionalidade de taxas cobradas em razão de serviços públicos de limpeza, e outra quanto à utilização de elementos que compõem base de cálculo própria de impostos na apuração do valor das taxas, e que por esses motivos a discussão versada oferece repercussão geral, porque embora a matéria de mérito já tenha sido pacificada pelo STF e já tenha sido inclusive julgada em inúmeros recursos, o tema ainda continua a reproduzir múltiplos processos com fundamento em idêntica controvérsia que advém de diversos municípios.

Em seu voto, inicialmente, aduz o Relator, que em relação à constitucionalidade de taxas cobradas em razão de serviços públicos de limpeza, primeira questão acima delineada, o Tribunal Pleno do STF decidiu em 19/02/2003 no RE 256.588 - ED - EDV/RJ, de relatoria da Ministra Ellen Gracie, nos seguintes termos:

> Serviço de limpeza de logradouros públicos e de coleta domiciliar de lixo. universalidade. cobrança de taxa. impossibilidade. Tratando-se de taxa vinculada não somente à coleta domiciliar de lixo, mas, também, à limpeza de logradouros públicos, que é serviço de caráter universal e indivisível, é de se reconhecer a inviabilidade de sua cobrança. Precedente: RE 206.777. Embargos de divergência conhecidos e providos.

Prossegue em seu voto o Relator, que quanto à utilização de elementos que compõem base de cálculo própria de impostos na apuração do valor das taxas, segunda questão acima delineada, o Tribunal Pleno do STF no RE nº 232.393-1 – São Paulo decidiu em 12/08/1999, nos seguintes termos:

> EMENTA: CONSTITUCIONAL. TRIBUTÁRIO. TAXA DE COLETA DE LIXO: BASE DE CÁLCULO. IPTU. MUNICÍPIO DE SÃO CARLOS, S.P. I. – O fato de um dos elementos utilizados na fixação da **base de cálculo do IPTU** – a metragem da área construída do imóvel – que é o **valor do imóvel** (CTN, art. 33), ser tomado em linha de conta na determinação da alíquota da taxa de coleta de lixo, não quer dizer que teria essa taxa base de cálculo igual à do IPTU: o **custo do serviço constituía base imponível da taxa**. Todavia, para o fim de aferir, em cada caso concreto, a alíquota, **utiliza-se a metragem da área construída do imóvel**, certo que a alíquota não se confunde com a base imponível do tributo. Tem-se, com isto, também, forma de realização da isonomia tributária e do princípio da capacidade contributiva: C.F., artigos 150, II, 145, §1º (Grifo nosso).

Importante salientar, que no voto, o Ministro Relator Ricardo Lewandowski consignou o exato objeto do Recurso contra acórdão da Décima Quinta Câmara do Tribunal de Justiça de São Paulo, propondo, para solucionar a questão de ordem, que fosse reconhecida a repercussão geral dos temas tratados no recurso, confirmando a jurisprudência da Corte, bem como os demais recursos com idêntica discussão, para a fixação da tese objetiva apta a gerar a orientação jurisprudencial a todo o sistema judicial, uma vez que se tratava de sistemática de repercussão geral.

Diante do exposto, finaliza o Ministro Relator, após a apresentação de todos argumentos e fundamentos, que conheceu e deu provimento ao Recurso Extraordinário, ratificando o entendimento firmado pelo STF sobre o tema e denegou a distribuição dos demais processos que versem sobre a matéria, determinando a devolução dos autos à origem para a adoção dos procedimentos previstos no artigo 543-B, § 3º, do Código de Processo Civil. Quanto ao mérito, seguindo a jurisprudência do STF, deu provimento ao recurso.

2.2. Votos vencidos

Os Ministros Carlos Britto e Marco Aurélio negaram provimento ao recurso, restando vencidos.

Em seu voto, o Ministro Carlos Britto, no debate acima colacionado, ressaltou que seu entendimento é contrário à cobrança baseada no tamanho do imóvel, interpretando como inconstitucional a taxa calculada a partir do tamanho do imóvel, pois isso seria característica de cobrança de imposto, como por exemplo, o IPTU, e que o fato de um apartamento ou uma casa serem maiores não torna, necessariamente, a produção de lixo daquela família maior, uma vez que a cobrança pode se tornar uma ofensa ao princípio da razoabilidade porque com frequência existem casas e apartamentos grandes, mas habitados por pouca gente, e em contrapartida, também existem casas e apartamentos menores com mais moradores, sendo que a produção de lixo nem sempre guarda conformidade com o tamanho do imóvel.

O Ministro Marco Aurélio também votou no sentido de desprover o Recurso Extraordinário da Prefeitura Municipal de Campinas. Colacionou em seu voto o artigo 145, inciso II da CF/88 para analisar novamente a definição de taxa, uma vez que ele já havia apreciado o tema no Colegiado maior, onde sustentou que não seria harmônica com a Constituição Federal de 1988 a taxa criada, conforme artigo colacionado, *in verbis*:

> Art. 145. A União, os Estados, o Distrito Federal e os Municípios poderão instituir os seguintes tributos:
>
> I – impostos;
>
> II – taxas, em razão do exercício do poder de polícia ou pela utilização, efetiva ou potencial, de serviços públicos específicos e divisíveis, prestados ao contribuinte ou postos a sua disposição;

Iniciou o voto afirmando que a taxa sempre pressupõe um custo a ser satisfeito. Para o Ministro, não haveria inclusive a possibilidade de entender a taxa como enquadrada na CF/88, se considerar as previsões das leis municipais, porque a taxa já começa com uma presunção, podendo haver até mesmo estímulo à diminuição da metragem dos imóveis, tendo em vista a presunção de que se o imóvel tem metragem quadrada maior, a taxa seria em valor superior, independente do lixo produzido que deva ser recolhido no imóvel.

Em seguida, declarou que a problemática maior decorreria do § 2º do artigo 145 da CF/88, o qual veda que se tome como base de cálculo da taxa o que sirva a cálculo do imposto, sendo que a metragem quadrada é elemento fundamental do IPTU.

2.3. Debate

Após o voto do Relator, o Ministro Carlos Britto referiu acerca da existência de ofensa ao princípio da razoabilidade sobre a cobrança de taxa de lixo, pois ao decidir monocraticamente, em homenagem à Jurisprudência do Supremo, o mesmo tem experimentado um desconforto cognitivo em sua reflexão sobre o tema, porque com frequência há grandes residências habitadas por pouca gente, e em contrapartida, há casas e apartamentos menores habitados por muita gente, e que por tal motivo, em seu entendimento, a taxa de lixo não guardaria conformidade com o tamanho do imóvel, não havendo como mensurar, dividir e quantificar especificamente o consumo.

Em resposta, com pedido de intervenção, o Ministro Marco Aurélio explicou que, em seu entendimento, o Município cria um neologismo ao referir a volumetria do imóvel, não do lixo, por metragem quadrada, não havendo relação automática entre a metragem quadrada e o lixo a ser recolhido, ao menos de início.

O Ministro Carlos Britto, impressionado, aduziu que ao se morar ou habitar inevitavelmente haverá a produção de sobras de consumo e resíduos, pois mesmo sendo atento, esta é a natureza das coisas.

Em resposta, o Presidente Gilmar Mendes asseverou que se trata de remunerar, e que é difícil tal cobrança. Sendo que o Ministro Carlos Britto completou que "penso que aí os impostos, em geral, se prestam a isso."

Interveio o Ministro Marco Aurélio, aduzindo que o grande problema é que a taxa deve corresponder, como contraprestação, a um serviço efetivo utilizado ou colocado à disposição. Aduziu o Ministro Carlos Britto que ser específico e divisível é difícil na prática.

O Relator Ministro Ricardo Lewandowski afirma que essa é uma forma de cálculo universalmente adotada, onde se calcula o custo do serviço pela Municipalidade, para que haja o mínimo de isonomia, tomando-se como base um dos elementos usados no cálculo do IPTU, com base na grandeza do imóvel, porque sugere-se que o imóvel maior produza mais lixo do que o imóvel menor.

Mas o Ministro Carlos Britto, inconformado, alega que essa metragem só se aplica na teoria, por suposição, porque na prática não ocorre.

Complementa o Presidente Gilmar Mendes que isso também acontece com a, impropriamente chamada taxa de condomínio, em que imóveis maiores são mais onerados, embora possam não ser.

Afirma que ficou vencido, o Ministro Marco Aurélio, quando essa matéria foi discutida no Plenário, pois o principal problema é o artigo 145, § 2º da CF/88, uma vez que a base de incidência é própria do IPTU, sendo que o § 2º veda a tomada dessa base para efeito de cálculo da taxa.

Complementa o entendimento, o Relator Ministro Ricardo Lewandowski, aduzindo que a Corte tem decidido que não se pode utilizar todos os elementos, para que não haja coincidência integral entre as bases de cálculo. Mas que poderia ser utilizado outro elemento parcialmente, conforme a Corte vem reconhecendo em inúmeros julgados, e que nas três teses veiculadas não há nenhuma tergiversação pelo STF, uma vez que são teses pacificadas.

Ponderou ainda o Ministro Gilmar Mendes, presidente, que assim como é possível a cobrança, também é impossível ou inadmissível a cobrança, nos casos em que não há a devida distinção ou individualização. No caso não haveria correlação entre o custo do serviço e o que se recolhe, complementa o Ministro Marco Aurélio.

Passa a tecer as três teses, uma vez que a matéria é complexa, o Relator Ministro Ricardo Lewandowski, pedindo atenção à Corte para as Súmulas destacadas, a saber:

Primeira tese: "A taxa cobrada exclusivamente em razão dos serviços públicos de coleta, remoção e tratamento ou destinação de lixo ou resíduos provenientes dos imóveis não ofende o art. 145, II da CF." Porque podem ser calculados individualmente, sendo serviços *uti singuli*.

Segunda tese: "A taxa cobrada em razão dos serviços de conservação e limpeza de logradouros e bens públicos ofende o art. 145, II, da CF." Porque não é possível individualizar o serviço, o qual beneficia toda a coletividade, não sendo objeto de taxas.

Terceira tese: "A taxa que, na apuração do montante devido, adote um ou mais dos elementos que compõem a base de cálculo própria de determinado imposto, desde que não se verifique identidade integral entre uma base e a outra, não ofende o § 2º do art. 145 da CF".

Nesse sentido, o Ministro Presidente sugeriu que fosse encaminhada a votação. Em resposta à sugestão, o Ministro Carlos Britto encaminhou a votação no sentido de desprovimento do Recurso Extraordinário.

Ao final do debate, o Tribunal, por maioria e nos termos do voto do Relator Ricardo Lewandowski, resolveu questão de ordem suscitada no sentido de reconhecer a existência de repercussão geral, ratificar o entendimento firmado pelo Tribunal sobre o tema e denegar a distribuição dos demais processos que versem sobre a matéria, determinando a devolução dos autos à origem para a adoção dos procedimentos previstos no artigo 543-B, § 3º, do Código de Processo Civil. Quanto ao mérito, por maioria, deu provimento ao recurso, nos termos do voto do Relator, vencidos os Senhores Ministros Carlos Britto e Marco Aurélio. Votou o Presidente, Ministro Gilmar Mendes, Ministra Ellen Gracie, Cezar Peluso, Eros Grau, Cármem Lúcia e Menezes Direito. Ausentes, justificadamente, o Ministro Celso de Mello e, licenciado, o Ministro Joaquim Barbosa. Falou, pela Recorrente Município de Campinas, o Dr. João Batista Borges. Participação do Vice-Procurador-Geral da República, Dr. Roberto Monteiro Gurgel Santos.

3. Análise crítica

Conforme se extrai do Recurso Extraordinário nº 576.321-8, o Tribunal, por maioria, e nos termos do voto do Relator, Ministro Ricardo Lewandowski, deu provimento ao recurso extraordinário para reformar o acórdão recorrido no qual se discute a constitucionalidade do artigo 145, II e § 2º da CF/88, uma vez que o Tribunal de Justiça de São Paulo havia proibido a utilização da metragem do imóvel como referencial no cálculo da taxa.

O Supremo Tribunal Federal resolveu a questão de ordem suscitada pelo Relator no sentido de reconhecer a existência de repercussão geral, para ratificar o entendimento firmado pelo Tribunal decidindo que o município de Campinas poderia cobrar taxas de coleta, remoção e destinação de lixo tendo por base de cálculo a metragem dos imóveis, da mesma forma que ocorre com o Imposto de Propriedade Territorial Urbana (IPTU).

Ocorre que, em que pese o Recurso Extraordinário nº 576.321-8 ter tido sua baixa definitiva desde 04/03/2009 e ter sido já exaustivamente discutido pelos Tribunais Superiores, ainda há discussão sobre o assunto.

Tanto, que buscando uma pacificação sobre o tema, em Sessão Plenária de 29/10/2009 foi editada a Súmula Vinculante 19, em conformidade com o entendimento do exarado no recurso extraordinário em questão, conforme enunciado colacionado:

> A taxa cobrada exclusivamente em razão dos serviços públicos de coleta, remoção e tratamento ou destinação de lixo ou resíduos provenientes de imóveis, não viola o artigo 145, II, da Constituição Federal.

Da mesma forma, foi editada a Súmula Vinculante nº 29:

> É constitucional a adoção, no cálculo do valor de taxa, de um ou mais elementos da base de cálculo própria de determinado imposto, desde que não haja integral identidade entre uma base e outra.

Além de terem sido efetivados inúmeros precedentes no mesmo sentido. Entretanto, convém salientar que sobre o tema que discute a taxa de coleta, remoção e destinação de lixo, existem ainda entendimentos do próprio STF que são contrários ao Recurso Extraordinário nº 576.321-8 e a própria Súmula Vinculante 19, conforme descrito na fundamentação do acórdão do juízo *a quo* no RE nº 971511 AGR/SP[3], que entende que a taxa é tributo vinculado; sua base de cálculo deve corresponder ao custo do serviço público prestado ao contribuinte ou posto à disposição. E no tocante à taxa de remoção de lixo não se pode afirmar que imóveis de maior testada ou de maior área construída necessariamente produzam mais lixo que outros de menor testada ou de

[3] BRASIL. Supremo Tribunal Federal. *Recurso Extraordinário nº 971511* AGR/SP. Relator: Min. Edson Fachin. Julgado em: 14/10/2016. Disponível em: <http://redir.stf.jus.br/paginadorpub/paginador.jsp?docTP=TP&docID=11967377>. Acesso em: 21 out. 2020. p. 05.

menor área construída. Cuida-se de parâmetros, a exemplo daquele referente à destinação do imóvel, que, à evidência, não guardam relação com o custo da atividade estatal, mas ao final o entendimento do STF é no sentido da constitucionalidade da cobrança de taxa de coleta de lixo domiciliar, com base de cálculo atrelada à área do imóvel.

Assim, importante ressaltar que conceitualmente as taxas são tributos cujo fato gerador é configurado por uma atuação estatal específica, referível ao contribuinte, que pode consistir: no exercício regular do poder de polícia; ou na prestação ao contribuinte, ou colocação à disposição deste, de serviço público específico e divisível, conforme prevê o art. 145, II, da CF/88 e art. 77, do CTN. Assim, doutrinariamente entende-se que se o serviço público for divisível para cada contribuinte, este será cobrado por meio de uma taxa, e em contrapartida, se o serviço público não for divisível, este deverá ser financiado com a receita de impostos.

Mas o entendimento dominante[4], até porque não se tem atualmente outros parâmetros para a efetivação da cobrança da taxa de coleta de lixo domiciliar, é que o Supremo Tribunal Federal consolidou o entendimento de que é constitucional a taxa de coleta, remoção e tratamento ou destinação de lixo ou resíduos provenientes de imóveis, desde que essas atividades sejam completamente dissociadas de outros serviços públicos de limpeza realizados em benefício da população em geral. Incidência da Súmula Vinculante nº 19. No mesmo sentido, o Supremo Tribunal Federal firmou o entendimento no sentido da constitucionalidade da utilização da área do imóvel como base de cálculo da taxa de coleta de lixo domiciliar, conforme incidência da Súmula Vinculante nº 29.

Nesse sentido, sobre a discussão acerca da cobrança da taxa da coleta de lixo domiciliar adotar um ou mais dos elementos que compõem a base de cálculo própria de determinado imposto, já resta pacificado o entendimento na Súmula Vinculante nº 29[5] que, na apuração do montante devido, poderá ser adotado um ou mais dos elementos que compõem a base de cálculo própria do imposto, desde que não se verifique identidade integral entre uma base e a outra, ou seja, não haveria ofensa

[4] BRASIL. Supremo Tribunal Federal. *Recurso Extraordinário nº 901.412* AgR. Relator: Min. Dias Toffoli. Segunda Turma. Julgado em: 27/10/2015. Disponível em: <http://redir.stf.jus.br/paginadorpub/paginador.jsp?docTP=TP&docID=9975874>. Acesso em: 15 out. 2020.

[5] BRASIL. Supremo Tribunal Federal. *Súmula Vinculante 29.* Disponível em: <http://www.stf.jus.br/portal/jurisprudencia/menuSumario.asp?sumula=1282>. Acesso em: 12 out. 2020.

ao § 2º do art. 145, da CF/88, uma vez que inexistiria a alegada identidade. Isto porque, para o cálculo da taxa de coleta de lixo leva-se em consideração o custo do serviço, dividido proporcionalmente entre as áreas construídas dos imóveis, enquanto para o cálculo do IPTU considera-se o valor venal do imóvel, não havendo nenhuma incompatibilidade com a previsão do artigo 145, § 2º, da CF/88.

Nesse diapasão, há de se concluir que o fato de um dos elementos utilizados na fixação da base de cálculo do IPTU – a metragem da área construída do imóvel – que é o valor do imóvel (CTN, art. 33), ser tomado em linha de conta na determinação da alíquota da taxa de coleta de lixo, não quer dizer que teria essa taxa base de cálculo igual à do IPTU: o custo do serviço constitui a base imponível da taxa. Uma vez que, para o fim de aferir, em cada caso concreto, a alíquota, utiliza-se a metragem da área construída do imóvel, certo de que a alíquota não se confunde com a base imponível do tributo. Têm-se, com isto, também, forma de realização da isonomia tributária e do princípio da capacidade contributiva previstas nos artigos 150, II, e 145, § 1º. II, da CF/88[6], respectivamente.

Ademais, acerca da suposta ofensa aos princípios tributários, sobre eles também não há ofensa, pois "numa outra perspectiva, deve-se entender que o cálculo da taxa de lixo, com base no custo do serviço dividido proporcionalmente às áreas construídas dos imóveis, é forma de realização da isonomia tributária, que resulta na justiça tributária (C.F., art. 150, II). É que a presunção é no sentido de que o imóvel de maior área produzirá mais lixo do que o imóvel menor", conforme trecho do voto proferido pelo Ministro Carlos Velloso no julgamento do RE 232.393/SP[7] de sua relatoria, que bem elucida o tema em comento.

Vale ainda salientar, que é constitucional a cobrança de Taxa de Coleta de Lixo Domiciliar, desde que a natureza dos serviços prestados

[6] BRASIL. Supremo Tribunal Federal. *Recurso Extraordinário nº 790049*. Relator: Min. Ricardo Lewandowski, Julgado em: 27/05/2014. Disponível em: <http://www.stf.jus.br/portal/jurisprudencia/visualizarEmenta.asp?s1=000416067&base=baseMonocraticas>. Acesso em: 10 out. 2020.

[7] BRASIL. Supremo Tribunal Federal. *Recurso Extraordinário nº 232.393/SP*. Relator: Min. Ministro Carlos Velloso. Julgado em: 12/08/1999. Disponível em: <http://redir.stf.jus.br/paginadorpub/paginador.jsp?docTP=AC&docID=253993>. Acesso em: 01 out. 2020.

não coincida com serviços inespecíficos e indivisíveis, como a limpeza de logradouros públicos[8].

Nesse diapasão, tem-se como acertada a decisão por maioria do Recurso Extraordinário analisado, que declarou a constitucionalidade da cobrança de taxa de coleta de lixo domiciliar, com base de cálculo atrelada à área do imóvel, sem ofensa à previsão do art. 145, II e § 2º da CF/88, pois a jurisprudência do STF já firmou o entendimento no sentido de que o serviço de coleta de lixo domiciliar deve ser remunerado por meio de taxa, uma vez que se trata de atividade específica e divisível, de utilização efetiva ou potencial, prestada ao contribuinte ou posta à sua disposição[9]; entendo também pela constitucionalidade da utilização da área do imóvel como base de cálculo da taxa de coleta de lixo domiciliar[10], não havendo também qualquer violação aos princípios destacados, sendo a cobrança de natureza tributária, e, portanto, constitucional.

[8] BRASIL. Supremo Tribunal Federal. *Súmula Vinculante 19.* Disponível em: <http://www.stf.jus.br/portal/jurisprudencia/menuSumario.asp?sumula=1248>. Acesso em: 12 out. 2020.

[9] BRASIL. Supremo Tribunal Federal. *Agravo de Instrumento nº 702.161* AgR. Relator: Min. Roberto Barroso. Julgado em: 15/12/2015. Disponível em: <http://redir.stf.jus.br/paginadorpub/paginador.jsp?docTP=TP&docID=10231891>. Acesso em: 21 out. 2020.

[10] BRASIL. Supremo Tribunal Federal. *Recurso Extraordinário nº 1165562/SP.* Relator: Min. Celso de Mello. Julgado em: 20/11/2018. Disponível em: <https://jurisprudencia.stf.jus.br/pages/search/despacho930527/false>. Acesso em: 21 out. 2020.

CAPÍTULO 3
RECURSO EXTRAORDINÁRIO Nº 643.247

Maria das Graças Patrocínio Oliveira

1. Recurso extraordinário nº 643.247 – São Paulo[1]

Recorrente: Município de São Paulo
Recorrido: Estado de São Paulo
Relator: Ministro Marco Aurélio
Data de julgamento: 01 agosto de 2017

1.1. Ementa

TAXA DE COMBATE A INCÊNDIO – INADEQUAÇÃO CONSTITUCIONAL. Descabe introduzir no cenário tributário, como obrigação do contribuinte, taxa visando a prevenção e o combate a incêndios, sendo imprópria a atuação do Município em tal campo.

1.2. Tese fixada

A segurança pública, presentes a prevenção e o combate a incêndios, faz-se, no campo da atividade precípua, pela unidade da Federação, e,

[1] BRASIL. Supremo Tribunal Federal. *Recurso Extraordinário nº 643.247*, Relator: Min. Marco Aurélio, Tribunal Pleno, julgado em 01.08.2017, Repercussão Geral, Mérito. DJE, Divulg. 11.10.2011. Disponível em https://jurisprudencia.stf.jus.br/pages/search/sjur379179/false Acesso em 14/10/2021.

porque serviço essencial, tem como a viabilizá-la a arrecadação de impostos, não cabendo ao Município a criação de taxa para tal fim.

Tema 16 – Cobrança de taxa pela utilização potencial do serviço de extinção de incêndio.

1.3. Especificação do caso e razões da submissão à repercussão geral

Trata-se do Recurso Extraordinário 643.247 interposto pelo Município de São Paulo com o objetivo de reformar julgado do Tribunal de Justiça do Estado de São Paulo e, assim, ver reconhecida a constitucionalidade da Taxa de Combate a Sinistros, instituída pela Lei Municipal nº 8.822, de 24 de novembro de 1978.

A questão em análise originou-se do ajuizamento da Execução Fiscal nº 309.060.0027-8, pelo Município de São Paulo, objetivando a cobrança das taxas de conservação, de limpeza e combate a sinistros, incidentes sobre imóvel de propriedade do Estado de São Paulo, nos exercícios de 1995 a 1998.

Apreciando a questão, o Tribunal de Justiça consignou a inadequação do custeio, por meio de taxa em questão, observada a ausência de especificidade e divisibilidade deste serviço. Destacou que a base de cálculo prevista não mensura atividade estatal, conforme ementa que se transcreve:

> TAXA DE COMBATE A SINISTROS. Ante decisão vinculativa do E. Órgão Especial, a taxa de combate a sinistros é inconstitucional porque remunera serviço não fruível *uti singuli.* [...]

No recurso extraordinário o Município de São Paulo defende a conformação da taxa instituída com a Constituição Federal de 1988 (CF/88), arguindo a existência da repercussão geral da matéria.

Segundo afirma, o Tribunal teria inovado na argumentação ao declarar a inconstitucionalidade sob a ótica da competência estadual para a fixação deste tributo. Alega possuir competência para prestar o serviço remunerado pela Taxa de Combate a Sinistros, em razão do disposto no art. 182 da Carta da República, segundo o qual seria dever dos Municípios organizar e disciplinar o uso da propriedade imóvel.

Afirma que o serviço público é específico e divisível, presente a possibilidade de determinar-se os beneficiados pela prestação estatal e a respectiva utilização. Afirma que a base de cálculo prevista na legislação municipal é típica de taxa, usando apenas a metragem do imóvel como elemento comum à base de cálculo do Imposto sobre Propriedade Predial e Territorial Urbana.

Em contrarrazões, o Estado de São Paulo assinala, em preliminar, a falta de prequestionamento das normas constitucionais tidas por violadas pelo recorrente, bem como a necessidade de reexame de fatos e provas. Quanto ao mérito, salienta ser o serviço prestado pelo Corpo de Bombeiros vinculado à estrutura estadual, não havendo demonstração do Município em sentido contrário. Enfatiza a inexistência de especificidade e divisibilidade do serviço público.

Aponta a ausência de relação entre o custo do serviço prestado e os elementos integrantes da base de cálculo do tributo.

O Plenário do Supremo Tribunal Federal negou provimento ao recurso extraordinário em tela, nos termos da ementa retrotranscrita, mantendo a decisão do TRF-4.

1.4. Critério de conhecimento da repercussão geral

O STF fixou a seguinte tese do Tema 16 da repercussão geral fixada pelo Plenário:

> A segurança pública, presentes a prevenção e o combate a incêndios, faz-se no campo da atividade precípua, pela unidade da Federação, e, porque serviço essencial, tem como viabilizá-la a arrecadação de impostos, não cabendo ao Município a criação de taxa para tal fim.

2. Mérito da decisão

O Tribunal, por maioria e nos termos do voto do Relator, negou provimento ao recurso extraordinário. Acompanharam o voto do Ministro Marco Aurélio, os Ministros Edson Fachin, Luiz Roberto Barroso, Rosa Weber, Ricardo Lewandowski e Cármen Lúcia.

Os votos divergentes são dos Ministros Luiz Fux, Dias Toffoli, Alexandre de Moraes e Gilmar Mendes.

2.1. Voto condutor

O resumo do voto do Ministro Marco Aurélio consta do Informativo 835 do STF, onde se lê:

> O relator consignou ser inconcebível que, a pretexto de prevenir sinistro relativo a incêndio, viesse o Município a substituir-se ao Estado, fazendo-o por meio da criação de tributo sob o rótulo de taxa. Assentou que a atividade precípua do Estado seria viabilizada mediante arrecadação decorrente de impostos. Por sua vez, a taxa decorreria do exercício do poder de polícia ou da utilização efetiva ou potencial de serviços públicos específicos e divisíveis, prestados ao contribuinte ou postos à disposição. Assim, no âmbito da segurança pública, no que tange à preservação e combate a incêndios, nem mesmo o Estado poderia instituir validamente taxa.

Em seu voto o Ministro Ricardo Lewandowski afirmou que, embora reconhecesse a importância dos bons serviços prestados pelo Corpo de Bombeiros, não conseguia ver como o serviço de combate a incêndios poderia ser *uti singuli*. A Ministra Cármem Lúcia também acompanhou o voto do relator.

O Ministro Celso de Mello estava ausente justificadamente ao julgamento.

2.2. Votos vencidos

Inaugurando a divergência, o Ministro Luiz Fux deu provimento ao recurso, consignando que a segurança seria responsabilidade de todos e, por isso, *a priori*, não haveria inconstitucionalidade se referida taxa fosse cobrada por Município. Dessa forma, seria constitucional a taxa de combate a sinistro instituída por lei municipal e cobrada exclusivamente pela prestação de serviço público de assistência, prevenção, combate e extinção a incêndio, especificamente em imóveis construídos, nos termos do inciso II do art. 145 da CF/88.

Após pedido de vista dos autos, o Ministro Dias Toffoli seguiu a divergência, afirmando em seu voto que a segurança seria de responsabilidade de todos os entes da federação.

Trouxe levantamento estatístico de que apenas 15% dos Municípios contam com o serviço do Corpo de Bombeiros, além de ressaltar a importância desse serviço. Fez levantamento jurisprudencial do STF, mostrando que o STF já tratou do caso de taxa de combate a incêndios. Inicialmente, o entendimento foi o de que o serviço não era específico e divisível, mas depois a Excelsa Corte mudou sua posição para entender que o serviço de combate a incêndios era específico e divisível. Diante de tais argumentos, concluiu o Ministro Toffoli que seria salutar permitir que Municípios pudessem financiar e manter seus Corpos de Bombeiros com taxa de incêndio. Em seguida, foi acompanhado pelos votos dos Ministros Alexandre de Moraes e Gilmar Mendes.

2.2.3. *Embargos de declaração*

O Município de São Paulo e o Estado de São Paulo interpuseram embargos de declaração, pleiteando a modulação dos efeitos da decisão, o primeiro sob o argumento de haver o julgamento representado mudança na jurisprudência anteriormente pacificada no sentido da constitucionalidade de taxas de combate a sinistros instituídas em âmbito municipal. Considerada a segurança jurídica, reporta-se ao disposto nos arts. 525, § 13, e 927, § 3º, do Código de Processo Civil, assinalando a necessidade de concessão de efeitos prospectivos ao ato.

O Estado, por sua vez, aponta obscuridade e contradição em relação ao alcance prático da tese fixada pelo Plenário. Enfatiza que o recurso foi desprovido mediante os votos de seis Ministros, nos quais constou a premissa da inconstitucionalidade formal do tributo, ante a incompetência municipal para a instituição. Alega figurar em apenas cinco dos pronunciamentos da corrente majoritária a inconstitucionalidade material, consistente na essencialidade da atividade de combate a incêndios. Assevera desrespeitado o artigo 97 da CF/88, no que inserido, na tese, o fundamento da inconstitucionalidade material para o tema submetido ao regime da repercussão geral, apesar de a maioria absoluta dos votos não haver veiculado tal conclusão. Articula com a ausência de eficácia vinculante de motivação não acolhida pela maioria absoluta do Pleno. Postula o provimento dos declaratórios, para restringir a redação da tese ao fundamento da inconstitucionalidade formal.

O Ministro Marco Aurélio, se dizendo resistente à modulação dos efeitos de decisões declaratórias de inconstitucionalidades de leis, mas considerando que no julgamento em questão houve mudança de entendimento substancial, conforme jurisprudência que cita, reconheceu devem ser atribuídos efeitos prospectivos à tese adotada, *verbis:*

> [...]
> Houve, no julgamento verificado, mudança de entendimento substancial, suplantando óptica consolidada há quase duas décadas, de modo

> a atrair a aplicação do § 3º do artigo 927 do Código de Processo Civil, pelo que devem ser atribuídos efeitos prospectivos à tese adotada.
>
> [...]
>
> Conheço dos embargos de declaração protocolados pelo Município de São Paulo e os provejo para modular prospectivamente os efeitos da tese, a partir da data da publicação da ata de julgamento – 1º de agosto de 2017 –, ressalvadas as ações anteriormente ajuizadas.[2]

O Tribunal, por unanimidade, conheceu dos embargos de declaração protocolados pelo Município de São Paulo e deu-lhes provimento para modular prospectivamente os efeitos da tese, a partir da data da publicação da ata de julgamento (1º de agosto de 2017), ressalvadas as ações anteriormente ajuizadas. Em seguida, conheceu os embargos de declaração formalizados pelo Estado de São Paulo e negou-lhes provimento, nos termos do voto do Relator.

O STF fixou a seguinte tese nos embargos de declaração:

> INCONSTITUCIONALIDADE – QUÓRUM – MAIORIA ABSOLUTA – Para aferição da maioria absoluta prevista no artigo 97 da Constituição Federal, é despicienda a igualdade de fundamentos, sendo suficientes seis ou mais votos no sentido da inconstitucionalidade.
>
> EMBARGOS DECLARATÓRIOS – TRIBUTÁRIO – EFICÁCIA PROSPECTIVA – ADEQUAÇÃO. Conquanto se imponha parcimônia no manejo do instituto da modulação de efeitos de decisões, a alteração de jurisprudência consolidada há quase duas décadas justifica a eficácia prospectiva do novo pronunciamento, em atenção à segurança jurídica e ao interesse social, nos termos do artigo 927, § 3º, do Código de Processo Civil.

3. Análise crítica

Neste julgado, o STF limitou-se a analisar a competência do Município para criar taxa para prevenção de combate a incêndios.

Conforme ressaltado pelo Ministro Marco Aurélio em seu voto proferido nos embargos de declaração, tradicionalmente a jurisprudência

[2] RE 643247 ED, Relator Min. Marco Aurélio, Tribunal Pleno, julgado em 12/06/2019, Acórdão Eletrônico, DJe-140 Divulg. 27-06-2019 Public. 28-06-2019.

do STF admitia a validade da taxa de prevenção e combate a incêndio instituída por município, conforme acórdãos que menciona. Houve, portanto, neste julgado, mudança de entendimento.

As atividades gerais do Estado devem ser financiadas mediante os impostos arrecadados de toda a coletividade indistintamente. Já aquelas atividades estatais que, dada sua divisibilidade e referibilidade a um indivíduo ou grupo de indivíduos determinável, numa perspectiva de justiça fiscal, devem ser financiados por tributos recolhidos pelas pessoas a que essas atividades estatais se dirigem. A circunstância delineadora e diferenciadora das taxas em relação aos impostos é o fato daquelas se atrelarem a determinadas manifestações da atuação estatal, que condicionam e legitimam tais exações.[3]

É indiscutível que a atividade de prevenção e combate a incêndios, beneficia toda a sociedade considerada indistintamente, sendo impossível para o Corpo de Bombeiros individualizar e quantificar a ação estatal para cada contribuinte.

Ademais, não se pode perder de vista que a atividade do Corpo de Bombeiros encontra-se intrinsecamente ligada à de segurança pública, consoante previsão do artigo 144, V da CF/88.[4]

Trata-se de um assunto recorrente no Poder Judiciário, a constitucionalidade da chamada taxa de incêndio, seja a instituída por município ou por estado.

Cumpre ressaltar que após o julgamento do recurso extraordinário em questão, o Plenário Virtual do STF, no julgamento da Ação Direta de Inconstitucionalidade (ADI) nº 2.908, Rel. Min. Cármen Lúcia, firmou entendimento, por unanimidade, no sentido de que o serviço de segurança contra incêndio não pode ser custeado por taxa, por ser atividade essencial geral e indivisível, de utilidade genérica, devendo ser custeada por imposto.

> EMENTA: AÇÃO DIRETA DE INCONSTITUCIONALIDADE. TRIBUTÁRIO. LEI SERGIPANA N. 4.184/1999. INSTITUIÇÃO DE TAXAS REMUNERATÓRIAS DE ATIVIDADES DE ÓRGÃO DA

[3] Amaro, Luciano, *Direito Tributário Brasileiro*, 21 Ed., São Paulo: Saraiva, 2016, p. 54.

[4] Art. 144. A segurança pública, dever do Estado, direito e responsabilidade de todos, é exercida para a preservação da ordem pública e da incolumidade das pessoas e do patrimônio, através dos seguintes órgãos: (...) V – polícias militares e corpos de bombeiros militares.

> SEGURANÇA PÚBLICA. CORPO DE BOMBEIROS MILITAR. TAXA ANUAL DE SEGURANÇA CONTRA INCÊNDIO E DE APROVAÇÃO DE PROJETOS DE CONSTRUÇÃO. ANÁLISE DE SISTEMAS DE SEGURANÇA CONTRA INCÊNDIO E PÂNICO. AÇÃO DIRETA JULGADA PARCIALMENTE PROCEDENTE. 1. As taxas são tributos vinculados a atividade estatal dirigida a sujeito identificado ou identificável, podendo decorrer do exercício do poder de polícia titularizado pelo ente arrecadador ou da utilização de serviço público específico e divisível posto à disposição do contribuinte. 2. A instituição de taxa exige que os serviços públicos por ela remunerados cumulem os requisitos de especificidade e divisibilidade. Os serviços autorizadores de cobrança de taxas não podem ser prestados de forma geral e indistinta a toda a coletividade (uti universi), mas apenas à parcela específica que dele frui, efetiva ou potencialmente, de modo individualizado e mensurável (uti singuli). 3. A taxa anual de segurança contra incêndio tem como fato gerador a prestação de atividade essencial geral e indivisível pelo corpo de bombeiros, sendo de utilidade genérica, devendo ser custeada pela receita dos impostos. 4. Taxa de aprovação de projetos de construção pelo exercício de poder de polícia. A análise de projetos de sistemas de prevenção contra incêndio e pânico é serviço público antecedente e preparatório de prática do ato de polícia, concretizado na aprovação ou não do projeto e, consequentemente, na autorização ou não de se obterem licenças e alvarás de construção. Serviços preparatórios específicos e divisíveis, voltados diretamente ao contribuinte que pretende edificar em Sergipe, podendo ser custeados por taxas. 5. Ação direta de inconstitucionalidade julgada parcialmente procedente. (ADI 2908, Relator(a): CÁRMEN LÚCIA, Tribunal Pleno, julgado em 11/10/2019, PROCESSO ELETRÔNICO DJe-242 DIVULG 05-11-2019 PUBLIC 06-11-2019)

E, mais recentemente, em 18.08.2020, o STF julgou a ADI nº 4411, ajuizada pelo Conselho Federal da Ordem dos Advogados do Brasil. Por seis votos a quatro, a Suprema Corte declarou inconstitucional a cobrança da taxa de incêndio por Minas Gerais, instituída pela Lei Estadual nº 14.938/2003.

Em face do exposto, é de se concordar com a decisão do STF. Resta esperar que em prol da segurança jurídica, essa nova orientação se consolide.

CAPÍTULO 4
RECURSO EXTRAORDINÁRIO Nº 377.457

Danilo Borges Meira

1. Recurso extraordinário nº 377.457 – Paraná[1]

Recorrente: Antônio Glênio F. Albuquerque & Advogados Associados S/C

Recorrido: União

Relator: Min. Gilmar Mendes

Votos Vencidos: Min. Eros Grau e Min. Marcos Aurélio

Data de julgamento: 17 de setembro de 2008

1.1. Ementa

> Contribuição social sobre o faturamento – COFINS (CF, art. 195, I). 2. Revogação pelo art. 56 da Lei 9.430/96 da isenção concedida às sociedades civis de profissão regulamentada pelo art. 6º, II, da Lei Complementar 70/91. Legitimidade. 3. Inexistência de relação hierárquica entre lei ordinária e lei complementar. Questão exclusivamente constitucional, relacionada à distribuição material entre as espécies legais. Precedentes. 4. A LC 70/91 é apenas formalmente complementar, mas materialmente

[1] BRASIL. Supremo Tribunal Federal. *Recurso Extraordinário nº. 377.457/PR*, Relator: Min. Gilmar Mendes, Tribunal Pleno, julgado em 17/09/2008, ACÓRDÃO ELETRÔNICO REPERCUSSÃO GERAL – MÉRITO DJe-241 Divulg 18-12-2008 Public 19-12-2008. Disponível em: <http://portal.stf.jus.br/processos/detalhe.asp?incidente=2102312>. Acesso em: 31 jan 2022.

ordinária, com relação aos dispositivos concernentes à contribuição social por ela instituída. ADC 1, Rel. Moreira Alves, RTJ 156/721. 5. Recurso extraordinário conhecido mas negado provimento.

1.2. Tese Fixada

É legítima a revogação da isenção estabelecida no art. 6º, II, da Lei Complementar 70/1991 pelo art. 56 da Lei 9.430/1996, dado que a LC 70/1991 é apenas formalmente complementar, mas materialmente ordinária com relação aos dispositivos concernentes à contribuição social por ela instituída. (Obs: Redação da tese aprovada nos termos do item 2 da Ata da 12ª Sessão Administrativa do STF, realizada em 09/12/2015.)

Tema – 71 – a) Exigência de reserva de plenário para as situações de não-aplicação do art. 56 da Lei nº 9.430/96, que revogou a isenção da COFINS para as sociedades prestadoras de serviços. b) Necessidade de lei complementar para a revogação da isenção da COFINS para as sociedades prestadoras de serviços.

1.3. Especificação do caso e razões da submissão à repercussão geral

Trata-se de recurso extraordinário interposto contra acórdão do Tribunal Regional Federal da 5ª Região assim ementado no essencial (fl. 103):

> TRIBUTÁRIO. SOCIEDADES CIVIS DE PROFISSÕES REGULAMENTADAS. ISENÇÃO. LC 70/91, ART. 6º, II. ART. 56. REVOGAÇÃO DA ISENÇÃO. LEI COMPLEMENTAR. EXIGÊNCIA. DESNCECESSIDADE. HONORÁRIOS
>
> 1. O art. 6º, II, da LC 70/91 foi expressamente revogado pelo art. 56 da Lei 9.430/96, sem que houvesse a necessidade de lei complementar porquanto a matriz constitucional da COFINS está no art. 195, I, da CF 88. Precedente do STF: ADC 1-DF e RE 138.284-CE (RTJ 143/313).

Segundo o Min. Gilmar Mendes, a controvérsia diz respeito à manutenção ou não da isenção de recolhimento da Contribuição para o Financiamento da Seguridade Social (COFINS) sobre as sociedades civis de prestação de serviços de profissão legalmente regulamentada.

No recurso extraordinário, alega-se infração ao princípio da hierarquia das leis, porque lei ordinária haveria suprimido isenção instituída por lei complementar, além de instituição disfarçada de nova hipótese de contribuição social – a referida isenção seria uma "expansão da seguridade social", sem atendimento à exigência constitucional de lei complementar para esta iniciativa (arts. 195, § 4º, e 154, I, da CF).

De acordo com o Relator, em contrarrazões, a União sustenta a consonância entre o acórdão recorrido e o entendimento daquela Corte em torno dos dispositivos constitucionais mencionados.

Admitidos, na Corte de origem, tanto o recurso extraordinário como o concomitantemente interposto recurso especial, o Superior Tribunal de Justiça, por decisão da Relatora, Min. Eliana Calmon, houve por bem determinar o sobrestamento do RESP para aguardar o julgamento do extraordinário, por entender que este é prejudicial àquele (art. 543, § 2º, do CPC). Já se encontrando o processo naquele Tribunal, veio aos autos petição da recorrente pugnando pelo preliminar julgamento do feito no Superior Tribunal de Justiça, face à pacificação da jurisprudência daquela Corte na matéria, conforme demonstra o entendimento caracterizado na Súmula STJ 276.

A Procuradoria-Geral da República, em pronunciamento da lavra do Subprocurador-Geral Roberto Monteiro Gurgel Santos (fls. 186/191), opinou pelo desprovimento do recurso, ressaltando, em essência, os precedentes daquela Corte sobre a interpretação do art. 195, I, da CF, especialmente na forma da ADC 1.

Em sessão de 12.12.2006, a 2ª Turma daquela Corte acolheu proposta do Ministro Eros Grau para julgamento do feito pelo Plenário.

O Recurso Extraordinário analisado foi submetido à repercussão geral pelo Ministro Marco Aurélio no RE 575.093 SP, em 31 de março de 2008.

Na ocasião, o Tribunal Regional Federal da 3ª Região concluiu ser ilegítima a revogação, pelo artigo 56 da Lei nº 9.430/96, da isenção da Contribuição para o Financiamento da Seguridade Social – COFINS para as sociedades civis de prestação de serviços, prevista no artigo 6º, inciso II, da Lei Complementar nº 70/91.

Segundo o Ministro Marco Aurélio, exsurgiram os declaratórios de folhas 129 a 135, não acolhidos mediante a decisão de folhas 145 a 150.

No extraordinário interposto com alegada base na alínea "a", a União articula com a transgressão dos artigos 97, 102, inciso III, 105, inciso III, 146, 150, § 6º, e 195, inciso I, da Constituição Federal. Preliminarmente, aduz a nulidade do acórdão que desproveu os embargos de declaração, ante a existência de vício de procedimento. No mérito, sustenta a transgressão do artigo 97 da Carta Magna, salientando ter a Corte de origem concluído pelo afastamento da aplicação do artigo 56 da Lei 9.430/96, sem pronunciamento do Órgão Especial. Assevera que a COFINS possui expressa previsão de base de cálculo no texto constitucional, sendo desnecessária a disciplina por lei complementar, à luz do que já assentado na jurisprudência do Supremo – Ação Declaratória de Constitucionalidade nº 1 – DF.

Sob o ângulo da repercussão geral, ressalta a relevância do tema nos aspectos jurídico, econômico e social, considerado o grande número de demandas em curso nos Tribunais pátrios.

1.4. Critério de conhecimento da repercussão geral

Segundo o Min. Marco Aurélio, no RE 575.093-1 SP, está configurada a repercussão maior no que se fazem em jogo tanto a questão referente à reserva de Plenário – artigo 97 da Constituição Federal – quanto o próprio tema de fundo. No tocante à primeira matéria, afastou-se, na origem, a eficácia do artigo 56 da Lei nº 9.430/96, e isso ocorreu com análise do processo legislativo tal como disciplinado na Carta da República. Em síntese, surgem, em princípio, não apenas premissas alusivas à inexistência de revogação de norma anterior, mas conflito da subsequente com o texto constitucional.

Para o Relator, já a problemática relativa à adequação, ou não, de a disciplina atinente à revogação da isenção da Cofins ter vindo à balha por meio de norma ordinária, em vez da complementar de cunho especial, no que assim tratada anteriormente, está a exigir manifestação explícita do Plenário, fato que não ocorreu até o momento, porquanto o que assentado no voto proferido pelo Relator da Ação Declaratória de Constitucionalidade nº 1-1/DF – o proficiente Ministro Moreira Alves – o foi sem que se houvesse arguido, diretamente, o tema. Considero, portanto, que a questão, a repetir-se em diversos processos, há de ser levada ao Colegiado Maior sob o ângulo da repercussão geral. A circunstância de encontrarem-se em julgamento os Recursos Extraordinários nº 377.457-3/PR e 381.964-0/MG, interpostos em data anterior à regulamentação desse instituto, não é de molde a obstaculizar o crivo concernente a este extraordinário.

O Min. Marco Aurélio pronunciou-se pela existência da repercussão geral. Mais uma vez, ressaltou a eficácia desta última no que, adotado entendimento pelo Supremo, com posterior edição de verbete de súmula vinculante, poderão os órgãos de origem decidir sem viabilizar-se a remessa de outros processos, ou mesmo de outros autos, a este Tribunal.

O Relator da RE 377.457 PR, na mesma Sessão de Julgamento do mérito, em 17 de setembro de 2008, admitiu a repercussão geral.

Preliminarmente, o Min. Gilmar Mendes aduz que, o acórdão recorrido, diretamente ou por referência como fundamento a outros julgados, efetivamente discutiu a matéria a partir de premissas constitucionais sobre a hierarquia das leis (art. 59 da CF) e a interpretação dos arts. 149 e 195, I e § 4º, da CF (especialmente a partir de precedentes desta Corte, como a ADC 1, Rel. Moreira Alves, DJ 16.06.95).

Com isso, fixou-se o tema da Repercussão Geral nº 71, descrito da seguinte forma: "É legítima a revogação da isenção estabelecida no art. 6º, II, da Lei Complementar 70/1991 pelo art. 56 da Lei 9.430/1996, dado que a LC 70/1991 é apenas formalmente complementar, mas materialmente ordinária com relação aos dispositivos concernentes à contribuição social por ela instituída.".

2. Mérito da decisão

O Recurso Extraordinário nº 377.477/PR foi julgado em 17 de setembro de 2008, em Sessão Plenária.

O Tribunal, por maioria, desproveu o recurso, nos termos do voto do Relator, vencidos os Senhores Ministros Eros Grau e Marco Aurélio. Não participou da votação o Senhor Ministro Menezes Direito por suceder ao Senhor Ministro Sepúlveda Pertence, que proferira voto anteriormente.

Em seguida, o Tribunal, tendo em vista o disposto no artigo 27 da Lei nº 9.868/99, rejeitou pedido de modulação de efeitos, vencidos os Senhores Ministros Menezes Direito, Eros Grau, Celso de Mello, Ricardo Lewandowski e Carlos Britto.

Prosseguindo, o Tribunal rejeitou questão de ordem que determinava a baixa do processo ao Superior Tribunal de Justiça, pela eventual falta da prestação jurisdicional, vencidos o Senhor Ministro Marco Aurélio, que a suscitou, e o Senhor Ministro Eros Grau.

Por fim, o Tribunal, nos termos do voto do Relator, Ministro Gilmar Mendes, acolheu questão de ordem suscitada por Sua Excelência, para permitir a aplicação do artigo 543-B do Código de Processo Civil, vencido o Senhor Ministro Marco Aurélio. Não participou da votação nas questões de ordem o Senhor Ministro Joaquim Barbosa, por ter-se ausentado momentaneamente. Ausente, justificadamente, a Senhora Ministra Ellen Gracie.

2.1. Voto condutor

O Relator do recurso, Min. Gilmar Mendes, afirmou que conforme indicado no relatório, a controvérsia posta nos autos diz respeito à manutenção, ou não, da isenção de recolhimento da Contribuição para o Financiamento da Seguridade Social (COFINS) sobre as sociedades civis de prestação de serviços de profissão legalmente regulamentada.

A Lei Complementar 70/91, em seu art. 6º, inciso II, dispôs:

> Art. 6º São isentas da contribuição:
>
> [...]
>
> II – as sociedades civis de que trata o art. 1º do Decreto-Lei nº 2.397, de 21 de dezembro de 1987;"

A seu turno, o art. 56 da Lei 9.430/96 estabeleceu:

> Art. 56. As sociedades civis de prestação de serviços de profissão legalmente regulamentada passam a contribuir para a seguridade social com base na receita bruta da prestação de serviços, observadas as normas da Lei Complementar nº 70, de 30 de dezembro de 1991."

Portanto, trata-se de uma isenção tributária concedida pela LC 70/91 e suprimida pela Lei 9.430/96.

É tradicional a jurisprudência desta Corte na proclamação da inexistência de hierarquia constitucional entre lei complementar e lei ordinária, espécies normativas formalmente distintas exclusivamente tendo em vista a matéria eventualmente reservada àquela (lei complementar) pela própria Carta.

No caso das contribuições sociais desde logo previstas no texto da Carta Magna (arts. 195 e 239), a jurisprudência também é remansosa na afirmação de que a sua disciplina específica – ou seja, em tudo que não se caracterize como "normas gerais em matéria de legislação tributária", relativamente aos aspectos referidos na alínea "b" do inciso III do art. 146 da Constituição – é perfeitamente factível mediante legislação ordinária.

E especificamente sobre a COFINS e a sua disciplina pela Lei Complementar 70, de 1991, a decisão proferida na ADC 1-DF, independentemente de qualquer possível controvérsia em torno da aplicação dos efeitos do § 2º do art. 102 à totalidade dos fundamentos determinantes ali proclamados ou exclusivamente à sua parte dispositiva, foi inequívoca ao reconhecer:

a) de um lado, a prevalência na Corte das duas linhas jurisprudenciais anteriormente referidas (distinção constitucional material, e não hierárquica-formal, entre lei complementar e lei ordinária, e inexigibilidade de lei complementar para a disciplina dos elementos próprios à hipótese de incidência das contribuições desde logo previstas no texto constitucional); e

b) de outro lado, que, precisamente pelas razões anteriormente referidas, a Lei Complementar 70/91 é, materialmente, uma lei ordinária.

Para o Relator, as razões anteriormente expostas são suficientes a indicar que, contrariamente ao defendido pela recorrente, o tema do conflito aparente entre o art. 56 da Lei 9.430/96 e o art. 6º, II, da LC 70/91 não se resolve por critérios hierárquicos, mas sim por critérios constitucionais quanto à materialidade própria a cada uma destas espécies. Logo, equacionar aquele conflito é sim uma questão diretamente constitucional.

Assim, verifica-se que o art. 56 da Lei 9.430/96 é dispositivo legitimamente veiculado por legislação ordinária (art. 146, III, "b", *a contrario sensu*, e art. 150, § 6º, ambos da CF), que importou na revogação de dispositivo anteriormente vigente (sobre isenção de contribuição social) inserto em norma materialmente ordinária (art. 6º, II, da LC 70/91).

Consequentemente, não existe, na hipótese, qualquer instituição, direta ou indireta, de nova contribuição social, a exigir a intervenção de legislação complementar, nos termos do art. 195, § 4º, da CF.

Ainda, não há falar, como pretendido pela recorrente na sua petição, na Súmula 276 do Superior Tribunal de Justiça, e seu entendimento diverso sobre a matéria. Tratando-se, inequivocamente, de matéria propriamente constitucional, conforme acima demonstrado, incumbe a esta Corte, em caráter exclusivo ou conclusivo, apreciar e definir a questão, não se lhe opondo o entendimento de outro Tribunal.

Por estas razões e em perfeita consonância com as decisões que já se configuram na Corte sobre a matéria, o Relator vota no sentido de negar provimento ao recurso extraordinário.

2.2. Votos vencidos

Para o Ministro Eros Grau, visualizando o ordenamento jurídico como sistema, a doutrina consolidou regras que permitem ao intérprete eliminar aparentes conflitos entre textos normativos. Não obstante, determinados axiomas são hoje mecanicamente reproduzidos, sem que devida atenção seja dada à função que desempenham, de permitir o fluente funcionamento do próprio sistema.

Um deles afirma que "a lei especial prevalece sobre a lei geral". sua função sistêmica é evidente: o texto normativo especial – vale dizer, voltado à disciplina de determinada e individualizada situação – deve prevalecer sobre a regra geral, cuja hipótese normativa abrange situações concretas não marcadas pela peculiaridade tomada como relevante pela norma especial.

Já o Ministro Marco Aurélio sustentou que o Estado não poderia alterar a posição dominante sobre uma matéria em virtude de afetar a segurança jurídica do sistema.

Dessa forma, ambos os Ministros deram provimento ao recurso extraordinário pelos dois fundamentos abordados pelo Min. Eros Grau: o critério hierárquico e o critério da impossibilidade de a lei geral revogar a lei especial anterior, a fim de que seja mantida a isenção estabelecida no art. 6º, inciso II, da Lei complementar, e pelo fundamento da segurança jurídica abordado pelo Ministro Marco Aurélio.

3. Análise crítica

O julgado aqui analisado teve como objeto uma questão de grande relevância jurídica, econômica, social e política. O que cumpre os requisitos para efeito de repercussão geral, previstos no § 1º do art. 1.035, da Lei nº 13.105, de 16 de março de 2015, que institui o Código de Processo Civil.

O autor levantou questões fundamentais no que diz respeito à materialidade das normas tributarias e às espécies adequadas para a sua regulamentação.

A Lei Complementar nº 70, de 30 de dezembro de 1991, instituiu contribuição para financiamento da Seguridade Social, elevou a alíquota da contribuição social sobre o lucro das instituições financeiras e deu outras providências, nos termos do inciso I do art. 195 da Constituição Federal, que diz:

> Art. 195. A seguridade social será financiada por toda a sociedade, de forma direta e indireta, nos termos da lei, mediante recursos provenientes dos orçamentos da União, dos Estados, do Distrito Federal e dos Municípios, e das seguintes contribuições sociais:
>
> I – do empregador, da empresa e da entidade a ela equiparada na forma da lei, incidentes sobre:
>
> a) a folha de salários e demais rendimentos do trabalho pagos ou creditados, a qualquer título, à pessoa física que lhe preste serviço, mesmo sem vínculo empregatício;
>
> b) a receita ou o faturamento;
>
> c) o lucro;

Porém, a Lei Complementar isentou algumas entidades, no artigo 6º, inciso I, conforme se verifica:

> Art. 6º São isentas da contribuição:
>
> [...]
>
> II – as sociedades civis de que trata o art. 1º do Decreto-Lei nº 2.397, de 21 de dezembro de 1987;

As entidades referidas no Decreto-Lei são as sociedades civis de prestação de serviços profissionais relativos ao exercício de profissão legalmente regulamentada, registradas no Registro Civil das Pessoas Jurídicas e constituídas exclusivamente por pessoas físicas domiciliadas no País.

No entanto, a Lei 9.430/1996, que dispõe sobre a legislação tributária federal, as contribuições para a seguridade social, o processo administrativo de consulta e dá outras providências, trouxe em seu artigo 56, o seguinte dispositivo revogando a isenção existente:

> Art. 56. As sociedades civis de prestação de serviços de profissão legalmente regulamentada passam a contribuir para a seguridade social com base na receita bruta da prestação de serviços, observadas as normas da Lei Complementar nº 70, de 30 de dezembro de 1991.

Desta feita, a situação foi judicializada e o Tribunal Regional Federal da 5ª Região manteve a revogação da isenção entendendo que não feriu a legislação pelo fundamento de que a matriz constitucional da COFINS está no art. 195, inciso I, da CF88, transcrito acima.

O Recurso Extraordinário foi distribuído para o Ministro Gilmar Mendes que reconheceu a repercussão geral suscitada pela parte autora e negou provimento ao Recurso Extraordinário.

Como Relator, o Ministro Gilmar Mendes entendeu que não haveria afronta à Constituição por se tratar de lei materialmente ordinária e que não haveria problema na revogação, não existindo hierarquia-formal.

Para o Ministro Eros Grau, a Lei Complementar se caracteriza em razão do quórum qualificado de aprovação na Câmara dos Deputados e no Senado Federal, conforme o art. 69 da CF/88 e que não há reserva para as matérias a serem editadas.

Entende, ainda, que existe hierarquia e que há a impossibilidade de a lei geral posterior revogar a lei especial anterior, a fim de que seja mantida a isenção.

Por fim, o que se extrai do presente julgado é que se trata de uma matéria afeita a hermenêutica jurídica e que, no caso, a Constituição de 1988 previu uma lei específica para as isenções, não definindo se seria ordinária ou complementar.

Porém, a LINDB traz disposições que devem ser observadas quanto às normas em função do tempo e da especificidade.

No presente caso, a análise tende para os argumentos do Relator entendendo que, se a Constituição previu uma lei complementar para as normas gerais em Direito Tributário, a Lei Complementar que verse sobre outra matéria não reservada à lei complementar poderia ser revogada naquela parte em que não há matéria reservada para Lei Complementar.

À vista de todo o exposto, conclui-se que o acórdão em estudo foi pautado na previsão constitucional, portanto, encontrando-se devidamente fundamentado e baseado em lógica jurídica razoável e proporcional, não se vislumbrando nenhuma violação ou dissonância com a Carta Magna.

CAPÍTULO 5
RECURSO EXTRAORDINÁRIO Nº 635.682

Leidson Rangel Oliveira Silva

1. Recurso extraordinário nº 635.682 – Rio de Janeiro[1]

Recorrente: Trelsa – Transportes Especializados de Líquidos S/A
Recorrido: Instituto Nacional de Seguro Social – INSS
Relator: Ministro Gilmar Mendes
Voto vencedor: Ministro Gilmar Mendes
Data de julgamento: 25 de abril de 2013

1.1. Ementa

Recurso extraordinário. 2. Tributário. 3. Contribuição para o SEBRAE. Desnecessidade de lei complementar. 4. Contribuição para o SEBRAE. Tributo destinado a viabilizar a promoção do desenvolvimento das micro e pequenas empresas. Natureza jurídica: contribuição de intervenção no domínio econômico. 5. Desnecessidade de instituição por lei complementar. Inexistência de vício formal na instituição da contribuição para o SEBRAE mediante lei ordinária. 6. Intervenção no domínio

[1] BRASIL. Supremo Tribunal Federal. *Recurso Extraordinário nº. 635.682*, Relator: Min. Gilmar Mendes, Tribunal Pleno, julgado em 25/04/2013, publicado em 24/05/2013. Disponível em: <http://portal.stf.jus.br/processos/downloadPeca.asp?id=142159384&ext=.pdf>. Acesso em: 27 fev. 2022.

econômico. É válida a cobrança do tributo independentemente de contraprestação direta em favor do contribuinte. 7. Recurso extraordinário não provido. 8. Acórdão recorrido mantido quanto aos honorários fixados.

1.2. Tese fixada

A contribuição destinada ao Serviço Brasileiro de Apoio às Micro e Pequenas Empresas – Sebrae possui natureza de contribuição de intervenção no domínio econômico e não necessita de edição de lei complementar para ser instituída. Obs: Redação da tese aprovada nos termos do item 2 da Ata da 12ª Sessão Administrativa do STF, realizada em 09/12/2015.

Tema 227 – Reserva de lei complementar para instituir contribuição destinada ao SEBRAE.

1.3. Especificação do caso e razões da submissão à repercussão geral

Cuida-se de Recurso Extraordinário interposto por Trelsa – Transportes Especializados de Líquidos S/A contra acórdão proferido pelo Tribunal Regional Federal da 2ª Região, em sede de apelação. Na origem, trata-se de ação ordinária na qual o agora recorrente buscava a declaração de inexistência de relação jurídica quanto à contribuição ao SEBRAE, e cuja sentença julgou o pedido improcedente.

Em sede de apelação, o TRF da 2ª Região, de maneira unânime, negou provimento ao recurso e, posteriormente, inadmitiu o recurso extraordinário apresentado pelo recorrente. Irresignado, o recorrente apresentou agravo de instrumento contra a decisão do colegiado, que veio a ser apreciado pelo STF e no âmbito do qual foi reconhecida a existência de repercussão geral da questão constitucional suscitada.

As decisões proferidas na apelação, no julgamento da inadmissibilidade do recurso extraordinário, no agravo de instrumento movido em razão da negativa de seguimento do extraordinário e, posteriormente, no julgamento do próprio recurso extraordinário, revelam que a recorrente sustentou, em síntese, que a) não estaria sujeito à contribuição ao SEBRAE, uma vez que não é empresa comercial ou industrial, bem como não se enquadra como micro ou pequena empresa; e b) a contribuição ao SEBRAE deveria ter sido instituída por lei complementar.

Por outro lado, nas contrarrazões apresentadas pela União, esta sustentou que a matéria já se encontra pacificada no âmbito do STF, cujo entendimento é o de que a contribuição ao SEBRAE é uma CIDE – Contribuição de Intervenção no Domínio Econômico, cuja instituição não exige a veiculação por lei complementar.

1.4. Critério de conhecimento da repercussão geral

O reconhecimento da existência de repercussão geral deu-se no âmbito do julgamento do Agravo de Instrumento nº 762.202 oriundo do Estado do Rio de Janeiro, e interposto pela recorrente em razão da negativa de seguimento do seu recurso extraordinário.

O Relator do agravo, Ministro Cezar Peluso, apresentou voto no sentido de não conhecer do recurso ante a inexistência de repercussão geral. Na oportunidade, o Relator afirmou:

> a matéria não transcende os limites subjetivos da causa, pois o único interesse considerável na espécie é o da recorrente, que pretende, com a declaração de inconstitucionalidade da contribuição, eximir-se do pagamento de tributo já declarado constitucional por esta Corte (RE nº 396.266-SC, Rel. Min. Carlos Velloso, DJ de 27.2.2004).

Com efeito, no julgamento do Recurso Extraordinário nº 396.266-SC a corte decidira pela constitucionalidade da contribuição ao SEBRAE, bem como pela sua classificação como CIDE. Observe-se a ementa do acórdão:

> CONSTITUCIONAL. TRIBUTÁRIO. CONTRIBUIÇÃO: SEBRAE: CONTRIBUIÇÃO DE INTERVENÇÃO NO DOMÍNIO ECONÔMICO. Lei 8.029, de 12.4.1990, art. 8º, § 3º. Lei 8.154, de 28.12.1990. Lei 10.668, de 14.5.2003. C.F., art. 146, III; art. 149; art. 154, I; art. 195, § 4º.
>
> I. – As contribuições do art. 149, C.F. – contribuições sociais, de intervenção no domínio econômico e de interesse de categorias profissionais ou econômicas – posto estarem sujeitas à lei complementar do art. 146, III, C.F., isto não quer dizer que deverão ser instituídas por lei complementar. A contribuição social do art. 195, § 4º, C.F., decorrente

> de "outras fontes", é que, para a sua instituição, será observada a técnica da competência residual da União: C.F., art. 154, I, ex vi do disposto no art. 195, § 4º. A contribuição não é imposto. Por isso, não se exige que a lei complementar defina a sua hipótese de incidência, a base imponível e contribuintes: C.F., art. 146, III, a. Precedentes: RE 138.284/CE, Ministro Carlos Velloso, RTJ 143/313; RE 146.733/SP, Ministro Moreira Alves, RTJ 143/684.
>
> II. – A contribuição do SEBRAE – Lei 8.029/90, art. 8º, § 3º, redação das Leis 8.154/90 e 10.668/2003 – é contribuição de intervenção no domínio econômico, não obstante a lei a ela se referir como adicional às alíquotas das contribuições sociais gerais relativas às entidades de que trata o art. 1º do D.L. 2.318/86, SESI, SENAI, SESC, SENAC. Não se inclui, portanto, a contribuição do SEBRAE, no rol do art. 240, C.F.
>
> III. – Constitucionalidade da contribuição do SEBRAE. Constitucionalidade, portanto, do § 3º, do art. 8º, da Lei 8.029/90, com a redação das Leis 8.154/90 e 10.668/2003. IV. – R.E. conhecido, mas improvido.
>
> (RE 396266, Relator(a): Carlos Velloso, Tribunal Pleno, julgado em 26/11/2003, DJ 27-02-2004 PP-00025 EMENT VOL-02141-07 PP-01422)

Cumpre destacar que o julgamento do RE 396.266-SC se deu em 26/11/2003, portanto antes da promulgação da Emenda Constitucional nº 45, de 30 de dezembro de 2004, que introduziu o instituto da repercussão geral em nosso ordenamento, cujo regramento foi acrescido ao código processual com a Lei nº 11.418, de 19 de dezembro de 2006. Desse modo, apesar de o tema já ter sido enfrentado pela suprema corte, a ele não se aplicavam os efeitos da repercussão geral.

Em seu voto, a Ministra Ellen Gracie referiu-se a este cenário e sublinhou que apesar da existência de decisão do STF quanto ao mérito, o não reconhecimento da repercussão geral inviabilizaria a aplicação da decisão da corte por parte dos tribunais e consequentemente contribuiria para a manutenção de decisões divergentes.

Assim, votou no sentido de reconhecer da existência de repercussão geral, alicerçada também no entendimento de que o tema alcançava grande número de interessados e que possuía relevância econômica, política, social e jurídica, além de contribuir para a pacificação da matéria mediante a confirmação da jurisprudência do STF.

Noutro sentido, discordando da possibilidade processual de se reconhecer repercussão geral no julgamento de agravo de instrumento, o Ministro Marco Aurélio consignou recomendação de que o tema fosse abordado em sessão administrativa, dada a existência de regramento regimental sobre a temática processual.

Os três Ministros foram os únicos a formalizar pronunciamento detalhado quanto aos seus votos. A decisão disponível no sítio do STF aponta que os Ministros Cezar Peluso, Carlos Britto, Celso de Mello, Eros Grau, Joaquim Barbosa e Ricardo Lewandowski votaram pela recusa do recurso extraordinário, ao passo que os Ministros Ellen Gracie e Gilmar Mentes votaram pelo reconhecimento da repercussão geral. Não houve manifestação da Ministra Cármen Lúcia e o Ministro Marco Aurélio votou de forma divergente.

Apesar da maioria dos votos ter sido no sentido da recusa do recurso extraordinário, não se alcançou o mínimo de 2/3 contrários dos membros do tribunal, conforme § 3º do art. 102 da CF, razão pela qual considerou-se existente a repercussão geral da questão constitucional suscitada.

2. Mérito da decisão

O Recurso Extraordinário foi apreciado pelo Plenário do Supremo Tribunal Federal em 25 de agosto de 2013.

O Relator, Ministro Gilmar Mendes, proferiu voto negando provimento ao recurso, entendendo que não se exige lei complementar para a instituição da contribuição destinada ao SEBRAE.

Além do voto do Relator, o inteiro teor do acórdão revela que somente o Ministro Marco Aurélio Mello se manifestou quanto ao conteúdo da matéria, dando provimento ao recurso.

O extrato da ata de julgamento aponta que a sessão foi presidida pelo Ministro Ricardo Lewandowski e que estavam presentes os Ministros Celso de Mello, Marco Aurélio, Gilmar Mendes, Cármen Lúcia, Dias Toffoli, Luiz Fux, Rosa Weber e Teori Zavascki, e que o tribunal, por maioria e nos termos do voto do Relator, negou provimento ao recurso extraordinário.

O recorrente apresentou embargos de declaração que foi rejeitado por unanimidade.

O sítio do STF apresenta a matéria como sendo o tema de nº 227 da repercussão geral, denominado "Reserva de lei complementar para instituir contribuição destinada ao Sebrae", que após o julgamento recebeu a seguinte tese: a contribuição destinada ao Serviço Brasileiro de Apoio às Micro e Pequenas Empresas – Sebrae possui natureza de contribuição de intervenção no domínio econômico e não necessita de edição de lei complementar para ser instituída.

2.1. Voto condutor

Relator do RE 635.682, o Ministro Gilmar Mendes iniciou o seu voto consignando que a recorrente sustentava a violação do art. 146, III, "a" e do art. 195, § 4º, c/c art. 154, I, todos da Constituição Federal.

Pontuou que a insurgência se deu pelo fato de que, para a recorrente, a exigência da contribuição seria inconstitucional pois foi instituída por lei ordinária, ao passo que a Constituição exigiria lei complementar, demonstrando o vício formal, visto não se concretizar como um "adicional", restava por possuir o mesmo fato gerador e base de cálculo de outras contribuições.

Adicionalmente, anotou que a recorrente sustentava que por se tratar de uma CIDE, apenas as categorias empresariais beneficiárias é que deveriam sujeitar-se à contribuição ao SEBRAE, posição na qual entendia não se encontrar. Por fim, que discordava do enquadramento da referida contribuição no art. 240 da Constituição em razão de o SEBRAE não se qualificar como entidade do Sistema Sindical.

O Ministro Gilmar Mendes argumentou que o acórdão recorrido se encontrava afinado ao entendimento do STF, que a Corte já havia decidido quanto à "desnecessidade de edição de lei complementar para instituição da contribuição destinada ao Sebrae bem como sua natureza de contribuição de intervenção no domínio econômico".

Em seguida transcreveu dispositivos da Lei nº 8.029, de 12 de abril de 1990, destacando aspectos relacionados à atuação do SEBRAE, e reproduziu a ementa do RE 396.266 para demonstrar que o Plenário do STF já havia reconhecido a constitucionalidade da contribuição para o SEBRAE.

O Ministro refutou os argumentos advogados pela recorrente afirmando que a contribuição, uma vez que destinada à promoção do desenvolvimento das micro e pequenas empresas, deve ser classificada como uma CIDE, e não como contribuição social, ficando afastada assim a aplicação do art. 240, bem como do art. 195, § 4º da Carta Magna.

Por outro lado, consignou que a sujeição da CIDE ao art. 146, III, "a", não implica a necessidade de que a contribuição seja veiculada por lei complementar, mas sim que estão sujeitas às normas gerais em matéria tributária, estabelecidas por lei complementar, ao que concluiu inexistente o vício formal apontado pelo recorrente.

No que diz respeito à alegação de que haveria *bis in idem* em razão de o fato gerador da contribuição ser diverso daquele sobre o qual a legislação a considera como adicional, o Relator apontou que apesar da utilização da expressão "adicional", pelo legislador, o tributo em discussão possui natureza jurídica de CIDE, dado que se destina ao custeio da intervenção no domínio econômico, e não ao financiamento da seguridade social.

Complementarmente, refutou o argumento de que a contribuição deveria ser cobrada apenas das categorias empresariais por ela beneficiadas, afirmando que as contribuições desta natureza não exigem contraprestação direta em favor do contribuinte. Ademais, registrou que a jurisprudência do STF é pacífica no sentido de que a contribuição ao SEBRAE é devida por qualquer empresa que exerça atividade econômica, afastando o defendido pelo recorrente em razão do seu ramo de atividade e porte econômico.

Após citar mais de uma dezena de julgados nos quais o STF já havia se manifestado quanto à matéria objeto do extraordinário, o Ministro votou no sentido de negar provimento ao recurso, afastando assim a necessidade de lei complementar para a veiculação da contribuição discutida.

Apesar de nenhum outro ministro apresentar voto, o extrato da ata de julgamento sinaliza que o Relator foi acompanhado pelos Ministros Ricardo Lewandowski, Celso de Mello, Cármen Lúcia, Dias Toffoli, Luiz Fux, Rosa Weber e Teori Zavascki.

2.2. Voto vencido

Além do Relator, o Ministro Marco Aurélio foi o único a apresentar manifestação. Reportou-se a trechos do seu voto no julgamento do

Recurso Extraordinário 396.266-SC, para afirmar que apesar de o legislador ter utilizado a expressão "adicional", não se trataria de exação desta natureza, e que houve, em verdade, a criação de uma nova contribuição.

Ainda se referindo ao voto proferido naquele julgamento, o Ministro Marco Aurélio demonstrou concordar com a classificação da contribuição como uma CIDE, porém, apontando para o art. 146, III, da Constituição Federal, concluiu que o tributo deveria ser veiculado por lei complementar.

Supletivamente, o Ministro entendeu que seria indevida a exigência da contribuição de pessoa que não se inclui no rol de beneficiárias do SEBRAE, como era o caso da recorrente, que também já estava submetida a outras contribuições, de maneira que nas palavras do Ministro restaria violado o princípio que veda a cumulatividade.

À vista disso, votou para dar provimento ao recurso.

3. Análise crítica

As questões apreciadas no presente recurso extraordinário não são novas na pauta do Supremo Tribunal Federal. Conforme destacado pelos Relatores do agravo de instrumento e do extraordinário, a matéria já foi objeto de apreciação pela corte em outras ocasiões, e possui como paradigma o Recurso Extraordinário nº 396.266, em cuja assentada foram analisados os diversos aspectos que agora são trazidos novamente às barras do STF pela via da sistemática da Repercussão Geral.

Não por acaso, nas contrarrazões apresentadas ao Recurso Extraordinário que ora se analisa, a União manifestou-se no sentido de que todas as questões trazidas pelo recorrente já haviam sido decididas pela corte no paradigmático recurso extraordinário e que a matéria já se encontrava pacificada.

Todavia, conforme consignado nos debates e votos proferidos no Agravo de Instrumento 762.202, por meio do qual reconheceu-se a repercussão geral da matéria, as decisões anteriores não tinham sido proferidas sob a sistemática da repercussão geral, o que tornava por inviabilizar a aplicação do entendimento do STF nos tribunais de origem, contribuindo para a manutenção de decisões divergentes. Portanto, mais do que resolver a controvérsia jurídica propriamente dita, a apreciação deste recurso teve por objetivo primordial pacificar a matéria mediante a emissão de uma decisão acobertada pelo manto da repercussão geral.

No presente caso, os argumentos levantados pelo recorrente, já conhecidos pelo STF, assentaram-se essencialmente em dois aspectos.

O primeiro, o vício formal, diz respeito a uma possível afronta ao art. 146, III, "a" da Constituição Federal, o qual exigiria que uma contribuição dessa natureza fosse instituída por meio de lei complementar, e que essa exigência daria azo à inconstitucionalidade da exação, visto que introduzida no ordenamento jurídico por meio de lei ordinária.

Já o segundo argumento relaciona-se à própria natureza jurídica da contribuição e os sujeitos passivos que a ela deveriam estar submetidos. É que, não sendo micro e pequena empresa, a recorrente alegava que não se beneficiaria das políticas públicas desenvolvidas pelo SEBRAE, entidade destinatária dos recursos. Assim, no seu entendimento, era descabido figurar como sujeito passivo da obrigação tributária relacionada. A esse propósito, em que pese o próprio contribuinte ter declinado entender que a contribuição ao SEBRAE possui a natureza jurídica de CIDE, partia da premissa de que exações desse tipo somente poderiam ser exigidas daqueles que delas se beneficiassem.

Como um argumento acessório, e intrinsecamente relacionado a esse último, o recorrente argumentava também que o Poder Executivo buscava qualificar a contribuição ao SEBRAE como um adicional às contribuições previstas no art. 240 da Constituição Federal, ou seja, evitava caracterizar a contribuição como uma CIDE, e que o fazia tanto como forma de torná-la exigível a todas as pessoas jurídicas quanto como meio para evitar a necessidade de instituição por meio de lei complementar.

Como dito, os dois argumentos foram enfrentados pelo STF em julgados anteriores, em especial no RE 396.266, citado pelo Relator do presente RE como julgado no qual o STF reconheceu a constitucionalidade da contribuição para o SEBRAE.

No que toca à exigência de lei complementar, a questão essencial diz respeito à aplicação ou não do art. 146, III, "a", ou seja, a necessidade de lei complementar para a definição do fato gerador, base de cálculo e contribuintes da questionada contribuição.

Sobre esse aspecto, entendemos elucidativa e certeira a análise empreendida pela corte, neste recurso e no paradigmático, quanto à aplicação parcial do dispositivo às espécies tributárias distintas dos impostos. Ou seja, no entendimento do STF, a primeira parte daquela alínea aplica-se a todas as espécies tributárias, de maneira que estão sujeitas às normas gerais que devem ser veiculadas por meio de lei complementar. Por outro lado, a exigência de lei complementar para a definição daqueles elementos da regra matriz de incidência se aplicaria apenas aos impostos, em razão da disposição expressa da parte final daquele dispositivo, que se refere aos "impostos discriminados nesta Constituição".

Assim, quanto à contribuição ao SEBRAE a exigência de lei complementar se dá quanto às normas gerais, todavia, os fatos geradores, bases de cálculo e contribuintes podem ser objeto de veiculação por meio de lei ordinária, como se deu no caso concreto.

Noutro ângulo, no tocante à natureza jurídica da exação, em que pese o legislador tenha utilizado a expressão "adicional às alíquotas das contribuições sociais", entendemos correto o entendimento da corte ao qualificar o tributo como autônomo em relação às contribuições sociais sobre as quais serviria de adicional, do que deflui que a ele é inaplicável o disposto no art. 240 da Constituição, cujo efeito seria, suposta e inicialmente, dispensar a exigência de lei complementar e permitir a imposição sobre um leque amplo de sujeitos passivos.

Efetivamente trata-se de uma CIDE, tributo cujo principal elemento caracterizador é a finalidade de intervenção num domínio econômico, que no presente caso se revela pelo domínio dos mercados pelas empresas de maior porte, em detrimento da atuação das micro e pequenas empresas.

Conforme consignado pelo Relator, Ministro Gilmar Mendes, a CIDE não exige contraprestação direta em favor do contribuinte, o que afasta o argumento de que apenas as categorias que dela se beneficiem deveriam ser qualificadas como sujeitos passivos da contribuição.

O argumento de que apenas os beneficiários deveriam contribuir desvirtuaria a lógica da contribuição ao SEBRAE. Ora, impor mais uma exação àqueles que sofrem as consequências do domínio econômico exercido pelas categorias empresariais de maior robustez importaria onerar ainda mais as atividades das micro e pequenas empresas, o que contribuiria, paradoxalmente, à ampliação daquele domínio.

Portanto, tratando-se de uma CIDE, entendemos hígido o posicionamento do STF quanto à incidência da cobrança sobre aqueles que motivam o domínio econômico. Por outro lado, julgamos também acertada a interpretação quanto ao alcance do art. 146, III, "a" e à desnecessidade, nesse caso concreto, de lei complementar para a definição do fato gerador, da base de cálculo e dos contribuintes do tributo.

Assim, não obstante tenha apreciado matéria já analisada pelo Supremo Tribunal Federal em outras ocasiões, o presente recurso extraordinário possui relevância dado que julgado sob o manto da repercussão geral. Consequentemente, a tese fixada uniformizará a jurisprudência nacional, evitando a existência de decisões divergentes e desestimulado lides que discutam o tema.

Neste sentido, além da adequada fundamentação adotada pelo Relator, a solução da controvérsia baseada nas construções argumentativas desenvolvidas em decisões anteriores proferidas pelo STF dá força à jurisprudência do tribunal e, dada a ausência de elemento novo capaz de provocar a reversão do entendimento já firmado, privilegia o princípio da colegialidade e oferece segurança jurídica à sociedade.

CAPÍTULO 6
RECURSO EXTRAORDINÁRIO Nº 606.010

Renata Andréa Joner Parry

1. Recurso extraordinário nº 606.010 – Paraná [1]

Recorrente: Gás Futuro – Sistemas de Compressão LTDA[2]
Recorrido: União
Relator: Ministro Marco Aurélio
Voto Vencedor: Ministro Marco Aurélio
Data de julgamento: 21 de agosto de 2020

1.1. Ementa

TRIBUTÁRIO – OBRIGAÇÃO ACESSÓRIA – DESCUMPRIMENTO – MULTA – LEI Nº 10.426/2002. Revela-se constitucional a sanção prevista no artigo 7º, inciso II, da Lei nº 10.426/2002, ante a ausência de ofensa aos princípios da proporcionalidade e da vedação de tributo com efeito confiscatório.

[1] BRASIL. *Supremo Tribunal Federal*. Recurso Extraordinário nº. 606.010, Relator Min. Marco Aurélio. Tribunal Pleno, Brasília, DF, em 12.11.2020, DJe de 13.11.2020. Disponível em: https://redir.stf.jus.br/paginadorpub/paginador.jsp?docTP=TP&docID=754370107. Acesso em 16.05.2021.

[2] Gás Futuro – Sistemas de Compressão LTDA é a atual denominação da Aspro do Brasil Sistemas de Compressão Para GNV LTDA, inscrita no CNPJ nº 03.131.884/0001-01.

1.2. Tese fixada

Revela-se constitucional a sanção prevista no artigo 7º, inciso II, da Lei nº 10.426/2002, ante a ausência de ofensa aos princípios da proporcionalidade e da vedação de tributo com efeito confiscatório.

Tema 872 – Constitucionalidade da exigência de multa por ausência ou atraso na entrega de Declaração de Débitos e Créditos Tributários Federais – DCTF, prevista no art. 7º, II, da Lei 10.426/2002, apurada mediante percentual a incidir, mês a mês, sobre os valores dos tributos a serem informados.

1.3. Especificação do caso e razões da submissão à repercussão geral

No julgamento do Recurso Extraordinário nº 606.010/PR discutiu-se a constitucionalidade do disposto artigo 7º, inciso II, da Lei nº 10.426/2002, que fixou a imposição de multa por ausência ou atraso na entrega de Declaração de Débitos e Créditos Tributários Federais – DCTF, calculada no percentual de 2% (dois por cento) ao mês-calendário ou fração, sobre os valores dos tributos informados com atraso ou não declarados.

O dispositivo em comento prevê, ainda, que a multa será limitada a 20% (vinte por cento) do valor do tributo devido e será exigida mesmo nas hipóteses em que o valor não declarado ou informado a destempo tenha sido previamente recolhido. Veja-se:

> Art. 7º O sujeito passivo que deixar de apresentar Declaração de Informações Econômico-Fiscais da Pessoa Jurídica – DIPJ, Declaração de Débitos e Créditos Tributários Federais – DCTF, Declaração Simplificada da Pessoa Jurídica, Declaração de Imposto de Renda Retido na Fonte – DIRF e Demonstrativo de Apuração de Contribuições Sociais – Dacon, nos prazos fixados, ou que as apresentar com incorreções ou omissões, será intimado a apresentar declaração original, no caso de não-apresentação, ou a prestar esclarecimentos, nos demais casos, no prazo estipulado pela Secretaria da Receita Federal – SRF, e sujeitar-se-á às seguintes multas:
>
> [...]
>
> II – de dois por cento ao mês-calendário ou fração, incidente sobre o montante dos tributos e contribuições informados na DCTF, na Decla-

ração Simplificada da Pessoa Jurídica ou na Dirf, ainda que integralmente pago, no caso de falta de entrega destas Declarações ou entrega após o prazo, limitada a vinte por cento, observado o disposto no § 3º;

Diante desse contexto, na Ação Ordinária de onde se originou Recurso Extraordinário nº 606.010 /PR a empresa Aspro do Brasil Sistemas de Compressão (atual Gás Futuro – Sistemas de Compressão LTDA) buscou afastar exigência contida em dois Autos de Infração lavrados pela Secretaria da Receita Federal em Curitiba para a cobrança de multa por atraso na entrega da Declaração de Débitos e Créditos Tributários Federais – DCTF, com fundamento no artigo 7º, II, da Lei nº 10.426/2002, bem como no disposto nos artigos 113, § 3º e 160 do CTN, artigos 2º e 4º da IN SRF nº 73/96 e artigos 2º e 6º da IN SRF nº 126/98.

O contribuinte narra que o pagamento dos tributos foi realizado de forma integral e dentro do prazo legal, sendo certo que apenas as declarações foram transmitidas com atraso. Mesmo assim, o mero atraso (e não descumprimento) a obrigação instrumental no ano de 2003 (1º, 2º, 3º e 4º trimestres) e no ano de 2004 (1º e 4º trimestre) acarretou, respectivamente, a cobrança de multas que atingiram, à época, o montante de R$ 482.502,50 e R$ 208.795,19.

Por se tratar de multa relacionada com o descumprimento de obrigação instrumental (ou acessória) e que não envolveu atraso ou descumprimento da obrigação tributária principal, relacionada com o inadimplemento do tributo em si, o contribuinte defendeu que a penalidade aplicada estaria em descompasso com os Princípios da Razoabilidade, da Proporcionalidade e do Não-Confisco (artigo 150, inciso IV, da CF/88).

A sentença julgou improcedentes os pedidos e foi mantida, em votação unânime, pelo Tribunal Regional Federal da 4ª Região, em acórdão assim ementado:

> TRIBUTÁRIO. MULTA. ATRASO NA ENTREGA DA DCTF. PERCENTUAL APLICADO MÊS A MÊS. ADEQUAÇÃO DA PENALIDADE À INFRAÇÃO.
>
> PRINCÍPIOS DA CAPACIDADE CONTRIBUTIVA E DA VEDAÇÃO AO CONFISCO. PROPORCIONALIDADE.

1. A multa por atraso ou omissão na entrega da DCTF está prevista hodiernamente na Lei nº 10.426/2002, possuindo nítido caráter extrafiscal, uma vez que a infração foi tocante a obrigação acessória, cujo objetivo é, justamente, a coleta de subsídios para a fiscalização.

2. A cada mês de atraso na entrega há uma nova infração, tendo a lei adotado medida adequada ao estipular a aplicação da multa na razão da quantidade de meses ou fração de mês de atraso, contados a partir do dia seguinte ao término do prazo para entrega da declaração.

3. A aplicação de um percentual sobre o valor de tributos e contribuições apurados no período, que aumenta segundo a variável tempo, é a forma que melhor traduz finalidade da sanção imposta.

4. Seria irrazoável e anti-isonômico estabelecer um valor nominal fixo e aplicável a todas as empresas, independentemente da sua capacidade contributiva e do tempo em que estão furtando-se do cumprimento da obrigação acessória, como querem as apelantes.

5. Quanto mais tempo leva a empresa para cumprir a obrigação acessória, maio prejuízo impõe à atividade fiscalizatória e maior a chance de vir a se beneficiar com a decadência do direito do Fisco de constituir eventuais diferenças.

6. A multa fixada pela lei no percentual de 2% do valor informado na declaração, por mês de atraso ou fração, limitada a 20%, não configura confisco.

Precedentes do STF e desta Corte que consideraram o percentual de 20% razoável e não-confiscatório.

7. Honorários advocatícios fixados nos termos do art. 20, § 4º, do CPC.

Segundo o voto condutor do acórdão, da lavra da Juíza Convocada Vânia Hack Almeida, a penalidade em questão é dotada de caráter extrafiscal e foi instituída com o objetivo de viabilizar o exercício da atividade fiscalizatória pelas autoridades tributárias, ainda mais em um sistema tributário como o brasileiro, em que uma significativa parcela dos tributos está sujeita ao lançamento por homologação.

No voto a magistrada destacou que a razoabilidade e proporcionalidade da penalidade é atendida justamente em razão de a sua incidência levar em conta o tempo do atraso e ser limitada ao percentual de 20% (vinte por cento). Em adição, apontou que a delimitação de um percentual sobre o valor do tributo permite que a penalidade incida de acordo com a capacidade contributiva de cada sujeito passivo.

Em sede de recurso extraordinário o Contribuinte reiterou as mesmas razões acima descritas, salientando que os julgados do Supremo Tribunal Federal, no sentido de que é razoável a aplicação de multa no patamar de 20% (vinte por cento) sobre o valor do tributo, tratam de situação diversa da que foi exposta no caso em comento, uma vez que envolvem penalidade pelo não pagamento do tributo em si e não mero descumprimento de obrigação acessória. Nesse sentido a Recorrente citou a orientação firmada nos RREE 239.964/RS e 91.707, e na ADI 551-RJ.

Em sede de contrarrazões ao recurso extraordinário a Procuradoria da Fazenda Nacional sustentou preliminarmente que a insurgência não mereceria conhecimento, apontando que a violação ao texto constitucional seria indireta e que a discussão teria natureza infraconstitucional, tendo em vista que a questão foi decidida pelo Tribunal Regional Federal à luz do disposto no art. 113 do CTN.

A respeito do mérito, a Procuradoria defendeu, de forma sintética, ausência de violação ao art. 5º, inciso LVI e ao art. 105, inciso IV, da Constituição Federal de 1988, sob o argumento de que a penalidade questionada pelo contribuinte teria sido legitimamente aplicada pelas autoridades fiscais com fundamento no art. 7º, da Lei nº 10.426/2002.

O recurso extraordinário interposto pela empresa Aspro do Brasil Sistemas de Compressão foi admitido pelo Vice-Presidente do Tribunal Regional Federal da 4ª Região e remetido para o Supremo Tribunal Federal e distribuído para o Min. Marco Aurélio em 14 de dezembro de 2009.

1.4. Critério de conhecimento da repercussão geral

Em 20.11.2015 o Recurso Extraordinário 606.010/SC (Tema 872) foi submetido ao Plenário Virtual pelo Relator, Ministro Marco Aurélio.

Em sua manifestação, o Relator expôs de forma breve os contornos da lide e indicou que a configuração da repercussão geral está atrelada ao fato de que diversos contribuintes estão obrigados ao cumprimento das obrigações acessórias cujo descumprimento atrai a incidência da penalidade prevista no artigo 7º, II, da Lei 10.426/2002. Além disso, o Ministro Marco Aurélio também apontou a necessidade de avaliar eventual desconformidade entre o artigo 7º, II, da Lei 10.426/2002 e os princípios da vedação ao confisco, capacidade contributiva, razoabilidade e proporcionalidade.

O tema da repercussão geral foi assim sintetizado:

> Constitucionalidade da exigência de multa por ausência ou atraso na entrega de Declaração de Débitos e Créditos Tributários Federais – DCTF, prevista no art. 7º, II, da Lei 10.426/2002, apurada mediante percentual a incidir, mês a mês, sobre os valores dos tributos a serem informados.

Manifestaram-se expressamente pela existência de repercussão geral, além do Relator, Ministros Ricardo Lewandowski e Gilmar Mendes. Para os Ministros Roberto Barroso e Teori Zavascki, embora o recurso tratasse de questão constitucional, não estaria configurada a existência de repercussão geral. Os Ministros Edson Fachin, Cármen Lúcia e Dias Toffoli votaram pela ausência de constitucionalidade da matéria e pela ausência de repercussão geral. Não se manifestaram os Ministros Celso de Mello, Rosa Weber e Luiz Fux.

2. Mérito da decisão

O julgamento do recurso extraordinário nº 606.010/PR ocorreu em uma sessão de julgamento virtual do Plenário do Supremo Tribunal, com início no dia 14.08.2020 e conclusão no dia 21.08.2020. Os Ministros componentes do Pleno do STF votaram no sentido de conhecer, mas desprover o recurso extraordinário interposto pelo contribuinte, por maioria, nos termos do voto do Relator, Ministro Marco Aurélio, vencido o Ministro Edson Fachin. Não participou do julgamento, por motivo de licença médica, o Min. Celso de Mello.

Na mesma assentada, também foi acolhida a tese proposta pelo Relator, segundo a qual: "Revela-se constitucional a sanção prevista no artigo 7º, inciso II, da Lei nº 10.426/2002, ante a ausência de ofensa aos princípios da proporcionalidade e da vedação de tributo com efeito confiscatório".

Além dos votos escritos apresentados pelo Relator e pelo Min. Edson Fachin, este em sentido divergente, o Ministro Alexandre de Moraes também apresentou voto escrito.

O acórdão foi publicado em 13 de novembro de 2020 e transitou em julgado no dia 22 do mesmo mês.

2.1. Voto condutor

O Ministro Marco Aurélio, com sua corriqueira concisão, expôs a sua compreensão a respeito da celeuma em um voto cuja fundamentação foi apresentada em apenas sete laudas. De plano, o Relator afastou a alegação da União no sentido de que a matéria não teria natureza constitucional.

Em seguida, o Relator narrou o contexto fático da lide e delimitou que a discussão envolve a aplicação de penalidade decorrente de tributo integralmente adimplido pelo contribuinte, mas declarado a destempo.

O Ministro Marco Aurélio explicou que a declaração em comento – Declaração de Débitos e Créditos Tributários Federais – DCTF – é uma das principais ferramentas de autolançamento federais, na medida em que envolve o envio de informações a respeito de 12 (doze) tributos federais. São eles: Imposto sobre a Renda das Pessoas Jurídicas – IRPJ, a Contribuição Social sobre o Lucro Líquido – CSLL, o Imposto sobre Produtos Industrializados – IPI, a Contribuição para o Programa de Integração Social – PIS e a Contribuição para o Financiamento da Seguridade Social – COFINS.

Com esse esclarecimento o Relator buscou demonstrar a importância do regular cumprimento da referida obrigação instrumental, já que o envio da DCTF pelos contribuintes é imprescindível para viabilizar a fiscalização do correto recolhimento dos tributos pelas autoridades fiscais, sendo certo que eventual descumprimento de tal dever obviamente deverá acarretar a imposição de algum tipo de sanção.

Por outro lado, o Ministro destacou também que eventual penalidade pecuniária deve ser compatível com os preceitos constitucionais, em especial, com a vedação ao efeito de confisco. Daí porque, multa imposta pelo descumprimento de uma obrigação acessória não pode ser excessiva ao ponto de configurar "apossamento estatal da propriedade privada". Nas palavras do Ministro Marco Aurélio:

> A louvável preocupação com a arrecadação do crédito tributário, no entanto, não legitima atropelos, atalhos ao figurino constitucional: em Direito, fins não justificam meios. Cumpre verificar a compatibilidade da pena pecuniária com a Lei Maior.

Ao tratar especificamente da sanção prevista no artigo 7º, inciso II, da Lei nº 10.426/2002 o Ministro Marco Aurélio apontou que a solução deve levar em conta a orientação já adotada pelo Supremo Tribunal Federal em outras oportunidades, como por exemplo, no julgamento da Ação Direta de Inconstitucionalidade nº 551, no âmbito da qual foi tida como confiscatória a sanção fixada em 200% e 500% do valor do tributo devido. A partir desse julgado, a Corte passou a fixar que as multas punitivas aplicadas em patamar superior a 100% do valor do tributo possuem natureza confiscatória.

A tese firmada no julgamento do Recurso Extraordinário nº 582.461/SP, Tema 21 da Repercussão Geral, no sentido de que não é confiscatória a multa moratória fixada em até 20% do valor da obrigação principal também foi mencionada no voto do Ministro Marco Aurélio como uma das balizadas para avaliação sobre o caráter confiscatório (ou não) da penalidade prevista artigo 7º, inciso II, da Lei nº 10.426/2002.

Levando em conta os parâmetros fixados nesses dois precedentes e considerando que a sanção prevista no artigo 7º, inciso II, da Lei nº 10.426/2002 está limitada a 20% sobre o valor da obrigação principal, o Ministro Marco Aurélio concluiu que a referida penalidade não deve ser considerada confiscatória.

Na sequência, o Relator complementou assentando que a aplicação de multa limitada a 20% sobre o valor do tributo, mesmo que em decorrência do descumprimento de uma obrigação acessória, também não está em descompasso com o princípio da proporcionalidade.

Ao justificar essa posição o Ministro Marco Aurélio relembrou novamente que o dever instrumental em questão é a [...] principal obrigação tributária acessória no âmbito federal, sendo indispensável para o cruzamento automático de dados e o início do lançamento de ofício pela fiscalização [...]" e que o atraso no envio da declaração permite que o contribuinte efetue o pagamento do tributo com atraso sem que isso prejudique a emissão de sua certidão de regularidade fiscal, além de postergar a cobrança administrativa ou judicial do débito. Ou seja, o contribuinte que deliberadamente deixa de enviar a DCTF no prazo previsto em lei pode, em tese, se beneficiar desse atraso para pagar em atraso o tributo e retardar as demais consequências da sua mora.

Além disso, para o Ministro Marco Aurélio a existência ou não de um escalonamento da multa para permitir a sua proporcionalização é uma escolha do legislador que só poderia ser alterada pelo judiciário caso pudesse ser considerada teratológica, o que não está configurado nesse caso. Para ele, eventual fixação de critérios distintos em situações como essa representaria invasão indevida na competência do judiciário nas atribuições do Poder Legislativo.

Isto é, não se tratando de uma penalidade esdrúxula, o Ministro Marco Aurélio entende que deve ser mantida a opção do legislador.

Com base nessas razões o Ministro Marco Aurélio negou provimento ao recurso extraordinário, e propôs a seguinte tese: "Revela-se constitucional a sanção prevista no artigo 7º, inciso II, da Lei nº 10.426/2002, ante a ausência de ofensa aos princípios da proporcionalidade e da vedação de tributo com efeito confiscatório".

2.2. Voto do Ministro Alexandre de Moraes

Além do voto do Ministro Marco Aurélio, foram apresentados votos escritos pelos Ministros Alexandre de Moraes e Edson Fachin.

O Ministro Alexandre de Moraes votou logo após o Relator, acompanhando-o. Ao fundamentar suas conclusões, Moraes lembrou que em matéria tributária as obrigações acessórias possuem um regramento distinto das obrigações principais, tendo citado como exemplo o fato de que as entidades imunes, mesmo não sendo submetidas à obrigação de pagamento de impostos, estão compelidas ao cumprimento de obrigações acessórias (art. 9º, IV, "c" e 14, III, do CTN).

Além disso, o Ministro Alexandre de Moraes recordou que segundo a disciplina do Código Tributário Nacional as penalidades pecuniárias aplicadas por ocasião do descumprimento das obrigações acessórias convertem-se em obrigação principal (art. 113, § 3º) e destacou que mesmo os entes desobrigados do pagamento de tributos estão compelidos ao cumprimento de obrigações acessórias, o que reforça a autonomia das obrigações acessórias e a legitimidade de imposição de penalidade por ocasião de seu descumprimento, mesmo que não acarrete o descumprimento da obrigação principal.

Moraes também salientou o fato de que a penalidade em questão é limitada ao percentual de 20% do valor do tributo devido, limitação essa que segundo ele afastaria o caráter confiscatório da penalidade nos termos da jurisprudência do STF.

A respeito dos parâmetros para o cálculo da multa o Ministro Alexandre de Moraes consignou que:

> Quanto à utilização do valor do tributo declarado como base de cálculo da multa, não vislumbro qualquer inconstitucionalidade, haja vista que reflete a capacidade contributiva de cada contribuinte. Caso fosse estabelecido um valor fixo, poderia ser desvirtuada a finalidade da multa, podendo se tornar confiscatória para aqueles de renda menor, bem como irrisória para aqueles com maior capacidade contributiva.

Com base nessas razões o Ministro Alexandre de Moraes concluiu que não estaria configurado o caráter confiscatório da penalidade.

2.3. Votos vencidos

Ministro Edson Fachin votou em seguida, inaugurando a divergência. Para o Ministro Fachin a multa prevista no art. 7º, II, da Lei 10.426/2002, representa sim uma afronta aos princípios constitucionais da proporcionalidade, capacidade contributiva e não-confisco.

Em relação ao princípio da proporcionalidade, o Ministro Fachin explicou que a ofensa ocorre tanto na dimensão processual do referido princípio, quanto na dimensão substancial. A dimensão processual é atingida quando a penalidade aplicada é gravosa ao ponto de substituir os mecanismos de cobrança do crédito tributário, violando assim o devido processo legal.

Para o Ministro Fachin, a dimensão substancial decorre da desproporção entre desconformidade com o binômio "eficiência e justiça fiscal por parte da estatalidade".

Isto é, se as obrigações acessórias são deveres instrumentais instituídos com o objetivo de resguardar o cumprimento da obrigação principal e auxiliar na fiscalização da arrecadação tributária, é possível concluir que inexiste uma justa correlação entre a conduta do contribuinte e a penalidade aplicada se o tributo foi regularmente recolhido dentro do prazo legal.

Além disso, o Ministro Edson Fachin destacou que embora a Corte já tenha examinado e fixado os parâmetros para a configuração do caráter confiscatório das multas moratórias, a celeuma envolvendo multas isoladas punitivas ainda não foi enfrentada pelo STF, salientando a importância de se recorrer a precedentes da Corte em que se reconheceu a necessidade de conter abusos cometidos pelos entes tributantes na imposição de penalidades.

Fachin lembrou, ainda, que atualmente a Secretaria da Receita Federal "dispõe de um eficaz ferramental tecnológico não só na apuração dos tributos devidos, mas da própria atividade econômica do contribuinte" e citou a necessidade de cumprimento de outras obrigações instrumentais pelo contribuinte, como por exemplo, Escrituração Contábil Fiscal (ECF) e a Escrituração Fiscal Digital das Contribuições (EFD-C), além da emissão de Nota Fiscal de Serviços Eletrônica (NFS-e) e do Sistema Público de Escrituração Digital – SPED.

Essa modernização da estrutura de arrecadação e fiscalização seria mais do que suficiente para justificar o arrefecimento da multa pela mera ausência ou atraso na entrega da DCTF.

E mais, para o Ministro Fachin, além da multa isolada pela falta de entrega ou entrega extemporânea da DCTF, no caso de ausência de transmissão da referida declaração o contribuinte será penalizado também pela imposição da multa de mora e da multa de lançamento de ofício, o que realça a natureza confiscatória e desproporcional da multa prevista no art. 7º, II, da Lei 10.426/2002.

3. Análise crítica

Ao julgar o Recurso Extraordinário nº 606.010/PR o Plenário do Supremo Tribunal Federal, por maioria de votos, reconheceu a constitucionalidade do disposto no artigo 7º, inciso II, da Lei nº 10.426/2002, tendo ficado vencido apenas o Ministro Edson Fachin. A Corte se debruçou sobre a compatibilidade material entre o artigo 7º, inciso II, da Lei nº 10.426/2002, e o artigo 150, IV, da CF/1988, para concluir pela ausência de ofensa à vedação do princípio do não-confisco, da razoabilidade e da proporcionalidade.

O dispositivo examinado estabelece a possibilidade de aplicação de multa por ausência ou atraso na entrega de Declaração de Débitos e Créditos Tributários Federais – DCTF, calculada no percentual de 2% (dois por cento) ao mês-calendário ou fração, sobre os valores dos tributos informados com atraso ou não declarados, limitada a 20% (vinte por cento) do valor do tributo devido.

Vale salientar que o artigo 7º, inciso II, da Lei nº 10.426/2002 trata igualmente as situações de ausência de envio da DCTF e de mero atraso na entrega da aludida declaração. Além disso, o aludido dispositivo também não faz qualquer distinção ou proporcionalização do valor da penalidade em razão da existência ou não de atraso no pagamento do tributo.

Isso significa que mesmo nas situações em que o contribuinte tenha realizado o pagamento dos tributos de forma integral e dentro do prazo legal, o mero atraso (e não descumprimento) no envio da DCTF enseja aplicação de até 20% do tributo devido e pode gerar multas elevadas, exigidas pelo simples descumprimento de um dever instrumental que não acarretou prejuízos ao erário e à fiscalização tributária.

Apesar disso, para a maioria dos Ministros do STF a norma questionada está em consonância com a Constituição Federal, tendo sido firmada a tese no sentido de que, em qualquer hipótese, não há que se falar em ofensa ao princípio do não-confisco, da razoabilidade e da proporcionalidade.

No que diz respeito ao efeito de confisco, parece acertada a conclusão adotada pela maioria dos Ministros do STF de que a sanção instituída pelo artigo 7º, inciso II, da Lei nº 10.426/2002, não está dotada de caráter confiscatório, uma vez que está limitada a 20% do tributo, inclusive à luz de parâmetros já fixados na jurisprudência da Corte.

Isso porque, o princípio do não-confisco traduz limitação no sentido de que a cobrança de tributos não poderá ser excessivamente gravosa ao ponto de conduzir à perda substancial de patrimônio ou restringir o exercício de atividades do contribuinte. Ou seja, o efeito confiscatório apenas é caracterizado quando uma determinada cobrança estatal tenha como consequência uma verdadeira apropriação dos bens do contribuinte para o pagamento da cobrança fiscal, que represente autêntico efeito de confisco.

Por outro lado, a conclusão no sentido de que a penalidade não tem efeito de confisco não significa que esta seja proporcional e razoável por inteiro. A principal deficiência da norma em questão está relacionada com o fato de que confere tratamento igualmente gravoso para situações diversas, como por exemplo o atraso e a ausência de envio da declaração. O contribuinte que apenas atrasou o envio da DCTF não deveria ser punido com a mesma intensidade que aquele contribuinte que simplesmente não transmitiu a declaração.

Além disso, a penalidade incide com a mesma gravidade para situações em que o atraso no envio da DCTF não acarretou atraso no pagamento do tributo e não causou prejuízo? para a fiscalização tributária.

Ora, para que a norma em questão estivesse fielmente alinhada com os princípios da proporcionalidade e da razoabilidade deveria estabelecer, no mínimo, o adequado dimensionamento e proporcionalização para as situações sobre as quais será aplicada, excepcionando da multa os casos de mero atraso no envio da DCTF em que o tributo foi recolhido dentro do prazo legal, já que nessas situações nitidamente não há que se falar em prejuízo para a atividade fiscalizatória.

Para essas situações a aplicação da penalidade prevista no artigo 7º, inciso II, da Lei nº 10.426/2002, é inconciliável com a conduta do contribuinte, porquanto além de não ter acarretado o descumprimento ou atraso no recolhimento da obrigação principal (recolhimento de tributo) também não pode ser tida como o descumprimento de obrigação acessória. Assim, quando for configurado apenas o atraso (e não ausência) de envio da declaração e esse mero atraso do envio da DCTF não causou nenhum prejuízo ao erário, é claramente desproporcional a incidência da penalidade.

Nota-se, assim, que o legislador não refletiu satisfatoriamente a respeito da necessidade de adequação entre a conduta do contribuinte e a penalidade aplicada, tendo deixado de observar o dever estatal de medir a proporcionalidade entre a pena estabelecida e as condutas por ela atingidas, o que atrai a competência do STF para o legítimo exercício do controle de constitucionalidade.

Daí porque, embora a multa em questão não tenha efeito de confisco, o tema certamente merece uma reflexão mais aprofundada a respeito da ausência de proporcionalidade em face de algumas das condutas por ela abarcadas.

Caso essa avaliação tivesse sido realizada, certamente teria viabilizado a adequada compatibilização entre a conduta do contribuinte e a sanção aplicada, em respeito aos postulados da proporcionalidade e da razoabilidade, sem que isso pudesse representar uma invasão da competência legislativa.

A propósito, embora não esteja expresso no texto constitucional, tanto a doutrina quanto a jurisprudência constitucional moderna consagraram o princípio da proporcionalidade como um princípio constitucional implícito, cuja importância reside exatamente na função de reação ao excesso de poder estatal.

Sobre o tema, são irrepreensíveis as lições de Roque Antônio Carrazza, que assim discorreu:

> Dentre os limites constitucionais para a criação ou aumento de tributos merece destaque o princípio da proporcionalidade, também conhecido como princípio da razoabilidade ou da proibição do excesso (*Übermasverbot*).
>
> [...]
>
> No campo tributário, o princípio da proporcionalidade impõe que se busque a melhor maneira de exigir o cumprimento dos deveres tributários, sem acarretar ônus excessivos paras os contribuintes nem lanhar, além do estritamente necessário, valores consagrados na Carta Constitucional.
>
> [...]
>
> Em suma, a ordem jurídica não tolera os agravos à liberdade e à propriedade dos contribuintes que ultrapassam o indispensável à satisfação dos lídimos interesses arrecadatórios.
>
> Daí falar-se em justa proporção entre o gravame a ser suportado pelo contribuinte e o fim arrecadatório que se pretende alcançar.[3]

Nesse contexto, a proporcionalidade e a razoabilidade funcionam justamente como limitadores da atuação estatal, possibilitando a intervenção do judiciário quando identificados excessos, inclusive por parte do poder legislativo.

Isso significa que o STF não teria extravasado a sua competência constitucional caso tivesse estipulado parâmetros para a aplicação da sanção em questão, notadamente para limitar a sua incidência em situações em que claramente não ficou configurado prejuízo ao exercício da arrecadação e fiscalização tributária. O STF está dotado de competência para exercer o controle de constitucionalidade sobre normas que não contemplem a justa proporcionalização entre a acusação fiscal e a conduta do contribuinte.

[3] Carrazza, Roque Antônio. *Curso de Direito Constitucional Tributário.* 30ª Ed. São Paulo: Malheiros Editores, 2015, p.578/579.

Tanto é assim que em outras oportunidades o STF reconheceu a possibilidade de controle de constitucionalidade de atos de imposição de penalidades, especialmente à luz da razoabilidade, da proporcionalidade e da vedação do uso de exações com efeito confiscatório, valendo a transcrição da ementa resultado do julgamento do Recurso Extraordinário nº 595.553, nos seguintes termos:

> [...] IMPOSIÇÃO DE MULTA. CONTROLE DE VALIDADE. RAZOABILIDADE, PROPORCIONALIDADE E CARÁTER CONFISCATÓRIO APURADOS SEGUNDO O CASO CONCRETO (NORMA INDIVIDUAL E CONCRETA). POSSIBILIDADE. COBERTURA CAMBIAL. DECRETO 23.258/1933. A jurisprudência desta Suprema Corte entende plenamente cabível o controle de constitucionalidade dos atos de imposição de penalidades, especialmente à luz da razoabilidade, da proporcionalidade e da vedação do uso de exações com efeito confiscatório (cf., e.g., a ADI 551 e a ADI 2.010). [...].
>
> (RE 595553 AgR-segundo, Rel. Min. Joaquim Barbosa, 2ª Turma, Dj 04.09.2012)

Em adição, vale mencionar que nos autos do RE 640.452/RO (Tema 487) discute-se exatamente a mesma questão exposta no caso ora em exame, a respeito da aplicação de multa isolada como decorrência de uma mera irregularidade formal, que não resultou na falta ou insuficiência de recolhimento de tributos e que também não afeta a efetividade da fiscalização.

Do voto condutor do acórdão proferido por ocasião do reconhecimento da repercussão geral nos autos do RE 640.452/RO – Tema 487, se extrai que: "Na modalidade enfrentada nos autos, a 'multa isolada' não se refere a atraso de pagamento. Ela é 'isolada' em razão da inexistência de tributo devido em decorrência da conduta punida."

Os casos acima citados são apenas uma pequena amostra da infinidade de situações em que o Supremo Tribunal Federal, dentro dos limites de sua função jurisdicional, exerceu e irá exercer o controle de constitucionalidade de atos normativos à vista da dos princípios da proporcionalidade e da razoabilidade.

No caso em questão, a ausência de proporcionalidade é marcada pelo fato de que mesmo com a limitação do percentual de 20% sobre o valor do tributo, a penalidade estabelecida pelo artigo 7º, inciso II, da Lei nº 10.426/2002, pode atingir patamares exorbitantes, como decorrência de um erro puramente formal e que não repercutiu no montante do tributo devido, não obstou a fiscalização e não causou prejuízo ao erário.

Portanto, apesar de concordarmos com a orientação do STF a respeito da ausência de efeito confiscatório, não podemos deixar de reconhecer que a penalidade prevista no artigo 7º, II, da Lei 10.426/2002, foi instituída sem qualquer critério que permita o seu dimensionamento e proporcionalização em face da conduta penalizada, motivo pelo qual está em descompasso com os parâmetros para a incidência de multas punitivas estabelecidos na jurisprudência do STF.

CAPÍTULO 7
RECURSO EXTRAORDINÁRIO Nº 601.235

MARIA DAS GRAÇAS PATROCÍNIO OLIVEIRA

1. Recurso extraordinário nº 601.235 – São Paulo[1]

Recorrente: União

Recorrido: Empresa de Tecnologia da Informação e Comunicação do Município de São Paulo (Prodam-SP S/A)

Relator: Ministra Ellen Gracie

Data de julgamento: 2 de outubro de 2008

Considerações iniciais: Trata-se de Agravo de Instrumento 698.626-QO-SP convertido no Recurso Extraordinário nº 601.235. Dessa forma, a análise será feita em relação ao Agravo de Instrumento.

1.1. Ementa

> QUESTÃO DE ORDEM. AGRAVO DE INSTRUMENTO. CONVERSÃO EM RECURSO EXTRAORDINÁRIO (CPC, ART. 544, PARAGRAFOS 3º E 4º). EXIGÊNCIA DE DEPÓSITO PRÉVIO EM RECURSO ADMINISTRATIVO. RELEVÂNCIA ECONÔMICA,

[1] BRASIL. Supremo Tribunal Federal. Recurso Extraordinário nº 601.235, Relatora: Min. Ellen Gracie, Tribunal Pleno, julgado em 02.10.2008, Repercussão Geral, Mérito. DJE n. 232, Divulg. 04.12.2008, Publ. 05.12.2008. Disponível em https://portal.stf.jus.br/processos/detalhe.asp?incidente=2688440 Acesso 14/11/2021.

SOCIAL E JURÍDICA DA CONTROVÉRSIA. RECONHECIMENTO DA EXISTÊNCIA DE REPERCUSSAO GERAL DA QUESTAO DEDUZIDA NO APELO EXTREMO INTERPOSTO. PRECEDENTES DESTA CORTE A RESPEITO DA INCONSTITUCIONALIDADE DA EXIGÊNCIA COMO REQUISITO DE ADMISSIBILIDADE DE RECURSO ADMINISTRATIVO. RATIFICAÇÃO DO ENTENDIMENTO. POSSIBILIDADE DE APLICAÇÃO DOS PROCEDIMENTOS DA REPERCUSSAO GERAL (CPC, ART. 543-B).

1. Mostram-se atendidos todos os pressupostos de admissibilidade, inclusive quanto a formal e expressa defesa pela repercussão geral da matéria submetida a esta Corte Suprema. Da mesma forma, o instrumento formado traz consigo todos os subsídios necessários ao perfeito exame do mérito da controvérsia. Conveniência da conversão dos autos em recurso extraordinário.

2. A exigência de depósito prévio como requisito de admissibilidade de recurso administrativo - assunto de indiscutível relevância econômica, social e jurídica já teve a sua inconstitucionalidade reconhecida por esta Corte, no julgamento do RE 388.359, do RE 389.383 e do RE 390.513, todos de relatoria do eminente Ministro Marco Aurélio.

3. Ratificado o entendimento formado por este Supremo Tribunal Federal, aplicam-se aos recursos extraordinários os mecanismos previstos no parágrafo 1º do art. 543-B, do CPC.

4. Questão de ordem resolvida, com a conversio do agravo de instrumento em recurso extraordinário, o reconhecimento da existência da repercussão geral da questão constitucional nele discutida, bem como ratificada a jurisprudência desta Corte a respeito da matéria, a fim de possibilitar a aplicação do art. 543-B, do CPC.

1.2. Tese fixada:

É inconstitucional a exigência de depósito prévio como requisito de admissibilidade de recurso administrativo.

Tema 314 – Exigência de depósito prévio como requisito de admissibilidade de recurso administrativo.

1.3. Especificação do caso e razões da submissão à repercussão geral

Trata-se do Agravo de Instrumento 698.626-QO-SP, interposto pela União contra acórdão proferido pelo Tribunal Regional Federal da 3ª Região, que busca reverter a inadmissão, na origem, de recurso extraordinário interposto contra acordão do referido Tribunal que, ao aplicar o art. 151, III, do CTN, afastou a exigência de depósito prévio para a suspensão da exigibilidade do crédito tributário prevista no art. 10 da Lei nº 9.639, de 25 de maio de 1998, que incluiu os §§ 1º e 2º ao art. 126 da Lei nº 8.213, de 24 de julho de 1991, em face da inobservância da necessidade de lei complementar.

Alega a recorrente que o tema debatido no presente feito foi apreciado diversas vezes no Supremo Tribunal Federal (STF), com decisões no sentido da constitucionalidade da exigência de depósito prévio como pressuposto de admissibilidade de recurso administrativo.

Segundo afirma, no julgamento dos RE 389.383/SP e RE 390.513/SP, ambos de relatoria do Ministro Marco Aurélio, o Plenário apenas declarou a inconstitucionalidade do § 1º do art. 126 da Lei nº 8.213, com a redação da Lei nº 9.528/97.

Conclui a recorrente existir "a presunção de constitucionalidade da Lei 10.684/2003 e do atual § 1º do art. 126 da Lei 8.213/91, uma vez que o dispositivo em questão não foi declarado expressamente inconstitucional pelo STF, respeitando-se, assim, a jurisprudência firmada que dá suporte ao novo texto legal".

Requer, ao final, o integral provimento do agravo, permitindo-se o processamento do apelo extremo interposto.

Ao analisar o recurso, a Ministra Ellen Gracie manifestou o entendimento de que, tendo em vista que o Plenário já declarou a inconstitucionalidade da exigência de depósito prévio como pressuposto de recurso administrativo, nos autos dos referidos RE 389.383 e RE 390.513, bem como sua inevitável implicação no tocante aos efeitos de seu resultado aos demais recursos extraordinários interpostos, trouxe o presente feito, em questão de ordem, para a averiguação do atendimento do requisito da repercussão geral.

Diante do regular atendimento dos pressupostos de admissibilidade do agravo de instrumento, a ele deu provimento, convertendo-o, de imediato, em recurso extraordinário (CPC/73, art. 544, §§ 3º e 4º), uma vez que considerou existentes, nos autos, todos os subsídios necessários ao perfeito exame da controvérsia.

Quanto à repercussão geral do tema envolvido – exigência de depósito prévio como requisito de admissibilidade de recurso administrativo, entendeu ser indiscutível a sua existência, diante de sua relevância econômica, social e jurídica, dado afetar a generalidade dos contribuintes que pretendam discutir alguma exação fiscal.

Ademais, reforçando sua convicção, afirmou a Ministra que a questão constitucional já foi apreciada pelo Supremo Tribunal Federal (STF) no julgamento do RE 388.359, do RE 389.383 e do RE 390.513, todos de relatoria do Ministro Marco Aurélio, tendo sido consignado em suas ementas que *"a garantia constitucional da ampla defesa afasta a exigência do depósito como pressuposto de admissibilidade de recurso administrativo"*.

Assim, após o reconhecimento da existência da repercussão geral da matéria e mantido o entendimento firmado neste Tribunal, deve ser aplicado o regime legal previsto no art. 543-B do CPC/1973, conforme procedimento já apreciado pelo STF no julgamento das Questões de Ordem no RE 579.431, no RE 580.108 e no RE 582.650, todos de sua relatoria.

Desse modo, segundo a Ministra, os recursos extraordinários que chegarem ao STF com o presente tema deverão ser devolvidos à origem, para que sejam aplicados os procedimentos da repercussão geral, como já ocorre com os recursos cujos temas foram levados ao Plenário Virtual.

Ante essas razões, resolveu a Relatora a presente questão de ordem, no sentido de reconhecer a existência de repercussão geral da matéria discutida no presente recurso extraordinário e ratificar o entendimento firmado nesta Corte sobre o tema, a fim de que sejam observadas as disposições do art. 543-B do CPC/1973.

1.4. Critério de conhecimento da repercussão geral

Conforme consignado no item anterior, quanto à repercussão geral do tema envolvido – exigência de depósito prévio como requisito de admissibilidade de recurso administrativo, entendeu a Relatora ser indiscutível a sua existência, diante de sua relevância econômica, social e jurídica, dado afetar a generalidade dos contribuintes que pretendam discutir alguma exação fiscal.

2. Mérito da decisão

Acordaram os Ministros do Supremo Tribunal Federal, em Plenário, sob a Presidência do Ministro Gilmar Mendes, preliminarmente, por unanimidade de votos, dar provimento ao agravo de instrumento, convertendo-o em recurso extraordinário. Também por unanimidade, revolveram questão de ordem suscitada pela Relatora, Ministra Ellen Gracie, no sentido de reconhecer a existência de repercussão geral, ratificar o entendimento firmado pelo Tribunal sobre o tema e aplicar o regime legal previsto no artigo 543-B do Código de Processo Civil de 1973.

Durante a sessão, o Ministro Marco Aurélio indagou à Relatora se ela estava apenas solucionando a questão de ordem para admitir a repercussão geral, pelo que ficou esclarecido que ela proveu o agravo, transformou o recurso em extraordinário e admitiu a repercussão geral.

2.1. Voto condutor

A Ministra Ellen Gracie, reconheceu a existência da repercussão geral e, no mérito, acompanhou a posição pacífica do STF a respeito da matéria de fundo, fazendo aplicar as normas do art. 543-B do CPC/1973. Não houve o julgamento do recurso extraordinário, mas uma ratificação, na ocasião, do STF no sentido de ser inconstitucional a exigência de depósito prévio como requisito de admissibilidade de recurso administrativo.

A Ministra Relatora levantou a questão quanto à possibilidade de se discutir um enunciado de súmula vinculante, considerados os precedentes anteriores, tendo proposto uma redação (os Ministros Marco Aurélio, Menezes de Direito, manifestaram-se contrários), o que não foi implementado.

2.2. Votos vencidos.

Decisão Unânime.

3. Análise crítica

Para melhor compreensão da matéria, convém transcrever o dispositivo cuja constitucionalidade foi arguida. Trata-se do art. 10 da Lei nº 9.639, de 25 de maio de 1998, que acrescentou os §§ 1º e 2º ao art. 126 da Lei nº 8.213, de 24 de julho de 1991, *verbis*:

> Art. 10. O art. 126 da Lei nº 8.213, de 24 de julho de 1991, com a redação dada pela Lei nº 9.528, de 1997, passa a vigorar com a seguinte alteração:
>
> Art. 126. ....
>
> § 1º Em se tratando de processo que tenha por objeto a discussão de crédito previdenciário, o recurso de que trata este artigo somente terá seguimento se o recorrente, pessoa jurídica, instruí-lo com prova de depósito, em favor do Instituto Nacional do Seguro Social - INSS, de valor correspondente a 30% (trinta por cento) da exigência fiscal definida na decisão.
>
> § 2º Após a decisão final no processo administrativo fiscal, o valor depositado para fins de seguimento do recurso voluntário será:
>
> I – devolvido ao depositante, se aquela lhe for favorável;
>
> II – convertido em pagamento, devidamente deduzido do valor da exigência, se a decisão for contrária ao sujeito passivo.

O § 1º do referido art. 126, teve sua redação alterada pelo art. 20 da Lei nº 10.684, de 30 de maio de 2003, apenas para acrescentar a exigência do depósito também para o sócio da pessoa jurídica:

> Art. 126. ....
>
> 1º Em se tratando de processo que tenha por objeto a discussão de crédito previdenciário, o recurso de que trata este artigo somente terá seguimento se o recorrente, pessoa jurídica ou sócio desta, instruí-lo com prova de depósito, em favor do Instituto Nacional do Seguro Social - INSS, de valor correspondente a trinta por cento da exigência fiscal definida na decisão. (Redação dada pela Lei nº 10.684, de 30.5.2003) (Revogado pela Medida Provisória nº 413, de 2008) (Revogado pela Lei nº 11.727, de 2008)

Na mesma linha, foi instituído originariamente pelo art. 32 da Medida Provisória (MP) nº 1.621/1997 – que acrescentou o § 2º ao Decreto nº 70.235, de 7 de março de 1972, depósito de valor correspondente a, no mínimo, trinta por cento da exigência fiscal definida na decisão, como condição de admissibilidade dos recursos no âmbito dos tributos administrados pela então Secretaria da Receita Federal.

Posteriormente, em 2002, pela redação do Dec. nº 70.235, de 6 de março de 1972, art. 33, § 2º, com a redação da MP 1.699-41/1998, art. 32, convertida na Lei nº 10.522/02, passou-se a exigir o arrolamento de bens ou direitos no valor de 30% do valor do débito.

Embora o arrolamento de bens seja menos gravoso que a exigência de depósito, os fundamentos da inconformidade dos contribuintes não se alteraram, pois não houve alteração da natureza jurídica da garantia de instância para o recurso voluntário à segunda instância administrativa.

O STF já enfrentou várias vezes o tema ora em debate. Vale citar alguns precedentes: ADI 1.049-MC, RE 210.246, ADI 1.922-MC e ADI 1.976-MC em medida liminar. Em todos os casos mencionados, o entendimento firmado foi pela constitucionalidade da exigência do depósito prévio para recorrer em processos administrativos.

No entanto, a posição da Suprema Corte foi revista, sendo que, atualmente, a jurisprudência é no sentido de que exigências deste tipo ofendem os princípios do devido processo legal e da ampla defesa, previstos, respectivamente, nos incisos LIV e LV do art. 5° da Constituição Federal de 1988:

> Art. 5º [...]
>
> LIV – Ninguém será privado da liberdade ou de seus bens sem o devido processo legal.
>
> LV – Aos litigantes, em processo judicial ou administrativo, e aos acusados em geral são assegurados o contraditório e a ampla defesa, com os meios e recursos a ela inerentes.

Da leitura conjunta dos dois dispositivos constitucionais, dessume-se que a Constituição Federal garante o devido processo legal e a ampla defesa tanto para os processos judiciais como para os processos administrativos.

Merece destaque o voto proferido pelo Ministro Joaquim Barbosa nos RE 388.359, 389.383 e 390.513, no sentido de que a realização do procedimento administrativo como concretização do princípio democrático e do princípio da legalidade fica tolhida com o depósito, dada a natural dificuldade da Administração em revisar os próprios atos. Segundo esse Ministro, nesse sentido se manifestou Marcelo Harger:

> A instituição de um depósito como condição de admissibilidade do recurso administrativo acaba por frustrar o objetivo do próprio processo,

> à medida que dificulta a análise da legalidade pela instância administrativa superior. Vale dizer, a pretexto de agilizar a cobrança de tributos (fim secundário), o legislador dificulta a análise da legalidade da conduta dos agentes públicos (fim primário), acabando por frustrar o próprio objetivo do processo administrativo.[2]

O STF, em 28 de março de 2007, ao julgar o mérito da ADI 1976/DF, Relator o Ministro Joaquim Barbosa, Pleno, por unanimidade, declarou a inconstitucionalidade do art. 32 da Medida Provisória nº 1.699-41/1998, convertida na Lei nº 10.522/02, que deu nova redação ao art. 33, § 2º, do Decreto nº 70.235/72, concentrando a ofensa nos princípios da ampla defesa, contraditório, isonomia e direito de petição, asseverando que a fase recursal é essencial à esfera administrativa e que quaisquer entraves ou restrições devem ser afastados.

A necessidade de se estabilizar o entendimento de que o depósito prévio constitui impedimento ao direito de petição e ao devido processo legal impulsionou a edição pelo STF da Súmula Vinculante nº 21, publicada em 27 de novembro de 2009, que diz: "É inconstitucional a exigência de depósito ou arrolamento prévios de dinheiro ou bens para a admissibilidade de recurso administrativo".

Na Proposta dessa Súmula Vinculante, o Ministro Dias Toffoli afirmou:

> [...] Essa súmula mostra o caráter extremamente pedagógico, para o Estado brasileiro e para a administração pública, da utilidade da súmula vinculante contra a administração pública; grande relevo, pois alcança a defesa da cidadania e da Constituição, que busca garantir o exercício do recurso, independentemente da necessidade de depósito prévio.

Vale transcrever excerto do voto proferido pelo Ministro Relator Marco Aurélio no RE 388.359:

> Os pressupostos de recorribilidade estão atendidos. No julgamento dos Recursos Extraordinários nºs 210.246-6/GO, 210-369-1/MG,

[2] Harger, Marcelo. Nova perspectiva a respeito do depósito recursal como condição de admissibilidade do recurso em procedimento administrativo fiscal, *Repertório IOB de Jurisprudência*, São Paulo, n. 16, p. 1412, 2000.

210.380-2/MG, 218.752-8/GO, no segundo semestre de 1997, tive a oportunidade de sustentar a insubsistência do preceito do § 1º do artigo 636 da Consolidação das Leis do Trabalho, semelhante ao questionado nestes autos. Parti da premissa de que a exigibilidade do depósito da multa, em certos casos, em face do montante e da situação econômico-financeira do infrator, acaba por impedir o direito de defesa. Fiz ver a impossibilidade de o Estado dar com uma das mãos e retirar com a outra, pronunciando-me nos seguintes termos:

[...]

Argúi-se a necessidade de preservação do direito de defesa e, consequentemente, do devido processo legal.

Acrescento que o pleito administrativo está inserido no gênero "direito de petição" e este, consoante dispõe o inciso XXXIV do artigo 5º da Constituição Federal, é assegurado independentemente do pagamento de taxas. Trata-se aqui de algo que pode inviabilizar até mesmo o direito de defesa, compelindo o interessado a prática incongruente, ou seja, a de depositar, ainda que parcialmente, o que entende como indevido. Cumpre ter presente, também, o efeito suspensivo do recurso a alcançar o todo cobrado, não cabendo, ante o fenômeno da suspensão, exigir, embora sob a nomenclatura de depósito, o recolhimento de percentagem do tributo ou da multa.

Ora, assim como na hipótese na qual em jogo se faz a liberdade do cidadão, não consigo curvar-me, em face da força dos ditames de minha consciência, ao precedente do Plenário, razão pelo qual conheço deste recurso extraordinário e lhe dou provimento para conceder a ordem e assegurar à recorrente o direito de não recolher o depósito prévio, declarada a inconstitucionalidade do § 2º do artigo 33 do Decreto nº 70.235/1972, com a redação dada pelo artigo 32 da Lei nº 10.522, de 19 de julho de 2002, originária da Medida provisória nº 1.863-51/1999 e reedições.

Nessa mesma esteira de entendimento é o voto do Ministro Carlos Velloso no julgamento da ADI 1.511-MC:

[...] deixo expresso que a Constituição de 1988 consagra o devido processo legal nos seus dois aspectos, substantivo e processual, nos incisos LIV e LV, do art. 5º, respectivamente. (...) Due process of law, com

> conteúdo substantivo - substantive due process - constitui limite ao Legislativo, no sentido de que as leis devem ser elaboradas com justiça, devem ser dotadas de razoabilidade (reasonableness) e de racionalidade (rationality), devem guardar, segundo W. Holmes, um real e substancial nexo com o objetivo que se quer atingir. Paralelamente, *due process of law*, com caráter processual - *procedural due process* - garante às pessoas um procedimento judicial justo, com direito de defesa."

Vê-se que a razoabilidade não está presente na exigência de depósito prévio da quantia exigida para que o contribuinte possa se utilizar dos recursos previstos na legislação do processo tributário, visto que tal expediente tanto restringe o direito estampado no art. 5°, LV, da Constituição, como fere o princípio da isonomia, uma vez que implica "discriminação baseada na condição financeira do interessado", podendo gerar tratamento jurídico diverso em razão da diversa capacidade econômica.

De todo o exposto, é de se concordar com a nova jurisprudência do STF, consubstanciada na Súmula Vinculante nº 21, no sentido da inconstitucionalidade da exigência de depósito ou arrolamento para recorrer de decisões proferidas em primeira instância no processo administrativo tributário.

CAPÍTULO 8
RECURSO EXTRAÓRDINÁRIO Nº 648.245

Ricardo Magaldi Messetti

1. Recurso extraórdinário nº 648.245 – Minas Gerais[1]

Recorrente: Município de Belo Horizonte
Recorrido: União
Relator: Ministro Gilmar Mendes
Voto vencedor: Ministro Gilmar Mendes
Data de julgamento: 01 de agosto de 2013.

1.1. Ementa

Recurso extraordinário. 2. Tributário. 3. Legalidade. 4. IPTU. Majoração da base de cálculo. Necessidade de lei em sentido formal. 5. Atualização monetária. Possibilidade. 6. É inconstitucional a majoração do IPTU sem edição de lei em sentido formal, vedada a atualização, por ato do Executivo, em percentual superior aos índices oficiais. 7. Recurso extraordinário não provido.

[1] BRASIL. Supremo Tribunal Federal. *Recurso Extraordinário nº. 648.245/MG*, Relator: Min. Gilmar Mendes. Julgamento em 01/08/2013, publicado em 24/02/2014. Disponível em: http://portal.stf.jus.br/processos/detalhe.asp?incidente=4105978. Acesso em: 19 de outubro de 2021.

1.2. Tese fixada

A majoração do valor venal dos imóveis para efeito da cobrança de IPTU não prescinde da edição de lei em sentido formal, exigência que somente se pode afastar quando a atualização não excede os índices inflacionários anuais de correção monetária.

Tema 211 – Necessidade de lei em sentido formal para a atualização do valor venal de imóveis.

1.3. Especificação do caso e razões da submissão à repercussão geral

O município de Belo Horizonte – MG utiliza-se de recurso extraordinário, alicerçado na alínea "a" do artigo 102, III, da Constituição Federal, para combater acórdão do Tribunal de Justiça do Estado de Minas Gerais que manteve a sentença de procedência de ação de revisão de lançamento, ajuizada por contribuinte proprietário de imóvel urbano, na qual se buscava reconhecer a inconstitucionalidade da majoração do IPTU no exercício de 2006 acima do índice de inflação, pelo Decreto Municipal n° 12.262, de 29 de dezembro de 2005.

Em suas razões recursais, o município recorrente invocou, preliminarmente, a repercussão geral da questão constitucional e, no mérito, arguiu ofensa ao disposto no art. 150, I, da Carta Constitucional (princípio da legalidade), aduzindo, em apertado escorço, que o estabelecimento de Mapas de Valores Genéricos relativos aos valores de IPTU, por meio de decreto, não constitui afronta ao quanto disposto no artigo 150, I, da Constituição da República.

Entende o munícipio recorrente que a Lei Municipal autoriza o Executivo a fixar os valores dos imóveis, por meio de Mapa de Valores Genéricos, com base em critérios gerais legais de avaliação. Desta forma, a lei conteria os critérios normativos, sendo que o Poder Executivo tão somente aplicaria tais critérios, procedendo as avaliações pelo Mapa de Valores Genéricos.

Para o município, ainda, não se pode limitar a validade da atualização apenas aos secos índices de correção monetária, visto que, em seu entender, não se pode esperar sejam aplicados exatamente os mesmos índices a imóveis situados em diferentes zonas urbanas, sujeitos a diferentes melhorias e que tiveram diversa valorização em nível de mercado.

O contribuinte recorrido apresentou suas contrarrazões demonstrando que a matéria já se encontrava pacificada nos Tribunais Superiores.

Não admitido o recurso extraordinário pelo Tribunal de Justiça mineiro, houve interposição de Agravo de Instrumento pelo Município de Belo Horizonte, sendo o recurso extraordinário admitido em sede de agravo com o consectário reconhecimento da repercussão geral da matéria.

1.4. Critério de conhecimento da repercussão geral

O Ministro Cezar Peluso, ao analisar o Agravo de Instrumento, entendeu que "A matéria debatida nos autos reveste-se de relevância jurídica, econômica e político institucional, além de atingir número indeterminado de contribuintes, de modo que a sua solução não atenderá apenas aos interesses subjetivos das partes." Ademais, o tema era objeto de não poucos processos em curso perante o Augusto Supremo Tribunal Federal.

Ressaltou o Ministro Peluso que o Pretório Excelso já tinha posicionamento no sentido de que a atualização do valor venal de imóveis para o cálculo do IPTU deve ser feita mediante lei em sentido formal.

Destarte, o Tribunal reconheceu a existência de repercussão geral da questão constitucional suscitada. Não havendo manifestação da Ministra Cármen Lúcia, e se declarando impedida a Ministra Ellen Gracie. O Ministro Marco Aurélio votou pelo não reconhecimento da questão geral da questão.

2. Mérito da decisão

O Recurso Extraordinário nº 648.245/MG foi julgado em 01 de agosto de 2013, em sessão plenária presidida pelo Ministro Ricardo Lewandowski, com a ausência, por motivo de licença médica, do Ministro Joaquim Barbosa, por unanimidade de votos, tendo sido conhecido e improvido, nos termos do voto do Relator, Ministro Gilmar Mendes.

2.1. Voto condutor

Inicialmente, destacou o Ministro Relator, que o acórdão recorrido estava em conformidade com a orientação do próprio Supremo Tribunal Federal, que, por várias vezes, já se posicionara no sentido de que a majoração do valor venal dos imóveis para efeito da cobrança de IPTU não prescinde da edição de lei, em sentido formal, exigência que somente se pode afastar quando a atualização não excede os índices inflacionários anuais de correção monetária.

Em seu voto, o Ministro Relator, é de hialina clareza ao conceituar que o princípio constitucional da reserva legal, previsto no inciso I do art. 150 da Constituição Federal, veda a exigência e o aumento de tributo sem lei que o estabeleça. Trata-se de prescrição fundamental do sistema tributário, que se coliga à própria ideia de democracia, aplicada aos tributos ("*no taxation without representation*").

Ademais, destaca-se, ainda, pelo voto condutor que afora as exceções expressamente previstas no texto constitucional, a definição dos critérios que compõem a regra tributária - e, entre eles, a base de cálculo - é matéria restrita à atuação do legislador. Não pode o Poder Executivo imiscuir-se nessa seara, seja para definir, seja para modificar qualquer dos elementos da relação tributária.

Nesse mesmo diapasão, é cediço que os Municípios não podem alterar ou majorar, por decreto, a base de cálculo do imposto predial. Podem tão somente atualizar, anualmente, o valor dos imóveis, com base nos índices oficiais de correção monetária, visto que a atualização não constitui aumento de tributo (art. 97, § 1º, do Código Tributário Nacional) e, portanto, não se submete à reserva legal imposta pelo art. 150, inciso I, da Constituição Federal.

Trouxe o Relator inúmeros precedentes do Pretório Excelso, tais como o RE 234.605, Rel. Min. Ilmar Galvão, julgamento em 8.8.2000, Primeira Turma, DJ 1º.12.2000; AI 534.150-AgR, Rel. Min. Joaquim Barbosa, Segunda Turma, DJe 30.4.2010; RE 114.078, Rel. Min. Moreira Alves, Plenário, DJ 1º.7.1988.

Restou claro, no voto, que a orientação assentada na jurisprudência do Supremo Tribunal Federal é firme no sentido de que o valor cobrado a título de imposto sobre propriedade predial e territorial urbana (IPTU) pode ser atualizado, anualmente, independentemente da edição da lei, desde que o percentual empregado não exceda a inflação acumulada nos doze meses anteriores.

No caso ora analisado, todavia, assentou a decisão recorrida que o incremento no valor cobrado, a título de imposto predial, excede consideravelmente o percentual cabível, em termos de atualização monetária.

Em vez de aplicar o percentual de 5,88%, correspondente à variação do IPCA/IBGE entre os meses de janeiro a dezembro de 2006, a Fazenda Municipal de Belo Horizonte, por meio do Decreto 12.262/2005, majorou o valor venal dos imóveis em questão em mais de 58%, no ano de 2006.

Entendeu o Relator, por consectário, que a cobrança assim majorada representa, por via oblíqua, aumento de imposto sem amparo legal, o que justifica a revisão do lançamento tributário, como se procedeu na instância *a quo*. O acórdão, portanto, não destoa da jurisprudência desta Corte, razão pela qual não mereceu reforma.

Diante desses argumentos, concluiu o Ministro Gilmar Mendes que é inconstitucional a majoração do IPTU sem edição de lei em sentido formal.

2.2. Votos dos demais ministros (decisão unânime).

O Ministro Luís Roberto Barroso, embora tenha acompanhado o Ministro Relator, destacou que quando viu que foi dada repercussão geral a essa matéria pelo Ministro Peluso, teve a impressão de que se quisesse repensar a questão, fazer uma reflexão sobre a exigência ou não de lei formal para a majoração da base de cálculo do IPTU, em qualquer caso.

Todavia, como salientou o Ministro Barroso, o problema é que o caso concreto não foi, infelizmente, o mais feliz para essa discussão, uma vez que no caso de Belo Horizonte existe uma lei que estabelece esses parâmetros e, consequentemente, o que se fez neste caso foi, por decreto, modificar a tabela que havia sido instituída por lei.

Aduziu o Ministro Barroso, outrossim, que no caso concreto não se encontrava em discussão, propriamente, uma questão de reserva de lei, o que estava em discussão é uma questão de preferência de lei. Ou seja, se existia uma lei tratando da matéria, não pode o decreto municipal alterar a lei, e, portanto, na conclusão, acompanhou o Ministro Gilmar Mendes.

Todavia, ressaltou que a discussão de se exigir que lei estabeleça a base de cálculo para o IPTU, a jurisprudência do Supremo já oscilou, e entende que esta é uma fórmula que engessa excessivamente o Município. No entendimento do Ministro Barroso é preciso encontrar um ponto de equilíbrio entre a proteção do contribuinte, que não deve ficar à mercê do alvedrio do Poder Executivo, mas também há um problema que, muitas vezes, o município e o prefeito ficam reféns da câmara municipal, que, por animosidade política ou às vezes por populismo, não aprova a lei que modifica a base de cálculo, o que priva o município, muitas vezes, de uma das suas principais fontes de receita.

Já o Ministro Luiz Fux destacou, em seu voto, que por uma questão de justiça tributária em todos os sentidos, para evitar a surpresa fiscal, claro, é o princípio da segurança jurídica operado em favor do contribuinte, daí essa necessidade da legalidade e da anterioridade dos artigos que foram aqui citados.

Todavia, no entender do Ministro, só para manter essa justiça sob ângulo tributário, acentuou que recentemente essa tese de que a autorização primária da lei formal autoriza que os decretos ajustem o valor venal, mercê de o Supremo ter feito isso em relação à questão previdenciária do SAT, que estabeleceu que o regulamento poderia estabelecer aqueles graus de risco, os professores Ricardo Lobo Torres, Marco Aurélio Greco, Marcus Livio Gomes, Sérgio André Rocha, Ricardo Lodi, José Marques Domingues, Marciano Seabra de Godoi e Fábio Zambitti fazem exatamente uma nova conformação desses princípios para entender que, ao se permitir que haja essa atuação municipal em detrimento eventualmente dessa segurança jurídica, que fica respeitada pela existência da lei formal autorizando o decreto, mais se coaduna com os princípios da justiça fiscal, da isonomia e da capacidade contributiva, que é um imposto estabelecido de acordo com o valor realmente venal do imóvel.

No entanto, por não ser essa tese que estava em discussão, acompanhou integralmente o Ministro Gilmar Mendes. Não houve votos divergentes.

3. Análise crítica

Inicialmente, cumpre destacar que o reconhecimento da repercussão geral é de suma importância na espécie, pois, ainda que os temas em questão sejam matérias pacificadas na Corte Suprema à época da tramitação do Recurso Extraordinário nº 648.245 de Minas Gerais, os acórdãos anteriormente proferidos não vinculavam as demais instituições jurídicas, sendo apenas uma referência para eventuais decisões.

Como a matéria por ora discutida é efetivamente relevante para a sociedade e por diversas vezes discutidas no âmbito judicial, o reconhecimento da repercussão geral, e o consequente julgamento definitivo do feito, ratificou o entendimento da Suprema Corte atribuindo eficácia *erga omnes* à decisão, permitindo maior segurança jurídica à população.

No tocante ao mérito da questão decidida pelo Pretório Excelso, que tange à possibilidade de alteração do valor do imposto predial territorial urbano por meio de Decreto oriundo do poder executivo municipal, cumpre esclarecer que o valor venal de um imóvel, que serve como base de cálculo do Imposto Predial e Territorial Urbano (IPTU), somente pode vir a ser alterado por meio de lei em sentido formal, uma vez que o IPTU deve respeitar o quanto disposto no art. 150, I, da Carta Fundamental[2].

Ora, o princípio da legalidade no direito tributário garante ao contribuinte a existência de uma lei para criar e cobrar o tributo, pois não será imputada uma obrigação tributária ao contribuinte sem antes observar as disposições legais quanto à criação e cobrança de um tributo. Os limites postos ao poder de tributar devem ser observados pelo IPTU, sob pena de inconstitucionalidade. No caso, o princípio da legalidade visa impedir abusos por partes das autoridades municipais e uma possível discricionariedade na cobrança do IPTU.

Todavia, há de se dizer, que o decreto executivo pode ser utilizado, como exceção, na atualização monetária que não exceda os índices oficiais, conforme previsões expressas do Código Tributário Nacional (CTN) e da Constituição Federal (CF/88); em respeito ao princípio da simetria das formas; e de acordo com os entendimentos dos tribunais superiores, inclusive aquele expresso na Súmula nº 160 do Superior Tribunal de Justiça (STJ).[3]

Ainda que se vislumbre a possibilidade da alteração do valor venal do imóvel por decreto, em razão do princípio da autotutela, que permite à Administração Pública revogar seus atos inoportunos ou inconvenientes para adequá-los à realidade econômica e financeira. O executivo muni-

[2] Art. 150. Sem prejuízo de outras garantias asseguradas ao contribuinte, é vedado à União, aos Estados, ao Distrito Federal e aos Municípios:
I – exigir ou aumentar tributo sem lei que o estabeleça;"

[3] Súmula 160/STJ: É defeso, ao Município, atualizar o IPTU, mediante decreto, em percentual superior ao índice oficial de correção monetária.

cipal pode se valer do decreto tão somente para os casos de atualização monetária do valor venal, limitado aos índices oficiais.

Destaca-se, outrossim, que os municípios instituem a base de cálculo do IPTU – valor venal dos imóveis – por meio da Planta Genérica de Valores (PGV), uma lei em sentido formal que estabelece o mapa que subdivide as áreas urbanizadas do município em zonas de valor, na qual são atribuídos valores únicos por metro quadrado dos imóveis, de acordo com as regiões onde estão localizados.

Destarte, como a PGV deve ser instituída por meio de lei formal, suas alterações também devem ser realizadas dessa forma; e que a única exceção nessa situação é o caso de atualização monetária da base de cálculo, que pode ser realizada por meio de decreto do Poder Executivo, uma vez que, materialmente, não se trata de majoração, mas simples atualização de seu valor monetário, sem alteração do valor material instituído pela lei.

Nesta esteira de raciocínio, O Supremo Tribunal Federal (STF) e o STJ já, reiteradamente, vinham decidindo no sentido de que é inconstitucional a majoração da base de cálculo do IPTU sem a edição de lei em sentido formal; e de que é possível, apenas, a atualização monetária em percentual de acordo com os índices oficiais por ato do Poder Executivo. Ao analisar o RE nº 648.245/MG, o que fez o STF foi dar efetividade *erga omnes* ao seu posicionamento.

CAPÍTULO 9
RECURSO EXTRAORDINÁRIO Nº 566.621

MARIA DAS GRAÇAS PATROCÍNIO OLIVEIRA

1. Recurso extraordinário nº 566.621 – Rio Grande do Sul [1]

Recorrente: União
Recorrido: Ruy Cesar Abella Ferreira
Relator: Ministra Ellen Gracie
Data de julgamento: 4 agosto de 2011

1.1. Ementa

DIREITO TRIBUTÁRIO - LEI INTERPRETATIVA - APLICAÇÃO RETROATIVA DA LEI COMPLEMENTAR Nº 118/2005 - DESCABIMENTO - VIOLAÇÃO À SEGURANÇA JURÍDICA - NECESSIDADE DE OBSERVÂNCIA DA VACACIO LEGIS - APLICAÇÃO DO PRAZO REDUZIDO PARA REPETIÇÃO OU COMPENSAÇÃO DE INDÉBITOS AOS PROCESSOS AJUIZADOS A PARTIR DE 9 DE JUNHO DE 2005.

Quando do advento da LC 118/05, estava consolidada a orientação da Primeira Seção do STJ no sentido de que, para os tributos sujeitos a lan-

[1] BRASIL. Supremo Tribunal Federal. *Recurso Extraordinário nº 566.621/RS*, Relatora: Min. Ellen Gracie, Tribunal Pleno, julgado em 04.08.2011, Repercussão Geral, Mérito. DJE, Divulg. 11.10.2011. Disponível em http://portal.stf.jus.br/processos/detalhe.asp?incidente=2565341 Acesso em 17/08/2021.

çamento por homologação, o prazo para repetição ou compensação de indébito era de 10 anos contados do seu fato gerador, tendo em conta a aplicação combinada dos arts. 150, § 4º, 156, VII, e 168, I, do CTN.

A LC 118/05, embora tenha se auto-proclamado interpretativa, implicou inovação normativa, tendo reduzido o prazo de 10 anos contados do fato gerador para 5 anos contados do pagamento indevido.

Lei supostamente interpretativa que, em verdade, inova no mundo jurídico deve ser considerada como lei nova.

Inocorrência de violação à autonomia e independência dos Poderes, porquanto a lei expressamente interpretativa também se submete, como qualquer outra, ao controle judicial quanto à sua natureza, validade e aplicação.

A aplicação retroativa de novo e reduzido prazo para a repetição ou compensação de indébito tributário estipulado por lei nova, fulminando, de imediato, pretensões deduzidas tempestivamente à luz do prazo então aplicável, bem como a aplicação imediata às pretensões pendentes de ajuizamento quando da publicação da lei, sem resguardo de nenhuma regra de transição, implicam ofensa ao princípio da segurança jurídica em seus conteúdos de proteção da confiança e de garantia do acesso à Justiça.

Afastando-se as aplicações inconstitucionais e resguardando-se, no mais, a eficácia da norma, permite-se a aplicação do prazo reduzido relativamente às ações ajuizadas após a *vacatio legis*, conforme entendimento consolidado por esta Corte no enunciado 445 da Súmula do Tribunal.

O prazo de vacatio legis de 120 dias permitiu aos contribuintes não apenas que tomassem ciência do novo prazo, mas também que ajuizassem as ações necessárias à tutela dos seus direitos.

Inaplicabilidade do art. 2.028 do Código Civil, pois, não havendo lacuna na LC 118/08, que pretendeu a aplicação do novo prazo na maior extensão possível, descabida sua aplicação por analogia. Além disso, não se trata de lei geral, tampouco impede iniciativa legislativa em contrário.

Reconhecida a inconstitucionalidade art. 4º, segunda parte, da LC 118/05, considerando-se válida a aplicação do novo prazo de 5 anos tão-somente às ações ajuizadas após o decurso da *vacatio legis* de 120 dias, ou seja, a partir de 9 de junho de 2005.

Aplicação do art. 543-B, § 3º, do CPC aos recursos sobrestados. Recurso extraordinário desprovido.

1.2. Tese fixada:

É inconstitucional o art. 4º, segunda parte, da Lei Complementar 118/2005, de modo que, para os tributos sujeitos a homologação, o novo prazo de 5 anos para a repetição ou compensação de indébito aplica-se tão somente às ações ajuizadas após o decurso da *vacatio legis* de 120 dias, ou seja, a partir de 9 de junho de 2005.

Tema 4 – Termo *a quo* do prazo prescricional da ação de repetição de indébito relativa a tributos sujeitos a lançamento por homologação e pagos antecipadamente.

1.3. Especificação do caso e razões da submissão à repercussão geral

Trata-se do Recurso Extraordinário (RE) 566.621, interposto pela União contra acórdão proferido pelo Tribunal Regional Federal da 4ª Região, que considerou inconstitucional a segunda parte do art. 4º da Lei Complementar (LC) nº 118, de 9 de fevereiro de 2005, sob o argumento de que o art. 3º da mesma lei somente poderia "ter eficácia prospectiva, incidindo apenas sobre situações que venham a ocorrer a partir de sua vigência, não se aplicando às ações ajuizadas em data anterior à 09 de junho de 2005, porque na essência, como dito alhures, não possui índole interpretativa, como insinuado no art. 4º".

A União sustenta a constitucionalidade do citado artigo, o qual determinou a aplicação retroativa da interpretação autêntica atribuída ao art. 168 do Código Tributário Nacional (Lei nº 5.172, de 25 de outubro de 1966), relativamente ao prazo para a interpretação de indébito tributário. Argumenta que não teria sido violada a segurança jurídica protegida constitucionalmente no art. 5º, inciso XXXVI. É que o art. 3º da LC nº 118, de 2005, seria um dispositivo meramente interpretativo, podendo, dessa forma, ser aplicado a fatos ocorridos antes de sua vigência, desde que respeitada a coisa julgada. Também não haveria violação ao direito adquirido, em face da inexistência de direito definitivamente incorporado ao patrimônio do recorrido.

O Ministério Público Federal manifestou-se pelo desprovimento do recurso.

Para melhor compreensão da matéria objeto de discussão neste recurso extraordinário, cumpre fazer uma breve contextualização da grande controvérsia doutrinária e jurisprudencial que se instaurou na década de 90 e se perdurou por anos no ordenamento jurídico. Trata-se do termo inicial do prazo decadencial para a restituição de indébitos referentes a tributos sujeitos a lançamento por homologação.

Anteriormente à edição da LC nº 118, de 2005, prevalecia no âmbito do Superior Tribunal de Justiça (STJ) a interpretação segundo a qual o prazo de cinco anos fixados pelo art. 168 do CTN para que se pleiteasse a restituição do indébito, no caso de tributos sujeitos a lançamento por homologação (inciso I do dispositivo legal), apenas teria início após a homologação do lançamento pelo Fisco, totalizando dez anos contados do fato gerador, tendo em vista que, na prática, como a autoridade administrativa geralmente não homologa expressamente o lançamento, dá-se a homologação tácita pelo decurso do prazo de cinco anos, contado do pagamento do tributo sujeito a essa espécie de lançamento.

Inconformada com esta interpretação que se consolidou no âmbito do STJ, a Administração Tributária Federal providenciou sua modificação pela via legislativa, no caso a LC nº 118, de 2005.

Referida LC tentou pôr um fim nas discussões, fixando que o prazo de cinco anos mencionado pelo art. 168 do Código Tributário Nacional (prazo para pleitear a restituição do indébito) iniciar-se-ia do pagamento antecipado (art. 150, § 1º, do CTN), no caso dos tributos sujeitos a lançamento por homologação, *verbis*:

> Art. 3º Para efeito de interpretação do inciso I do art. 168 da Lei nº 5.172, de 25 de outubro de 1966 – Código Tributário Nacional, a extinção do crédito tributário ocorre, no caso de tributo sujeito a lançamento por homologação, no momento do pagamento antecipado de que trata o § 1º do art. 150 da referida Lei.

Por sua vez, o art. 4º da referida LC, em sua segunda parte, determinou, de modo expresso que, relativamente ao seu art. 3º, seja observado "o disposto no art. 106, I, da Lei 5.172, de 25 de outubro de 1966 – Código Tributário Nacional", ou seja, que a regra de contagem de 5 (cinco) anos de prescrição do direito à repetição ou à compensação de indébitos seja aplicada inclusive aos atos ou fatos pretéritos.

O Plenário do Supremo Tribunal Federal negou provimento ao recurso extraordinário em tela, nos termos da ementa retrotranscrita, mantendo a decisão do TRF-4.

1.4. Critério de conhecimento da repercussão geral

A repercussão geral da matéria não apenas foi suscitada em preliminar neste recurso extraordinário, como já foi reconhecida nos autos do RE 561.908-7, tendo como Relator o Ministro Marco Aurélio.

2. Mérito da decisão

O Tribunal, por maioria e nos termos do voto da Relatora, negou provimento ao recurso extraordinário.

Divergiram da Relatora os Ministros Marco Aurélio, Dias Toffoli, Cármen Lúcia e Gilmar Mendes. Ausente, licenciado, o Senhor Ministro Joaquim Barbosa. Presidiu o julgamento o Senhor Ministro Cezar Peluso. Plenário, em 04.08.2011.

2.1. Voto condutor

Após transcrever os arts. 3º e 4º da LC nº 118, de 2005, a Relatora, Ministra Ellen Gracie, em seu extenso e bem fundamentado voto, assim se pronunciou:

> Importante verificar, porém, se o art. 3º da LC 118/05 constitui, materialmente, verdadeira lei interpretativa e se a determinação de retroatividade constante do seu art. 4º encontra suporte no texto constitucional e, se necessário, qual a regra de transição a ser observada.
>
> Denomina-se "interpretação autêntica" aquela estabelecida pela mesma fonte de produção normativa que formulou a norma jurídica interpretada. Caracteriza-se tanto pela sua origem, como por vir revestida da cogência própria do instrumento legislativo utilizado.

Discorreu a Ministra Relatora sobre a evolução da interpretação jurídica, mencionando a doutrina a qual refere que a função do Poder Legislativo era não só a de fazer as leis, como de interpretá-las. Menciona, nesse sentido, a Constituição de 1824, que estabeleceu a competência da Assembleia Geral para fazer as leis e interpretá-las, conforme manifestação do Ministro Celso de Mello, quando do julgamento da ADI 605-3.

Ressaltou que desde então muitas mudanças ocorreram na compreensão das funções típicas de cada Poder.

Destacou que a afirmação da submissão de todos os Poderes à supremacia da Constituição e a do caráter complexo da interpretação e aplicação do Direito pelos Juízes mudaram o modo como se vê a atividade jurisdicional e, inclusive, estenderam os seus limites. De fundamental importância nessa trajetória foi o julgamento, pela Suprema Corte americana, do caso *Marbury v. Madison*, em 1803, em que se afirmou o caráter normativo da Constituição, e a obrigação de todos, inclusive do legislador, de respeitá-la, cabendo aos juízes a obrigação de aplicá-la em detrimento da lei, quando entre seus textos houvesse conflito.

Em nosso País, afirmou a Relatora, a possibilidade de o Judiciário controlar a validade das leis é constitucionalmente reconhecida desde a Constituição Imperial de 1891, sendo que atualmente, na Constituição de 1988, dá-se por diversos instrumentos processuais, de modo difuso e concentrado. Também no campo da hermenêutica a evolução foi grande. Passou-se a reconhecer toda a complexidade da atividade jurisdicional que envolve considerar cada dispositivo legal em particular e o ordenamento como um todo, e, ainda, não apenas interpretar e aplicar as regras, mas atribuir-lhes sentido em conformidade com a Constituição. Isso sem falar na necessidade de considerar a eficácia normativa dos princípios e de ponderar os que se apresentem em aparente conflito, de modo a otimizar a concretização dos valores constitucionalmente protegidos, construindo a regra do caso concreto.

Asseverou que, quando do julgamento da ADI-605-3/DF, o STF já havia definido o modo como se deve considerar as leis interpretativas. Naquela oportunidade, como no presente caso, estava em discussão diploma de cunho expressamente interpretativo. O Ministro Relator, Celso de Mello, então retomou a lição de Giovani Galoni para dizer que a interpretação autêntica "não constitui uma verdadeira atividade interpretativa, mas sim, um processo de integração normativa em que *la norma interpretativa se pone cosí come norma complementare rispetto ala norma interpretata com il resultato de chiarirne la astratta precittivittà*."

A Relatora, rebatendo a fundamentação do argumento proferido no voto do EREsp 644.736-AI/PE, de relatoria do Ministro Teori Albino Zavaski, que levanta questão constitucional no sentido de que a LC nº 118, de 2005, teria ofendido o princípio constitucional da autonomia e independência dos poderes, estampado no art. 2º da CF/88, afirmou tratar-se de argumento rechaçado pelo STF por ocasião do julgamento da ADI 605-3/DF, muito bem fundamentada pelo Ministro Celso de Mello, Relator desta ação, conforme trechos que reproduz. Cita, ainda, trechos do voto do Ministro Sepúlveda Pertence proferido nesta ação, *verbis*:

> Não há invasão da área constitucional do Poder Judiciário, com a edição de lei que se pretenda interpretativa. Para mim, no sistema brasileiro lei interpretativa ou é inócua ou é lei nova. [...] Se a título de lei interpretativa, a segunda lei extrapola da interpretação, é lei nova, que altera a lei antiga, modificando-a ou adicionando-lhe normas inexistentes. E assim há de ser examinada.

Concluiu a Ministra Ellen Gracie quanto a esta questão:

> Não estando, pois, as leis interpretativas imunes ao controle jurisdicional, mas, pelo contrário, sujeitas integralmente a ele como qualquer outro diploma legal, não implicam, por si só, violação à independência do Poder Judiciário, que resta preservada.

Frisou a Ministra Relatora que a LC nº 118, de 2005, não é interpretativa. Ainda que o fosse, e que se pudesse considerar legítima sua aplicação retroativa com fundamento no art. 106, I, do CTN, referida lei teria de observar o art. 5º, XXXVI, da CF/88, não podendo atingir o ato jurídico perfeito, o direito adquirido e a coisa julgada. Mas, segundo afirmou, não estamos diante de lei interpretativa, devendo considerar a LC nº 118, de 2005, como lei nova que é, submetendo-a a todos os condicionamentos a que está sujeita.

Embora, segundo asseverou, inexista direito adquirido a regime jurídico, isto não quer dizer, contudo, que a redução de prazo possa retroagir para fulminar, de imediato, pretensões que ainda poderiam ser deduzidas no prazo vigente quando da modificação legislativa.

Ao final do voto, negou a Ministra Relatora provimento ao recurso extraordinário, reconhecendo a inconstitucionalidade da segunda parte do art. 4º da LC nº 118, de 2005, por violação do princípio da segurança jurídica, nos seus conteúdos de proteção da confiança e de acesso à Justiça, com suporte implícito e expresso nos arts. 1º e 5º, inciso XXXV, da CF/88, e considerando válida a aplicação do novo prazo de 5 anos tão-

-somente às ações ajuizadas após o decurso da *vacatio legis* de 120 dias, ou seja, a partir de 9 de junho de 2005.

O Ministro Ricardo Lewandowski, com fundamento em parecer de Paulo de Barros Carvalho, concluiu que o art. 3º não configura uma norma de caráter interpretativo, tratando-se de uma regra que inova o ordenamento jurídico. Diante disso, acompanhou a Relatora. A seguir, excertos de seu voto:

> O Professor Paulo de Barros Carvalho invoca – e, ao meu ver, com razão – sobre os princípios da segurança jurídica e da certeza do direito que, para serem observados, determinam que sua implantação, ou as alterações legislativas, só tenham efeito após a sua vigência, ou seja, não podem aplicar-se a fatos pretéritos.
>
> Em conclusão, estou entendendo que o artigo 3º, da Lei Complementar 18, só pode ter eficácia prospectiva, incidindo apenas sobre as situações que venham a ocorrer a partir de sua vigência; ou seja, quatro meses após sua publicação, de forma consentânea, inclusive, com a previsão expressa que consta de seu texto.
>
> Portanto, acompanho às inteiras, o douto voto da Ministra Ellen Grace, pedindo vênia à divergência.

O Ministro Ayres Britto também acompanhou o voto da Relatora, pelos fundamentos e pela conclusão.

Cumpre destacar o voto do Ministro Cezar Peluso, segundo o qual a LC nº 118, de 2005, introduziu uma norma diferente daquela revelada pelo STJ no exercício constitucional de interpretar e uniformizar o Direito Federal, daí porque a lei não pode retroagir.

O julgamento foi interrompido em março de 2010 por pedido de vista do ministro Eros Grau. Seu sucessor, o Ministro Luiz Fux, em seu voto-vista, negou provimento, concordando com o voto da Relatora no sentido de que a lei em tela não é interpretativa, tendo criado um direito novo, no interesse da Fazenda.

Registre-se, quanto ao Ministro Celso de Mello, não foi possível encontrar seu voto ou manifestação no sítio do STF. Suas manifestações nos debates foram canceladas, embora no Extrato de Ata conste que ele conheceu, mas negou provimento ao recurso.

2.2. Votos vencidos

Inaugurando a divergência, o Ministro Marco Aurélio deu provimento ao recurso, no que foi acompanhado pelos Ministros Dias Toffoli, Cármen Lúcia e Gilmar Mendes. Entendeu aquele Ministro que o art. 3º não inovou, mas repetiu rigorosamente o contido no Código Tributário Nacional. Afirmou se tratar de dispositivo meramente interpretativo, que buscou redirecionar a jurisprudência equivocada do STJ.

Embora tenha entendido que a LC nº 118/2005 não trouxe inovação, reconheceu este Ministro a necessidade de fixação do termo inicial. Segundo afirmou, a prescrição nasce no mesmo momento em que nasce a ação, o que só ocorre após o pagamento indevido:

> Penso que ninguém tem dúvida que o prazo prescricional é realmente de cinco anos. A questão está no termo inicial. E vem a doutrina, a jurisprudência, o próprio sistema, revelando que, no caso, o termo inicial da prescrição coincide com o nascimento da ação.
>
> Pois bem, pago um tributo erroneamente, equivocadamente, a partir de quando se tem a ação exercitável? Do dia seguinte ao pagamento, ou, até, no mesmo dia.

O Ministro Dias Toffoli, por sua vez, acrescentou não vislumbrar na lei atentado contra o direito adquirido, o ato jurídico perfeito, ou a coisa julgada. Observou que a lei pode retroagir, respeitando esses princípios.

3. Análise crítica

No caso concreto, foi declarada a inconstitucionalidade da segunda parte do art. 4º da LC nº 118, de 2005. Visaram este dispositivo e o art. 3º da mesma lei, contornar a jurisprudência já consolidada acerca da matéria.

A segurança jurídica foi o mote da decisão proferida no Recurso Extraordinário 566.621/RS. Sobre o conteúdo jurídico deste sobreprincípio, elucida Paulo Ayres Barreto:

> [...] O primado da segurança jurídica exige previsibilidade, possibilidade de planejamento de ações futuras. É decorrência do princípio republicano. Não se compagina com a noção de república, a surpresa, a imprevisibilidade, a insegurança em relação à aplicação das normas jurídicas. Impõe-se o prévio conhecimento do cidadão das normas a que

> submetido, permitindo pautar a sua atuação sem riscos, sem surpresas advindas do ordenamento jurídico.[2]

Paulsen assevera que a segurança jurídica promove a certeza e a confiança nas relações jurídicas, sendo, simultaneamente, um subprincípio do Estado de Direito e um sobreprincípio relativamente a outros princípios que visem à sua efetivação, sendo um de seus conteúdos a irretroatividade da lei tributária.[3]

O princípio da proteção da confiança em matéria tributária, emanação da segurança jurídica, permite a proteção das expectativas legitimamente criadas pela atuação da Administração, evitando que o administrado seja surpreendido e prejudicado.

O princípio da irretroatividade, por sua vez, incide sobre todo o direito, de modo que a mudança de entendimento jurisprudencial também está a ele submetida. A jurisprudência serve para consagrar a segurança jurídica, tendo em vista que a sua uniformização traz previsibilidade às relações jurídicas e impede o prolongamento de discussões judiciais acerca da matéria pacificada.[4]

O Código Tributário Nacional admite a lei expressamente interpretativa e a ela atribui efeito retroativo quando estabelece:

> Art. 106. A lei aplica-se a ato ou fato pretérito:
>
> I – em qualquer caso, quanto seja expressamente interpretativa, excluída a aplicação de penalidade à infração dos dispositivos interpretados; [...]

Contudo, o cerne da questão não é a possibilidade da interpretação autêntica, mas sim a viabilidade de esta atingir fatos ocorridos antes da edição da norma interpretativa, contrariando interpretação jurisprudencial firme sobre a matéria e agravando a situação do contribuinte.

[2] BARRETO, Paulo Ayres. *Imposto sobre a renda e preços de transferência*. São Paulo: Dialética, 2001. p. 42.

[3] PAULSEN, Leandro. *Curso de Direito Tributário*. 3. ed. rev. e atual. Porto Alegre: Livraria do Advogado, 2010, p. 71-72.

[4] CARRAZA, Roque Antônio apud PEREIRA, Henrique dos Santos; NELSON, Daniel Earl. Fim da tese dos "5+5: análise da tese do Recurso Extraordinário 566.621 à luz da segurança jurídica. *Revista Conhecimento Online*, Ano 5, vol. 2, out. 2013.

Nesses casos, mesmo se tratando de lei interpretativa, só poderá dispor para o futuro.

O art. 3º da LC nº 118, de 2005, ao dispor que o termo inicial do prazo para repetição do indébito é a data do pagamento indevido e não a da homologação expressa ou tácita, modificou o entendimento consolidado na jurisprudência, reduzindo o prazo para a restituição de indébitos tributários e gerando insegurança jurídica. Esse caráter inovador e modificativo do ordenamento jurídico, inviabiliza a aplicação do art. 106, I, do CTN.

Quanto à definição do momento em que caberia a aplicação do novo prazo – se das ações ajuizadas ou dos pagamentos indevidos efetuados após a vigência da lei –, cabe mencionar:

i) a aparente contradição no voto do Ministro Ricardo Lewandowski, o qual, embora tivesse afirmado que "acompanh[ava], às inteiras, o douto voto da Ministra Ellen Gracie" e ainda de ter invocado parecer da lavra de Paulo de Barros Carvalho, no qual opina que "as alterações legislativas tenham seus efeitos desencadeados apenas em relação aos *fatos ocorridos em momento posterior à sua vigência*", ressalvou esse Ministro que inovações legais somente terão "efeito após a sua vigência, ou seja, não podem aplicar-se a fatos pretéritos", concluindo que "o artigo 3º, da Lei Complementar 118, só pode ter eficácia prospectiva, incidindo sobre *situações* que venham a ocorrer a partir de sua vigência", expressão que indica que o novo prazo trazido pela LC 118, de 2005, deveria ser aplicado aos pagamentos indevidos realizados após sua vigência ou seja, após 09/06/2005, conforme entendimento expresso pelo STJ sobre o tema[5], antes da adoção do termo inicial pelo REsp n. 1.269.570/MG, que procurou compatibilizar-se com o posicionamento firmado pelo STF neste recurso extraordinário. (o grifo não é do original)

ii) que o Ministro Luiz Fux, em seu voto-vista, ressaltou que, se o termo inicial do prazo prescricional corresponde à data do pagamento indevido, então a citada LC deve ser aplicada apenas para pagamentos indevidos ocorridos após sua vigência. Segundo asseverou, entendimento diverso implicaria supressão do prazo prescricional, uma vez que, se o direito de ação pressupõe a lesão a direito, então o termo inicial do

[5] Como por exemplo o decidido no REsp n. 1.002.932/SP (Relator Ministro Luiz Fux, Primeira Seção, DJe de 18.12.2009).

prazo prescricional deve ser a data da ocorrência dessa lesão, que, nos casos de repetição de indébito no âmbito do lançamento por homologação, conforme o artigo 3º da própria LC nº 118, de 2005, é o pagamento indevido. Logo, para garantir a segurança jurídica, o art. 3º da referida LC deveria ser aplicado apenas a pagamentos indevidos ocorridos após a sua vigência[6], e não a ações ajuizadas após a sua vigência, conforme decidido pela Ministra Ellen Gracie.

iii) que o Ministro Marco Aurélio, embora vencido – por ter entendido que a LC nº 118/2005 não trouxe inovação –, reconheceu a necessidade de fixação do termo inicial. Salientou este Ministro que a prescrição nasce no mesmo momento em que nasce a ação, o que só ocorre após o pagamento indevido.

iv) que nem todos os ministros presentes na sessão se manifestaram quanto a esta questão do termo inicial, que é autônoma em relação à primeira (a constitucionalidade da parte final do art. 4º da LC 118, de 2005).

O entendimento exarado pelo Ministro Luiz Fux quanto ao termo inicial de aplicação da LC nº 118, de 2005 (com o qual concordamos), não foi considerada por seus pares para fins de decisão final, de modo que o resultado do julgamento foi no sentido de reconhecer a inconstitucionalidade da segunda parte do art. 4º da referida lei complementar, admitindo-se a aplicação de seu art. 3º a ações ajuizadas após a sua entrada em vigor, nos termos do voto da Ministra Relatora e conforme ementa.

No sentido de que o STF não deu atenção à questão da definição do momento de aplicação do novo prazo, ao prevalecer na ementa do julgado apenas o voto da Relatora, vale ressaltar o artigo escrito por Leonardo e Silva de Almendra Freitas:

> Assim, o verdadeiro problema surgiu quando o STJ, que até então tinha orientação semelhante à pela qual se pautaram (pelo menos) os votos do Ministro Celso de Mello e Luiz Fux, se "auto-obrigou" a seguir o RE n. 566.621/RS, supondo que *toda* a discussão tinha natureza constitucional e, portanto, que a última palavra só podia ser do STF. Isto se

[6] Na esteira do entendimento firmado pelo STJ, por meio do REsp n. 1.002.932/SP (Relator Ministro Luiz Fux, Primeira Seção, DJe de 18.12.2009), no sentido de que a alteração trazida pela LC118/05 só seria aplicada aos recolhimentos realizados já na vigência da aludida lei complementar.

> deu no já referido REsp n. 1.269.570/MG. No entanto, tendo-se decidido dessa forma menos por *concordar* com o (suposto) entendimento do STF e mais por se sentir vinculado a ele, acreditamos não ser improvável que, recolocadas as coisas em seus devidos lugares e percebido o caráter infraconstitucional deste aspecto da discussão, o STJ retome a jurisprudência que, até então, nenhum de seus integrantes hesitava em seguir.[7]

Concluindo, cabe destacar que o RE 566.621 constitui um caso paradigmático de aplicação do princípio da segurança jurídica pela Suprema Corte brasileira, em seus subprincípios da proteção da confiança e da irretroatividade.

[7] FREITAS, Leonardo e Silva de Almendra. Análise pragmática do RE 566/621/RS: o problema da aplicação do prazo encurtado da Lei Complementar n. 118/2005 às pretensões anteriores à sua vacância exercidas através de ações ajuizadas após o seu término. *Revista Dialética de Direito Tributário, n. 207,* p. 73-86.

CAPÍTULO 10
RECURSO EXTRAORDINÁRIO COM AGRAVO Nº 638.315

Mathaus Ferreira Almeida

1. Recurso extraordinário com agravo (are) nº 638.315 – Bahia

Recorrente: Município de Salvador

Recorrido: Empresa Brasileira de Infra-Estrutura Aeroportuária – Infraero

Relator: Cezar Peluso

Data de julgamento: 10 de junho 2011

1.1. Ementa

> RECURSO. Extraordinário. Imunidade tributária recíproca. Extensão. Empresas públicas prestadoras de serviços públicos. Repercussão geral reconhecida. Precedentes. Reafirmação da jurisprudência. Recurso improvido. É compatível com a Constituição a extensão de imunidade tributária recíproca à Empresa Brasileira de Infraestrututa Aeroportuária – INFRAERO, na qualidade de empresa pública prestadora de serviço público.[1]

[1] BRASIL. Supremo Tribunal Federal. *Recurso Extraordinário nº. 638.315*, Relator: Min. Cezar Peluso, Tribunal Pleno, julgado em 20/05/2011, disponível em http://portal.stf.jus.br/processos/detalhe.asp?incidente=4056107 Acesso em 31/10/2021.

1.2. Tese Fixada

A Empresa Brasileira de Infraestrutura Aeroportuária - INFRAERO, empresa pública prestadora de serviço público, faz jus à imunidade recíproca prevista no art. 150, VI, a, da Constituição Federal. (Obs: Redação da tese aprovada nos termos do item 2 da Ata da 12ª Sessão Administrativa do STF, realizada em 09/12/2015.)

Tema 412 - Extensão da imunidade tributária recíproca às empresas públicas prestadoras de serviços públicos.

1.3. Especificações do caso e razões da submissão à repercussão geral

Cuida-se de Embargos à Execução Fiscal ajuizada pelo Município de Salvador, com o fito de receber da empresa Brasileira de Infraestrutura Aeroportuária - INFRAERO o ISS supostamente incidente sobre serviços por ela prestados no período compreendido entre janeiro e abril de 1994, o que originou o Auto de Infração[2] nº 19197-C, lavrado em 28.06.1994 e cuja respectiva COA, de nº 12097085481, foi expedida em 04.05.1999.

A sentença de 1ª instância julgou improcedentes os embargos à execução aviados pelo Município de Salvador, com base no art. 150, inciso VI, alínea 'a', da CF/88, por reconhecer que a Infraero, na qualidade de empresa pública prestadora de serviço público essencial, faz jus à imunidade intergovernamental recíproca, não havendo que se falar na aplicação dos arts. 173, § 2° e 150, § 3° da CF/88, por inexistir *in casu* o exercício de atividade econômica, em suma, nos seguintes termos:

> (...)
>
> A embargante, embora tenha sido criada sob a forma de empresa pública, não exerce atividade econômica, seja comercial, seja industrial, tampouco presta serviço de natureza privada. Sua função precípua, consoante estabelecido na legislação que fundamenta sua existência e

[2] AUTO DE INFRAÇÃO Nº 19197-C Falta de declaração e recolhimento do ISSQN (Imposto sobre Serviços de Qualquer Natureza) no período compreendido entre jan/94 à abril/94 conforme demonstrado no Termo de Fiscalização anexo a este Auto. Tabela nº, código 08, alíquota 5% da Lei 4279/90. O contribuinte fica sujeito às penalidades previstas no Artigo 103, V, da Lei 4279/90".

funcionamento, é a prestação de serviço público federal, em regime de monopólio, concernente na administração aeroportuária. Conforme reiteradamente decidido pelo Eg. Tribunal Regional Federal da 1 a Região, ao qual sou subordinado, tal fato afasta a incidência do art. 173, § 2º, da Constituição Federal, que somente se aplica às empresas públicas e sociedades de economia mista exercentes de atividade econômica, e tem por objetivo garantir-lhes isonomia em face das obrigações tributárias (cf. art. 173, § 2º, da CF/88: "As empresas públicas e as sociedades de economia mista não poderão gozar de privilégios fiscais não extensivo às do setor privado").

(...)

Resta claro, pois, que incide em favor da embargante, a hipótese constitucional do art. 150, inc. VI, "a", instituidora do princípio da imunidade recíproca, pelo qual é vedado às pessoas de direito público interno instituir impostos sobre o patrimônio, renda ou serviços, uns dos outros.

De modo que, admitir-se a incidência do ISS sobre serviços prestados pela INFRAERO importaria em violação da imunidade recíproca, pois consubstanciaria a tributação de um serviço público federal por parte de outro ente público, no caso, o município. Ressalte-se por fim, que o disposto no § 3º do art. 150 da CF/88 não tem aplicação no caso presente, restringindo-se àqueles entes que atuam na exploração de atividades econômicas, todavia, como já acentuado, a embargante não é exercente de atividade econômica, mas sim prestadora de serviço público federal, consoante disposto no art. 21, inc. XII, 'c', da Constituição Federal."

Irresignado com a r. sentença, o Município de Salvador interpôs recurso de Apelação, alegando, em síntese, que:

a) por tratar-se de empresa pública, a Infraero não faz jus à imunidade tributária, em consonância com o Art. 173, § 1º da Constituição Federal;

b) as atividades exercidas pela Infraero não podem ser caracterizadas como atividades monopolistas, tendo em vista que no Estado da Bahia existe entidade de Administração estadual (OAB – Departamento de

> Aviação da Bahia), responsável pela administração e exploração de aeroportos no interior do Estado;
>
> c) de resto, ainda que se admita que a Infraero faça jus à imunidade tributária, esta não pode beneficiar-lhe no que se refere à receita proveniente da totalidade de suas atividades, haja vista que (no entender do Município) parte destas tem natureza privada e são realizadas em igualdade de condições com o setor privado

Nas razões do Acórdão exarado pelo Tribunal Federal da 1ª Região, foi entendido que a empresa Brasileira de Infraestrutura Aeroportuária – INFRAERO, criada pela Lei 5.862, de 12/12/1972, é empresa pública prestadora de serviços de infraestrutura aeroportuária, cujos serviços estão à disposição da coletividade mediante contraprestação financeira, bem como que o serviço de infraestrutura aeroportuária é mantido pela União e está inserido na sua competência administrativa exclusiva, nos termos do art. 21, XII, da Constituição Federal, estando, sujeito, portanto, à responsabilidade da União e devendo ser considerado como serviço público, razão pela qual negou-se, então, provimento à apelação do Município de Salvador.

Seguindo, o acordão ainda terminou por entender que as empresas estatais estariam excluídas da garantia prevista no art. 150, VI, "a", da Carta Magna, em razão de vedação expressa, consubstanciada no art. 173, § 1º, reportando-se ao voto do proferido no Recurso Extraordinário nº 363.412[3], proferido pelo eminente Ministro Celso de Mello. Vejamos:

> Cumpre rememorar, por oportuno, neste ponto, a valiosa opinião doutrinária do eminente Professor Eros Grau ("A Ordem Econômica na Constituição de 1988 – Interpretação e Crítica", p. 140, 2 a ed., 1991, RT), cuja lição confere precisa exegese ao art. 173, § 1º, da Constituição da República, em magistério aplicável à situação jurídica da INFRAERO: "Da mesma forma, no § 10 do art. 173 a expressão conota atividade econômica em sentido estrito: determina figurem sujeitas ao regime próprio das empresas privadas, inclusive quanto às obrigação trabalhistas e tributárias, a empresa pública, a sociedade de economia mista e outras entidades que atuem no campo da atividade econômica em sentido

[3] (RE 363412 AgR/BA 2" Turma, rel. Ministro Celso de Mello, DJe 177, de 18/09/2008).

> estrito; o preceito, à toda evidência, não alcança empresa pública, sociedade de economia mista e entidades (estatais) que prestam serviço público. "(grifei) Não foi por outra razão que salientei, em passagem de minha decisão, que a INFRAERO, qualificada como empresa pública delegatária de serviços públicos (aqueles referidos no art. 21, XII, "c", da Lei Fundamental serviços de infra-estrutura aeroportuária –, cuja execução submete-se, constitucionalmente, a regime de monopólio), não concorre com as empresas privadas, pelo simples fato de não explorar atividade econômica em sentido estrito, o que permite excluí-la da disciplina jurídica que a instituição da República, em obséquio ao princípio da livre concorrência, estabeleceu em seu art. 1 73, § 1º.

Ainda nessa senda, para melhor ilustrar o argumento da Desembargadora, segue abaixo a transcrição da ementa do acordão proferido pela oitava turma do Tribunal Federal da 1ª Região. Vejamos:

> TRIBUTÁRIO E CONSTITUCIONAL. ISS. INFRAERO. SERVIÇOS DE INFRAESTRUTURA AEROPORTUÁRIA. IMUNIDADE TRIBUTÁRIA RECÍPROCA. EMPRESA PÚBLICA DELEGATÁRIA DE SERVIÇO PÚBLICO. INAPLICABILIDADE DO ART. 173, § 1°, DA CF/1988. ENTENDIMENTO DO STF.
>
> 1. A Empresa Brasileira de Infraestrutura Aeroportuária – INFRAERO, apesar de ter sido constituída como empresa pública federal, tem natureza tipicamente pública por prestar serviço público sujeito à responsabilidade exclusiva da Administração Direta.
>
> 2. No julgamento do RE 363412 AgR/BA, a Suprema Corte assentou que a INFRAERO, como empresa delegatária de serviços públicos, executados em regime de monopólio, não concorre com as empresas privadas, o que permite excluí-la do regime jurídico que a Constituição estabeleceu no art. 173, § 1º.
>
> 3. A atividade exercida pela INFRAERO é abarcada pela imunidade tributária recíproca, garantia da federação estatuída no art. 150, VI, a, da Constituição Federal. Inviável, no caso, a cobrança do ISS.
>
> 4. Apelação do Município de Salvador e remessa oficial a que se nega provimento.

Desse modo, irresignados pela decisão de segunda instância, houve a interposição diretamente de Recurso Extraordinário por parte do Município de Salvador, uma vez que, no seu entendimento, a Infraero não é beneficiária do instituto da imunidade tributária estabelecido no artigo 150, VI, "a", e artigo 150, parágrafo 2º, da CF e artigo 12, do CTN. Isto porque o serviço público prestado não ostenta caráter monopolístico no plano constitucional, restando evidenciado a flagrante e direta violação a normas constitucionais consubstanciadas no art. 21, XII, alínea "c", no art. 150, inciso VI, alínea "a", §§ 2º e 3º, e nos arts. 173, § 2º, e 177.

Quanto à existência da repercussão geral, necessário para o conhecimento do recurso, a recorrente apontou que o assunto ultrapassava o interesse subjetivo das partes, haja vista a discussão ter grande importância para a sistematização da interpretação constitucional acerca das limitações constitucionais ao poder de tributar, notadamente as imunidades, e, em especial, no cotejo entre o §§ 2º e 3º do art. 150 e o § 2º do art. 173, ambos da CF/88, bem assim quanto à disciplina constitucional do regime de monopólio, pondo-se em linha de análise, de um lado, o art. 21, inciso XII, alínea "c", e, de outro, o art. 177.

Em contrarrazões ao Recurso Extraordinário, o Município de Salvador alegou que: "a INFRAERO é empresa pública prestadora de serviço público por delegação legal direta, beneficiando-se da imunidade do art. 150, VI, "a", e não se sujeitando ao regime do artigo. 173, §§ 1º, II e 2º, da Constituição, igualmente ao que se passa com a Empresa Brasileira de Correios e Telégrafos (CF, art. 21, X)".

O recurso Extraordinário não foi admitido ao argumento de que:

> [...] o acórdão recorrido está em consonância ·com a jurisprudência do STF sobre a matéria, segundo a qual a INFRAERO é empresa pública que executa, como atividade-fim, em regime de monopólio, serviços de infraestrutura aeroportuária constitucionalmente outorgados à União, qualificando-se, em razão, de sua especifica destinação institucional, como entidade delegatária dos serviços públicos a que se refere o art. 21, inciso XII, c, da CF, o que exclui essa empresa governamental, em matéria, de impostos, por efeito da imunidade tributária reciproca (CF, art. 150, VI, a), do poder de tributar dos entes políticos' em geral, razão por que da inexigibilidade, por parte do Município tributante, do ISS referente às atividades executadas pela INFRAERO na prestação dos serviços públicos de infra-estrutura aeroportuária e daquelas necessárias à realização dessa atividade-fim.

Houve a interposição de Agravo em Recurso Extraordinário que terminou por trazer à baila a discussão que o texto constitucional consagra a regra da livre concorrência no art. 170, inciso IV, e § 4° do art. 173. ambos da CF/88, reservando o monopólio apenas e tão somente em caso excepcionais a ser exercido por empresas que integrem a administração pública indireta (empresas públicas e sociedades de economia mista).

1.4. Critério de conhecimento da repercussão geral

No Supremo Tribunal Federal o Recurso Extraordinário recebeu o nº 638.315 e teve por Relator o Ministro Cezar Peluso. Este, após fazer breve síntese do caso, sinalizou que o tema, tendo em conta a função de precedente que este julgado exercerá para todo o sistema judicial, manifestou-se pela repercussão geral do objeto discutido nos autos.

Consignou, ainda, a existência jurisprudências firmadas no sentido de que a INFRAERO faz jus à imunidade recíproca prevista no art. 150, VI, a, da Constituição Federal. Confiram-se o RE 407099 / RS, Rel. Min. Carlos Velloso, DJ de 6.8.2004, RE 598322 / RJ, Rel Min. Celso de Mello, DJe de 22.5.2009, RE 607535 / PE, Min. Rel Ricardo Lewandowski, DJe de 16.3.2010, RE 577511 / PE, Rel. Min. Cármen Lúcia, DJe de 22.2.2010, RE 501639 / BA, Rel. Min. Eros Grau, DJe de 1.8.2008.

O Tribunal, por fim, reconheceu a existência de repercussão geral da questão constitucional suscitada.

2. Mérito da decisão

O Recurso Extraordinário nº 638.315 teve seu julgamento iniciado em 20 de maio de 2011.

Na sessão presidida pelo Ministro Cezar Peluso, o Tribunal reconheceu a existência de repercussão geral da questão constitucional suscitada, vencido o Ministro Luiz Fux e, no mérito, reafirmou a jurisprudência dominante sobre a matéria, vencidos os Ministros Ayres Britto e Marco Aurélio. Não se manifestaram os Ministros Cármen Lúcia e Joaquim Barbosa.

Assim, o reconhecimento da repercussão geral e o mérito foram julgados em conjunto na mesma sessão do Plenário Virtual.

2.1. Do voto condutor

O Ministro Cezar Peluso conduziu seu voto alegando ser compatível com a Constituição a extensão de imunidade tributária recíproca à Empresa Brasileira de Infraestrutura Aeroportuária – INFRAERO, na qualidade de empresa pública prestadora de serviço público, reafirmando a jurisprudência firmada no sentido de que a INFRAERO faz jus à imunidade recíproca prevista no art. 150, VI, "a", da Constituição Federal.

O julgamento do RE 638.315 foi extremamente influenciado pela decisão proferida nos autos do RE 407.099.

2.2. Votos vencidos

Os Ministros Ayres Britto e Marco Aurélio se manifestaram pelo provimento do RE, sendo que o Ministro se manifestou pelo reconhecimento da repercussão geral, mas não consta o detalhamento dos votos (razões de decidir).

3. Análise crítica

Como já dito, o julgamento do RE 638.315 foi extremamente influenciado pela decisão proferida nos autos do RE 363.412. No caso concreto, discute-se, em exame de constitucionalidade, se a atividade exercida pela Infraero é abarcada pela imunidade tributária recíproca, estatuída no art. 150, VI, a, da Constituição Federal.

A empresa gozaria da imunidade do art, 150, VI, a, da Constituição de 1988 (imunidade intergovernamental recíproca), pois: i) é empresa pública Federal que presta serviço público de administração de aeroportos por outorga legal (Lei nº 5.862/72), tendo sido especialmente instituída para tal finalidade; ii) presta serviços públicos de competência da União, tal como determina o artigo 21, XII, c, da Constituição Federal de 1988; iii) as atividades que desenvolve que não se enquadram nas hipóteses de incidência do ISS; e, iv) não é concessionária de serviço público, mas criada pela União para atuação em seu nome.

Para que haja a incidência da imunidade independentemente de revestir a instrumentalidade da pessoa jurídica na forma de autarquia, fundação ou empresa pública, impõe-se a conjugação dos seguintes elementos: i) existência de serviço público a ser prestado; ii) delegação do respectivo serviço público, por força de lei; iii) serviço prestado sem fim lucrativo; iv) serviço prestado em nome do ente delegante (pessoa jurídica de direito público: União, Estados e Municípios); v) resultados não seja apropriados por acionistas particulares; e, vi) lucros reaplicados sempre na melhoria e ampliação dos serviços públicos prestados.

No caso em apreço, tais requisitos foram devidamente comprovados, ou seja, a Infraero é empresa pública federal, instituída pela Lei nº 5.862/72 com a finalidade de operar a estrutura e infraestrutura aeroportuárias brasileiras, em consonância com o artigo 21, XII, c, da Constituição Federal de 1988.

Assim, a decisão proferida representou a melhor solução para o caso, do ponto de vista de resultado, sendo que os argumentos utilizados pelo STF são suficientes para afastar a tese de que a Infraero não é beneficiária do instituto da imunidade tributária estabelecido no artigo 150, VI, "a", e artigo 150, parágrafo 2º, da CF e artigo 12, do CTN, em linha com a jurisprudência da Corte, o que é salutar, embora alguns aspectos da fundamentação desses julgados remanesçam controversos.

CAPÍTULO 11
RECURSO EXTRAÓRDINÁRIO Nº 330.817

Aline Guiotti Garcia

1. Recurso extraórdinário nº 330.817 – Rio de Janeiro

Recorrente: ESTADO DO RIO DE JANEIRO
Recorrido: ELFEZ EDIÇÃO COMERCIO E SERVIÇOS LTDA
Relator: Ministro Dias Toffoli
Voto vencedor: Ministro Dias Toffoli
Data de julgamento: 08 de março de 2017

1.1. Ementa

Recurso extraordinário. Repercussão geral. Tributário. Imunidade objetiva constante do art. 150, VI, d, da CF/88. Teleologia multifacetada. Aplicabilidade. Livro eletrônico ou digital. Suportes. Interpretação evolutiva. Avanços tecnológicos, sociais e culturais. Projeção. Aparelhos leitores de livros eletrônicos (ou e-readers). 1. A teleologia da imunidade contida no art. 150, VI, d, da Constituição, aponta para a proteção de valores, princípios e ideias de elevada importância, tais como a liberdade de expressão, voltada à democratização e à difusão da cultura; a formação cultural do povo indene de manipulações; a neutralidade, de modo a não fazer distinção entre grupos economicamente fortes e fracos, entre grupos políticos etc; a liberdade de informar e de ser informado; o barateamento do custo de produção dos livros, jornais e periódicos, de modo a facilitar e estimular a divulgação de ideias, conhecimentos e informações etc. Ao se invocar a interpretação finalística, se o livro não constituir veículo de ideias, de transmissão de pensamentos, ainda que formalmente possa ser considerado como tal, será descabida a aplicação da imunidade. 2. A imunidade dos livros, jornais e periódicos e do papel destinado a sua impressão não deve ser interpretada em seus extremos, sob pena de se subtrair da salvaguarda toda a racionalidade que inspira seu alcance prático, ou de transformar a imunidade em subjetiva, na medida em que acabaria por desonerar de todo a pessoa do contribuinte, numa imunidade a que a Constituição atribui desenganada feição objetiva. A delimitação negativa da competência tributária apenas abrange os impostos incidentes sobre materialidades próprias das operações com livros, jornais, periódicos e com o papel destinado a sua impressão. 3. A interpretação das imunidades tributárias deve se projetar no futuro e levar em conta os novos fenômenos sociais, culturais e tecnológicos. Com isso, evita-se o esvaziamento das normas imunizantes por mero lapso temporal, além de se propiciar a constante atualização do alcance de seus preceitos. 4. O art. 150, VI, d, da Constituição não se refere apenas ao método gutenberguiano de produção de livros, jornais e periódicos. O vocábulo "papel" não é, do mesmo modo, essencial ao conceito desses bens finais. O suporte das publicações é apenas o continente (*corpus mechanicum*) que abrange o conteúdo (*corpus misticum*) das obras. O corpo mecânico não é o essencial ou o condicionante para o gozo da imunidade, pois a variedade de tipos de suporte (tangível ou intangível) que um livro pode ter aponta para a direção de que ele só pode ser considerado como elemento acidental no conceito de livro. A imunidade de que trata o art. 150, VI, d, da Constituição, portanto, alcança o livro digital (e-book). 5. É dispensável para o enquadramento do livro na imunidade em questão que seu destinatário (consumidor) tenha necessariamente que passar sua visão pelo texto e decifrar os signos da escrita. Quero dizer que a imunidade alcança o denominado "audio book", ou audiolivro (livros gravados em áudio, seja no suporte CD-Rom, seja em qualquer outro). 6. A teleologia da regra de imunidade igualmente alcança os aparelhos leitores de livros eletrônicos (ou e-readers) confeccionados exclusivamente para esse fim, ainda que, eventualmente, estejam equipados com funcionalidades acessórias ou rudimentares que auxiliam a leitura digital, tais como dicionário de sinônimos, marcadores, escolha do tipo e do tamanho da fonte etc. Esse entendimento não é aplicável aos aparelhos multifuncionais, como tablets, smartphone e laptops, os quais vão muito além de meros equipamentos utilizados para a leitura de livros digitais. 7. O CD-Rom é apenas um corpo mecânico ou suporte. Aquilo que está nele fixado (seu conteúdo textual) é o livro. Tanto o suporte (o CD-Rom) quanto o livro (conteúdo) estão abarcados pela imunidade da alínea d do inciso VI do art. 150 da Constituição Federal. 8. Recurso extraordinário a que se nega provimento. TESE DA REPERCUSSÃO GERAL: 9. Em relação ao tema nº 593 da Gestão por Temas da Repercussão Geral do portal do STF na internet, foi aprovada a seguinte tese: "A imunidade tributária constante do art. 150, VI, d, da CF/88 aplica-se ao livro eletrônico (e-book), inclusive aos suportes exclusivamente utilizados para fixá-lo."

1.2. Tese fixada

A imunidade tributária constante do art. 150, VI, d, da CF/88 aplica-se ao livro eletrônico (e-book), inclusive aos suportes exclusivamente utilizados para fixá-lo.

Tema 593 – Imunidade tributária de livro eletrônico (e-book) gravado em CD-ROM.

1.3. Especificação do caso e razões da submissão à repercussão geral

O RE 330.817 trata do enquadramento das novas tecnologias relacionadas a livros digitais à imunidade do livro citada no art. 150, VI, "d", da Constituição Federal. O Estado do Rio de Janeiro interpôs recurso extraordinário em face de acórdão do Tribunal de Justiça do Estado do Rio de Janeiro assim ementado:

> Duplo Grau de Jurisdição. Mandado de Segurança. Imunidade concernente ao ICMS. Art. 150, VI, 'd', da Constituição Federal. Comercialização da Enciclopédia Jurídica eletrônica por processamento de dados, com pertinência exclusiva ao seu conteúdo cultural – software. Livros, jornais e periódicos são todos os impressos ou gravados, por quaisquer processos tecnológicos, que transmitem aquelas ideias, informações, comentários, narrações reais ou fictícias sobre todos os interesses

> humanos, por meio de caracteres alfabéticos ou por imagens e, ainda, por signos. A limitação do poder de tributar encontra respaldo e inspiração no princípio no *Tax on Knowledges*. Sentença que se mantém em duplo grau obrigatório de jurisdição.

Na origem, o processo tramitou sob o nº 0029902-96.2000.8.19.0000 (2000.009.00133). Em 17/05/1999, a empresa impetrou mandado de segurança em face da Inspetoria de Fazenda Centro II visando a "concessão definitiva da ordem para o fim de reconhecer a imunidade tributária prevista no art. 150, VI, "a", da CRFB, do livro informatizado denominado inicialmente Enciclopédia do Advogado Eletrônica, hoje Enciclopédia Jurídica Eletrônica, bem como de seus insumos." A sentença, proferida em 26/11/1999, julgou "procedente em parte o pedido para declarar a existência da imunidade prevista no art. 150, VI, 'd' da CRFB/88 ao software denominado Enciclopédia Jurídica Eletrônica e ao disco magnético (CD ROOM) em que as informações culturais são gravadas."

Não foram interpostos recursos da sentença, que foi analisada e mantida pelo Tribunal de Justiça do Estado de Rio de Janeiro, em 17/08/2000, em função do duplo grau de jurisdição. Entretanto, em 13/10/2000, o Estado do Rio de Janeiro interpôs recurso extraordinário. De acordo com o Recorrente, a cultura pode ser transmitida por diversos meios. Entretanto, o constituinte optou por "oferecer especial proteção apenas aos livros, aos jornais e aos periódicos, produzidos com papel". Afirma que o livro eletrônico já existia ao tempo da promulgação da Constituição Federal de 1988.

Ao longo dos anos, a empresa anexou aos autos informações sobre as inovações tecnológicas que surgiam, a exemplo da juntada de diversas reportagens em 2009 sobre a entrada do *Kindle* no país.

Em 04/02/2010, o Ministro Dias Toffoli destacou que, considerando que o acórdão havia sido publicado 15/09/2000, inexistia a exigência de demonstração de repercussão geral. Ademais, deu provimento ao recurso por entender, nos termos da jurisprudência da Corte (RE n. 324.600/SP, RE n. 229.703/SP, AI n. 307.932/SP-AgR, RE n. 416.579/RJ, RE n. 282.387/RJ, AI n. 530.958/GO), que a imunidade prevista no art. 150, inciso VI, "d", da Constituição Federal, "não abrange outros insumos que não os compreendidos na acepção da expressão 'papel destinado à sua impressão'. Assim, denegou a segurança pretendida inicialmente. Entretanto, a empresa opôs embargos de declaração. Posteriormente, o Relator determinou o sobrestamento do processo em razão da repercussão geral reconhecida no RE nº 595.676/RJ.

Entretanto, em 31/08/2012, o Relator reconsiderou a decisão anterior e declarou como prejudicado os embargos opostos. Afirmou que "no presente recurso, o enfoque está no alcance da imunidade com relação ao suporte físico em que é registrada a produção intelectual; ou seja, trata-se, na espécie, do próprio bem imune. Portanto, no caso em apreço, almeja-se aferir se o legislador, ao criar a norma imunizante, realmente pretendeu contemplar apenas o papel e seus derivados ou, finalisticamente, pretendeu acobertar, de forma genérica, outros suportes utilizados na veiculação similares." Assim, reconheceu a repercussão geral e submeteu seu juízo ao Plenário, que concordou.

Posteriormente, foram admitidos como *amicus curie* a Associação Nacional de Editores de Revistas – ANER, o Sindicato Nacional dos Editores de Livros – SNEL e a União Federal.

1.4. Critério de conhecimento da repercussão geral

A matéria teve sua repercussão geral reconhecida em 20/09/2012 pelo Plenário, conforme ementa que segue:

> EMENTA DIREITO CONSTITUCIONAL E TRIBUTÁRIO. MANDADO DE SEGURANÇA COLETIVO. PRETENDIDA IMUNIDADE TRIBUTÁRIA A RECAIR SOBRE LIVRO ELETRÔNICO. NECESSIDADE DE CORRETA INTERPRETAÇÃO DA NORMA CONSTITUCIONAL QUE CUIDA DO TEMA (ART. 150, INCISO IV, ALÍNEA D). MATÉRIA PASSÍVEL DE REPETIÇÃO EM INÚMEROS PROCESSOS, A REPERCUTIR NA ESFERA DE INTERESSE DE TODA A SOCIEDADE. TEMA COM REPERCUSSÃO GERAL.
>
> (RE 330817 RG, Relator(a): DIAS TOFFOLI, Tribunal Pleno, julgado em 20/09/2012, ACÓRDÃO ELETRÔNICO DJe-192 DIVULG 28-09-2012 PUBLIC 01-10-2012).

Em razão do recurso ter sido protocolado em 13/10/2000, o Estado do Rio de Janeiro requereu que o feito fosse desafetado do regime de repercussão geral. Entretanto, o pedido foi negado pelo Relator, que alegou que o fato de o recurso ter sido protocolado em momento anterior à sistemática da repercussão geral "não impede que o referido recurso seja utilizado como *leading case* da matéria discutida para vinculação à sistemática da repercussão geral."

2. Mérito da decisão

2.1. Voto Condutor

Conforme relatado pelo Ministro Dias Toffoli, Relator do RE nº 330.817, "pretende-se, no presente recurso, estabelecer que a imunidade prevista no referido dispositivo constitucional [art. 150, VI, 'd', da Constituição Federal] não se aplica aos chamados livros eletrônicos ou digitais."

O Ministro inicia seu voto apresentando um retrospecto da origem da imunidade de livros, jornais, periódicos e do papel destinado à sua impressão. Afirma que a imunidade dos livros está intimamente ligada à restrição que anteriormente foi vivida no país pela instalação de governos autoritários (cita, expressamente, o Estado Novo). Lembra que a tributação foi utilizada como forma de dificultar ou facilitar a propagação de ideias:

> A par da censura direta, o governo ainda coagia a propagação de ideias contrárias ao regime mediante pesada tributação das importações do papel de imprensa (o papel linha d'água) e o controle, de forma insidiosa, da isenção aduaneira sobre esse insumo. A concessão do benefício da intributabilidade era facilitada aos jornais partidários do regime e dificultada, ou até impedida, aos que propugnavam por ideologia tida por nociva ou inapropriada (Decreto-Lei nº 300/38; art. 135, f, do Decreto -Lei nº 1.949/39).

Deste modo, ainda que a regra concedesse a imunidade ao material (*corpus mechanicum*), ela objetivava impedir a disseminação das ideias e das obras (*corpus misticum*).

Na Constituição Federal de 1946, o constituinte conferiu imunidade tributária ao insumo papel. O Relator lembrou que o Deputado Federal Jorge Amado defendeu que a imunidade abrangia o livro, "justificando que a dispensa de tributação teria por finalidade baratear o custo de sua produção e permitir a democratização e a difusão da cultura." Mas, destacou que aquela Constituição conferia imunidade tributária ao papel destinado exclusivamente àqueles fins. A desoneração tributária complementar caberia à legislação ordinária, papel que foi desempenhado pelos estados.

De acordo com o Ministro, com o golpe militar de 1964 e nova redação constitucional de 1965, a imunidade do papel foi mantida, mas o Ato Complementar nº 27 determinou a revogação das isenções pelos estados. Entretanto, a Carta de 1967 passou a prever a vedação de se criar imposto sobre "o livro, os jornais e os periódicos, assim como o papel destinado à sua impressão", objeto mantido pela Carta de 1969 com pouca alteração textual. Cita, então, diversos julgado em que circundou a temática do art. 19, III, "d", da Carta de1969 (EC nº 1)[1] e assim resumiu a dicotomia existente à época:

> Se, de um lado, havia a constatação de que a imunidade era objetiva, isto é, protegia os bens elencados na Constituição independentemente de questões ligadas às circunstâncias e aos sujeitos que realizavam operações com tais objetos; de outro, justificava-se a extensão do benefício a todas as operações ligadas ao ciclo produtivo e à circulação dos livros, dos jornais e dos periódicos, inclusive a materialidades não diretamente vinculadas ao objeto imune, significando uma subjetivação da imunidade que a Constituição delineara objetiva, como demonstram os julgados proferidos à época.

O Relator afirma que "o constituinte não objetivou conferir um benefício a editoras ou a empresas jornalísticas, mas sim imunizar o bem utilizado como veículo do pensamento, da informação, da cultura e do conhecimento". O que importa à imunidade é o objeto e não a pessoa. Portanto, o reconhecimento da imunidade deve ser objetivo e não subjetivo, o que teria ficado claro na nova Constituição.

Por outro lado, a jurisprudência da Corte se consolidou no sentido de que o alcance da imunidade tributária não poderia transpor os limites do objeto protegido (RE nº 628.122/SP). Afirma que "não se justifica

[1] RE nº 77.867/SP (1975), RE nº 87.049/SP (1978), RE nº 87.633/SP (1979), RE nº 102.141/RJ (1985), RE nº 101.441/RS (1988).

a extensão do benefício a todas as operações ou serviços ligados ao ciclo produtivo e à circulação dos livros, dos jornais e dos periódicos, inclusive a materialidades não diretamente vinculadas ao objeto imune, [...]". Se assim o fosse, teríamos a imunidade subjetiva, que acabaria por desonerar totalmente o contribuinte, embora a Constituição atribua desenganada feição objetiva à imunidade tratada.

Em continuação da análise, o Relator chama atenção para o conteúdo do objeto abrangido pela imunidade, pois, mesmo que num primeiro momento, seja correto afirmar que o conteúdo é irrelevante para caracterizá-la, ao se invocar a interpretação finalística, se este não constituir veículo de ideias e/ou de transmissão de pensamentos, será descabida a aplicação da imunidade. E é justamente para a finalidade buscada pela norma que a Corte tem se voltado. É o que destacou o Ministro:

> Assim o foi na decisão de se reconhecerem como imunes: a) as revistas técnicas, em razão da importância de suas publicações e da grande circulação (RE nº 77.867/SP); b) a lista telefônica, por seu caráter informativo e sua utilidade pública (RE nº 101.441/RS); c) as apostilas, por serem simplificações de livros e veicularem mensagens de comunicação e de pensamento em contexto de cultura (RE nº 183.403/SP); d) os álbuns de figurinha, por estimular o público infantil a se familiarizar com os meios de comunicação impressos (RE nº 221.239/SP); e) mapas impressos e atlas geográfico, em razão de sua utilidade pública (RE nº 471.022/RS). A *contrario sensu*, não foram reconhecidos como imunes os calendários, por não serem veículos de transmissão de ideias (RE nº 87.633/SP).

Após fixadas estas premissas, bem como o alcance da norma constitucional e a evolução jurisprudencial da Corte, o Ministro avança à análise do recurso extraordinário e afirma que o suporte das publicações é apenas o continente (*corpus mechanicum*) que abrange o conteúdo (*corpus misticum*) das obras, não sendo ele o essencial ou o condicionante para o gozo da imunidade. Adotou, então, a acepção termo "livro" constante no Dicionário Houaiss da Língua Portuguesa (2009), item 7: "7. conjunto de lâminas de qualquer material, em formato de folha, ger. unidas umas às outras como as folhas de um livro". Assim, com a variedade de tipos de suporte (tangível ou intangível) que um livro pode ter, o suporte utilizado só pode ser considerado como elemento acidental em seu conceito.

No mesmo sentido, o Relator destaca que para caracterizar a imunidade é dispensável que o leitor passe os olhos pelo texto e decifre os signos da escrita, enquadrando os audiolivros (*audiobooks*) na norma imunizante. Ademais, o Relator também se debruçou sobre os livros digitais (*ebooks*) e leitores digitais (*ereaders*), ou seja, os aparelhos eletrônicos especializados na leitura de obras digitais, tendo atribuído o enquadramento da imunidade à inegável evolução tecnológica. Eles são meros corpos mecânicos dos livros físicos, ainda que contenham funcionalidades acessórias, como acesso à internet para o download de livros digitais, dicionários, possibilidade de alterar o tipo e o tamanho da fonte, marcadores, espaçamento do texto, iluminação do texto etc.

Pelas razões expostas, considerando que os fundamentos racionais que levaram à edição do art. 150, VI, "d" da Constituição Federal continuam a existir diante dos livros eletrônicos, consoante interpretação história e teleológica do instituto e interpretação evolutiva da norma, só é possível concluir que eles estão abarcados pela norma imunizante. Ressalta ainda que a equiparação se justifica, seja em razão do avanço tecnológico, seja em decorrência das preocupações ambientais. Entretanto, destacou que este entendimento alcança os leitores digitais confeccionados exclusivamente para esse fim, ou seja, estão excluídos aparelhos multifuncionais, como tablets, smartphone e laptops.

Por fim, quanto ao caso concreto analisado, entendeu o Ministro que o CD-Rom que continha o livro enquadrava-se como suporte. Assim, tanto ele, quanto o seu conteúdo estavam abarcados pela imunidade. Assim, fixou a seguinte tese para o Tema 593:

> A imunidade tributária constante do art. 150, VI, d, da CF/88 aplica-se aos livros eletrônicos (e-book), inclusive aos suportes exclusivamente utilizados para fixá-los.

Todos os ministros acompanharam o Relator, ensejando unanimidade na rejeição do recurso interposto. Embora não tenha havido voto vencido, destaca-se que o Ministro Marco Aurélio anexou seu voto, proferido no RE 595.676, em que negou provimento ao recurso interposto pela União. Naquele caso, foi fixada a seguinte tese:

> Tema 259: A imunidade da alínea d do inciso VI do artigo 150 da Constituição Federal alcança componentes eletrônicos destinados, exclusivamente, a integrar unidade didática com fascículos.

Naquele caso, o Tribunal de origem concluiu pela imunidade tributária relativa à aquisição, do exterior, de peças eletrônicas que integram, juntamente com fascículos explicativos, material didático voltado ao aprendizado de montagem de computadores. A União, por sua vez, interpôs recurso fundamentado em interpretação estrita do dispositivo constitucional. Consoante sustentado, apenas insumos revestidos da forma em papel poderiam ser considerados imunes.

Assim, partindo das funções políticas e sociais das imunidades sob a ótica do Supremo, considerando-se a "Era Digital", o Ministro concluiu que "a circunstância de esse elemento revestir forma de 'peças eletrônicas' não conduz a negar a validade constitucional dessa conclusão, considerado o alcance interpretativo que o Supremo deve conferir ao aludido preceito na atual quadra." Afirmou ainda que, "ainda que se parta de premissa fática diversa, qual seja, a caracterização dos elementos eletrônicos como insumos, a conclusão pela imunidade se mantém."

Portanto, ainda que se tratem de casos baseados em premissas fáticas diversas, a imunidade tributária constante do art. 150, VI, "d" da Constituição Federal foi reconhecida em ambos através de interpretação que visava abarcar os objetivos do constituinte, já que as inovações tecnológicas vivenciadas atualmente não poderiam ser imaginadas, embora se mantenha o objetivo protegido pela norma.

2.2. Votos vencidos

Decisão unânime. Não houve votos vencidos.

3. Análise crítica

Como visto, o recurso interposto pelo Estado do Rio de Janeiro visava o não reconhecimento da imunidade constante no art. 150, VI, "d" da Constituição Federal, ao livro constante em CD-Rom. Após a impetração do mandado de segurança pela empresa, seu pedido foi deferido e mantido pelo Tribunal de Justiça do Estado do Rio de Janeiro em sede do duplo grau de jurisdição. Interposto o recurso extraordinário pelo ente estatal, este foi provido monocraticamente pelo Relator com base em interpretação literal, já que a jurisprudência da época limitava o alcance da imunidade apenas ao papel e não aos insumos porventura compreendidos pela norma.

Entretanto, após a oposição de embargos de declaração pela empresa, o Relator reconsiderou sua decisão e reconheceu a existência de repercussão geral à matéria, tendo submetido sua posição ao Plenário, que concordou.

De acordo com o Relator, o cerne da discussão – e razão para a reconsideração e reconhecimento da repercussão geral – era a verificação do alcance do dispositivo citado para verificar se, diante da evolução tecnológica, os novos formatos de livros estariam abrangidos. Confira, a princípio, a redação do art. 150, VI, "d", da Constituição Federal:

> Art. 150. Sem prejuízo de outras garantias asseguradas ao contribuinte, é vedado à União, aos Estados, ao Distrito Federal e aos Municípios:
>
> VI – instituir impostos sobre:
>
> ...
>
> d) livros, jornais, periódicos e o papel destinado a sua impressão.

Em seu voto, que se logrou vencedor de maneira unânime, o Relator inicia a análise através da retrospectiva da imunidade conferida aos livros pelas Constituições brasileiras anteriores. Destaca ele que a tributação constitui instrumento importante, porque pode dificultar ou possibilitar a propagação de diversas ideias. Portanto, reconhece que a norma imunizante sempre pretendeu proteger esta divulgação. Ela, inclusive, foi abalada pelos períodos ditatoriais (que traziam a censura) vividos no país, ainda que continuasse a existir.

Após, o Ministro demonstra a diferença entre a imunidade concedida ao material (*corpus mechanicum*) e seu objetivo de garantir a disseminação das ideias e das obras (*corpus misticum*), tendo concluído que a norma visa este último. Afirma que o que importa à imunidade é o objeto e não a pessoa, ou seja, a imunidade é objetiva. Caso fosse subjetiva, acabaria por desonerar totalmente o contribuinte. Ressalta a análise finalística e a acepção do termo livro independentemente de seu suporte (tangível ou intangível), considerando a forma adotada como mero elemento acidental em seu conceito.

Partindo desta premissa, o Relator entende que esta interpretação enquadra na norma imunizante os audiolivros (*audiobooks*), os livros digitais (*ebooks*), leitores digitais (*ereaders*) e, enfim, todos os aparelhos que auxiliam a leitura no novo modelo tecnológico. Afinal, eles são apenas corpos mecânicos (suportes), ainda que possam ser utilizados também para finalidades acessórias (acesso à internet para o download de livros digitais, dicionários, possibilidade de alterar o tipo e o tamanho da fonte, marcadores, espaçamento do texto, iluminação do texto etc.). O Relator excluiu expressamente desta interpretação os aparelhos que não são exclusivamente destinados à finalidade da leitura (como transmissão de ideias), como tablets, smartphone e laptops.

Deste modo, quanto ao caso concreto, o Relator rejeitou o recurso interposto pelo Estado do Rio de Janeiro e reconheceu a imunidade do CD-ROM e do livro jurídico ali inserido.

O voto do Ministro Dias Toffoli realmente merece ser aplaudido. Trata-se de voto completo, que traz a interpretação histórica e teleológica do instituto, interpretação evolutiva da norma e finalística, tendo considerado que a Constituição visa conceder imunidade, não apenas ao aspecto material do objeto, mas sim à transmissão de ideias que ele proporciona, independe do suporte (tangível ou não) utilizado. O voto, inclusive, já abarca novas tecnologias que poderão surgir.

E mais! Andou muito bem o Ministro Dias Toffoli ao declarar que a norma imunizante, além do próprio livro eletrônico, abarca todos os aparelhos utilizados para aquela finalidade. Ao excluir expressamente aparelhos que, embora possam ser utilizados para a leitura, não são produzidos exclusivamente para este fim, o Ministro deixou claro o limite para análises futuras em relação a novas tecnologias que poderão surgir.

Embora a construção de seu pensamento parta do reconhecimento da imunidade aqui tratada como objetiva, tendo o Ministro afirmado que o reconhecimento de sua subjetividade importaria na desoneração de toda a cadeia, temos que destacar nossa discordância com esta afirmação. Afinal, através da interpretação finalística, se o objetivo da norma constitucional é garantir a transmissão de ideias pela ausência de tributação e encarecimento do livro, então o ideal seria que todos os insumos necessários àquela finalidade estivessem acobertados pela imunidade. Somente assim o intuito constitucional declarado pelo Ministro estaria realmente garantido. Neste sentido, vale a pena dar uma olhada no voto do Ministro Marco Aurélio no RE n. 595.676 (Tema 259).

Não obstante a discordância acima, este não foi o objeto do acórdão analisado. De qualquer forma, o reconhecimento da incidência da norma imunizante aos livros eletrônicos independente da forma de transmissão e suporte utilizado já é um grande e imprescindível passo para que seja atingida a finalidade constitucional.

CAPÍTULO 12
RECURSO EXTRAORDINÁRIO Nº 580.264

Murilo Boscoli Dias

1. Recurso extraordinário nº 580.264 – Rio Grande do Sul[1]

Recorrente: Hospital Nossa Senhora da Conceição (S/A)
Recorrido: Estado do Rio Grande do Sul
Relator: Min. Joaquim Barbosa
Voto vencedor: Min. Ayres Britto
Data de julgamento: 16/12/2010

1.1. Ementa

1 CONSTITUCIONAL. TRIBUTÁRIO. RECURSO EXTRAORDINÁRIO. REPERCUSSÃO GERAL. IMUNIDADE TRIBUTÁRIA RECÍPROCA. SOCIEDADE DE ECONOMIA MISTA. SERVIÇOS DE SAÚDE. 1. A saúde é direito fundamental de todos e dever do Estado (arts. 6º e 196 da Constituição Federal). Dever que é cumprido por meio de ações e serviços que, em face de sua prestação pelo Estado mesmo, se definem como de natureza pública (art. 197 da Lei das leis). 2. A pres-

[1] BRASIL. Supremo Tribunal Federal. *Recurso Extraordinário nº 580.264/RS*, Relator(a): Min. Joaquim Barbosa, Tribunal Pleno, julgado em 16/12/2010, Repercussão Geral – Mérito Data De Publicação DJE 06/10/2011 – DJE nº 192, divulgado em 05/10/2011. Disponível em: https://redir.stf.jus.br/paginadorpub/paginador.jsp?docTP=AC&docID=628371, acessado em 26/02/2022.

tação de ações e serviços de saúde por sociedades de economia mista corresponde à própria atuação do Estado, desde que a empresa estatal não tenha por finalidade a obtenção de lucro. 3. As sociedades de economia mista prestadoras de ações e serviços de saúde, cujo capital social seja majoritariamente estatal, gozam da imunidade tributária prevista na alínea "a "do inciso VI do art. 150 da Constituição Federal. 3. Recurso extraordinário a que se dá provimento, com repercussão geral.

1.2. Tese fixada

Não foi fixada tese de repercussão geral, visto que a decisão de mérito do RE 580.264 vale apenas para o caso concreto, em razão de suas peculiaridades. Obs: Redação da tese aprovada nos termos do item 2 da Ata da 12ª Sessão Administrativa do STF, realizada em 09/12/2015.

Tema 115 – Aplicação da imunidade tributária recíproca às sociedades de economia mista que prestam serviços de saúde exclusivamente pelo SUS.

1.3. Especificação do caso e razões da submissão à repercussão geral

Originalmente, o Recurso Extraordinário analisado, teve origem em Mandado de Segurança preventivo impetrado pelo Hospital Nossa Senhora da Conceição, junto à 6ª Vara da Fazenda Pública de Porto Alegre, para fins de que lhe fosse reconhecida a imunidade recíproca prevista no art. 150, III, "a" da Constituição Federal, e por consequente o não pagamento dos tributos estaduais, e que a autoridade coatora fosse impedida de realizar os lançamentos tributários para tanto. Destaca-se que o juízo de primeira instância concedeu a segurança para fins de reconhecimento da imunidade.

O referido recurso extraordinário foi apresentado após decisão do Tribunal de Justiça do Rio Grande do Sul que negou o reconhecimento do referido direito líquido e certo ao recorrente.

Em sede da ação, alegou o recorrente que se trata de sociedade de economia mista, e que 99,9% de suas quotas sociais são de propriedade da União, sendo que apenas 0,01% dessas quotas (seis ações) eram distribuídas a seis conselheiros que realizavam a função de maneira gratuita e precária, detendo mandado para o exercício, conforme previsão nos arts. 206, I "d", e 146 da Lei n. 6.404/76.

Destaca-se que a referida aquisição das quotas foi realizada por desapropriação na década de 70, e desde então a União tem detido o controle quanto a empresa.

Alegou ainda que exerce serviços exclusivamente ao SUS desde 31/12/2003, atendendo, portanto, um serviço público de natureza social e de suma importância, não realizando assim exploração de atividade econômica, e que suas receitas têm origem exclusiva de repasses dos Entes Públicos, principalmente da União.

Argumentou, ainda, que a tributação violaria o princípio da capacidade contributiva (art. 145, § 1º da Constituição Federal) visto que todas as suas receitas são destinadas exclusivamente as suas atividades essenciais, não sendo revertido em lucro aos sócios, justamente devido ao seu caráter especial e de prestação exclusiva de serviço ao SUS. Dessa forma, embora entidade de caráter privado, a sua particularidade permite o reconhecimento da imunidade, conforme já decidido pelo STF com outras empresas prestadoras exclusivas de serviço público, como a ECT (ACO 765 e RE 220.906) e a Infraero (RE 363. 412).

Alegou-se ofensa aos artigos 6°, 145, § 1º, 150, VI, "a", § 2º, e 196 da Constituição Federal.

Em sede de contrarrazões, em preliminar, o Estado do Rio Grande do Sul alegou que não houve prequestionamento da matéria, devendo ser aplicada a súmula 282 do STF.

No mérito, defende também que a imunidade tributária recíproca não é aplicada ao ICMS, englobando apenas patrimônio, renda e serviços.

Alegou ainda que a recorrente não se encaixa como ente apto a ter a imunidade, que é voltada apenas à União, Estados, Munícipios e suas autarquias e fundações, havendo ainda a necessidade de que fossem identificadas as atividades essenciais às quais a receita estaria vinculada e protegida, não tendo sido demonstrado tal fato.

Aqui destaca-se um fato curioso que ocorreu no referido julgamento.

Como mencionado, a referida sociedade de economia mista é quase que totalmente pertencente à União, que detém 99,9% de seu capital social, entretanto, a própria União, enquanto assistente, defendeu que o Recurso Extraordinário não fosse provido, desejando assim a tributação a empresa.

1.4. Critério de conhecimento da repercussão geral

Inicialmente, foi reconhecida a Repercussão Geral pelo Supremo Tribunal Federal em 10 de outubro de 2008, vencido o Ministro Menezes de Direito.

Na oportunidade, os Ministros Joaquim Barbosa e Marco Aurélio (Relator da Repercussão Geral), entenderam que a peculiaridade da questão, que envolve uma atividade pública desenvolvida por uma sociedade de economia mista requerendo a imunidade recíproca, transcende os interesses subjetivos da demanda.

Por outro lado, estaria a necessidade de se debater até que ponto haveria violação à livre iniciativa e à concorrência.

Assim, se entendeu que a orientação que a Corte iria proferir pautaria a conduta dos entes da federação na escolha e forma da prestação dos serviços, sejam eles essenciais ou não, que entendem ser benéficos à coletividade.

Quando da análise do mérito do caso, o Plenário voltou a debater no caso a Repercussão Geral, sendo levantada a questão pelos ministros, que durante os debates entenderam a peculiaridade do caso e a dificuldade de o julgar com a referida Repercussão Geral, no qual entretanto, era de interesse das entidades o julgamento, pois a mesma serviria de parâmetro a todos os outros casos semelhantes, existindo portanto um interesse econômico financeiro por trás da questão, no qual, portanto, a União defendia que o recurso não fosse provido.

Dada a peculiaridade e especificidade do caso, o Ministro Ricardo Lewandowski levantou a questão da possibilidade de se afastar a repercussão geral, em uma espécie de modulação desta, e julgar apenas o caso concreto, evitando uma perpetuação das decisões voltadas às sociedades de economia mista.

Finalmente o Supremo Tribunal Federal, em sessão administrativa realizada em 09/12/2015, decidiu não fixar tese de repercussão geral na questão, entretanto, como já citado, foi reconhecida a imunidade ao recorrente, conforme item 02 da ata da 12ª Sessão Administrativa do STF.

2. Mérito da decisão

O Recurso Extraordinário nº 580.264/RS foi julgado em 16/12/2010, em sessão plenária presidida pelo Ministro Cezar Peluso, no qual foi conhecido e provido por maioria dos votos no sentido de ser reconhecida a imunidade tributária recíproca ao recorrente, conforme divergência aberta pelo Ministro Ayres Britto, que divergiu do Relator.

Restaram vencidos os Ministros Joaquim Barbosa (Relator), Cármen Lúcia, Ricardo Lewandowski e Marco Aurélio.

2.1. Voto condutor

O Ministro Ayres Britto, ao abrir a divergência do relator, destacou a relevância da prestação do serviço à saúde e sua característica de direito fundamental previsto no art. 6° da Constituição Federal.

Tratou ainda de pontuar que a atividade de prestação de serviço à saúde é uma atividade essencialmente estatal, mas é também subsidiada a iniciativa privada para que preste o auxílio na referida atividade, não podendo ser tratada entretanto como atividade econômica nos termos do art. 170 da Constituição, existindo portanto uma parceria entre Estado/particular, na referida prestação.

Mencionou ainda que a prestação se trata de regime jurídico especialíssimo, no qual depende de uma agência reguladora (SUS) para controlar e regulamentar a atuação de todo e qualquer protagonista de prestação de serviço de saúde à coletividade.

Conclui, mencionando o fato de quase a totalidade das quotas pertencerem à União e devido as suas características, exercendo diretamente a execução do serviço de saúde (art. 197 da Constituição Federal) não pode ser chamada de agente explorador de atividade econômica propriamente dita, no qual portanto deve ser reconhecida a imunidade ao caso.

O Ministro Gilmar Mendes, acompanhou a divergência para reconhecer a referida imunidade à entidade, mencionando que a mesma não explora atividade econômica com finalidade lucrativa, atuando tão somente para a prestação de serviço ao SUS, exercendo, portanto, serviço público, citando precedentes da Corte nesse sentido (RE 407.099, RE 424.227 e RE- no Agravo Regimental 363.412).

Após pedido de vista, o Ministro Dias Toffoli tratou de citar diversos precedentes do STF que reconheciam às sociedades de economia mista imunidade, a exemplo da Ação Cautelar n.1.851/RO-QO, que reconheceu a imunidade tributária recíproca às sociedades de econômica mista que prestam serviço público de prestação obrigatória e exclusiva.

Destacou a recorrente que a saúde, embora não seja serviço de prestação exclusiva do Estado, trata-se de serviço essencial e não privativo do Estado, no qual poderá também ser executado por particulares, no qual entretanto não é equiparado a uma atividade econômica em sentido estrito.

Por sua vez, mencionou que no caso concreto, a União optou, em respeito à continuidade dos serviços essenciais, desapropriar as quotas sociais, incorporando o patrimônio do recorrente, com 99,9% de seu capital, o vinculando ao Ministério da Saúde e prestando serviços exclusivamente ao SUS, atuando em *longa manus* como o próprio Poder Público e não possuindo qualquer outra fonte de recursos.

Ressaltou ainda no caso que o hospital não divide lucros entre seus acionistas, mas tão somente remunera seus diretores.

Assim tratou de especificar o alcance da imunidade no qual deve ser para todos os tributos estaduais que recaiam sobre patrimônio, renda ou serviços, desde que destinadas as suas atividades de prestação de serviço de saúde, e no caso do ICMS caso este atue como contribuinte de direito do tributo.

Além disso, tratou de mencionar que a referida decisão se aplicaria tão somente ao caso, não se estendendo às demais sociedades de economia mista.

Acompanhou o voto pelo provimento do recurso o Ministro Cezar Peluso, tendo em vista que se trata, no caso, de empresa pública, na medida que 99,9% das suas quotas são da União, no qual todo o patrimônio do recorrente lhe pertence.

Acompanhou a divergência para prover o recurso a Ministra Ellen Gracie, trazendo algumas estatísticas quanto à importância desempenhada pelo recorrente na atuação de prestação da saúde no Rio Grande do Sul.

Ao final, sugeriu que a questão somente se aproveitaria, para fins de fixação do pronunciamento em repercussão, nos casos em que a União detém capital social majoritário da sociedade de economia mista e que esta signifique uma atuação própria do Estado em serviço essencial, sem exploração econômica.

2.2. Votos vencidos

Cumpre destacar que no julgamento restaram vencidos os Ministros Joaquim Barbosa (Relator), Cármen Lúcia, Ricardo Lewandowski e Marco Aurélio.

Em seu voto, o Ministro Joaquim Barbosa, afastou a preliminar invocada quanto ao prequestionamento e fundamentou seu voto destacando que, a princípio, a empresa teria todos os requisitos essenciais para obtenção da referida imunidade recíproca no qual seria irrelevante a forma de constituição da empresa para a prestação do serviço público e essencial para fins de instrumentalizar atuação do Estado, sem finalidade lucrativa.

Entretanto, pelo próprio pedido da União e pela alegação da transitoriedade do controle societário, o fez repensar a decisão que conceder a imunidade, visto que seria garantido um direito definitivo a uma situação que tenderia a ser finalizada, proferindo negativa de provimento ao recurso do que realizar decisão condicionada.

Os Ministros Cármen Lúcia, Marco Aurélio e Ricardo Lewandowski acompanharam o Relator quanto à negativa de provimento do recurso, mas sob a fundamentação do aspecto formal da empresa, de que esta seria empresa privada e, portanto, está sujeita ao regime jurídico dessas empresas. Este último Ministro também fundamenta que no caso houve falha na demonstração do direito líquido e certo à imunidade, requisito essencial ao Mandado de Segurança.

3. Análise crítica

Como se verifica pelos debates e votos, a questão passa justamente quanto ao reconhecimento da extensão da imunidade recíproca às sociedades de economia mista, em detrimento do texto expresso na Constituição Federal.

No caso, nos parece que o Supremo Tribunal Federal se manteve fiel à orientação de entender o reconhecimento da imunidade recíproca de acordo com a função direcionada à referida imunidade, conforme fundamentado no voto do Ministro Relator e demais ministros que deram provimento ao recurso.

Através desse viés, a extensão da imunidade às empresas públicas e sociedades de economia mista não perfazem em uma análise exclusivamente subjetiva, dependendo de uma análise essencial da atividade econômica desempenhada por estas, na medida em que não concorrem na atividade econômica, desempenhando papel de Estado, através dessas companhias, a exemplo do decidido no RE 407.099.

Portanto, a orientação do Supremo Tribunal Federal é de reconhecer a referida imunidade às empresas públicas e sociedades de economia mista, desde que estas exerçam ou prestem serviço público de natureza estrita.

No caso em comento, embora trate-se de sociedade de economia mista, que em regra atue diretamente na atividade econômica, o recorrente nitidamente presta serviço única e exclusivamente ao SUS, no qual a União detém quase que a totalidade de seu capital, não concorrendo no mercado da saúde, atividade esta que é essencial, no qual portanto inexiste qualquer risco à livre concorrência e â livre iniciativa.

Entretanto, o que chama atenção ao caso diz justamente ao debate quanto à Repercussão Geral.

Como se sabe, a repercussão geral trata-se de requisito essencial para que o STF analise os recursos extraordinários, conforme art. 102, § 3º da Constituição Federal.

Os requisitos para fins de reconhecimento da repercussão geral, conforme art. 543-A, § 1º do Código de Processo Civil de 1973, trata-se de interesse social, econômico, jurídico ou político que transcenda os interesses subjetivos da demanda, sendo elemento necessário para que o recurso seja conhecido.

Cumpre seu papel a repercussão geral na medida em que permite que o Supremo Tribunal Federal, possa, em um caso específico, criar uma jurisprudência uniformizada para os demais casos semelhantes que tramitam pelos tribunais no país, possuindo, portanto, efeito vinculante.

Nesses termos chama a atenção que o Plenário, durante a votação, sugeriu o afastamento da repercussão geral no caso, o que entretanto, não o foi, visto que a própria ementa publicada da conta da manutenção do mesmo, visto que o recurso foi julgado "em repercussão geral" (item 03 da ementa).

Entretanto, devido a particularidade do caso, a tese foi aplicada tão somente no caso concreto, não sendo fixado uma tese em sede de aplicação erga omnes, conforme decidido posteriormente, em sessão administrativa em 09/12/2015.

Embora o Ministro Dias Toffoli tenha realizado a referida sugestão em seu voto e acatado pelo Ministro Ayres Britto, com a leitura do acordão não fica claro a decisão dos demais pares no referido sentido, inclusive o voto disponibilizado pela Ministra Ellen Gracie, deixa claro a repercussão a somente "hipóteses idênticas, vale dizer, em que o ente público seja controlador majoritário da sociedade de economia mista em que a atividade desta corresponda a atuação do Estado na prestação de serviços constitucionalmente asseguradas aos cidadãos."

Nesse trecho haveria, portanto, uma indicação de repercussão geral a todos os casos semelhantes e não somente no caso concreto, como decidido administrativamente pelo Supremo Tribunal Federal.

Além disso, embora o Plenário seja soberano na tomada de decisão inclusive quanto a existência da repercussão geral, nos parece pelos debates que houve uma tentativa de se demonstrar que o referido instituto é tão somente para fins de que esse fosse admitido, podendo ser afastado posteriormente e julgado somente o caso concreto (fl. 50 do acordão), no qual ousamos mencionar, é dissonante do previsto na legislação e no texto constitucional.

Assim portanto, se verifica que o RE 580.264/RS, embora reconheceu, em sede de repercussão geral a imunidade recíproca a sociedade de economia mista no qual a União seja detentora majoritária do capital e que preste serviço exclusivo ao SUS, a mesma deve ser aplicada apenas ao caso concreto, não sendo proferido tese para tanto, conforme decisão administrativa posterior ao trânsito em julgado da demanda.

CAPÍTULO 13
RECURSO EXTRAORDINÁRIO Nº 594.015

Rodrigo Senne Capone

1. Recurso extraordinário nº 594.015 – São Paulo[1]

Recorrente: Petróleo Brasileiro S.A. – Petrobras
Recorrido: Municípios de Santos
Relator: Ministro Marco Aurélio
Voto vencedor: Ministro Marco Aurélio
Data de julgamento: 6 de abril de 2017

1.1. Ementa

IMUNIDADE – SOCIEDADE DE ECONOMIA MISTA ARRENDATÁRIA DE BEM DA UNIÃO – IPTU. Não se beneficia da imunidade tributária recíproca prevista no artigo 150, inciso VI, alínea "a", da Constituição Federal a sociedade de economia mista ocupante de bem público.

1 Descrição completa da publicação do Acórdão. Exemplo: BRASIL. Supremo Tribunal Federal. **Recurso Extraordinário nº.** 594015, Relator: Min. Marco Aurélio, Tribunal Pleno, julgado em 06/04/2017, REPERCUSSÃO GERAL – MÉRITO DJe-188 DIVULG 24-08-2017 PUBLIC 25-08-2017. Disponível em: http://portal.stf.jus.br/processos/detalhe.asp?incidente=2642811. Acesso em: 19 de mar. de 2022.

1.2. Tese fixada

> A imunidade recíproca, prevista no art. 150, VI, a, da Constituição não se estende a empresa privada arrendatária de imóvel público, quando seja ela exploradora de atividade econômica com fins lucrativos. Nessa hipótese é constitucional a cobrança do IPTU pelo Município.
>
> **Tema 385** – Reconhecimento de imunidade tributária recíproca a sociedade de economia mista ocupante de bem público.

1.3. Especificação do caso e razões da submissão à repercussão geral

O Recurso Extraordinário nº 594.015 trata da imunidade recíproca descrita no artigo 150, VI, "a", da Constituição Federal de 1988, onde a Petróleo Brasileiro S.A. – Petrobras buscava a extensão do benefício constitucional da imunidade recíproca referente ao Imposto sobre a Propriedade Predial e Territorial Urbana (IPTU) incidente sobre imóvel de propriedade da União, localizado no Porto de Santos – São Paulo, do qual era arrendatária.

Destaque-se que a Petrobras é sociedade de economia mista, exploradora de atividade que configura monopólio da União.

Ainda, argumentou a Petrobras que o referido imóvel da União, por ser afetado a realização de atividades de utilidade pública (abastecimento nacional de combustíveis), daria ensejo ao privilégio consubstanciado pela imunidade tributária recíproca.

Por maioria dos votos, o Supremo Tribunal Federal negou provimento ao recurso, tendo fixado a seguinte tese: "A imunidade recíproca, prevista no art. 150, VI, a, da Constituição não se estende a empresa privada arrendatária de imóvel público, quando seja ela exploradora de atividade econômica com fins lucrativos. Nessa hipótese é constitucional a cobrança do IPTU pelo Município".

1.4. Critério de conhecimento da repercussão geral

O então Ministro Relator, Marco Aurélio, considerou a relevância do tema e a necessidade de pacificar a interpretação a ser dada pelo Supremo Tribunal Federal ao texto da Constituição Federal no que diz respeito à aplicação da imunidade tributária recíproca à sociedade de economia mista (pessoa jurídica de direito privado) ocupante de bem de pessoa jurídica de direito público. Ainda, destacou o Ministro Relator o grande número de sociedades de economia mista ocupantes dessa espécie de bens como uma das justificativas para o reconhecimento de existência de repercussão geral no caso.

Dessa forma, o Tribunal reconheceu a existência de repercussão geral da questão constitucional suscitada no caso, não tendo se manifestado os Ministros Cezar Peluso e Cármen Lúcia.

2. Mérito da decisão

O Recurso Extraordinário nº 594.015/SP foi julgado em 6 de abril de 2017, em Sessão Plenária presidida pela Ministra Cármen Lúcia, por maioria dos votos, tendo sido conhecido e improvido, nos termos do voto do Relator, Ministro Marco Aurélio. O Ministro Edson Fachin, no mérito, abriu a divergência, votando pelo provimento do Recurso, acompanhado pelos Ministros Celso de Mello e Cármen Lúcia. Estiveram ausentes, justificadamente, os Ministros Dias Toffoli e Gilmar Mendes.

2.1. Voto condutor

O Ministro Marco Aurélio, em seu voto, destaca o impacto negativo nas finanças municipais caso bens imóveis utilizados para exploração de atividades privadas se encontrassem impossibilitados de serem tributados.

Alertou o Ministro Relator que a Petrobras é pessoa jurídica de direito privado com capital social negociado em bolsa de valores e que possui claro objetivo de auferir lucro para, posteriormente, distribui-lo aos seus acionistas.

No caso, o questionamento era se a imunidade tributária recíproca alcançaria ou não sociedade de economia mista enquanto arrendatária de terreno pertencente à União localizado em área portuária.

Afirma em seu voto que a imunidade recíproca não foi concebida com esse propósito, mas sim para assegurar, em um regime federativo, a autonomia existente entre os entes federativos bem como nutrir respeito mútuo e deixa claro que a imunidade recíproca não foi criada para evitar a tributação.

Pontuou o Ministro Relator que, em muitos casos, particulares atuam economicamente, demonstram capacidade contributiva em sentido amplo, mas não contribuem para a coletividade por meio do pagamento de tributos. Nos dizeres do Ministro, "Esquivam-se desse dever fundamental alegando que os imóveis ocupados para o desenvolvimento de suas atividades seriam beneficiados" pela imunidade recíproca.

O Ministro Marco Aurélio suscita em seu voto o § 3º do art. 150 da Constituição Federal, que enuncia que:

> Art. 150. Sem prejuízo de outras garantias asseguradas ao contribuinte, é vedado à União, aos Estados, ao Distrito Federal e aos Municípios:
>
> [...]
>
> § 3º As vedações do inciso VI, «a», e do parágrafo anterior não se aplicam ao patrimônio, à renda e aos serviços, relacionados com exploração de atividades econômicas regidas pelas normas aplicáveis a empreendimentos privados, ou em que haja contraprestação ou pagamento de preços ou tarifas pelo usuário, nem exonera o promitente comprador da obrigação de pagar imposto relativamente ao bem imóvel.

Entendeu o Relator que não encontra respaldo constitucional o entendimento que busca estender o alcance do disposto no § 2º do artigo 150 supratranscrito para além das situações nele explicitadas.

Ainda, afirma que o princípio da livre concorrência, previsto no art. 170 da Constituição Federal, seria violado caso fosse reconhecida a imunidade recíproca para particular que explora atividade econômica, vantagem não estendida aos seus concorrentes. A interpretação do texto constitucional buscada pela Petrobras representaria potencial violação aos ditames da ordem econômica constitucional brasileira. O Relator indica, em seu voto, violação ao que dispõe o art. 173, § 2º, da Constituição Federal:

> Art. 173. Ressalvados os casos previstos nesta Constituição, a exploração direta de atividade econômica pelo Estado só será permitida quando necessária aos imperativos da segurança nacional ou a relevante interesse coletivo, conforme definidos em lei.
>
> [...]
>
> § 2º As empresas públicas e as sociedades de economia mista não poderão gozar de privilégios fiscais não extensivos às do setor privado.

Para o Ministro Relator, "tanto as sociedades de economia mista quanto as empresas públicas submetem-se ao disposto no artigo 173, § 2º, da Lei Fundamental", entendimento que já havia manifestado em julgado no ano de 2010 (RE 580.264). Nesse sentido, as empresas públicas e as sociedades de economia mista devem se submeter ao regime jurídico próprio das empresas privadas, inclusive no que diz respeito a obrigações tributárias. A imunidade recíproca, de natureza subjetiva, leva em consideração a natureza jurídica da pessoa favorecida. Conforme entendimento do Relator, se a premissa de ser prestador de serviço público for considerada para reconhecer a aplicação da imunidade recíproca, "as concessionárias estarão também alcançadas pelo preceito, pela imunidade".

Esclareceu que a Petrobras atua livremente no desenvolvimento de atividade econômica, com capital social negociado na bolsa de valores e com claro objetivo de auferir lucro e remunerar os seus acionistas. Nas suas razões, entende não ter sido a imunidade recíproca concebida com tal propósito. O § 3º do artigo 150 da Constituição de 1988 evidencia que nem mesmo as pessoas jurídicas de direito público que exploram atividade econômica gozam da imunidade.

Por fim, o Ministro Marco Aurélio analisa em seu voto o disposto no Código Tributário Nacional e o Código Tributário do Município de Santos sobre o IPTU e a sua sujeição passiva, reconhecendo que o alcance do IPTU não se restringe à propriedade do bem imóvel, alcançando também "o domínio útil ou a posse quando esses fenômenos não estão na titularidade daquele que normalmente os tem, ou seja, o proprietário". Portanto, a Petrobras, como cessionária do bem imóvel, ainda que de propriedade da União, mas que é empregado na exploração de atividade econômica regida por normas aplicáveis a empresas privadas com nítido objetivo de auferir lucro, não goza da imunidade recíproca insculpida no artigo 150, inciso VI, alínea "a", da Constituição Federal de 1988.

Posteriormente, no decorrer do julgamento, o Relator destacou algumas peculiaridades do caso, reafirmando o voto já proferido: (i) "a Petrobras não implementa um serviço que se possa realmente enquadrar como público no sentido estrito" e (ii) a Petrobras "arrendou – não se trata de cessão gratuita – o imóvel", sendo aplicável o disposto no artigo 32 do Código Tributário Nacional, que reconhece como sujeito passivo do IPTU o possuidor do bem imóvel a qualquer título.

Com base nesses argumentos, o Ministro Marco Aurélio negou provimento ao Recurso Extraordinário interposto pela Petrobras, afastando a aplicação da imunidade tributária recíproca a sociedade de economia mista ocupante de bem público.

O Ministro Roberto Barroso, antes de pedir vista dos autos, afirmou que, apesar da jurisprudência do Supremo Tribunal Federal até então assentada ser no sentido do voto proferido pelo Ministro Edson Fachin (iniciou a divergência), voto que expressava o que seria a melhor tese do ponto de vista técnico-formal, "do ponto de vista de uma justiça fiscal, material, de uma justiça tributária, material", lhe gerava dúvidas reais. Em seu voto, reconheceu o Ministro Roberto Barroso que se tratava de caso de superar a jurisprudência anteriormente fixada pela Corte, entendendo que a imunidade tributária recíproca foi criada para proteger o pacto federativo, não havendo "sentido em estendê-la a empresa privada arrendatária de bem público, que o utiliza para fins comerciais".

Ainda, afirmou o Ministro Roberto Barroso que particulares que se utilizam de bem público para explorar atividade econômica geradora de lucro devem arcar com os custos tributários do IPTU, caso contrário se encontrariam em vantagem concorrencial. Reconheceu que a imunidade tributária recíproca existe para proteger o Pacto Federativo, mas uma vez que o bem imóvel seja arrendado a empresa privada, há a necessidade de tratá-la da mesma forma que as demais empresas privadas são tratadas, em observância ao primado da igualdade e da livre concorrência. Quanto à alegada ilegitimidade passiva da Petrobras, reconheceu a validade do disposto no artigo 34 do Código Tributário Municipal, que elenca o arrendatário de área e instalações portuárias, dentro ou fora do porto organizado como sujeito passivo tributário do IPTU. Destaque-se que a tese fixada para o tema aqui analisado foi a proposta pelo Ministro Roberto Barroso.

O Ministro Alexandre de Moraes entende que não incide a proteção imunizante positivada no artigo 150, inciso VI, alínea "a", da Constituição Federal, quando o bem imóvel, ainda que pertencente a ente federativo, "não mais esteja afetada a qualquer destinação social, funcionando apenas como elemento para alavancar o desempenho de atividade particular de propósitos exclusivamente econômicos". Não reconhecer que o arrendatário do bem imóvel público destinado à finalidade geradora de lucro no campo da iniciativa privada seria "condescender com o completo extrativo finalístico da norma de imunidade tributária, criando efeitos deletérios para a realidade competitiva dos mercados atingidos".

A Ministra Rosa Weber, por sua vez, apesar de ter acompanhado o Relator, afirmou entender que a Petrobras não se enquadraria como possuidora do bem imóvel e, por consequência, como sujeito passivo tributário, pois para que haja incidência do referido imposto, a posse a qualquer título exige o *animus domini*, o que não estaria configurado no caso ora em análise. Entretanto, como a questão constitucional objeto de análise se cingia a apreciar a aplicação ou não da imunidade tributária recíproca no caso, a Ministra Rosa Weber acompanhou o voto do Relator, posicionando-se pela constitucionalidade da cobrança do IPTU na específica hipótese.

O Ministro Luiz Fux, acompanhando o Relator, entendeu que a Petrobras, por exercer atividade econômica, caso fosse imunizada quanto ao pagamento do IPTU no caso analisado, produziria uma quebra dos "princípios da livre concorrência e do exercício de atividade profissional ou economicamente lícita", passando a gozar de um privilégio que as demais empresas não possuem, em nítida violação à "justiça fiscal e à capacidade contributiva como, quiçá, a própria isonomia, que é um dos princípios norteadores do Direito Tributário".

O Ministro Ricardo Lewandowski acompanhou em seu voto o Relator para negar provimento ao Recurso. Iniciou o seu voto recordando do caso da Codesp (RE 253.472), afirmando que se devia cobrar o IPTU e outras taxas tributárias que acompanham esse imposto da Codesp. Manifestou-se pela necessidade de se interpretar o artigo 150, § 3º, da Constituição Federal, de forma direta e literal, dada a sua taxatividade, já que todas as atividades relacionadas à exploração de atividade econômica não podem se beneficiar da imunidade tributária recíproca. Afirma, por fim, que "seria profundamente injusto, permitir que uma empresa como a Petrobras, que age sob regime de concorrência, distribui lucros, subtraia-se ao pagamento deste imposto importante para as comunidades locais, que é o IPTU".

2.2. Votos vencidos

O Ministro Edson Fachin abriu divergência e se manifestou pela possibilidade de ser aplicada a imunidade tributária recíproca no caso em análise, por entender que o IPTU, imposto classificado como de natureza real, não incidiria no caso por se tratar de bem de natureza pública, não importando a natureza da sua cessão (onerosa ou gratuita), pois a natureza jurídica do bem não se alteraria. Entendeu que o possuidor direto, *in casu*, a Petrobras, não seria possuidor com *animus domini*, o que afastaria a sujeição passiva tributária.

Ainda, o Ministro Edson Fachin recorda do caso julgado no RE 253.472, de relatoria do Ministro Marco Aurélio (j. 25.08.2010), no qual foi reconhecida imunidade tributária recíproca à Companhia Docas do Estado de São Paulo (CODESP), entendendo que a atividade por ela desenvolvida é instrumental estatal, vez explorar serviços públicos de administração portuária, posicionando-se o Ministro Edson Fachin pela adoção daquela posição também no presente caso. Explicou, por fim, que o mero arrendamento do bem público não é suficiente para caracterizar o arrendatário como sujeito passivo da obrigação tributária referente ao IPTU.

A Ministra Cármen Lúcia acompanhou a divergência iniciada pelo Ministro Edson Fachin, citando julgados pretéritos da Corte, atendo-se, em especial, ao julgado que reconheceu a extensão da imunidade à Codesp (RE 253.472). Portanto, entendeu a Ministra Cármen Lúcia pelo provimento do Recurso, firmando-se na jurisprudência até então predominante.

O Ministro Celso de Mello, também acompanhando o dissenso inaugurado pelo Ministro Edson Fachin, votou pelo provimento do Recurso, de modo a reconhecer a inexigibilidade do IPTU da Petrobras, invocando como razão de decidir votos proferidos em outros julgados (em especial no RE 265.749-ED-ED e no RE 458.164-AgR).

3. Análise crítica

As imunidades tributárias constitucionalmente previstas têm como finalidade proteger o exercício de determinados direitos fundamentais, liberdades fundamentais e tutelar valores que se mostram relevantes para a República Federativa do Brasil.

No caso analisado, buscava-se compreender o alcance da imunidade recíproca, que como bem ilustrou o voto do Ministro Alexandre de Moraes, é uma construção histórica, e dada a sua importância para a manutenção do Pacto Federativo, ainda que não tenha previsão expressa no texto constitucional, subentende-se que ali se encontra, de forma implícita.

A Constituição de 1988 elenca em quais situações a imunidade recíproca será assegurada, bem como delimita o seu alcance aos impostos. Como regra, a imunidade afastará a incidência de impostos sobre a renda, o patrimônio e os serviços dos entes políticos: União, Estados, Distrito Federal e Municípios.

Mas a proteção constitucional, por previsão expressa, estende-se às Autarquias e Fundações Públicas que observem os requisitos que o próprio texto constitucional prevê. Ou seja, há uma ampliação do seu alcance, mas condicionantes devem ser observadas, ao contrário do que ocorre com a regra geral, que não esbarra em condicionantes.

A tentativa de alcançar pessoas jurídicas de direito privado que exploram atividades econômicas com o nítido objetivo de acumulação de capital e remuneração de investidores, como é o caso da Petrobras, deve ser repelida, vez ser incompatível com a finalidade para a qual a imunidade recíproca foi criada. Basta que se compreenda o contexto no qual a referida imunidade foi germinada e a finalidade que se busca assegurar com a sua aplicação.

Fez por bem a Corte Constitucional superar o entendimento até então pacificado, para então afastar a incidência da imunidade recíproca no caso aqui analisado.

O Ministro Edson Fachin, no seu voto, suscita caso que, à primeira vista, assemelha-se ao caso aqui analisado, qual seja, o caso da Codesp. Entretanto, alguns detalhes de extrema relevância distanciam ambos os casos. Da própria ementa do caso da Codesp (RE 253.472), observa-se que aquela empresa tem o seu controle acionário exercido basicamente pela União (99,97%). Ainda, não restou caracterizado naquele caso que a atividade da Codesp seja direcionada a acúmulo patrimonial público ou privado.

No presente caso as circunstâncias são outras. A Petrobras, como bem destacado pelo Ministro Relator Marco Aurélio, é sociedade de economia mista com capital social negociado na bolsa de valores e com o nítido objetivo de acúmulo de capital para posterior remuneração dos seus acionistas. Esse detalhe, por si só, já é suficiente para distinguir o caso aqui analisado do caso da Codesp.

O desenho constitucional do regime econômico zela pelo equilíbrio entre os seus agentes. Desse modo, conceder vantagens tributárias que resultam em vantagens econômicas de forma indiscriminada acabam por colocar em risco valores e princípios que orientam o mercado.

Ainda, como bem destacou o Ministro Roberto Barroso ao justificar o seu pedido de vista e alterar o seu entendimento, a extensão da imunidade ao presente caso representaria violação à justiça fiscal, à justiça material.

Por fim, o debate acerca da sujeição passiva da Petrobras levou à conclusão acertada. Caso o arrendatário que explora economicamente o bem imóvel de propriedade da União não pudesse integrar o polo passivo, quem o integraria? A União é protegida pela imunidade recíproca. A Petrobras, na figura de arrendatária, exercendo basicamente todos os direitos inerentes à propriedade, possuidora direta do bem imóvel, é sujeito passivo legítimo. Caso contrário, estar-se-ia diante de uma hipótese na qual o fato gerador do IPTU, apesar de praticado, não resultaria na cobrança do imposto, por inexistir sujeito passivo.

Desse modo, a decisão proferida pelo Plenário do Supremo Tribunal Federal reconhecendo a incidência do IPTU no caso concreto, vez não ser a Petrobras alcançada pela imunidade tributária recíproca, mostra-se acertada e alinhada não só com o texto constitucional positivado, mas com as suas razões de ser e objetivos almejados.

CAPÍTULO 14
RECURSO EXTRAORDINÁRIO Nº 599.176

Mathaus Ferreira Almeida

1. Recurso Extraordinário nº 599.176 – Paraná[1]

Recorrente: Município de Curitiba
Recorrido: União
Relator: Joaquim Barbosa
Data de julgamento: 05 de junho 2014

1.1. Ementa

EMENTA: CONSTITUCIONAL. TRIBUTÁRIO. IMUNIDADE TRIBUTÁRIA RECÍPROCA. INAPLICABILIDADE À RESPONSABILIDADE TRIBUTÁRIA POR SUCESSÃO. ART. 150, VI, A DA CONSTITUIÇÃO. A imunidade tributária recíproca não exonera o sucessor das obrigações tributárias relativas aos fatos jurídicos tributários ocorridos antes da sucessão (aplicação "retroativa" da imunidade tributária). Recurso Extraordinário ao qual se dá provimento.

[1] BRASIL. Supremo Tribunal Federal. Recurso Extraordinário nº. 599.176/PR, Relator: Min. Joaquim Barbosa, Tribunal Pleno, Julgamento: 05/06/2014, Publicação: 30/10/2014. DJe-213 – 29-10-2014. Disponível em http://portal.stf.jus.br/processos/detalhe.asp?incidente=2672267. Acesso em: 27 jun. 2021.

1.2. Tese fixada

A imunidade tributária recíproca não exonera o sucessor das obrigações tributárias relativas aos fatos jurídicos tributários ocorridos antes da sucessão.

Tema 224 – Imunidade tributária recíproca do responsável tributário por sucessão

1.3. Especificações do caso e razões da submissão à repercussão geral

Trata-se de embargos à execução fiscal opostos pela Rede Ferroviária Federal S/A, sucedida pela União Federal, contra o município de Curitiba.

Nos autos, a embargante, sustentou, em síntese: a) nulidade do título executivo; b) inconstitucionalidade da legislação municipal que previu a progressividade do IPTU; e, c) imunidade recíproca.

Após a senda processual, sobreveio sentença que julgou procedentes os embargos, extinguindo a execução fiscal nº 2007.70.00.033383-6, face a imunidade tributária (art. 150, VI, "a", da CF).

Da sentença de piso houve a interposição de recurso de apelação por parte do município de Curitiba, ao argumento de que a União sucedeu a Rede Ferroviária Federal S/A em todos os seus direitos e obrigações, sendo responsável pela dívidas anteriormente adquiridas, não havendo que se falar em imunidade recíproca superveniente, bem como que a sucessora da sociedade de economia mista, a União, se tornou responsável tributária pelos créditos inadimplidos, nos termos do art. 130 e seguintes do Código Tributário Nacional.

Nas razões do Acórdão exarado pelo Tribunal Federal da 4ª Região, foi entendido que o imóvel o qual incidiu o IPTU é, atualmente, de propriedade da União, que goza de imunidade recíproca constitucional, a teor do disposto no artigo 150, VI, "a", da CF. Entendeu-se, ainda, que com a sucessão da União na propriedade do imóvel, mesmo após o lançamento, fica afastada a possibilidade de tributação em virtude da subsunção à hipótese de norma negativa de competência tributária, razão pela qual negou-se, então, provimento à apelação do Município de Curitiba.

Desse modo, irresignados pela decisão de segunda instância, houve a interposição diretamente de Recurso Extraordinário por parte do Município de Curitiba, uma vez que, no seu entendimento, quando da ocorrência do fato imponível inexistia qualquer imunidade ou norma de não-incidência a favor da Rede Ferroviária Federal S/A. Sustentou, ainda, que o instituto da imunidade tem sua exata tradução na não--incidência do tributo já a partir da ocorrência do fato gerador da obrigação tributária.

Em contrarrazões ao Recurso Extraordinário, a União alegou que: "As pessoas políticas e integrantes da Federação (CR, art. 1º, E 18) não podem instituir tributos uns dos outros, inclusive sobre patrimônio, renda ou serviços (CR, art. 150, VI, "a").

O recurso Extraordinário foi admitido.

1.4. Critério de conhecimento da repercussão geral

No Supremo Tribunal Federal o Recurso Extraordinário recebeu o nº 599.176 e teve por Relator o Ministro Joaquim Barbosa. Este, após fazer breve síntese do caso, sinalizou que o tema, tendo em conta a função de precedente que este julgado exercerá para todo o sistema judicial, manifestou-se pela repercussão geral do objeto discutido nos autos.

Consignou, ainda, que a questão de fundo posta neste recurso extraordinário, consistente em se saber se a imunidade tributária recíproca é aplicável ao responsável tributário por sucessão, tem inequívoca densidade constitucional, na medida em que afeta o campo de competência tributária atribuído aos entes federados.

O Tribunal, por fim, em sessão de 22/10/2009, reconheceu a existência de repercussão geral da questão constitucional suscitada.

2. Mérito da decisão

O Recurso Extraordinário nº 599.176 teve seu julgamento iniciado em 05 de junho de 2014.

Na sessão presidida pelo Ministro Joaquim Barbosa, o Tribunal reconheceu a existência de repercussão geral da questão constitucional suscitada e, no mérito, reafirmou a jurisprudência dominante sobre a matéria.

2.1. Do voto condutor

O Ministro Joaquim Barbosa conduziu seu voto alegando que a imunidade tributária recíproca é um instrumento de calibração do pacto federativo, destinado a proteger os entes federados de pressões econômicas projetadas para induzir escolhas políticas ou administrativas da preferência do ente tributante.

Como sucessora da sociedade de economia mista, a União se tornou responsável tributária pelos créditos inadimplidos, nos termos do art. 130 e seguintes do Código Tributário Nacional. A regra constitucional da imunidade, por se destinar à proteção específica do ente federado, é inaplicável aos créditos tributários constituídos legitimamente contra pessoas jurídicas dotadas de capacidade contributiva e cuja tributação em nada afetaria o equilíbrio do pacto federativo.

No caso em exame, a União não pode se livrar da responsabilidade tributária simplesmente indicando que o tributo era devido por sociedade de economia mista, ou sugerindo a aplicação de regra constitucional que protege a autonomia política de entes federados, e não de empresas públicas, nem de sociedades de economia mista.

2.2. Votos vencidos

Decisão unânime. Não houve votos vencidos.

3. Análise crítica

No caso concreto, como já dito, discute-se, se a imunidade tributária recíproca exonera ou não o sucessor das obrigações tributárias relativas aos fatos jurídicos tributários ocorridos antes da sucessão.

Como sucessora da sociedade de economia mista, a União se tornou responsável tributária pelos créditos inadimplidos, nos termos do art. 130 e seguintes do Código Tributário Nacional.

Assim, as pessoas naturais ou jurídicas responsáveis não se exoneram da responsabilidade por mera atribuição de culpa ou de dolo a terceiros. Quando da ocorrência do fato imponível inexistia qualquer imunidade ou norma de não-incidência a favor da Rede Ferroviária Federal S/A, bem como que o instituto da imunidade tem sua exata tradução na não-incidência do tributo já a partir da ocorrência do fato gerador da obrigação tributária.

Assim, a decisão proferida representou a melhor solução para o caso, do ponto de vista de resultado, tendo em vista que quando da ocorrência do fato imponível inexistia qualquer imunidade ou norma de não-incidência a favor da Rede Ferroviária Federal S/A.

CAPÍTULO 15
RECURSO EXTRAORDINÁRIO Nº 601.392

RICARDO LIMA DE OLIVEIRA

1. Recurso extraórdinário nº 601.392 – Paraná[1]

Relator: Ministro Joaquim Barbosa
Voto vencedor: Ministro Joaquim Barbosa
Data de julgamento: 28 de fevereiro de 2013

1.1. Ementa

Recurso extraordinário com repercussão geral. 2. Imunidade recíproca. Empresa Brasileira de Correios e Telégrafos. 3. Distinção, para fins de tratamento normativo, entre empresas públicas prestadoras de serviço público e empresas públicas exploradoras de atividade. Precedentes. 4. Exercício simultâneo de atividades em regime de exclusividade e em concorrência com a iniciativa privada. Irrelevância. Existência de peculiaridades no serviço postal. Incidência da imunidade prevista no art. 150, VI, "a", da Constituição Federal. 5. Recurso extraordinário conhecido e provido.

[1] BRASIL. Supremo Tribunal Federal. *Recurso Extraordinário nº. 601.392/PR*, Relator: Min. Ministro Joaquim Barbosa, Tribunal Pleno, julgado em 28/02/2013. Publicação: 05/06/2013 Disponível em: https://jurisprudencia.stf.jus.br/pages/search/sjur232292/false. Acesso em: 27 out. 2021.

1.2. Tese fixada

Os serviços prestados pela Empresa Brasileira de Correios e Telégrafos - ECT, inclusive aqueles em que a empresa não age em regime de monopólio, estão abrangidos pela imunidade tributária recíproca (CF, art. 150, VI, "a" e §§ 2º e 3º).

Tema 235 - Imunidade tributária das atividades exercidas pela Empresa Brasileira de Correios e Telégrafos - ECT.

1.3. Especificação do caso e razões da submissão à repercussão geral

O RE 601.392/PR trata do tema da imunidade recíproca, prevista no art. 150, VI, "a" da Constituição Federal de 1988, que assim dispõe:

> Art. 150. Sem prejuízo de outras garantias asseguradas ao contribuinte, é vedado à União, aos Estados, ao Distrito Federal e aos Municípios:
>
> (...)
>
> VI - instituir impostos sobre: (Vide Emenda Constitucional nº 3, de 1993)
>
> a) patrimônio, renda ou serviços, uns dos outros;

No caso em tela tem-se como recorrente a ECT - Empresa Brasileira de Correios e Telégrafos e recorrido o Município de Curitiba/PR.

Infere-se do julgado que a ECT foi exigida em face do ISSQN pelo Município de Curitiba/PR, pela prestação de serviços postais, justamente porque a própria Constituição restringe a imunidade recíproca relativa às empresas públicas e sociedades de economia mista, pois estas exploram atividades econômicas. Veja-se:

> Art. 150. Sem prejuízo de outras garantias asseguradas ao contribuinte, é vedado à União, aos Estados, ao Distrito Federal e aos Municípios:
>
> (...)
>
> § 3º As vedações do inciso VI, «a», e do parágrafo anterior não se aplicam ao patrimônio, à renda e aos serviços, relacionados com exploração de atividades econômicas regidas pelas normas aplicáveis a empreendimentos privados, ou em que haja contraprestação ou pagamento de preços ou tarifas pelo usuário, nem exonera o promitente comprador da obrigação de pagar imposto relativamente ao bem imóvel.

É sabido também que nem todos os serviços prestados pela ECT estão abarcados pelo monopólio concedido pela União, previsto no art. 21, X, da Constituição Federal, bem como no art. 9º da Lei Federal nº 6.538/78, *in verbis*:

> Art. 21. Compete à União:
> (...)
> X – manter o serviço postal e o correio aéreo nacional;
>
> Art. 9º – São exploradas pela União, em regime de monopólio, as seguintes atividades postais:
> I – recebimento, transporte e entrega, no território nacional, e a expedição, para o exterior, de carta e cartão-postal;
> II – recebimento, transporte e entrega, no território nacional, e a expedição, para o exterior, de correspondência agrupada:
> III – fabricação, emissão de selos e de outras fórmulas de franqueamento postal.

O Acórdão recorrido foi prolatado pelo Tribunal Regional Federal da 4ª Região nos seguintes termos:

> TRIBUTÁRIO. IMUNIDADE RECÍPROCA. EMPRESA BRASILEIRA DE CORREIOS E TELÉGRAFOS. SERVIÇOS TIPICAMENTE POSTAIS ABARCADOS PELO MONOPÓLIO. 1. A ECT, empresa pública que presta serviços postais, os quais são de competência da União, está abrangida pela imunidade tributária prevista no artigo 150, inciso VI, letra 'a' da Constituição Federal. 2. A imunidade aqui delineada, entretanto, restringe-se aos serviços tipicamente postais mencionados no art. 9º da Lei nº 6.538/78, sendo lícito ao município na cobrança de ISS, relativamente aos serviços não abarcados pelo monopólio concedido pela União.

Dessa forma, percebe-se que a análise do RE 601.392/PR é extremamente importante, pois, nesse julgado, o STF aborda a questão da imunidade recíproca em face de empresa pública, integrante da Administração Pública Indireta federal e que explora atividade econômica regida pelas normas aplicáveis a empreendimentos privados, ou em que haja contraprestação ou pagamento de preços ou tarifas pelo usuário.

O caso em análise foi distribuído ao Ministro Joaquim Barbosa em 10 de julho de 2009.

1.4. Critério de conhecimento da repercussão geral

A Repercussão Geral é um importante instrumento processual disposto na Constituição Federal de 1988, por meio da Emenda Constitucional nº 45 de 2003, cujo objetivo é possibilitar que o Supremo Tribunal Federal selecione os Recursos Extraordinários que irá analisar, de acordo com critérios de relevância jurídica, política, social ou econômica.

No caso em análise, a Repercussão Geral, prevista no art. 102, § 3º da Constituição Federal de 1988, foi reconhecida nos termos da ementa abaixo transcrita:

> EMENTA: CONSTITUCIONAL. TRIBUTÁRIO. IMUNIDADE RECÍPROCA. EMPRESA BRASILEIRA DE CORREIOS E TELÉGRAFOS. ACÓRDÃO RECORRIDO QUE DISTINGUE ENTRE SERVIÇOS SUJEITOS AO MONOPÓLIO E SERVIÇOS PRESTADOS EM REGIME DE CONCORRÊNCIA PARA EFEITO DA PROTEÇÃO CONSTITUCIONAL. ART. 150, VI, A E §§ 2º E 3º DA CONSTITUIÇÃO. PROCESSUAL CIVIL. PROPOSTA ENCAMINHADA PELA EXISTÊNCIA DO REQUISITO DE REPERCUSSÃO GERAL DA MATÉRIA CONSTITUCIONAL.

2. Mérito da decisão

2.1. Voto condutor

O Relator do RE 601.392/PR foi o Ministro Joaquim Barbosa, que iniciou o seu voto com uma breve síntese do caso, demonstrando a origem em face de Acórdão prolatado pelo Tribunal Regional Federal da 4ª Região, que decidiu pela incidência do ISSQN, a ser exigido pelo Município de Curitiba/PR, em face de serviços não abarcados pelo monopólio concedido pela União prestados pela ECT.

O Relator fez questão de frisar que seu voto não pretendia alterar o entendimento constitucional acerca da imunidade tributária, mas apenas balizar e reafirmar os entendimentos já prolatados pelo STF, que partem de 3 premissas:

a) A imunidade recíproca opera como salvaguarda do pacto federativo, para evitar que a tributação funcione como instrumento de coerção ou indução de entes federados;

b) A imunidade recíproca deve proteger atividade desprovida de capacidade contributiva, isto é, atividades públicas em sentido estrito, executadas sem intuito lucrativo;

c) A imunidade tributária recíproca não deve beneficiar a expressão econômica de interesses particulares, sejam eles públicos ou privados, nem afetar intensamente a livre iniciativa e a livre concorrência (excetuadas as permissões constitucionais).

O Ministro Joaquim Barbosa, desde o início do seu voto, foi categórico ao afirmar que "a exoneração integral e incondicionada à ECT desvia-se dos objetivos justificadores da proteção constitucional", isto porque "a ECT desempenha algumas atividades de intenso e primário interesse privado-particular, ou seja, não público".

Aborda também em seu voto as operações da ECT relativas ao Banco Postal, a qual assemelha-se a uma grande instituição financeira privada, bem como a venda de lingotes de ouro no formato de selos históricos, em parceria da ECT com empresa privada.

Dessa forma, o Ministro firmou o entendimento de que a ECT possui ampla capacidade contributiva e que a extensão irrefletida e desmesurada da imunidade tributária em questão colocaria os princípios da livre iniciativa e da concorrência em segundo plano.

Diante de todos esses argumentos, o Ministro Joaquim Barbosa conheceu do Recurso, porém negou provimento.

Os Ministros Luiz Fux, Carmem Lúcia, Ricardo Lewandowski, Marco Aurélio e Cezar Peluso acompanharam o voto do Relator, todavia em 28/02/2013 o Ministro Ricardo Lewandowski retificou seu voto.

2.2. Votos vencidos

O Ministro Ayres Britto inaugurou a divergência em relação ao voto do Relator, argumentando que a Constituição Federal de 1988 ao determinar a manutenção do correio aéreo nacional e os serviços postais e telegráficos, expressamente exigiu da ECT uma continuidade dos serviços a ele afetados em todos os Municípios do território brasileiro, não havendo que se falar em lucro e sim um meio para a continuidade da prestação do serviço público.

Dessa forma, estender a imunidade tributária, independentemente de ser uma atividade exclusiva ou não, "pareceu uma coisa natural".

Sendo assim, o Ministro Ayres Britto conheceu e proveu o Recurso Extraordinário em análise.

Acompanhando a divergência do Ministro Ayres Britto, o Ministro Gilmar Mendes também entendendo que o serviço postal prestado pela ECT não tem por objetivo o lucro simplesmente, mas ele ocorre para a manutenção de todo um sistema. Recordou ainda que a ECT está sujeita a uma série de condições que empresas privadas não se submetem, como por exemplo a realização de licitação e concurso público. Trouxe também a análise do julgamento da ADPF nº 46 e por fim conheceu o recurso e deu provimento.

Outros a acompanharem a divergência foram o Ministro Dias Toffoli, a Ministra Rosa Weber e o Ministro Ricardo Lewandowski (voto retificado).

3. Análise crítica

O julgamento do RE 601.392/PR foi cercado de debates acalorados e controvérsias jurídicas, sobretudo em face do julgamento da ADPF nº 46, no qual o STF reconheceu a natureza pública dos serviços postais, destacando-se que tais serviços são exercidos em regime de exclusividade pela ECT.

A Constituição Federal de 1988, ao tratar do tema da Imunidade Recíproca, dispôs que a referida imunidade somente seria extensiva "às autarquias e às fundações instituídas e mantidas pelo Poder Público, no que se refere ao patrimônio, à renda e aos serviços, vinculados a suas finalidades essenciais ou às delas decorrentes", nos termos do § 2º do art. 150 da Carta.

Para que não restasse qualquer outra interpretação possível, o § 3º do referido artigo dispôs que "não se aplicam ao patrimônio, à renda e aos serviços, relacionados com exploração de atividades econômicas regidas pelas normas aplicáveis a empreendimentos privados, ou em que haja contraprestação ou pagamento de preços ou tarifas pelo usuário, nem exonera o promitente comprador da obrigação de pagar imposto relativamente ao bem imóvel".

Dessa forma, a Constituição Federal separou as entidades públicas que não possuem capacidade contributiva (autarquias, agências e fundações públicas) daquelas que possuem (empresas públicas e sociedades de economia mista).

Portanto, a imunidade recíproca pensada pelos Constituintes visava proteger a parcela do Estado que não pudesse realizar suas atividades precípuas em face da cobrança de impostos, uns dos outros (União, Estados, DF e Municípios).

Ao conhecer e prover o RE 601.392/PR por maioria de votos, o STF desconsiderou por completo a ideia do Legislador Constituinte e criou um privilégio vergonhoso à ECT em detrimento de outras empresas privadas que atuam em concorrências com a referida empresa pública.

Utilizando as palavras do Ministro Marco Aurélio, inadmissível a Imunidade Recíproca beneficiar, gerando um privilégio odioso – como toda imunidade – a uma pessoa jurídica de direito privado, como é a ECT.

Outro ponto que deve ser levado em conta na análise crítica desse julgado é o fato de que a ECT, atualmente, concorre – em ampla vantagem, graças ao STF – com a iniciativa privada em diversas áreas: entrega e recebe contas, vende títulos de capitalização, atua como banco e até vende lingotes de ouro.

Os acalorados debates marcaram esse julgamento e foi justamente a mudança de voto do Ministro Ricardo Lewandowski que garantiu o conhecimento e provimento do RE 601.392/PR ampliando a imunidade recíproca da ECT, pois o julgamento, sem a mudança, seria 6 a 5 pelo não provimento.

Não há outra conclusão que essa: o julgamento do RE 601.392/PR conferiu imunidade recíproca ampla, garantindo a uma empresa pública uma situação privilegiada em todos os âmbitos, estendendo-a ao campo de prestação de atividades que estão sujeitas a pagamento de tributos e cujo pagamento não ofereceria nenhum risco a sua saúde financeira.

CAPÍTULO 16
RECURSO EXTRAORDINÁRIO Nº 601.720

Kettilly Ingrid de Queiroz

1. Recurso extraordinário nº 601.720 – Rio de Janeiro[1]

Recorrente: Município do Rio de Janeiro
Recorrido: Barrafor Veículos LTDA.
Relator: Ministro Edson Fachin
Redator do Acórdão: Ministro Marco Aurélio
Voto vencedor: Ministro Marco Aurélio
Data de julgamento: 19 de abril de 2017.

1.1. Ementa

IPTU – BEM PÚBLICO – CESSÃO – PESSOA JURÍDICA DE DIREITO PRIVADO. Incide o imposto Predial e Territorial Urbano considerado bem público cedido a pessoa jurídica de direito privado, sendo esta a devedora.

[1] BRASIL. Supremo Tribunal Federal. **Recurso Extraordinário nº** 601.720, Relator(a): Min. Edson Fachin, Tribunal Pleno, Relator(a) p/ Acórdão: Marco Aurélio, Tribunal Pleno, julgado em 19/04/2017, PROCESSO ELETRÔNICO REPERCUSSÃO GERAL - MÉRITO DJe-200 DIVULG 04-09-2017 PUBLIC 05-09-2017. Disponível em: http://portal.stf.jus.br/processos/detalhe.asp?incidente=2692309>. Acesso em: 6 de fev. de 2022.

1.2. Tese fixada

Incide o IPTU, considerado imóvel de pessoa jurídica de direito público cedido a pessoa jurídica de direito privado, devedora do tributo.

Tema 437 – Reconhecimento de imunidade tributária recíproca a empresa privada ocupante de bem público.

1.3. Especificação do caso e razões da submissão à repercussão geral

A empresa Barrafor Veículos LTDA. buscava ter reconhecida a imunidade recíproca em relação à cobrança do Imposto Predial e Territorial Urbano (IPTU), referente a imóvel da União, objeto de contrato de concessão firmado entre a recorrida e a INFRAERO.

Segundo a recorrida, não havia se falar em relação jurídico-tributária, uma vez que não detinha nem o domínio nem a posse sobre aquele bem.

Em contraponto, o Município do Rio de Janeiro ressaltou que a recorrida, ao revés do que alegava, exercia o domínio útil, ou, ao menos, a posse do imóvel objeto da controvérsia, não existindo óbice legal para a cobrança do IPTU e das taxas fundiárias que recaiam sobre o bem.

Outrossim, destacou o Município do Rio de Janeiro que havia previsão expressa no contrato de concessão celebrado entre a Barrafor Veículos LTDA. (concessionária) e a INFRAERO (concedente), de que eventuais ônus relativos aos tributos fundiários municipais seriam repassados ao concessionário.

Encerrando os argumentos, a entidade federativa em citação destacou que a área cedida estava sendo utilizada para a realização de atividades com fins lucrativos, não se distinguindo, do ponto de vista do interesse público, de uma atividade comercial.

1.4. Critério de conhecimento da repercussão geral

O Tribunal de Justiça do Estado do Rio de Janeiro admitiu os recursos extraordinário e especial interpostos pelo Município do Rio de Janeiro, uma vez presentes os requisitos processuais de admissibilidade.

No Superior Tribunal de Justiça (STJ) o recurso especial restou desprovido, visto que ambas as Turmas da Primeira Seção do Tribunal da Cidadania possuem entendimento no sentido de que somente é contribuinte do IPTU o possuidor que tenha *animus domini*, ou seja, aquele que possui a intenção de ser dono ou proprietário da coisa.

Dessa feita, o STJ entendeu que o cessionário não poderia ser taxado de contribuinte do IPTU, em razão de não exercer nenhum direito de propriedade sobre o imóvel.

Diante da controvérsia, o Supremo Tribunal Federal, em 16 de junho de 2011, afetou a matéria à sistemática da repercussão geral[2]. Na ocasião, admitiu-se como *amici curiae* a Associação Nacional dos Transportes Ferroviários e o Município de São Paulo.

2. Mérito da decisão

2.1. Voto Condutor

O Ministro Redator para o Acórdão, Marco Aurélio, ressaltou a natureza subjetiva da imunidade tributária recíproca, reiterando posicionamento firmado no julgamento do RE nº 580.264[3], segundo o qual tanto as sociedades de economia mista como as empresas públicas estão sujeitas ao regime próprio das empresas privadas, inclusive quanto aos direitos e obrigações civis, comerciais, trabalhistas e tributárias.

[2] "CONSTITUCIONAL. TRIBUTÁRIO. IMUNIDADE RECÍPROCA. IPTU. IMÓVEL DE PROPRIEDADE DE ENTE PÚBLICO. CONCESSÃO DE USO. EMPRESA PRIVADA EXPLORADORA DE ATIVIDADE ECONÔMICA COM FINS LUCRATIVOS. CONTRIBUINTE DO IMPOSTO. QUALIFICAÇÃO. EXISTÊNCIA DE REPERCUSSÃO GERAL." (RE 601720 RG, Rel. Min. Ricardo Lewandowski, Dje 28.06.2011)

[3] EMENTA: CONSTITUCIONAL. TRIBUTÁRIO. RECURSO EXTRAORDINÁRIO. REPERCUSSÃO GERAL. IMUNIDADE TRIBUTÁRIA RECÍPROCA. SOCIEDADE DE ECONOMIA MISTA. SERVIÇOS DE SAÚDE. 1. A saúde é direito fundamental de todos e dever do Estado (arts. 6º e 196 da Constituição Federal). Dever que é cumprido por meio de ações e serviços que, em face de sua prestação pelo Estado mesmo, se definem como de natureza pública (art. 197 da Lei das leis). 2 . A prestação de ações e serviços de saúde por sociedades de economia mista corresponde à própria atuação do Estado, desde que a empresa estatal não tenha por finalidade a obtenção de lucro. 3. As sociedades de economia mista prestadoras de ações e serviços de saúde, cujo capital social seja majoritariamente estatal, gozam da imunidade tributária prevista na alínea "a" do inciso VI do art. 150 da Constituição Federal. 3. Recurso extraordinário a que se dá provimento, com repercussão geral.
(RE 580264, Relator(a): Joaquim Barbosa, Relator(a) p/ Acórdão: Ayres Britto, Tribunal Pleno, julgado em 16/12/2010, REPERCUSSÃO GERAL - MÉRITO DJe-192 DIVULG 05-10-2011 PUBLIC 06-10-2011 EMENT VOL-02602-01 PP-00078)

Entendeu o Ministro que a situação em análise demanda cautela, visto que há um particular atuando de forma livre no desenvolvimento de atividade econômica, usufruindo de vantagem oriunda da utilização de bem público, sob o qual recai a imunidade.

Assim, enfatizou o Ministro que não cabe estender a imunidade recíproca a particulares que atuam em regime da livre concorrência, consoante se verifica na redação do § 3º do artigo 150 da Constituição da República[4].

Ademais, esclareceu o Ministro que mesmo quando verificada atividade econômica, até as pessoas jurídicas de direito público não são agraciadas com a imunidade recíproca.

No caso em concreto, ressaltou o Ministro que, ainda que o ente público não seja o responsável pela exoneração direta da atividade econômica, no momento em que realiza a cessão do imóvel ao particular, autoriza que o bem seja afetado a empreendimento privado.

Outrossim, destacou o Ministro a presença de cláusula contratual impondo ao cessionário o ônus do IPTU, de modo que ao aplicar a imunidade recíproca à empresa recorrida, verificar-se-ia afronta ao princípio da livre concorrência, pois o particular gozaria de uma vantagem indevida, inexistente para os concorrentes.

Segundo o Ministro, os artigos 32 e 34 do Código Tributário Nacional[5] amparam o Município do Rio de Janeiro no que toca à competência para instituir e cobrar o IPTU do particular, notadamente em razão de que a hipótese de incidência do IPTU não se encontra limitada à propriedade do imóvel, incluindo, igualmente, o domínio útil e a posse do bem.

[4] Art. 150. Sem prejuízo de outras garantias asseguradas ao contribuinte, é vedado à União, aos Estados, ao Distrito Federal e aos Municípios:

[...]

§ 3º As vedações do inciso VI, «a», e do parágrafo anterior não se aplicam ao patrimônio, à renda e aos serviços, relacionados com exploração de atividades econômicas regidas pelas normas aplicáveis a empreendimentos privados, ou em que haja contraprestação ou pagamento de preços ou tarifas pelo usuário, nem exonera o promitente comprador da obrigação de pagar imposto relativamente ao bem imóvel.

[5] Art. 32. O imposto, de competência dos Municípios, sobre a propriedade predial e territorial urbana tem como fato gerador a propriedade, o domínio útil ou a posse de bem imóvel por natureza ou por acessão física, como definido na lei civil, localizado na zona urbana do Município.

Art. 34. Contribuinte do imposto é o proprietário do imóvel, o titular do seu domínio útil, ou o seu possuidor a qualquer título.

Reiterando as razões do voto, o Ministro fez referência ao RE nº 253.472[6], que contribuiu para a edição da Súmula nº 583 do STF, a qual informa que o promitente comprador de imóvel residencial transcrito em nome de autarquia é contribuinte do imposto predial urbano.

Pelos argumentos tracejados, o Ministro fixou a seguinte tese: "Incide o IPTU considerado imóvel de pessoa jurídica de direito público cedido

[6] EMENTA: TRIBUTÁRIO. IMUNIDADE RECÍPROCA. SOCIEDADE DE ECONOMIA MISTA CONTROLADA POR ENTE FEDERADO. CONDIÇÕES PARA APLICABILIDADE DA PROTEÇÃO CONSTITUCIONAL. ADMINISTRAÇÃO PORTUÁRIA. COMPANHIA DOCAS DO ESTADO DE SÃO PAULO (CODESP). INSTRUMENTALIDADE ESTATAL. ARTS. 21, XII, f, 22, X, e 150, VI, a DA CONSTITUIÇÃO. DECRETO FEDERAL 85.309/1980. 1. IMUNIDADE RECÍPROCA. CARACTERIZAÇÃO. Segundo teste proposto pelo ministro-relator, a aplicabilidade da imunidade tributária recíproca (art. 150, VI, a da Constituição) deve passar por três estágios, sem prejuízo do atendimento de outras normas constitucionais e legais: 1.1. A imunidade tributária recíproca se aplica à propriedade, bens e serviços utilizados na satisfação dos objetivos institucionais imanentes do ente federado, cuja tributação poderia colocar em risco a respectiva autonomia política. Em conseqüência, é incorreto ler a cláusula de imunização de modo a reduzi-la a mero instrumento destinado a dar ao ente federado condições de contratar em circunstâncias mais vantajosas, independentemente do contexto. 1.2. Atividades de exploração econômica, destinadas primordialmente a aumentar o patrimônio do Estado ou de particulares, devem ser submetidas à tributação, por apresentarem-se como manifestações de riqueza e deixarem a salvo a autonomia política. 1.3. A desoneração não deve ter como efeito colateral relevante a quebra dos princípios da livre-concorrência e do exercício de atividade profissional ou econômica lícita. Em princípio, o sucesso ou a desventura empresarial devem pautar-se por virtudes e vícios próprios do mercado e da administração, sem que a intervenção do Estado seja favor preponderante. 2. SOCIEDADE DE ECONOMIA MISTA. EXPLORAÇÃO DE SERVIÇOS DE ADMINISTRAÇÃO PORTUÁRIA. CONTROLE ACIONÁRIO MAJORITÁRIO DA UNIÃO. AUSÊNCIA DE INTUITO LUCRATIVO. FALTA DE RISCO AO EQUILÍBRIO CONCORRENCIAL E À LIVRE-INICIATIVA. Segundo se depreende dos autos, a Codesp é instrumentalidade estatal, pois: 2.1. Em uma série de precedentes, esta Corte reconheceu que a exploração dos portos marítimos, fluviais e lacustres caracteriza-se como serviço público. 2.2. O controle acionário da Codesp pertence em sua quase totalidade à União (99,97%). Falta da indicação de que a atividade da pessoa jurídica satisfaça primordialmente interesse de acúmulo patrimonial público ou privado. 2.3. Não há indicação de risco de quebra do equilíbrio concorrencial ou de livre-iniciativa, eis que ausente comprovação de que a Codesp concorra com outras entidades no campo de sua atuação. 3. Ressalva do ministro-relator, no sentido de que "cabe à autoridade fiscal indicar com precisão se a destinação concreta dada ao imóvel atende ao interesse público primário ou à geração de receita de interesse particular ou privado". Recurso conhecido parcialmente e ao qual se dá parcial provimento. (RE 253472, Relator(a): Marco Aurélio, Relator(a) p/ Acórdão: Joaquim Barbosa, Tribunal Pleno, julgado em 25/08/2010, DJe-020 DIVULG 31-01-2011 PUBLIC 01-02-2011 EMENT VOL-02454-04 PP-00803 RTJ VOL-00219-01 PP-00558)

a pessoa jurídica de direito privado, devedora do tributo", ressaltando, ainda, que o caso não abrange sociedade de economia mista, mas uma concessionária de veículos.

Acompanhando o Redator para o Acórdão, o Ministro Alexandre de Moraes, rememorando o caso *Mac Culloch vs. Maryland*, evidenciou que a imunidade recíproca é uma prerrogativa que decorre diretamente da autonomia das unidades federativas, sendo a vinculação às finalidades públicas o fator que legitima a norma imunizante.

O Ministro Alexandre de Moraes ressaltou que quando ocorrer a dessassociação às finalidades públicas, e, da mesma forma, risco de perturbação para a realidade econômica, a aplicação da imunidade recíproca merece ser objeto de críticas, especialmente diante da necessidade de preservação do equilíbrio concorrencial típico da livre iniciativa.

A título de fundamentação, o Ministro colacionou em seu voto as lições de Ives Gandra, na obra Comentários à Constituição do Brasil. 6. vol. São Paulo: Saraiva, 1990, p. 201-202, em que resta consignado o entendimento de que "[...] A intervenção concorrencial, à evidência, é típica atuação do Estado na área de atuação preferencial do setor privado, razão pela qual a imunidade não se justifica".

Sublinhou o Ministro que, em ocasião similar, não se admitiu a possibilidade de aplicação da norma de imunidade recíproca, nos termos do RE nº 434.251[7], de maneira a ser possível a cobrança do IPTU em relação ao cessionário.

Além disso, ilustrou o Ministro que quando a cessão transfere o uso do imóvel para finalidades estranhas ao interesse público, a propriedade se afasta da natureza jurídica de bem público, passando a ser empregada exclusivamente para a satisfação dos objetivos privados de terceiros, gerando consequências competitivas para o segmento econômico afetado e externalidades urbanísticas negativas.

[7] EMENTA: RECURSO EXTRAORDINÁRIO. IMUNIDADE TRIBUTÁRIA RECÍPROCA (ART. 150, INC. VI, AL. A, DA CONSTITUIÇÃO). BEM IMÓVEL DA UNIÃO. CESSÃO A EMPREENDIMENTO PRIVADO EXPLORADOR DE ATIVIDADE ECONÔMICA. INAPLICABILIDADE DA SALVAGUARDA CONSTITUCIONAL. RECURSO EXTRAORDINÁRIO PROVIDO. (RE 434251, Relator(a): Edson Fachin, Relator(a) p/ Acórdão: Cármen Lúcia, Tribunal Pleno, julgado em 19/04/2017, ACÓRDÃO ELETRÔNICO DJe-195 DIVULG 30-08-2017 PUBLIC 31-08-2017)

A Ministra Rosa Weber acompanhou o Ministro Marco Aurélio destacando que a imunidade recíproca trazida pela Constituição da República de 1988 não abrange o caso analisado.

O Ministro Luiz Fux corroborou entendimento do Ministro Marco Aurélio.

No mesmo sentido foi a posição do Ministro Ricardo Lewandowski, o qual destacou em seu voto que se uma empresa de economia mista, em atuação no campo do Direito Privado, exercendo atividades sob o regime de concorrência e buscando lucro, deve adimplir o IPTU, não estando protegida pela imunidade recíproca constitucional, da mesma forma há de se concluir em relação à empresa privada.

A Ministra Cármen Lúcia, fundamentando o seu voto, citou posição defendida pelo Ministro Joaquim Barbosa no RE nº 451.152[8], segundo a qual, em entendimento diverso ao firmado naquele julgamento, o Ministro destacou a impossibilidade de conferir à atividade privada de terceiros, ainda que concessionários de bens de propriedade da União, a imunidade tributária reservada unicamente ao ente federativo, sob pena de ofensa ao princípio da livre concorrência e ao dispositivo constitucional garantidor da imunidade.

Dessa feita, aduziu a Ministra que a recorrida era titular de direito de uso de imóvel cedido pela INFRAERO, no qual desenvolvia atividade privada com fins lucrativos (revenda de veículos), o que atrai a incidência dos §§ 2º e 3º do artigo 150 da Constituição[9].

[8] EMENTA: Recurso Extraordinário. 2. IPTU. Imóvel da União destinado à exploração comercial. 3. Contrato de concessão de uso. Posse precária e desdobrada. 4. Impossibilidade de a recorrida figurar no pólo passivo da obrigação tributária. Precedente. Recurso extraordinário a que se nega provimento. (RE 451152, Relator(a): GILMAR MENDES, Segunda Turma, julgado em 22/08/2006, DJe-004 DIVULG 26-04-2007 PUBLIC 27-04-2007 DJ 27-04-2007 PP-00107 EMENT VOL-02273-04 PP-00823 RIP v. 9, n. 42, 2007, p. 333-340 LEXSTF v. 29, n. 341, 2007, p. 250-262)

[9] Art. 150. Sem prejuízo de outras garantias asseguradas ao contribuinte, é vedado à União, aos Estados, ao Distrito Federal e aos Municípios:

[...]

§ 2º A vedação do inciso VI, «a», é extensiva às autarquias e às fundações instituídas e mantidas pelo Poder Público, no que se refere ao patrimônio, à renda e aos serviços, vinculados a suas finalidades essenciais ou às delas decorrentes.

§ 3º As vedações do inciso VI, «a», e do parágrafo anterior não se aplicam ao patrimônio, à renda e aos serviços, relacionados com exploração de atividades econômicas regidas pelas normas aplicáveis a empreendimentos privados, ou em que haja contraprestação ou paga-

Outrossim, finalizando o seu voto, a Ministra explicitou que, na ocasião do julgamento da ADI 3089[10], o Supremo Tribunal Federal decidiu que a imunidade recíproca se reveste de uma garantia ou prerrogativa imediata de entidades políticas federativas, não havendo razão para sua extensão a particulares que executem, de forma lucrativa, serviços públicos mediante concessão ou delegação, devidamente remunerados.

2.2. Votos vencidos

O Ministro Edson Fachin, Relator do recurso extraordinário em exame, destacou a existência de duas questões importantes para o debate da temática, quais sejam:

(i) Poderia a pessoa cessionária do uso de imóvel pertencente à União figurar como sujeito passivo da obrigação tributária referente ao Imposto Predial e Territorial Urbano (IPTU)?

mento de preços ou tarifas pelo usuário, nem exonera o promitente comprador da obrigação de pagar imposto relativamente ao bem imóvel.

[10] EMENTA: AÇÃO DIRETA DE INCONSTITUCIONALIDADE. CONSTITUCIONAL. TRIBUTÁRIO. ITENS 21 E 21.1. DA LISTA ANEXA À LEI COMPLEMENTAR 116/2003. INCIDÊNCIA DO IMPOSTO SOBRE SERVIÇOS DE QUALQUER NATUREZA - ISSQN SOBRE SERVIÇOS DE REGISTROS PÚBLICOS, CARTORÁRIOS E NOTARIAIS. CONSTITUCIONALIDADE. Ação Direta de Inconstitucionalidade ajuizada contra os itens 21 e 21.1 da Lista Anexa à Lei Complementar 116/2003, que permitem a tributação dos serviços de registros públicos, cartorários e notariais pelo Imposto sobre Serviços de Qualquer Natureza - ISSQN. Alegada violação dos arts. 145, II, 156, III, e 236, caput, da Constituição, porquanto a matriz constitucional do Imposto sobre Serviços de Qualquer Natureza permitiria a incidência do tributo tão-somente sobre a prestação de serviços de índole privada. Ademais, a tributação da prestação dos serviços notariais também ofenderia o art. 150, VI, a e §§ 2º e 3º da Constituição, na medida em que tais serviços públicos são imunes à tributação recíproca pelos entes federados. As pessoas que exercem atividade notarial não são imunes à tributação, porquanto a circunstância de desenvolverem os respectivos serviços com intuito lucrativo invoca a exceção prevista no art. 150, § 3º da Constituição. O recebimento de remuneração pela prestação dos serviços confirma, ainda, capacidade contributiva. A imunidade recíproca é uma garantia ou prerrogativa imediata de entidades políticas federativas, e não de particulares que executem, com inequívoco intuito lucrativo, serviços públicos mediante concessão ou delegação, devidamente remunerados. Não há diferenciação que justifique a tributação dos serviços públicos concedidos e a não-tributação das atividades delegadas. Ação Direta de Inconstitucionalidade conhecida, mas julgada improcedente. (ADI 3089, Relator(a): Carlos Britto, Relator(a) p/ Acórdão: Joaquim Barbosa, Tribunal Pleno, julgado em 13/02/2008, DJe-142 DIVULG 31-07-2008 PUBLIC 01-08-2008 EMENT VOL-02326-02 PP-00265 RTJ VOL-00209-01 PP-00069 LEXSTF v. 30, n. 357, 2008, p. 25-58)

(ii) Poderia a Municipalidade prever, instituir e arrecadar IPTU, em que a base impositiva seja imóvel de titularidade da União, ainda que o bem seja objeto de contrato administrativo de concessão de uso, assim como haja particular que utilize o imóvel com finalidade lucrativa?

Nessa senda, elucidou o Ministro que o IPTU é tributo de competência municipal, tendo como base econômica o patrimônio, especialmente a propriedade imobiliária, nos termos do artigo 156 da Constituição Federal de 1988[11].

Assim, pode-se entender que o artigo 32 do Código Tributário Nacional[12] autoriza o município a impor, mediante lei, o pagamento do IPTU quando houver a propriedade, o domínio útil e a posse a qualquer título.

Por conseguinte, o Ministro evidenciou a necessidade de realizar uma interpretação sistemática das normas de direito público e as disposições do Código Civil que tratam acerca dos institutos de posse e de propriedade – artigos 1196 e 1228[13].

Dessa feita, entendeu o Ministro, com base na jurisprudência do Supremo Tribunal Federal (RE nº 265.749[14] e RE nº 253.394[15]), que a

[11] Art. 156. Compete aos Municípios instituir impostos sobre:
I – propriedade predial e territorial urbana;

[12] Art. 32. O imposto, de competência dos Municípios, sobre a propriedade predial e territorial urbana tem como fato gerador a propriedade, o domínio útil ou a posse de bem imóvel por natureza ou por acessão física, como definido na lei civil, localizado na zona urbana do Município.

[13] Art. 1.196. Considera-se possuidor todo aquele que tem de fato o exercício, pleno ou não, de algum dos poderes inerentes à propriedade.
Art. 1.228. O proprietário tem a faculdade de usar, gozar e dispor da coisa, e o direito de reavê-la do poder de quem quer que injustamente a possua ou detenha.

[14] EMENTA: RECURSO EXTRAORDINÁRIO. TRIBUTÁRIO. IPTU. IMÓVEIS DO ACERVO PATRIMONIAL DO PORTO DE SANTOS. IMUNIDADE RECÍPROCA. TAXAS. 1. Imóveis situados no porto, área de domínio público da União, e que se encontram sob custódia da companhia em razão de delegação prevista na Lei de Concessões Portuárias. Não-incidência do IPTU, por tratar-se de bem e serviço de competência atribuída ao poder público (artigos 21, XII, "f" e 150, VI, da Constituição Federal). 2. Taxas. Imunidade. Inexistência, uma vez que o preceito constitucional só faz alusão expressa a imposto, não comportando a vedação a cobrança de taxas. Recurso Extraordinário parcialmente provido. (RE 265749, Relator(a): MAURÍCIO CORRÊA, Segunda Turma, julgado em 27/05/2003, DJ 12-09-2003 PP-00036 EMENT VOL-02123-03 PP-00588)

[15] EMENTA: TRIBUTÁRIO. IPTU. IMÓVEIS QUE COMPÕEM O ACERVO PATRIMONIAL DO PORTO DE SANTOS, INTEGRANTES DO DOMÍNIO DA UNIÃO. Impossibilidade de tributação pela Municipalidade, independentemente de encontrarem-se tais bens

posse do concessionário de uso é precária e desdobrada, logo, rechaça-se o fato gerador do IPTU.

Outrossim, em sendo a INFRAERO empresa pública, vocacionada a desempenhar atividade sob a reserva constitucional de monopólio estatal – serviços de infraestrutura aeroportuária – tem-se a sua imunidade no que respeita aos impostos fundiários municipais, de forma que os instrumentos jurídicos de direito privado que tratem do ônus econômico da tributação não podem ser oponíveis à Administração Tributária.

Em conclusão, o Ministro ressaltou que os dois quesitos por ele levantados, no início de seu voto, merecem resposta negativa, de maneira que não pode o particular concessionário de uso de bem público, por força de lei municipal, ser sujeito passivo da obrigação tributária referente ao IPTU, uma vez que a sua posse é tida como precária e desdobrada, e considerando que o bem qualificado como bem público federal, ainda que destinado à exploração comercial, continua imune aos tributos fundiários municipais, nos termos do que prevê ao artigo 150, inciso VI, "a", da Constituição Federal de 1988[16].

O Ministro Luís Roberto Barroso argumentou que o Supremo Tribunal Federal fixou entendimento no sentido da impossibilidade do detentor da posse, decorrente de contrato de concessão de uso, figurar no polo passivo da obrigação tributária, citando autos de relatoria do Ministro Eros Grau e do Ministro Gilmar Mendes.

O Ministro Celso de Mello acompanhou os Ministros Edson Fachin e Barroso.

3. Análise crítica

De início, no que respeita à repercussão geral, verifica-se que a matéria discutida no âmbito do RE nº 601.720 se reveste de significativa rele-

ocupados pela empresa delegatária dos serviços portuários, em face da imunidade prevista no art. 150, VI, a, da Constituição Federal. Dispositivo, todavia, restrito aos impostos, não se estendendo às taxas. Recurso parcialmente provido. (RE 253394, Relator(a): ILMAR GALVÃO, Primeira Turma, julgado em 26/11/2002, DJ 11-04-2003 PP-00029 EMENT VOL-02106-04 PP-00768)

[16] Art. 150. Sem prejuízo de outras garantias asseguradas ao contribuinte, é vedado à União, aos Estados, ao Distrito Federal e aos Municípios:

[...]

VI – instituir impostos sobre:

a) patrimônio, renda ou serviços, uns dos outros;

vância, notadamente diante dos posicionamentos divergentes no âmbito do Superior Tribunal de Justiça e no próprio Supremo Tribunal Federal.

Ademais, tem-se a presença da repercussão geral quando no caso concreto se evidenciem aspectos relevantes do ponto de vista econômico, político, social ou jurídico, que superam a esfera subjetiva das partes envolvidas no litígio.

A matéria discutida no RE nº 601.720 suscita questões importantes relacionadas a receita e competência tributárias municipais, equilíbrio federativo, afronta ao princípio constitucional da ampla concorrência, dentre outros pontos.

Dessa feita, a afetação do tema à sistemática da repercussão geral pelo Supremo Tribunal Federal foi medida consentânea.

Quanto ao mérito, infere-se da leitura do RE nº 601.720, que a Suprema Corte firmou entendimento pela negativa de concessão da imunidade recíproca à empresa recorrida, com fundamento no princípio da livre concorrência e na necessidade de manutenção do equilíbrio federativo.

Não obstante, durante o debate do tema, houve divergência de entendimento por parte dos integrantes do grupo de pesquisa de direito constitucional tributário, notadamente em razão de o voto condutor e os votos vencidos encontrarem-se sobremodo embasados.

A maioria, a qual a subscritora passou a integrar, perfilhou os posicionamentos dos Ministros Edson Fachin, Luís Roberto Barroso e Celso de Mello, de maneira a concluir pela incompetência do Município do Estado do Rio de Janeiro para instituir e cobrar o IPTU da concessionária, visto que, ainda que afetado à exploração econômica, por intermédio da celebração do contrato de concessão, o bem objeto da controvérsia ainda se reveste de natureza de bem público.

Outrossim, o fato gerador do IPTU não é a lucratividade da concessionária, mas sim a propriedade do imóvel. Consigne-se que a empresa concessionária é mera usuária da área, exercendo a simples posse precária do imóvel, sem os poderes e atributos da propriedade, não se enquadrando, portanto, nos preceitos dos artigos 32 e 34 do Código Tributário Nacional.

Corroborando entendimento, não se pode olvidar, ainda, que o contrato de concessão firmado entre a Barrafor Veículos LTDA (concessionária) e a INFRAERO (concedente) em nada de assemelha à concessão de direito real de uso, na qual se instaura verdadeiro direito real, veja-se que no primeiro a propriedade do imóvel continua com o Poder Público, de modo a não se afastar qualquer direito ou prerrogativa pública[17], inclusive a imunidade tributária.

Em contradita ao entendimento majoritário firmado pelo grupo de pesquisa, tem-se argumentos no sentido de que a competência do Município do Rio de Janeiro para instituir e cobrar, por intermédio de lei, o IPTU da empresa concessionária encontra respaldo no artigo 156, inciso I, da Constituição Federal de 1988.

A imunidade recíproca não poderia suprimir a competência tributária, especialmente em razão de o instituto alcançar situações específicas e expressamente indicadas pela norma constitucional em vigência.

Desse modo, na linha do entendimento que prevaleceu no Supremo Tribunal Federal, e minoritariamente dentre os integrantes do grupo de pesquisa, a aplicação da imunidade recíproca ao caso concreto implicaria prejuízo à arrecadação municipal, de modo a comprometer o equilíbrio federativo e, ainda, violar os ditames da ordem econômica, visto que seria concedido benefício a empresa que demonstra capacidade contributiva em sentido amplo e explora atividade submetida à livre concorrência, ainda que em uso de imóvel público.

Em face do exposto, conclui-se que o acórdão em estudo, embora notadamente fundamentado, desconsiderou elementos importantes da legislação infraconstitucional, dentre os quais, destacam-se, os conceitos i) de posse e propriedade; ii) de fato gerador do IPTU; iii) da natureza jurídica do contrato de concessão; nos termos do explicitado alhures, indo de encontro a entendimentos pretéritos da Corte Suprema e do Superior Tribunal de Justiça.

[17] MEIRELLES, Hely Lopes. Direito Administrativo Brasileiro. 23ª ed. São Paulo: Malheiros, p. 316.

CAPÍTULO 17
RECURSO EXTRAORDINÁRIO Nº 608.872

MARIA DAS GRAÇAS PATROCÍNIO OLIVEIRA

1. Recurso extraordinário nº 608.872 – Minas Gerais[1]

Recorrente: Estado de Minas Gerais
Recorrido: Casa de Caridade de Muriaé – Hospital São Paulo
Relator: Ministro Dias Toffoli
Data de julgamento: 23 de fevereiro de 2017

1.1. Ementa

Recurso extraordinário. Repercussão geral. Imunidade do art. 150, inciso VI, alínea a, CF. Entidade beneficente de assistência social. Imposto sobre Circulação de Mercadorias e Serviços (ICMS). Aquisição de insumos e produtos no mercado interno na qualidade de contribuinte de

[1] Mestre em Direito pela Universidade Católica de Brasília. Pós-graduada em Direito Tributário pela Universidade Católica de Brasília. Graduada em Direito pela Associação de Ensino Unificado do Distrito Federal. Integrante do Grupo de Pesquisa Direito Constitucional Tributário em Perspectiva Crítica. Auditora da RFB aposentada.
BRASIL. Supremo Tribunal Federal. *Recurso Extraordinário nº 608.872/MG*, Relator: Min. Dias Toffoli, Tribunal Pleno, julgado em 23.02.2017, Repercussão Geral, Mérito. DJE 219, Public. em 27.09.2017. Disponível em http://portal.stf.jus.br/processos/detalhe.asp?incidente=3837900. Acesso em 03/01/2022.

fato. Beneplácito reconhecido ao contribuinte de direito. Repercussão econômica. Irrelevância.

1. Há muito tem prevalecido no Supremo Tribunal Federal o entendimento de que a imunidade tributária subjetiva se aplica a seus beneficiários na posição de contribuintes de direito, mas não na de simples contribuintes de fato, sendo irrelevante para a verificação da existência do beneplácito constitucional a discussão acerca da repercussão econômica do tributo envolvido. Precedentes.

2. Na primeira metade da década de sessenta, alguns julgados já trataram do tema, ensejando a edição da Súmula nº 468/STF. Conforme o enunciado, após a Emenda Constitucional 5, de 21/11/1961, o imposto federal do selo era devido pelo contratante não beneficiário de desoneração constitucional (contribuinte de direito) em razão de contrato firmado com a União, estado, município ou autarquia, ainda que a esses entes imunes fosse repassado o encargo financeiro do tributo por força da repercussão econômica (contribuintes de fato).

3. A Súmula nº 591, aprovada em 1976, preconiza que "a imunidade ou a isenção tributária do comprador não se estende ao produtor, contribuinte do imposto sobre produtos industrializados".

4. Cuidando do reconhecimento da imunidade em favor de entidade de assistência social que vendia mercadorias de sua fabricação (contribuinte de direito), admite o Tribunal a imunidade, desde que o lucro obtido seja aplicado nas atividades institucionais.

5. À luz da jurisprudência consagrada na Corte, a imunidade tributária subjetiva (no caso do art. 150, VI, da Constituição Federal, em relação aos impostos) aplica-se ao ente beneficiário na condição de contribuinte de direito, sendo irrelevante, para resolver essa questão, investigar se o tributo repercute economicamente.

6. O ente beneficiário de imunidade tributária subjetiva ocupante da posição de simples contribuinte de fato – como ocorre no presente caso –, embora possa arcar com os ônus financeiros dos impostos envolvidos nas compras de mercadorias (a exemplo do IPI e do ICMS), caso tenham sido transladados pelo vendedor contribuinte de direito, desembolsa importe que juridicamente não é tributo, mas sim preço, decorrente de uma relação contratual. A existência ou não dessa translação econômica e sua intensidade dependem de diversos fatores externos à natureza da exação, como o momento da pactuação do preço (se antes

ou depois da criação ou da majoração do tributo), a elasticidade da oferta e a elasticidade da demanda, dentre outros.

7. A propósito, tal orientação alinha-se aos precedentes desta Corte no sentido de ser a imunidade tributária subjetiva constante do art. 150, VI, c, da Constituição aplicável à hipótese de importação de mercadorias pelas entidades de assistência social para uso ou consumo próprios. Essas entidades ostentam, nessa situação, a posição de contribuintes de direito, o que é suficiente para o reconhecimento do beneplácito constitucional. O fato de também serem apontadas, costumeira e concomitantemente, como contribuintes de fato é irrelevante para a análise da controvérsia. Precedentes.

8. Em relação ao caso concreto, dou provimento ao recurso extraordinário para declarar não ser aplicável à recorrida a imunidade tributária constante do art. 150, VI, c, da Constituição Federal. Sem condenação em honorários, nos termos da Súmula nº 512/STF. Custas ex lege.

9. Em relação ao tema nº 342 da Gestão por Temas da Repercussão Geral do portal do STF na internet, fixa-se a seguinte tese:

A imunidade tributária subjetiva aplica-se a seus beneficiários na posição de contribuinte de direito, mas não na de simples contribuinte de fato, sendo irrelevante para a verificação da existência do beneplácito constitucional a repercussão econômica do tributo envolvido.

1.2. Tese fixada

A imunidade tributária subjetiva aplica-se a seus beneficiários na posição de contribuinte de direito, mas não na de simples contribuinte de fato, sendo irrelevante para a verificação da existência do beneplácito constitucional a repercussão econômica do tributo envolvido.

Tema 342 – Imunidade de ICMS sobre produtos e serviços adquiridos por entidade filantrópica.

1.3. Especificação do caso e razões da submissão à repercussão geral

Trata-se de recurso extraordinário interposto pelo Estado de Minas Gerais, fundamentado no art. 102, III, alínea *a*, da Constituição Federal de 1988 (CF/88), contra acórdão proferido pelo Tribunal de Justiça daquele estado, que afastou a exigência do recolhimento do Imposto sobre

Circulação de Mercadorias e Prestação de Serviços de Transporte Interestadual e Intermunicipal e de Comunicação (ICMS) nas aquisições de insumos, medicamentos e serviços pela recorrida. Entendeu esse tribunal que estaria configurada a imunidade prevista no art. 150, inciso VI, alínea "c", da CF/88, haja vista tratar-se de atividades destinadas ao bem comum, como a assistência médico-hospitalar gratuita a pessoas carentes, cuja finalidade é assistencial, e não lucrativa.

O acórdão do Tribunal de Justiça do Estado de Minas Gerais foi assim ementado:

> EMENTA: MANDADO DE SEGURANÇA - ICMS - INCIDÊNCIA - ENTIDADE FILANTRÓPICA - IMUNIDADE.
>
> As instituições de assistência social foram declaradas, pela Constituição, imunes a impostos exatamente porque buscam ou avocam os mesmos princípios do Estado, a realização do bem comum, como o trabalho realizado pelas Santas Casas de Misericórdia, que dão assistência médico-hospitalar gratuita a pessoas carentes, sendo altamente louvável que usufruam de tais benefícios.
>
> Os contribuintes de direito são os fornecedores de medicamentos, máquinas e equipamentos necessários à consecução das atividades filantrópicas da apelante, a mesma é quem suporta o valor do imposto embutido na operação de venda das mercadoria (*sif*), como se fosse o contribuinte de fato, sendo válido o reconhecimento do direito, pois poderia buscá-lo em eventual restituição, na dicção do artigo 166 do Código Tributário Nacional" (fl. 131).

Interpostos embargos de declaração, estes foram rejeitados.

O recurso extraordinário suscita, preliminarmente, a relevância da controvérsia do ponto de vista econômico, "irradiando seus efeitos, naturalmente, na arrecadação de considerável montante aos cofres públicos".

Quanto ao mérito, o recorrente alega afronta aos arts. 5º, LIV e LV; 93, IX; e 150, VI, "c", e § 4º, da CF/88, aduzindo que não se cogita, na hipótese dos autos, de bens adquiridos pela entidade que venham a integrar seu patrimônio, tampouco de bens e serviços comercializados pela entidade, os quais são indiscutivelmente imunes, mas da aquisição de insumos, medicamentos e serviços para consumo da instituição (contribuinte de fato).

No recurso extraordinário interposto, o Estado de Minas Gerais alega ofensa aos arts. 5º, incisos XXXIV, XXXV, LIV e LV; 93, inciso IX; e 150, inciso VI, alínea c, § 4º, da Constituição Federal. Sustenta que a relevância das atividades prestadas pelas entidades de assistência social não teria o condão de conferir aos fornecedores particulares a não incidência do ICMS na venda de mercadorias e serviços.

De se ressaltar a intervenção de diversas pessoas de direito público e privado como *amicus curiae*.

1.4. Critério de conhecimento da repercussão geral

Ao analisar a repercussão geral o Relator, Ministro Dias Toffoli, destacou:

> Para começar, é indiscutível que, a partir do momento em que se discute a aplicação de benefício imunitório para determinada instituição alegadamente filantrópica, a presença da repercussão geral é diretamente percebida, por todo e qualquer enfoque.
>
> (...)
>
> Trata-se de matéria que haverá de repercutir de maneira ampla em toda uma considerável parcela da sociedade, mormente os envolvidos, direta e indiretamente, em tais operações pela ótica tributária, irradiando seus efeitos, naturalmente, na arrecadação de considerável montante aos cofres públicos estaduais.
>
> (...)
>
> Pelas razões expostas, entendo haver matéria constitucional que justifique o processamento do recurso extraordinário e considero presente a repercussão geral, nos termos do artigo 543-A, § 1º, do Código de Processo Civil, combinado com o artigo 323, § 1º, do Regimento Interno do Supremo Tribunal Federal.

Assim, foi reconhecida a existência de repercussão geral da matéria em discussão (tema nº 342), tendo ficado assentada a densidade constitucional envolvida na controvérsia e a contumácia com que o tema tem surgido no STF.

Para esse fim, foi fixada a seguinte tese:

> A imunidade tributária subjetiva aplica-se a seus beneficiários na posição de contribuintes de direito, mas não na de simples contribuintes

de fato, sendo irrelevante para a verificação da existência do beneplácito constitucional a repercussão econômica do tributo envolvido.

2. Mérito da decisão

O Tribunal, por unanimidade e nos termos do voto do Relator, deu provimento ao recurso extraordinário. A sessão foi presidida pela Ministra Cármen Lúcia. Presentes à sessão os Ministros Celso de Mello, Marco Aurélio, Gilmar Mendes, Ricardo Lewandowski, Dias Toffoli, Luiz Fux, Rosa Weber, Roberto Barroso e Edson Fachin.

2.1. Voto condutor

Segundo o Relator, há muito tem prevalecido no STF o entendimento de que a imunidade tributária subjetiva se aplica a seus beneficiários na posição de contribuintes de direito, mas não na de simples contribuintes de fato, sendo irrelevante para a verificação da existência do beneplácito constitucional a discussão acerca da repercussão econômica do tributo envolvido.

Segundo afirma, de maneira coerente esta Corte vem se posicionando pela impossibilidade de se estender ao particular vendedor (contribuinte de direito) a imunidade tributária subjetiva que detém o adquirente de mercadoria (contribuinte de fato).

Fez o Relator um apanhado da jurisprudência do STF que demonstra essas assertivas. O primeiro julgado remonta o ano de 1964, no RE nº 55.574/CE, Relator o Ministro Pedro Chaves, e o RE nº 54.190/CE, Relator para o acórdão o Ministro Evandro Lins, ambos do Tribunal Pleno. Segundo afirma, tais julgados ensejaram a edição da Súmula nº 468 do STF[2], sobressaindo dessa súmula ser desimportante, para o reconhecimento da imunidade, o exame da translação econômica do tributo envolvido.

Prosseguindo no histórico, o Relator apontou uma breve mudança de entendimento em dezembro de 1969, no acórdão proferido no RE 68.538/SP, de relatoria do Ministro Barros Monteiro, em que o Tribunal

[2] Referida súmula possui o seguinte teor: "Após a E.C. nº 5, de 21.11.61, em contrato firmado com a União, Estado, Município ou autarquia, é devido o imposto federal do selo pelo contratante não protegido pela imunidade, ainda que haja repercussão do ônus tributário sobre o patrimônio daquelas entidades."

Pleno, seguindo o entendimento do então Ministro Aliomar Baleeiro, concluiu que a imunidade tributária recíproca deveria ser reconhecida no caso em que o ente imune adquirisse mercadoria sujeita ao imposto de consumo, ou seja, enquanto figurava como contribuinte de fato.

Contudo, essa tese teve curta duração. Já em setembro de 1970, ao serem apreciados os RE 68.097/SP-EDv, RE 68.215/SP-EDv e RE 67.625/SP-EDv, o órgão pleno reverteu seu entendimento anterior e concluiu que a imunidade tributária recíproca não pode alcançar o ente de direito público adquirente de mercadorias que, na condição de contribuinte de fato, suporta a repercussão econômica do imposto de consumo.

Nos anos seguintes o entendimento foi ratificado, inclusive com a aprovação, em dezembro de 1976, da súmula 591/STF, que enunciou que "a imunidade ou a isenção tributária do comprador não se estende ao produtor, contribuinte do imposto sobre produtos industrializados".

Segundo o Relator, o Tribunal Pleno voltou a se manifestar sobre o tema na apreciação dos embargos de divergência no RE nº 210.251/SP, DJ de 28/11/03. Cuidou o julgado do reconhecimento da imunidade em favor de entidade de assistência social que vendia mercadorias de sua fabricação (contribuinte de direito), admitindo a premissa de que o lucro obtido fosse aplicado nas atividades institucionais.

No mesmo sentido, citou o Ministro Dias Toffoli julgados mais recentes, concluindo não haver maiores razões para se alterar a orientação consagrada no STF. Considerou, ademais, ser insuficiente para o deslinde da controvérsia verificar a quem pertence o "bem" envolvido na operação tributada. Isso porque tal alegação ora poderia servir para a figura do contribuinte de direito, que, com a venda, incorpora renda a seu patrimônio, ora poderia servir ao contribuinte de fato, que agrega o bem adquirido no mercado interno a seu universo patrimonial – não raro, a incidência tributária pressupõe uma movimentação de riquezas.

À luz da jurisprudência predominante da Corte, reputou que a imunidade tributária subjetiva (no caso do art. 150, VI, da Constituição Federal, em relação aos impostos) aplica-se ao ente beneficiário na condição de contribuinte de direito, sendo irrelevante, para resolver essa questão, se investigar se o tributo repercute economicamente. A doutrina é farta sobre o assunto. Nesse sentido, cita tributaristas como Ricardo Lodi Ribeiro, Leandro Paulsen.

Observou o Relator que o ente beneficiário de imunidade tributária subjetiva ocupante da posição de simples contribuinte de fato – como ocorre no presente caso –, embora possa arcar com os ônus financeiros dos impostos envolvidos nas compras de mercadorias (a exemplo do IPI e do ICMS), caso tenham sido transladados pelo vendedor contribuinte de direito, desembolsa importe que juridicamente não é tributo, mas sim preço, decorrente de uma relação contratual. Note-se, ademais, que a existência ou não dessa translação econômica e sua intensidade dependem de diversos fatores externos à natureza da exação, como o momento da pactuação do preço (se antes ou depois da criação ou da majoração do tributo), a elasticidade da oferta e a elasticidade da demanda. Sobre o tema, destaca as lições de Hugo de Brito Machado e Hugo de Brito Machado Segundo. (grifos do original)

Sobre a influência da tributação na formação de preços, menciona que Luís Eduardo Schoueri, embasado especialmente nos ensinamentos de Cesare Cosciani (Principios de ciencia de la hacienda. Madrid: Ed de Derecho Financiero), indica, além do tempo (longo, curto ou curtíssimo), os mais variados fatores de influxo: em relação ao tributo, o montante (grande ou pequeno), o tipo (geral ou especial), a forma de cálculo (fixo, segundo a quantidade produzida, sobre o valor das vendas, sobre a renda marginal, sobre o capital investido) e o sistema geral de arrecadação e lançamento (embutido ou não no preço); quanto ao bem onerado, a curva de custos (custo fixo ou variável), a elasticidade da demanda (alta, média, baixa ou nula), a elasticidade da oferta (alta, média, baixa ou nula), a durabilidade (conservação ou deterioração) e a existência de bens complementares, substitutivos ou de oferta rival; a respeito do regime econômico, a existência de concorrência perfeita, de monopólio (de oferta ou de demanda), e monopólio bilateral, de duopólio (de oferta ou de demanda), de oligopólio perfeito (de oferta ou de demanda) ou de concorrência monopolista; no tocante ao sujeito passivo, a possibilidade de estoques (grande, média, pequena ou nula), a necessidade de manutenção de níveis mínimos de trocas, possibilidade de uso de linhas de crédito, possibilidade de abandonar a produção do bem onerado pela de outro, motivação do pagamento indevido do imposto; em relação à conjuntura econômica, a taxa de juros (alta ou baixa), a taxa de remuneração do capital (alta ou baixa) e a conjuntura (prosperidade, crise ou estagnação, inflação acentuada ou não)[3].

[3] Schoueri, Luís Eduardo. A restituição de impostos indiretos no sistema jurídico-tributário brasileiro. *Revista de Administração de Empresas.* São Paulo: jan./mar. 1987, vol. 27, n.1, p. 39/48).

Estudando essas variáveis, Schoueri encontrou, por análise combinatória, mais de 550 milhões de situações diferentes e concluiu ser um erro "atribuir a todo e qualquer imposto 'indireto' (critério já demonstrado ser duvidoso) o fato de promover a translação".

Em sentido convergente, afirmou o relator, Alfredo Augusto Becker[4] assenta não haver fundamento científico para o direito tributário adotar a classificação dos tributos em diretos e indiretos, conforme o critério da repercussão econômica. Em sua concepção, qualquer tributo pode repercutir e os fatores decisivos para isso não são intrínsecos à natureza da exação.

Ademais, apenas por aproximação é que poderiam ser verificados os efeitos da transferência do ônus financeiro do tributo. Ainda de sua perspectiva, não seria possível verificar essa translação por meio do exame de um acréscimo do valor da exação ao preço, pois apenas casualmente haveria correspondência entre o valor recolhido ao Fisco e aquele que consta da fatura. Também entende não ser possível demonstrar a repercussão por meio do exame da escrita comercial do vendedor, tendo em vista a ausência de estatística que compare o preço da mercadoria praticado e o preço dessa sem a tributação, mantido tudo o mais constante. Esse último preço seria inobservável, pois nunca teria existido. Além disso, aponta o autor que a outorga legal de o sujeito passivo realizar retenção ou reembolso "estabelece a certeza jurídica da repercussão jurídica do tributo" (ibidem, p. 543) para efeitos jurídicos, mas não prova sua repercussão econômica.

Becker demonstra, ainda, a existência de variadas formas de translação econômica dos tributos, não sendo a para frente a única possível. Sustenta, com base nas lições de Maurice Duverger, haver a repercussão econômica para trás, como no caso em que o comerciante, já ciente da incidência tributária que vai ocorrer na venda da mercadoria, solicita redução do preço ao fabricante, bem como no caso em que o volume de vendas é diminuído em razão do aumento do preço pela inclusão do ônus financeiro do tributo. Igualmente, aponta o autor como forma da translação a denominada dupla incidência econômica, isto é, o acréscimo de outra parcela, além do valor do tributo, ao preço do produto ou da mercadoria para preservar a margem de lucro do vendedor (que

[4] Becker, Alfredo Augusto. *Teoria geral do direito tributário*. 3. ed. São Paulo: Lejus, 1998.

fora reduzida pela exação) ou para "perfazer um algarismo mais nítido e de melhor efeito psicológico sobre a venda" (ibidem, p. 545). Becker refere, outrossim, existir a repercussão econômica simples – se ocorre a transferência de uma pessoa para outra, e a por estágios – se há sucessivas transferências. Também dentro do exame das principais formas da translação, menciona a capitalização e a amortização (ou absorção) e, para explicá-los, exemplifica com a influência da tributação nos preços de títulos da dívida pública cotados em Bolsa.

Em suma, para Becker, a temática da repercussão econômica tributária está, em primeiro lugar, na área da formação dos preços, sendo que, apenas com um substancioso estudo de diversos fatores e circunstâncias (como condições de tempo, condições de lugar e conjuntura econômica), seria possível verificar, num juízo de relativa previsibilidade, a provável repercussão econômica do tributo. Não obstante, ressalta ser impossível "conhecer [-se] a verdadeira incidência econômica do tributo" (ibidem, p. 548).

Essas lições doutrinárias bem como a jurisprudência desta Corte desaconselham levar em consideração a denominada repercussão econômica do tributo para verificar a existência da imunidade tributária.

A propósito, tal orientação alinha-se aos precedentes desta Corte no sentido de ser a imunidade tributária subjetiva constante do art. 150, VI, c, da Constituição aplicável à hipótese de importação de mercadorias pelas entidades de assistência social para uso ou consumo próprios. Com efeito, essas entidades ostentam, nessa situação, a posição de contribuintes de direito, o que é suficiente para o reconhecimento do beneplácito constitucional. Observe-se que o fato de também serem apontadas, costumeira e concomitantemente, como contribuintes de fato é irrelevante para a análise da controvérsia. Sobre o assunto, cito o ARE nº 803.906/SP-AgR, Primeira Turma, Relator o Ministro Roberto Barroso, DJe de 21/11/14, e o AI nº 476.664/RS-AgR, Segunda Turma, Relator o Ministro Joaquim Barbosa, DJe de 7/5/10.

Por fim, anotou que a orientação exposta não prejudica o entendimento firmado em sede de recursos repetitivos pelo Superior Tribunal de Justiça no REsp nº 1.299.303/SC, Primeira Seção, Relator o Ministro Cesar Asfor Rocha, DJe de 14/8/12, no sentido de que o consumidor de energia elétrica "tem legitimidade para propor ação declaratória c/c repetição de indébito na qual se busca afastar, no tocante ao fornecimento de energia elétrica, a incidência do ICMS sobre a demanda contratada e não utilizada". Essa situação, além de peculiar, encontra-se inserida no contexto da concessão de serviço público e possui um regime jurídico próprio.

Os Ministros Edson Fachin e Rosa Weber juntaram declaração de voto, acompanhando o Relator.

Acrescentou a Ministra Rosa Weber julgados mais recentes do STF à época do julgado, nos quais se analisa a questão sob a ótica das imunidades federativas (em ações propostas por Municípios), tendo igualmente sido mantido o posicionamento restritivo sobre a matéria. Nesse sentido, trouxe à colação a ementa do julgado proferido no ARE nº 690382 AgR/RS, 2ª Turma, Relator o Ministro Ricardo Lewandowski, DJe de 17.12.2012.

O ministro Marco Aurélio fez ressalva à tese no tocante à redação da ementa, no que foi acompanhado pelo Ministro Ricardo Lewandowski. Contudo, prevaleceu a redação do Relator.

O Ministro Luiz Roberto Barroso ressaltou em seu voto que, embora entenda que seja uma política pública saudável não tributar medicamentos e equipamentos hospitalares, tal providência compete ao legislador, por meio de isenção, e não ao STF, por meio de interpretação constitucional extensiva.

2.2. Votos vencidos

Decisão unânime. Não houve votos vencidos.

3. Análise crítica

Inicialmente, cumpre consignar que o entendimento firmado neste acórdão também pode ser aplicado ao IPI, dada a similitude com o ICMS, pois ambos os tributos transferem o ônus financeiro a terceiro (contribuinte de fato), conforme se verifica dos diversos arestos trazidos à colação.

No presente caso, o STF julgou se a Casa de Caridade de Muriaé, entidade filantrópica que presta assistência médico-hospitalar gratuita a pessoas carentes, está imune ao ICMS cobrado de seus fornecedores (contribuintes de direito) e a ela repassados como consumidora (contribuinte de fato).

Tal questão está relacionada com o alcance da imunidade prevista no artigo 150, inciso VI, "c" e § 4º da CF/88, que tem o seguinte teor:

> Art. 150. Sem prejuízo de outras garantias asseguradas ao contribuinte, é vedado à União, aos Estados, ao Distrito Federal e aos Municípios:
>
> (...)
>
> VI – instituir impostos sobre:
>
> c) patrimônio, renda ou serviços dos partidos políticos, inclusive suas fundações, das entidades sindicais dos trabalhadores, das instituições de educação e de assistência social, sem fins lucrativos, atendidos os requisitos da lei;
>
> (...)
>
> § 4º As vedações expressas no inciso VI, alíneas "b" e "c", compreendem somente o patrimônio, a renda e os serviços, relacionados com as finalidades essenciais das entidades nelas mencionadas".

Trata-se, no caso, de imunidade subjetiva. São subjetivas as imunidades tributárias que existem em razão do sujeito a qual se pretende retirar da esfera de alcance da competência tributária, a exemplo das entidades de assistência social.

No presente julgado foi adotada a teoria formalista do direito tributário como parâmetro de interpretação para fundamentar a decisão, segundo a qual o que importa é a apuração formal da estrutura obrigacional fiscal, sendo irrelevantes quaisquer repercussões econômicas, políticas ou sociais para a definição da aplicabilidade da imunidade tributária a quem não participe diretamente da relação tributária, ainda que seja instituição protegida pela imunidade.

Por este viés interpretativo, há uma separação entre a ciência jurídica e as demais, visto que o aspecto jurídico deve prevalecer sobre os outros, ainda que isso signifique a oneração de uma instituição que em tese deveria gozar da imunidade tributária, como no caso em questão.

Sobre a relação jurídica-tributária, em regra, é estabelecida entre contribuinte (sujeito passivo) e fisco (sujeito ativo), quando há a ocorrência do fato gerador de um determinado tributo.

Trazendo essa perspectiva para o contexto do julgamento do RE 608.872, conclui-se que o vendedor que forneceu os insumos médicos para a Casa de Misericórdia de Muriaé (MG) figurou como contribuinte de direito da relação jurídica-tributária, enquanto a instituição prestadora de assistência social, por sua vez, se posicionou como contribuinte de fato, visto que apenas suportou o encargo tributário da cadeia produtiva, não estando em relação direta com o fisco estadual[5].

Importante também proceder à diferenciação entre tributos diretos e indiretos, visto que tratam de pontos que embasam a utilização das classificações econômicas do sujeito passivo na relação tributária.

Tributos diretos são aqueles que recaem direta e definitivamente sobre o contribuinte (de direito), que suporta a carga tributária sem a possibilidade de transferir o encargo financeiro dentro da relação jurídico-tributária; os tributos indiretos, por sua vez, são aqueles que, em virtude de sua configuração jurídica, permitem a translação do encargo econômico-financeiro para uma pessoa diferente daquela definida em lei como sujeito passivo da relação jurídico-tributária, a exemplo do ICMS[6].

Quanto à classificação econômica do ônus tributário, dois importantes conceitos próprios da ciência das finanças ganharam espaço na doutrina brasileira: o contribuinte de direito e o contribuinte de fato. A legislação tributária não faz qualquer referência quanto ao ônus fiscal suportado; o texto legal trata apenas da figura do contribuinte na relação tributária.

Contribuinte de direito é o sujeito passivo que tem relação pessoal e direta com o fato gerador, nos termos do art. 121, parágrafo único, I, do CTN.

Por outro lado, o contribuinte de fato representa o indivíduo que efetivamente suporta o ônus fiscal resultante da cadeia produtiva, mesmo não estando formalmente inserido na relação tributária.

Em face do exposto, é de se concluir que o entendimento exarado pelo STF no RE 608.872 não merece reparos, uma vez que no caso vertente a instituição figura como contribuinte de fato, ou seja, é um

[5] OLIVEIRA, Rodrigo Rodrigues. A imunidade tributária das instituições prestadoras de assistência social na área de saúde face a segurança jurídica: uma breve análise do Recurso Extraordinário nº 608.872. Disponível em: https://rmild.jusbrasil.com.br. Acesso em 10 de jan de 2023.

[6] OLIVEIRA, Rodrigo Rodrigues. A imunidade tributária das instituições prestadoras de assistência social na área de saúde face a segurança jurídica: uma breve análise do Recurso Extraordinário nº 608.872. Disponível em: https://rmild.jusbrasil.com.br. Acesso em 10 de jan de 2023.

terceiro, não-ocupante do polo passivo da relação jurídico-tributária, não fazendo, portanto, jus à imunidade tributária prevista no art. 150, VI, "c", da CF/88. Por outro lado, a decisão traz segurança jurídica, eis que fundamentada em jurisprudência firmada pela Suprema Corte brasileira.

CAPÍTULO 18
RECURSO EXTRAORDINÁRIO Nº 627.051

Daniel Vicente Evaldt da Silva

1. Recurso extraordinário nº 627.051– Pernambuco[1]

Recorrente: Empresa Brasileira de Correios e Telégrafos
Recorrido: Estado de Pernambuco
Relator: Ministro Dias Toffoli
Data de Julgamento: 12 de novembro de 2014

1.1. Ementa

EMENTA: Recurso extraordinário com repercussão geral. Imunidade recíproca. Empresa Brasileira de Correios e Telégrafos. Peculiaridades do Serviço Postal. Exercício de atividades em regime de exclusividade e em concorrência com particulares. Irrelevância. ICMS. Transporte de encomendas. Indissociabilidade do serviço postal. Incidência da Imunidade do art. 150, VI, a da Constituição. Condição de sujeito passivo de obrigação acessória. Legalidade. 1. Distinção, para fins de tratamento normativo, entre empresas públicas prestadoras de serviço público e empresas públicas exploradoras de atividade econômica. 2. As conclusões da ADPF 46 foram no sentido de se reconhecer a natu-

[1] BRASIL. Supremo Tribunal Federal. RE 627.051 – PE. Relator(a): Dias Toffoli, Tribunal Pleno, julgado em 12/11/2014, ACÓRDÃO ELETRÔNICO REPERCUSSÃO GERAL – MÉRITO DJe-028 DIVULGAÇÃO: 10-02-2015, PUBLICAÇÃO: 11-02-2015.

reza pública dos serviços postais, destacando-se que tais serviços são exercidos em regime de exclusividade pela ECT. 3. Nos autos do RE nº 601.392/PR, Relator para o acórdão o Ministro Gilmar Mendes, ficou assentado que a imunidade recíproca prevista no art. 150, VI, a, CF, deve ser reconhecida à ECT, mesmo quando relacionada às atividades em que a empresa não age em regime de monopólio. 4. O transporte de encomendas está inserido no rol das atividades desempenhadas pela ECT, que deve cumprir o encargo de alcançar todos os lugares do Brasil, não importa o quão pequenos ou subdesenvolvidos. 5. Não há comprometimento do status de empresa pública prestadora de serviços essenciais por conta do exercício da atividade de transporte de encomendas, de modo que essa atividade constitui *conditio sine qua non* para a viabilidade de um serviço postal contínuo, universal e de preços módicos. 6. A imunidade tributária não autoriza a exoneração de cumprimento das obrigações acessórias. A condição de sujeito passivo de obrigação acessória dependerá única e exclusivamente de previsão na legislação tributária. 7. Recurso extraordinário do qual se conhece e ao qual se dá provimento, reconhecendo a imunidade da ECT relativamente ao ICMS que seria devido no transporte de encomendas.[2]

1.2. Tese fixada

Não incide o ICMS sobre o serviço de transporte de encomendas realizado pela Empresa Brasileira de Correios e Telégrafos - ECT, tendo em vista a imunidade recíproca prevista no art. 150, VI, a, da Constituição Federal.

Tema 402 – Imunidade tributária recíproca quanto à incidência de ICMS sobre o transporte de encomendas pela Empresa Brasileira de Correios e Telégrafos – ECT.

1.3. Especificação do caso e razões da submissão à repercussão geral

Trata-se de Recurso Extraordinário interposto pela Empresa Brasileira de Correios e Telégrafos (ECT) contra decisão da Justiça Federal (TRF5), oriundo de Mandado de Segurança, no qual se discutia o regime

[2] BRASIL. Supremo Tribunal Federal. RE 627.051 – PE. *Op. Cit.*

tributário aplicável à referida Empresa Pública Federal. A controvérsia central dizia respeito à extensão da imunidade recíproca, prevista no art. 150, inciso VI, alínea 'a' da Constituição Federal.

A Justiça Federal de primeiro grau e o Tribunal Regional Federal da 5ª Região decidiram que a Empresa Brasileira de Correios e Telégrafos sujeitar-se-ia às mesmas obrigações tributárias que as empresas privadas. Portanto, sem direito à imunidade recíproca. O fundamento seria o fato de que, embora fosse empresa pública federal, seria pessoa jurídica de direito privado. Consequentemente, nos termos do art. 173, § 1º, inciso II, da CF/88, não poderia gozar de privilégios tributários não extensíveis às empresas privadas. A consequência seria, então, de que incidiria o tributo estadual do ICMS ao transporte de encomendas, atividade econômica não sujeita ao regime de monopólio.

Entendeu, então, a Justiça Federal que a imunidade tributária prevista no art. 150, inciso VI, alínea "a", da Constituição Federal, não atingiria estas atividades e que não poderiam os Correios ter tratamento diferenciado sem norma legal a amparar benefícios tributários.

Assim, a referida empresa pública interpôs Recurso Especial, que não foi admitido pelo STJ. Paralelamente, o STF foi chamado a se manifestar no caso, por meio de Recurso Extraordinário interposto pela ECT, recebido pelo STF em julho de 2010.

Requereu a Empresa Pública reforma da decisão do TRF, atribuindo-se imunidade tributária em relação ao imposto estadual do ICMS para atividades de entrega de encomendas, além de exoneração de cumprimento de obrigações acessórias. A empresa pública federal sustentou no Recurso Extraordinário que a imunidade tributária recíproca, atribuída a ela, seria geral e irrestrita. Portanto, que o ICMS não incidiria em quaisquer de suas operações, sendo indiferente se a atividade fosse postal ou de entrega de encomendas.

A ECT sustentou haver repercussão geral na matéria dado que, mantida a decisão da Justiça Federal, haveria prejuízo ao orçamento da empresa e, consequentemente, da própria União (relevância econômica) e, ainda, que haveria prejuízo ao serviço postal (relevância social). Em maio de 2011, à unanimidade, o STF reconheceu a Repercussão Geral, originando o tema 402[3].

[3] 402 – Imunidade tributária recíproca quanto à incidência de ICMS sobre o transporte de encomendas pela Empresa Brasileira de Correios e Telégrafos – ECT.

Foram admitidos como *amicus curiae* a Associação dos Profissionais dos Correios, a Associação Brasileira das Secretarias de Finanças das Capitais Brasileiras, além dos Estados de São Paulo, de Minas Gerais, de Goiás, do Amazonas, do Rio de Janeiro, de Rondônia, do Piauí, da Paraíba, do Mato Grosso, de Santa Catarina, do Rio Grande do Sul e mais o Município de Belo Horizonte, revelando a importância fiscal do tema para os Entes Federativos.

O Ministério Público Federal opinou pelo não provimento do recurso.

Em novembro de 2014, o STF, decidiu a questão, dando provimento ao Recurso Extraordinário, por maioria, ficando vencidos os Ministros Roberto Barroso e Marco Aurélio. A seguinte tese foi explicitada pelo Tribunal:

> Não incide o ICMS sobre o serviço de transporte de encomendas realizado pela Empresa Brasileira de Correios e Telégrafos – ECT, tendo em vista a imunidade recíproca prevista no art. 150, VI, a, da Constituição Federal.

É o que se passou.

1.4. Critério de conhecimento da repercussão geral

Como dito acima, a recorrente (ECT) sustentou haver repercussão geral na matéria. É que se fosse mantida a decisão da Justiça Federal que restringia o alcance da imunidade recíproca, os impostos pagos a título de ICMS desfalcariam o orçamento da empresa e, consequentemente, da própria União (relevância econômica). Como consequência, haveria prejuízo ao serviço postal (relevância social). Por se tratar de limitação de alcance de norma constitucional, haveria aí também relevância jurídica.

O Relator, Ministro Dias Toffoli, sustentou no julgamento da repercussão geral que haveria necessidade de enfrentamento definitivo do tema por parte do STF, já que havia outras ações em tramitação na Corte tratando do mesmo assunto. Destacou a ACO nº 1.095-6/GO.

Além disso, a controvérsia dizia respeito à esfera de direitos de todos os entes da federação. Votou pela existência da repercussão geral em que foi acompanhado pelos demais ministros. Não se manifestaram os Ministros Cezar Peluso, Cármem Lúcia e Joaquim Barbosa.

Assim ficou ementado o Acórdão que julgou existir repercussão geral no tema:

> EMENTA: TRIBUTÁRIO. IMUNIDADE RECÍPROCA. EMPRESA BRASILEIRA DE CORREIOS E TELÉGRAFOS. EMPRESA PÚBLICA PRESTADORA DE SERVIÇOS PÚBLICOS. ICMS. INCIDÊNCIA. TRANSPORTE DE BENS E MERCADORIAS SOB O REGIME DE CONCORRÊNCIA. EXISTÊNCIA DE REPERCUSSÃO GERAL[4].

2. Mérito da decisão

2.1. Voto condutor

O Ministro Relator, Dias Toffoli, reconheceu em seu voto a imunidade da ECT relativamente ao ICMS, em amplo espectro, assegurando que o tributo estadual não seria devido no transporte de encomendas.

Sustentou que a imunidade tributária recíproca é garantia do sistema federativo, repousando "na necessária igualdade político-jurídica entre as unidades que compõem o Estado Federal". Lembrou que, embora a Constituição tenha se referido somente às pessoas políticas ao estabelecer a imunidade federativa, o STF a estendeu também às empresas públicas e às sociedades de economia mista, mas somente quando prestadoras de serviço público, conforme julgado na ACO nº 959 e no RE 407.099.

Lembrou as conclusões da ADPF 46, em que o STF reconheceu a natureza pública dos serviços postais, destacando-se que tais serviços são exercidos em regime de exclusividade pela ECT.

O Ministro, então, propôs virada interpretativa no tema, para se encerrar, em relação à ECT, a dicotomia entre serviço público e atividade econômica como critério de *discrímen* para usufruir o privilégio da imunidade tributária recíproca, nestes termos:

> A alta estatura constitucional dos serviços postais e a obrigação que tem a ECT de atuar em toda a extensão territorial do país, incluindo as

[4] BRASIL. Supremo Tribunal Federal. RE 627051 RG, Relator(a): Dias Toffoli, Tribunal Pleno, julgado em 26/05/2011, DJe-115 DIVULGAÇÃO: 15-06-2011 PUBLICAÇÃO: 16-06-2011 EMENT VOL-02545-01 PP-00117.

> regiões mais longínquas, onde são precárias as condições para a prestação dos serviços postais, deram ensejo a novas reflexões a respeito da matéria.

Para isso, recordou jurisprudência recente do Tribunal (RE nº 601.392/PR) em que, por maioria estreita, ficou assentado que a imunidade conferida à ECT deve ser reconhecida, mesmo quando relacionada às atividades em que a empresa não age em regime de monopólio, ou seja, que alcançaria as atividades definidas no art. 7º da Lei nº 6.538/1978, que trata do serviço postal em sentido amplo, e não somente das dispostas no art. 9º, que trata das atividades postais a serem exercidas pela União em regime de monopólio.

Foi além para reafirmar a lógica típica de "subsídios cruzados", a ser aplicada às atividades exercidas pelos Correios, no sentido de que todas as rendas obtidas pela ECT seriam revertidas em favor do serviço postal, destinado à coletividade, dada a sua condição peculiar de empresa pública federal, responsável pela execução de serviço público essencial em regime de monopólio.

Especificamente em relação aos serviços de entregas de encomendas, sustentou que a ECT se vale da mesma estrutura logística existente para prestar o serviço postal, como medida de eficiência operacional, não criando estrutura exclusiva para competir com particulares. Por esta razão, seria, ao seu ver, impossível separar atividades concorrenciais de não concorrenciais.

Ademais, o fato de os Correios serem obrigados a prestar serviços em todo o território nacional, inclusive em atividades e locais deficitários, afastaria o argumento de deslealdade concorrencial pelo referido privilégio tributário.

Em relação aos questionamentos sobre obrigações acessórias, o Ministro Relator sustentou que todos são obrigados a colaborar com a fiscalização tributária, na forma do art. 122 do Código Tributário Nacional. Portanto, a imunidade tributária não poderia alcançar as obrigações instrumentais/acessórias.

Os Ministros Luiz Fux, Rosa Weber e Teori Zavascki acompanharam o voto do Relator, mas em atenção à jurisprudência recente do Tribunal sobre o tema. Os Ministros Gilmar Mendes, Celso de Mello e Ricardo Lewandowski acompanharam os fundamentos expostos pelo Relator.

2.2. Votos vencidos

O Ministro Roberto Barroso abriu divergência sustentando que o serviço postal no mundo contemporâneo é atividade predominantemente econômica e não um serviço público. Sustentou, ainda, que mesmo os serviços públicos deveriam ser, como regra geral, prestados em regime concorrencial, salvo situações de monopólio natural.

Argumentou, ainda, que o subsídio cruzado é argumento econômico, só válido após a demonstração de sua necessidade, por meio de critérios financeiros. Sustentou distinção do caso do IPTU (RE 773.992/BA), pois a entrega de encomendas é atividade que não foi incluída no regime de privilégio e que o Supremo Tribunal Federal, de maneira explícita, ao julgar a ADPF 46, estabeleceu que encomendas não integram o privilégio monopolístico reservado à ECT.

Assim, entendeu o Ministro Barroso que o que se está dando é uma vantagem competitiva aos Correios em atividades em que ele disputa com a iniciativa privada, o que seria concorrência desleal.

Adiante, o Ministro argumentou que o ICMS é um tributo indireto, repassado ao usuário final do serviço. Assim, não haveria abrigo constitucional em dar-se imunidade a um tributo que é pago pelo consumidor final e não pela entidade da Administração Pública.

O Ministro Marco Aurélio acompanhou a divergência, lembrando que a Constituição não colocou o serviço postal no rol de atividades de monopólio do Estado. Alertou o Tribunal que há outras estatais que vêm buscando o Judiciário para alcançar a imunidade, alargando indevidamente o conceito constitucional da imunidade recíproca, já que ela trata de sujeitos ativos tributários, que podem impor tributos, o que não é o caso de Empresas Públicas e Sociedades de Economia Mista.

O Ministro Marco Aurélio rejeita, ainda, o regime de privilégio dos Correios fora dos casos estabelecidos no art. 9º da Lei nº 6.538/1978, já que o Constituinte privilegiou a livre iniciativa e a livre concorrência.

Por fim, lembrou o comando constitucional estabelecido no art. 173 de que às estatais é aplicável regime jurídico próprio das empresas privadas, inclusive quanto aos direitos e obrigações civis, comerciais, trabalhistas e, claro, tributários.

3. Análise crítica

O julgamento do Recurso Extraordinário 627.051 tem apenas um aspecto positivo: o Supremo Tribunal Federal respeitou sua própria jurisprudência, já que o cerne da questão fora debatido no julgamento do Recurso Extraordinário nº 601.392 – PR, julgado em fevereiro de 2013, ou seja, pouco mais de um ano antes do julgamento em comento. Isso porque não tem sido a tradição do STF respeitar seus próprios precedentes, ademais em matéria tributária. Portanto, ver o STF invocar seus precedentes e aplicá-los a matérias que têm a mesma razão de decidir é, em alguma medida, positivo.

Mas os aspectos negativos deste julgamento superam os benefícios da segurança jurídica e do respeito de precedentes. Foi na verdade mais uma oportunidade perdida de o STF corrigir um grave erro. E a decisão do RE 627.051 é, sem dúvida, um erro gravíssimo.

Em primeiro lugar, porque a decisão é absolutamente contrária ao texto constitucional, o que já é *per si*, muito preocupante, afinal, de acordo com o artigo 102 da Constituição Federal, compete ao Supremo Tribunal Federal, precipuamente, a guarda da Constituição. Em segundo lugar, porque a Corte conclui a desfiguração do instituto da imunidade recíproca, que chegou ao ápice neste teratológico julgamento.

Em terceiro lugar, o STF demonstra uma visão 'sindicalesca' e paternalista da Administração Pública, entregando a ela privilégios desmedidos, sem sequer haver previsão legal para tal. Em quarto lugar, o STF não demonstra qualquer apreço pela dinâmica da realidade das sociedades contemporâneas, imersas no ambiente digital e das grandes, médias e mesmo pequenas empresas de logística. E por fim, e talvez o mais grave, o STF implode o sistema federativo brasileiro, minando a capacidade arrecadatória dos Estados-membros, prejudicando a prestação de serviços públicos essenciais às populações mais carentes.

Ora, o texto constitucional, ao estabelecer o contorno normativo da imunidade recíproca, faz expressa alusão à vedação de cobrança de tributos de entes federativos (União, Estados, DF e Municípios) em relação ao patrimônio, renda ou serviços, uns dos outros, conforme art. 150, inciso VI, alínea "a", da CF/1988. Na verdade, o Constituinte expressamente garantiu a mesma proteção às autarquias e às fundações instituídas e mantidas pelo Poder Público, desde que vinculados às suas finalidades essenciais ou às delas decorrentes.

Veja-se o cuidado do constituinte originário, estabelecido nos §§ 2º e 3º do artigo 150 do texto magno, que, pelo grau de zelo e técnica, obsta qualquer possibilidade de se assegurar a outras entidades da Administração Pública o referido privilégio. Portanto, por conformação constitucional, a imunidade recíproca só pode ser aplicável a estas entidades da Administração Pública pela simples razão de que possuem capacidade tributária ativa e se sujeitam ao regime de Direito Público. Portanto, é extravagante e antijurídico incluir nesta proteção qualquer entidade da Administração Pública que não se sujeita integralmente ao Regime de Direito Público.

É de se causar espanto ainda que a decisão do STF tenha ferido o Estatuto Constitucional das empresas públicas, expresso no artigo 173 da CF/1988, que determina dois aspectos centrais para a presente discussão. Em primeiro lugar, que a atuação do Estado na Ordem Econômica é excepcional, ou seja, deve acontecer havendo imperativos da segurança nacional ou a relevante interesse coletivo (*caput*, art. 173). Em segundo lugar, que há nestas normas constitucionais vedação expressa para que às estatais exploradoras de atividades econômicas sejam concedidos privilégios típicos do setor público (art. 173, § 1º, Inciso II). E entrega de encomendas é atividade privada.

Aliás, estas vedações existem na Carta Política porque são princípios da Ordem Econômica no Estado Brasileiro a livre iniciativa e a concorrência, fundamentos da República (art. 1º, inciso IV) e da Ordem Econômica (art. 170 e art. 173, *caput*).

Como afirma José dos Santos de Carvalho Filho[5], em análise dos dispositivos constitucionais citados, há claramente na Constituição a regra de que o Estado não explore atividades econômicas, podendo fazê-lo apenas em caráter especial, já que a exploração de atividades econômicas cabe, como regra, à iniciativa privada, que é um dos postulados fundamentais do regime capitalista, sendo, então, limites desta forma de atuar do Estado. Mas se o fizer, que o faça de acordo com as mesmas regras aplicáveis à livre iniciativa.

[5] Carvalho Filho, J. dos Santos. *Manual de Direito Administrativo.* 33ª Ed. São Paulo: Atlas, 2019, p. 1317.

É importante lembrar que a imunidade recíproca é uma grande conquista do Estado Federado. Como aduz Paulo de Barros Carvalho[6], seria imensamente contraditório imaginar a paridade jurídica dos entes federativos se pudessem exercer competências impositivas sobre o patrimônio, renda e serviços uns dos outros.

Como assevera Zimmermann[7], o Estado federal foi um dos maiores legados do constitucionalismo estadunidense, já que inaugurou uma forma de organização política que inspirou diversas sociedades. E a imunidade recíproca é elemento fundamental na proteção e mesmo viabilização da engenharia política federativa.

Não sem razão, o caso *McCulloch vs. Maryland*[8] é o principal paradigma para a instituição e propagação nas federações desta proteção, sendo muito significativa para a consolidação de diversas teorias jurídicas, como a dos poderes implícitos e da limitação do poder de tributar dos Estados[9]. Daí que é preciso muito zelo com tão importante instituto jurídico e sua circunscrição às pessoas políticas, em especial, as que detém capacidade tributária ativa. Tanto é que, como afirma Ricardo Lodi Ribeiro[10], se a entidade imune abandonar os seus objetivos institucionais para desempenhar atividade econômica em regime de concorrência com as entidades de direito privado, deve ser tributada como se particular fosse. Isso é imanente à imunidade recíproca.

Outro aspecto relevante para a compreensão da questão diz respeito à problemática de se trazer para dentro do tema tributário da imunidade recíproca aspectos de Direito Administrativo, como fez o STF ao estabelecer, num primeiro momento, o direito de estatais à imunidade recíproca em razão natureza de suas atividades (ADPF 46).

[6] CARVALHO, Paulo de Barros. *Curso de Direito Tributário* – 29ª Ed. São Paulo: Saraiva, 2018, p. 208.

[7] ZIMMERMANN, Augusto. Teoria geral do federalismo democrático. Rio de Janeiro: Lumen Juris, 1999, p. 249.

[8] ESTADOS UNIDOS DA AMÉRICA. Supreme Court. McCulloch v. Maryland, 17 U.S. 4. First Party: McCulloch. Second Party: Maryland. March 5, 1819.

[9] CASAGRANDE, C. L. BARREIRA, J. H. O caso McCulloch v. Maryland e sua utilização na jurisprudência do STF. RIL Brasília a. 56 n. 221 jan./mar. 2019 p. 247-270.

[10] RIBEITO, R. L. Limitações Constitucionais ao Poder de Tributar. Rio de Janeiro: Lumen Juris, 2010, p. 192.

É que a doutrina administrativista há muito enfrenta graves dificuldades para estruturar o conceito de serviço público[11], diferenciando-o de atividade econômica, já que as privatizações, concessões e permissões têm sido utilizadas cada vez mais para transferir ao setor privado atividades de interesse coletivo.

Veja-se que, normalmente, o conceito acaba por se tornar contraditório e esbarrar no critério da utilidade pública (e não da necessidade) ou de simples conveniência do Estado, como afirma Hely Lopes Meirelles[12].

Assim, estruturar a imunidade tributária recíproca em torno da natureza da atividade (conceito material de serviço público) se mostra critério inseguro para se compreender o alcance dos privilégios a serem outorgados às entidades ou empresas que exercem essas atividades. Ainda mais quando o texto constitucional é claro no estabelecimento do núcleo de proteção a Direito Fundamental (imunidade recíproca): o critério subjetivo conjugado com o objetivo. É preciso que seja Pessoa Jurídica de Direito Público, desde que não relacionados com exploração de atividades econômicas ou em que haja contraprestação ou pagamento de preços ou tarifas pelo usuário.

Aliás, no julgamento da ADPF 46, o STF reconheceu a natureza pública dos serviços postais, mas terminou por delimitar que o monopólio (elevado grau de privilégio) restringir-se-ia às atividades postais descritas no artigo 9º da Lei n. 6.538/1978, o que era exatamente o que a própria Lei já dizia. O Supremo perdeu oportunidade de promover importante e legítima mutação constitucional, definida como o processo que altere ou modifique o sentido, o significado e o alcance da Constituição, sem contrariá-la[13] e construir assim a ponte referida por Palmer entre o intérprete e o momento histórico da norma[14].

Isso porque o mercado postal hoje é, absolutamente, diverso do momento em que a Constituição foi promulgada. Cartas não são mais escritas e enviadas como outrora. Erige-se, em seu lugar, o império do

[11] Carvalho Filho, J. S. P. MANUAL DE DIREITO ADMINISTRATIVO. 33ª Ed. Atlas: São Paulo: 2018. p. 494.

[12] Meirelles, H. L. Direito administrativo brasileiro, São Paulo, Malheiros, 1993.p. 289.

[13] Ferraz, Ana Cândida da Cunha. *Processos Informais de Mudanças da Constituição: Mutações Constitucionais e Mutações Inconstitucionais.* São Paulo, SP: Max Limonad, 1986, p. 10.

[14] Palmer, Richard. *Hermenêutica. Coleção o Saber da Filosofia.* Edições 70: Lisboa, 1997. p. 252.

correio eletrônico, das informações computacionais, dos aplicativos de celular e das redes sociais. Também há, cada vez mais, uma massa colossal de pequenos e médios empreendedores, além de mega corporações, com foco e eficiência em soluções de logística para a entrega de encomendas. O monopólio dos Correios não se justifica. Aliás, é importante se ressaltar que não há no texto da Lei Maior referência peremptória ao monopólio dos Correios. Ele advém apenas do art. 9º da anacrônica Lei n. 6.538/1978, que deveria ter sido declarado inconstitucional.

Mas o fato é que não se pode criar privilégio tributário por interpretação expansiva. Ainda mais quando há normas claras e específicas sobre o limite do benefício. Como afirma Eduardo Domigos Bottallo[15], todo privilégio tributário deve ser expresso.

> Qualquer subsídio ou isenção, redução de base de cálculo, concessão de crédito presumido, anistia ou remissão, relativos a impostos, taxas ou contribuições, só poderá ser concedido mediante lei específica, federal, estadual ou municipal, que regule exclusivamente as matérias acima enumeradas ou o correspondente tributo ou contribuição, sem prejuízo do disposto no art. 155, § 2º, XII, g.

Há ainda outro aspecto gravíssimo na decisão do STF no julgado em comento: o patrocínio judicial da implosão do sistema federativo brasileiro. O STF retira dos Estados importante fonte de recursos, já que o serviço de encomendas dos Correios compete com os serviços de diversas outras empresas. Ora, sendo imposto indireto, o ônus recai sobre o usuário. Então, ao contratar uma empresa para levar uma encomenda qualquer de um ponto ao outro, o Estado recebe sua parcela por meio do ICMS. Os Municípios idem, via repasses constitucionais obrigatórios. Mas se o contrato for com a ECT, os entes subnacionais não obtêm sua parcela. É aviltante.

Aliás, o recente e trágico julgamento do Tema 745, no RE 714139 – RG, que tratou do Princípio da Seletividade do ICMS sobre energia, expressa bem o desapreço da Suprema Corte pelas combalidas finanças dos entes subnacionais e seu ímpeto pela desestruturação antijurí-

[15] Bottallo, E. D. Melo, J. Eduardo. *Comentários às súmulas tributárias do STF e do STJ*. São Paulo: Quartier Latin, 2007, p. 724.

dica do sistema tributário constitucional. Perdem não apenas os entes. Mas, em especial, os cidadãos carentes que precisam de serviços de saúde, educação e segurança, responsabilidade material dos Estados e Municípios. Lá como cá, espanta o desprestígio de nossa Federação perante o STF.

CAPÍTULO 19
RECURSO EXTRAORDINÁRIO Nº 767.332

Luiz Henrique Pinheiro Bittencourt

1. Recurso extraordinário nº 767.332 – Minas Gerais[1]

Recorrente: Município de Belo Horizonte
Recorrido: União Brasileira de Educação e Ensino – UBEE
Relator: Ministro Gilmar Mendes
Voto vencedor: Ministro Gilmar Mendes
Data de julgamento: 31 de outubro de 2013.

1.1. Ementa

Recurso extraordinário. Repercussão geral. 2. Imunidade tributária. Instituições de educação e de assistência social, sem fins lucrativos, atendidos os requisitos da lei. 3. IPTU. Lote vago. Não incidência. 4. A imunidade tributária, prevista no art. 150, VI, c, da CF/88, aplica-se aos bens imóveis, temporariamente ociosos, de propriedade das instituições de educação e de assistência social sem fins lucrativos que atendam os

[1] BRASIL. Supremo Tribunal Federal. *Recurso Extraordinário nº. 767.332/MG*, Relator(a): Min. Gilmar Mendes, Tribunal Pleno, julgado em 31/10/2013, PROCESSO ELETRÔNICO REPERCUSSÃO GERAL - MÉRITO DJe-230 DIVULG 21-11-2013 PUBLIC 22-11-2013. Disponível em: http://portal.stf.jus.br/processos/downloadPeca.asp?id=185815504&ext=.pdf. Acesso em: 02 de fev. de 2022.

requisitos legais. Precedentes. 5. Recurso não provido. Reafirmação de jurisprudência.

1.2. Tese fixada

A imunidade tributária prevista no art. 150, VI, c, da CF/88 aplica-se aos bens imóveis, temporariamente ociosos, de propriedade das instituições de educação e de assistência social sem fins lucrativos que atendam os requisitos legais.

Tema 693 – Incidência do IPTU sobre lotes vagos de propriedade de instituições de educação e de assistência social sem fins lucrativos.

1.3. Especificação do caso e razões da submissão à repercussão geral

Trata-se de recurso extraordinário que impugna acórdão do Tribunal de Justiça do Estado de Minas Gerais ementado nos seguintes termos:

> APELAÇÃO CÍVEL. TRIBUTÁRIO EMBARGOS À EXECUÇÃO FISCAL. UBEE. IPTU. IMUNIDADE TRIBUTÁRIA. IMÓVEL. LOTE VAGO. INTELIGÊNCIA DO DISPOSTO NO ENUNCIADO DA SÚMULA 724 DO STF. LEGALIDADE DA COBRANÇA. PRECEDENTES. Não afasta o benefício da imunidade concedido à entidade assistencial a mera alegação de que o imóvel sobre o qual recai o tributo encontra-se vago. Recurso improvido (eDOC 1, p. 157).

O Município de Belo Horizonte, com a interposição do RE 767.332, buscava ver reconhecida a tese da tributação do imóvel vago da União Brasileira de Educação e Ensino – UBEE, argumentando não se encontrar vinculado às finalidades essenciais da entidade assistencial e, por isso, não estaria protegido pela imunidade descrita no artigo 150, VI, "c", § 4º, da Constituição Federal de 1988, que diz:

> Art. 150. Sem prejuízo de outras garantias asseguradas ao contribuinte, é vedado à União, aos Estados, ao Distrito Federal e aos Municípios:
>
> (...)
>
> VI – instituir impostos sobre:
>
> (...)

> c) patrimônio, renda ou serviços dos partidos políticos, inclusive suas fundações, das entidades sindicais dos trabalhadores, das instituições de educação e de assistência social, sem fins lucrativos, atendidos os requisitos da lei;
>
> (...)
>
> § 4º - As vedações expressas no inciso VI, alíneas «b» e «c», compreendem somente o patrimônio, a renda e os serviços, relacionados com as finalidades essenciais das entidades nelas mencionadas.

A Municipalidade argumentou que somente se houvesse a aplicação de renda auferida pela locação nas atividades essenciais é que se estaria sendo respeitado o disposto no § 4º do art. 150 da Constituição Federal, o que no entender do ente municipal não ocorreu no caso em tela. Desse modo, o ente tributante municipal desejava ter reconhecido seu direito de tributar por IPTU no lote vago da referida instituição, que foi negado pelo Tribunal de Justiça de Minas Gerais, razão pela qual recorreu ao Supremo Tribunal Federal.

1.4. Critério de conhecimento da repercussão geral

A Repercussão Geral é um instrumento processual limitativo da admissibilidade do Recurso Extraordinário, expansivo e interpretativo a todo judiciário, que visa primordialmente reduzir e uniformizar os recursos e julgados perante o Supremo Tribunal Federal; para tanto se vale de critérios de relevância jurídica, política, social ou econômica. Este instituto foi incorporado ao regime constitucional brasileiro pela Emenda Constitucional nº 45, de 30/12/2004.

Em síntese, discute-se se o reconhecimento da imunidade tributária, prevista no art. 150, VI, 'c', da Constituição Federal abrange também os imóveis vagos. O Ministro Relator Gilmar Mendes reconheceu que a discussão é de inegável relevância do ponto de vista jurídico, político e econômico e, certamente, não se limita aos interesses jurídicos das partes recorrentes, de modo que é pertinente a repercussão geral sobre o tema, razão pela qual foi colocada em votação na Corte.

A questão constitucional em discussão diz respeito à interpretação do art. 150, VI, "c", da Constituição Federal, que traz a previsão de imunidade tributária para as instituições de educação e de assistência social, sem fins lucrativos, notadamente no que se refere à sua aplicabilidade aos bens imóveis temporariamente ociosos pertencentes às referidas entidades.

O Tribunal, desse modo, por unanimidade, reconheceu a existência de repercussão geral da questão constitucional suscitada.

2. Mérito da decisão

O Recurso Extraordinário nº 767.332/MG foi julgado em 31 de outubro de 2013. O Tribunal, por unanimidade, reputou constitucional a questão apresentada e também por unanimidade reconheceu a existência de repercussão geral da questão constitucional suscitada. No mérito, por maioria, reafirmou a jurisprudência dominante sobre a matéria, vencido o Ministro Marco Aurélio, não adentrou ao mérito. Não se manifestaram os Ministros Joaquim Barbosa e Roberto Barroso.

2.1. Voto condutor

Inicialmente, destacou o Ministro Relator a existência de precedentes com a orientação consolidada na jurisprudência da Corte no sentido de que a imunidade conferida às entidades de educação sem fins lucrativos, prevista no art. 150, VI, "c", da Constituição Federal é de natureza subjetiva e incide sobre quaisquer bens, patrimônio ou serviços dessas instituições, desde que vinculados às suas atividades essenciais. Ressaltou, ainda, que em diversas ocasiões, a Suprema Corte já se pronunciou no sentido de garantir efetividade à imunidade tributária para tais entidades, dada a natureza dos serviços prestados à sociedade.

O Relator Ministro Gilmar Mendes também lembrou que o Supremo já reconheceu a aplicação da imunidade do art. 150, VI, "c", da CF para afastar a incidência de IPTU sobre imóveis de propriedade das referidas instituições, ainda quando alugados a terceiros, desde que os aluguéis sejam aplicados em suas finalidades institucionais, de modo que o fato de o imóvel estar alugado não é condição bastante para afastar a regra constitucional de imunidade.

O tema foi inclusive objeto do Enunciado 724 da Súmula dessa Corte, que prevê o seguinte:

> Ainda quando alugado a terceiros, permanece imune ao IPTU o imóvel pertencente a qualquer das entidades referidas pelo art. 150, VI, c, da

Constituição, desde que o valor dos aluguéis seja aplicado nas atividades essenciais de tais entidades.

Na mesma linha, há também precedentes dessa Corte afirmando a inafastabilidade do benefício constitucional mencionado no caso de os imóveis da entidade servirem de moradia ou escritório para os integrantes da entidade imune.

Conclui o Ministro Relator que: "especificamente quanto à questão constitucional ora suscitada, a orientação acolhida em diversos precedentes deste Tribunal é no sentido de que o fato de os lotes encontrarem-se temporariamente vagos, por si só, não é razão suficiente para afastar a imunidade do art. 150, VI, "c", da CF. Ou seja, não é lícito às municipalidades cobrar IPTU em relação aos imóveis de propriedade das instituições de educação e de assistência social, sem fins lucrativos, ainda que se trate de lotes vagos".

2.1.1. *Voto do Ministro Dias Toffoli*

Seguindo o Relator, o Ministro Dias Toffoli se manifestou pela existência da repercussão geral da matéria constitucional, bem como reafirmação da jurisprudência da Corte Suprema de nosso país sobre o tema.

O Ministro trouxe ao tema questões relevantes em relação aos imóveis, como o fato de que ainda que não vinculados, em dado momento, ao seu propósito essencial, nem por isso perdem a imunidade, podendo, ademais, a qualquer momento, nos precisos limites da conveniência ou da oportunidade, ser integrados aos fins respectivos. Desse modo, a regra de imunidade compreende o oposto da atribuição de competência tributária. Ou seja, a norma que estabelece a imunidade faz um recorte na regra de competência, limitando, *a priori*, o poder impositivo do Estado.

Ademais, é pertinente registrar que a jurisprudência do Supremo Tribunal Federal tem reconhecido que a norma que versa sobre as imunidades tributárias, quando a serviço de um direito fundamental, constitui cláusula pétrea.

Lembrou também o Ministro que a imunidade é uma regra de supressão da norma de competência; a isenção, por sua vez, traduz uma supressão tão somente de um dos critérios da regra matriz.

Aliás, a imunidade tem o poder de fazer desaparecer a regra de competência, enquanto a isenção trabalha na eliminação de elementos da regra-matriz.

Ademais, em seu voto o eminente Ministro ensina, também, que a imunidade é uma garantia constitucional outorgada pela Carta Política que impede o exercício da competência legislativa. A isenção é um favor fiscal concedido pelo legislador ordinário.

Outra questão muito importante que foi reafirmada pelo nobre julgador foi a elasticidade das normas imunizantes, pois decorrendo a imunidade diretamente do texto constitucional, o contribuinte não estaria gozando de um favor fiscal, mas de uma garantia constitucional de maior envergadura, lembra ele, de modo que presunções sobre o enquadramento originalmente conferido devem militar a seu favor.

Constata, então, o Ministro Dias Toffoli, que caso já tenha sido deferido o *status* de imune ao contribuinte, o afastamento dessa imunidade só pode ocorrer mediante a constituição de prova em contrário produzida pela administração tributária. O oposto ocorreria com a isenção, pois essa constitui mero benefício fiscal concedido pelo legislador ordinário, o que faz com que, nesse caso, a presunção milite em favor da Fazenda Pública.

Ao meu sentir, o que mais se coaduna com a finalidade da norma de imunidade é o entendimento no sentido de que o ônus de elidir a presunção de vinculação às atividades essenciais é do Fisco, e não do contribuinte.

Conclui o nobre Magistrado da Corte Maior que a constatação de que um imóvel está vago ou sem edificação não é suficiente, por si só, para destituir o contribuinte da garantia constitucional da imunidade. E, acrescenta que a sua não utilização temporária deflagra uma neutralidade que não atenta contra os requisitos que autorizam o gozo e fruição da imunidade. Portanto, não se verifica, *in casu*, uma tredestinação que avilte os valores que devem ser resguardados para a concessão da imunidade. A imunidade só pode ser afastada se o Fisco comprovar o descumprimento dos requisitos legais ou se se constatar que seu exercício atenta contra outra garantia constitucional, qual seja, a livre concorrência.

2.2. Voto vencido

O Ministro Marco Aurélio não entrou no mérito da discussão, assentando apenas a presença da repercussão geral. Na análise crítica adentramos mais nessa questão levantada pelo nobre Magistrado.

No entanto, o eminente Ministro expôs três argumentos sobre o julgamento: primeiro que apesar da interposição de embargos declaratórios, o Tribunal de origem não emitiu entendimento sobre o disposto no § 4º do artigo 150 da Constituição Federal, ou seja, acerca do alcance da imunidade no que indispensável que o imóvel seja destinado à atividade da beneficiária. Deve-se distinguir decisão de julgamento. Este último pressupõe, sob pena de transgressão ao devido processo legal, o enfrentamento das causas de defesa veiculadas pela parte. O extraordinário revela repercussão geral no que inobservados, de início, os artigos 5º, inciso LV, e 93, inciso IX, da Carta da República.

Em segundo ponto, o Ministro Marco Aurélio fala da questão ligada à imunidade prevista no artigo 150, inciso VI, alínea "c", do Diploma Maior. No acórdão impugnado, consigna-se o envolvimento, na espécie, de Imposto sobre a Propriedade Territorial Urbana a incidir em imóvel vago. Esse dado leva à necessidade de manifestação do Supremo, esclarecendo-se o alcance da imunidade.

Por fim, um terceiro ponto levantado, ressalta que o denominado Plenário Virtual apenas serve à definição, segundo a ilustrada maioria, de encontrar-se satisfeito o requisito da repercussão geral, não podendo ser utilizado para o exame de fundo do próprio recurso extraordinário.

3. Análise crítica

O tema do RE 767.332 se circunscreve ao alcance da imunidade constitucional descrita no artigo 150, VI, "c", § 4º, da Constituição Federal de 1988, já transcrito acima e, por sua vez, da confirmação da jurisprudência do Supremo Tribunal Federal sobre o mesmo tema, haja vista já ter se manifestado por diversas vezes sobre o assunto envolvendo a imunidade citada.

Uníssona, a Suprema Corte acordou sobre o fato de que o tema tinha o *status* da repercussão geral, portanto, vinculand0, as demais instituições ou instâncias jurídicas.

O tema da repercussão geral, quanto aos julgamentos virtuais no Supremo, teve início com o procedimento instituído pela emenda regimental nº 21, do Supremo Tribunal Federal, de 30/4/07, que alterou a redação dos artigos 13, inciso V, alínea "c", 21, parágrafo 1º, 322, 323, 324, 325, 326, 327, 328 e 329, e revogou o disposto no parágrafo 5º do art. 321, todos do regimento interno, a fim de tratar do reconhecimento da repercussão geral, prevista no art. 102, § 3º da CF.

No entanto, somente com a Resolução nº 642, de 14 de junho de 2019, o Supremo possibilitou o julgamento do mérito de recursos extraordinários e outras classes processuais, no modo virtual. Essa Resolução nº 642 já foi alterada pelas Resoluções 669, de 19 de março de 2020, e 675, de 22 de abril de 2020.

Diante disso, cabe destacar, a posição do Ministro Marco Aurélio à época acertada sobre o tema, pois, tecnicamente, o julgamento de mérito virtual ainda não estava regulamentado internamente na Corte Suprema. Desse modo, o excelso Ministro argumentou: "ressalto que o denominado Plenário Virtual apenas serve à definição, segundo a ilustrada maioria, de encontrar-se satisfeito o requisito da repercussão geral, não podendo ser utilizado para o exame de fundo do próprio recurso extraordinário".

De outro lado, o Ministro Dias Toffoli trouxe à baila um entendimento já consolidado no Superior Tribunal de Justiça de que a prova sobre o afastamento da imunidade tributária caberia à administração tributária.

Assim, a orientação jurisprudencial predominante no STJ, presume-se que o imóvel de entidade autárquica esteja afetado a destinação compatível com seus objetivos e finalidades institucionais. Portanto, o ônus de provar que o patrimônio da autarquia está desvinculado dos seus objetivos institucionais e, portanto, não abrangido pela imunidade tributária prevista no art. 150 da Constituição, recai sobre o poder público tributante.

Foram expressos também os requisitos básicos, mas principais para a caracterização da imunidade de uma entidade, quais sejam: (i) não distribuir lucros, (ii) aplicar as receitas no país, (iii) manter escrituração de forma a assegurar a exatidão dos registros. Essas são, entre outras de menor expressão, as condicionantes legalmente previstas. Emana do texto constitucional uma condicionante implícita: a entidade imune não pode se valer dessa prerrogativa em detrimento da livre concorrência. A imunidade não pode causar interferências no mercado. Ou seja, a entidade não compete com o mercado tradicional.

Salientou, de forma adequada, o insigne Magistrado que a prova em contrário firmada pelo Fisco Municipal deve circunscrever-se a uma das hipóteses legais expressas ou à vedação implícita de não intervenção no domínio econômico, de modo que a constatação de que um imóvel está vago ou sem edificação não é suficiente, por si só, para destituir o contribuinte da garantia constitucional da imunidade.

Portanto, houve um alinhamento da Corte Maior também com o entendimento já consolidado na Súmula nº 724, que diz: "Ainda quando alugado a terceiros, permanece imune ao IPTU o imóvel pertencente a qualquer das entidades referidas pelo art. 150, VI, *c*, da Constituição, desde que o valor dos aluguéis seja aplicado nas atividades essenciais de tais entidades".

Ressalte-se, ainda, que bem após o referido julgamento, isto é, em Sessão Plenária de 18/06/2015, foi aprovada a Súmula Vinculante nº 52, que diz: "Ainda quando alugado a terceiros, permanece imune ao IPTU o imóvel pertencente a qualquer das entidades referidas pelo art. 150, VI, "c", da Constituição Federal, desde que o valor dos aluguéis seja aplicado nas atividades para as quais tais entidades foram constituídas".

Por fim, vimos como acertada a confirmação da jurisprudência aplicada pela Corte Suprema, pois deu efetividade elástica ao conceito de imunidade constitucional em favor das entidades referidas no artigo 150, VI, "c", § 4º, da Constituição Federal de 1988, desde que cumpram os requisitos da lei e não sejam favorecidas na livre concorrência, interpretando sempre em favor do contribuinte imune.

Da mesma forma, andou bem o Supremo Tribunal Federal ao mencionar no voto do Ministro Dias Toffoli a necessidade de inversão do ônus probatório que cabe ao fisco em relação à entidade que quer ver excluída da imunidade constitucional, mantendo firme o entendimento já consolidado no âmbito do Superior Tribunal de Justiça.

Portanto, ressalvada a questão técnica à época gizada pelo Ministro Marco Aurélio, a decisão do Supremo fortaleceu as instituições de educação e de assistência social, sem fins lucrativos, atendidos os requisitos da lei e consolidou as decisões anteriormente tomadas no âmbito do judiciário.

Por fim, cabe mencionar que a imunidade de IPTU tem sido alargada tanto na interpretação jurisprudencial como na própria Constituição Federal por meio de emenda. A recente Emenda Constitucional nº 116, de 2022, alterou o artigo 156 da CF, para fazer constar: "§ 1º-A O imposto previsto no inciso I do caput deste artigo não incide sobre templos de qualquer culto, ainda que as entidades abrangidas pela imunidade de que trata a alínea "b" do inciso VI do caput do art. 150 desta Constituição sejam apenas locatárias do bem imóvel."

Não obstante, tratarmos neste RE 767.332 MG da alínea "c" do artigo 150, inciso VI, não se vislumbra razão plausível para não se discutir a equiparação e flexibilização dessa novel imunidade de IPTU, como vetor interpretativo, também para as entidades sindicais dos trabalhadores, das instituições de educação e de assistência social quando forem locatárias dos imóveis que utilizarem em suas atividades e, portanto, contribuintes do referido IPTU.

CAPÍTULO 20
RECURSO EXTRAORDINÁRIO Nº 773.992

Maria das Graças Patrocínio Oliveira

1. Recurso extraordinário nº 773.992 – Bahia[1]

Recorrente: Município de Salvador
Recorrido: Empresa Brasileira de Correios e Telégrafos – ECT
Relator: Ministro Dias Toffoli
Data de julgamento: 15 de outubro de 2014

1.1. Ementa

Recurso extraordinário. Repercussão geral. Tributário. IPTU. Empresa Brasileira de Correios e Telégrafos. Imunidade recíproca (art. 150, VI, a, da CF).

1. Perfilhando a cisão estabelecida entre prestadoras de serviço público e exploradoras de atividade econômica, a Corte sempre concebeu a Empresa Brasileira de Correios e Telégrafos como uma empresa prestadora de serviços públicos de prestação obrigatória e exclusiva do Estado.

[1] BRASIL. Supremo Tribunal Federal. **Recurso Extraordinário nº 773.992**, Relator: Min. Dias Toffoli, Tribunal Pleno, julgado em 15.10.2014, Repercussão Geral, Mérito. DJE 032, Public. em 19.02.2015. Disponível em http://portal.stf.jus.br/processos/detalhe.asp?incidente=4469716.

2. A imunidade recíproca prevista no art. 150, VI, a, da Constituição alcança o IPTU que incidiria sobre os imóveis de propriedade da ECT e por ela utilizados.

3. Não se pode estabelecer, **a priori**, nenhuma distinção entre os imóveis afetados ao serviço postal e aqueles afetados à atividade econômica.

4. Na dúvida suscitada pela apreciação de um caso concreto, acerca, por exemplo, de quais imóveis estariam afetados ao serviço público e quais não, não se pode sacrificar a imunidade tributária do patrimônio da empresa pública, sob pena de frustrar a integração nacional.

5. As presunções sobre o enquadramento originariamente conferido devem militar a favor do contribuinte. Caso já lhe tenha sido deferido o status de imune, o afastamento dessa imunidade só pode ocorrer mediante a constituição de prova em contrário produzida pela Administração Tributária.

6. Recurso extraordinário a que se nega provimento.

1.2. Tese fixada

A imunidade tributária recíproca reconhecida à Empresa Brasileira de Correios e Telégrafos – ECT alcança o IPTU incidente sobre imóveis de sua propriedade e por ela utilizados, não se podendo estabelecer, a priori, nenhuma distinção entre os imóveis afetados ao serviço postal e aqueles afetados à atividade econômica.

Tema 644 – Imunidade tributária recíproca quanto ao Imposto sobre Propriedade Territorial Urbana – IPTU incidente sobre imóveis de propriedade da Empresa Brasileira de Correios e Telégrafos – ECT.

1.3. Especificação do caso e razões da submissão à repercussão geral

Trata-se de recurso extraordinário (RE) interposto pelo Município de Salvador em face de acórdão da 8ª Turma do Tribunal Regional Federal da 1ª Região (TRF1) o qual reconheceu, em favor da Empresa Brasileira de Correios e Telégrafos (ECT), a imunidade recíproca de que trata o art. 150, inciso VI, alínea "a", da Constituição Federal (CF/88), com relação ao IPTU que incidiria no exercício de 1996 sobre imóveis de sua propriedade.

O acórdão regional restou assim ementado:

> TRIBUTÁRIO E CONSTITUCIONAL. IPTU. ECT. SERVIÇOS POSTAIS. IMUNIDADE TRIBUTÁRIA RECÍPROCA. IMPENHORABILIDADE DE BENS. DECRETO-LEI 509/1969.
>
> 1. A Empresa Brasileira de Correios e Telégrafos, apesar de ter sido constituída como empresa pública federal, tem natureza tipicamente pública por prestar serviço público sujeito a responsabilidade exclusiva da Administração Direta.
>
> 2. Os bens imóveis vinculados às finalidades essenciais da ECT são abarcados pela imunidade recíproca, garantia da federação estatuída no art. 150, VI, a, da Constituição Federal. Inviável, no caso, a cobrança do IPTU e a impenhorabilidade de seus bens e serviços.
>
> 3. O art. 12 do Decreto-Lei 509/1969, recepcionado pela Constituição Federal de 1988 (RE 220906/DF, Pleno rel. Ministro Maurício Corrêa, DJ de 14/11/2002), estendeu à ECT os privilégios concedidos à Fazenda Pública, quanto à impenhorabilidade de bens, rendas e serviços, e ao foro, prazos e custas processuais.

A recorrente sustentou que foram violados os arts. 21, X, 150, VI, "a", e §§ 2º e 3º, art. 173, § 2º, e art. 177 da Constituição.

Alegou que o serviço público prestado pela ECT não justifica a imunidade, que deve ser aplicada somente às autarquias e fundações públicas. Argumentou que a Constituição Federal veda a imunidade relativamente às empresas públicas, consoante a dicção do art. 173, § 2º, da CF/88, e que a ECT exerce suas atividades em regime concorrencial.

Aduz a recorrente que a Constituição não só deixou de outorgar às empresas públicas a imunidade, como também vedou expressamente tal possibilidade, conforme o art. 173, § 2º, da Constituição; que a ECT não exerce suas atividades em caráter exclusivamente monopolístico, sobrelevando o fato de que vários dos serviços prestados por essa empresa são exercidos em regime concorrencial.

Por sua vez, a ECT alegou que não explora atividade econômica, mas desempenha serviço público de caráter obrigatório e exclusivo do Estado.

A repercussão geral foi reconhecida pelo Plenário Virtual do STF na análise do Recurso Extraordinário com Agravo (ARE) 643.686, que foi reautuado como RE 773.992 e passou a ser o processo paradigma do tema.

Interpostos embargos de declaração, para sanar obscuridade, segundo o Município de Salvador, concernentes às

> condições e circunstâncias, procedimentais, processuais e probatórias, para o Fisco efetivar a comprovação necessária e suficiente para o afastamento da imunidade, quando, no exercício de sua atividade plenamente vinculada, tiver que proceder a exigência do tributo.

> estes foram rejeitados, por unanimidade, em sessão de 09/11/2016, nos termos do voto do Relator, que entendeu não estar presente nenhuma hipótese autorizadora da oposição do recurso declaratório. Segundo afirmou, tanto o julgado não é obscuro que o próprio embargante aduz que "verificando que o contribuinte que goze de imunidade genérica não faz jus, em caso ou situação concreta, ao benefício, cabe ao fisco proceder à apuração e ao lançamento do tributo".

Atuaram como *amicus curiae* o Estado de São Paulo e a Associação Brasileira das Secretarias de Finanças das Capitais Brasileiras (ABRASF).

1.1.2. *Critério de conhecimento da repercussão geral*

O Tribunal, por unanimidade, reputou constitucional a questão e, também por unanimidade, reconheceu a existência de repercussão geral da questão constitucional suscitada.

Ao analisar a repercussão geral no ARE 643.686, o Relator, Ministro Dias Toffoli, destacou:

> A questão discutida, imunidade recíproca da ECT, é questão que, a toda evidência, transcende os interesses das partes, com repercussão na esfera de direito de todos os municípios da Federação, dada a natureza da empresa pública e dos serviços por ela prestados.
>
> (...)

Citou o Relator, diversos julgados que asseguraram a imunidade recíproca à ECT, por se tratar de empresa pública que presta serviços públicos e afirmou que, nos autos do RE 601.392, havia se manifestado sobre a dificuldade em se separar topicamente as atividades postais daquelas porventura econômicas. Assentou que em diversos julgados, a Corte reconheceu que deve prevalecer a imunidade recíproca da ECT em relação a outros impostos, forte no argumento de que, na dúvida suscitada pela apreciação de um caso concreto, não pode ser sacrificada a imunidade tributária do serviço público, sob pena de restar frustrada a integração nacional.

No mérito, o Plenário Virtual do STF não seguiu o entendimento do Relator quanto à ratificação da jurisprudência dominante sobre a matéria, que foi submetida a posterior julgamento pelo Plenário físico.

2. Mérito da decisão

O Tribunal, decidindo o Tema 644, por maioria de votos e nos termos do voto do Relator, negou provimento ao recurso extraordinário.

A sessão plenária foi presidida pelo Ministro Ricardo Lewandowski. Presentes ainda à sessão os Ministros Celso de Mello, Marco Aurélio, Cármen Lúcia, Dias Toffoli, Luiz Fux, Rosa Weber, Teori Zavascki e Roberto Barroso. Ausente o Ministro Gilmar Mendes. Vencidos os Ministros Roberto Barroso e Marco Aurélio.

2.1. Voto condutor

Em seu voto o Relator, Ministro Dias Tofolli, rememorou os fundamentos da imunidade recíproca, a qual, segundo afirma, constitui garantia própria do federalismo, em cuja base repousa a necessária igualdade político-jurídica entre as unidades federativas, conforme lição proferida pelo Ministro Celso de Mello em seu voto no RE 363.412/BA-AgR, Segunda Turma, Dje 19/09/08.

Segundo referiu, as empresas públicas e as sociedades de economia mista, conforme o art. 4º, II, do Decreto-lei nº 200/67, fazem parte da Administração Pública Indireta e, por diversas vezes, figuram como instrumentalidades administrativas das pessoas políticas, ocupando-se dos serviços públicos incumbidos aos entes federativos aos quais estão vinculadas, sendo-lhes franqueado o regime tributário próprio das autarquias e das fundações públicas.

Noutro giro, essas estatais, por vezes exclusivamente exploradoras de atividades econômicas, serviriam tão somente para instrumentalizar a intervenção econômica na seara das atividades econômicas em sentido estrito. Essas entidades não poderiam ser equiparadas à Fazenda Pública, dado seu propósito manifesto de buscar o lucro.

O STF sempre concebeu a ECT como uma empresa prestadora de serviço público de prestação obrigatória e exclusiva do Estado. Neste sentido, destacou os RE 407.099/RS, 364.202/RS, 434.227/SC, de relatoria do Ministro Carlos Velloso, o RE 522.449/CE, Relatora a Ministra Ellen Gracie, a ACO nº 959, Relator o Ministro Menezes de Direito, e a ACO nº 765, relatoria do Ministro Marco Aurélio.

No que se refere ao IPTU, a maioria dos ministros do STF têm decidido a matéria à luz da jurisprudência sedimentada nesta Corte, a partir dos RE 364.202/RS, 424.227/SC, 354.897/RS e 398.630/SP, todos da Segunda Turma e de relatoria do Ministro Carlos Velloso. No mesmo sentido, mencionou a decisão proferida no AI 748.076-AgR, Relatora a Ministra Cármem Lúcia e outras decisões monocráticas.

Ressaltou o Relator que, a prevalecer o entendimento pelo não reconhecimento da imunidade, relativamente ao IPTU, seria necessário que o Fisco identificasse quais os imóveis se destinariam às finalidades essenciais e quais não, sendo notório que os imóveis normalmente abrigam várias atividades, indistintamente.

A esse respeito, rememorou que no julgamento da ACO 765/RJ, que se tratava de imunidade do IPVA, entendeu a Corte que não caberia fazer distinção entre os veículos afetados ao serviço eminentemente postal e os veículos afetados à atividade econômica. Isto porque, nas palavras da Ministra Ellen Gracie, o IPVA é atribuído a débito de quem é proprietário do veículo. No caso a proprietária é a ECT e, portanto, o modo como ela vai utilizar esse veículo não define a hipótese de incidência tributária. No mesmo sentido ponderou o Ministro Cesar Peluzo.

Reportou-se, o Relator, ao julgamento do RE 385.091/DF, no qual houve debates acerca do ônus da prova em situações regidas pela imunidade. Na oportunidade, fazendo diferenciação entre a isenção e a imunidade, concluiu que, no primeiro caso, cabe ao contribuinte comprovar que se enquadra na situação contemplada, enquanto no segundo, as presunções sobre o enquadramento originalmente conferido pela Constituição devem militar a favor do contribuinte. Assim, caso já tenha sido deferido o *status* de imune ao contribuinte, o afastamento dessa imunidade só pode ocorrer mediante a constituição de prova em contrário produzida pela Administração Tributária; o oposto ocorreria com a isenção, que constitui mero benefício fiscal concedido pelo legislador ordinário, o que faz com que a presunção milite em favor da Fazenda Pública.

Ante o exposto, votou o Ministro Dias Toffoli pelo não provimento do recurso extraordinário.

Seguiram-se os votos dos demais ministros presentes à sessão, tendo a maioria acompanhado o Relator, votando pelo desprovimento do recurso do Município de Salvador, vencidos os votos divergentes dos Ministros Marco Aurélio e Luis Roberto Barroso, abaixo referenciados.

Houve um debate entre os ministros sobre a questão do "subsídio cruzado".

Em seguida aos debates o Ministro Teori Zavascki, em seu voto disse que quando juiz no TRF defendeu a tese de que o Decreto-Lei nº 509, especialmente seu art. 12, não havia sido recepcionado pela CF/88; todavia, mesmo ressalvando seu ponto de vista pessoal, como esse assunto foi decidido de forma diferente pelo STF numa linha que deve ser prestigiada, acompanhou o Relator.

2.2. Votos vencidos

Abrindo a divergência, o Ministro Marco Aurélio manifestou-se no sentido de que vislumbra como impropriedade terminológica a extensão, a pessoas jurídicas de direito privado, da imunidade recíproca que, sabe-se ser elemento do pacto federativo, bem como que, de início, fora as exceções contempladas na própria Constituição, refere-se aos entes políticos. E não lhe consta que empresa pública ou sociedade de economia mista seja ente político; que uma dessas pessoas jurídicas de direito privado possa se considerar titular da capacidade ativa tributária.

Referiu que não há no preceito da Carta Magna de 1988, que prevê o rol das atividades que encerram monopólio, referência às atividades desenvolvidas pela ECT.

Destacou o Ministro Marco Aurélio o leque de atividades econômicas exercidas pela ECT, o que, segundo afirmou, atrairia a aplicação do art. 173 da CF/88, cujo § 2º proclamou que "as empresas públicas e as sociedades de economia mista não poderão gozar de privilégios fiscais". Mencionou, ainda, a vedação da alínea *a* do inciso VI do art. 150 da Carta Magna, que determina que a imunidade recíproca não se aplica quando o patrimônio, a renda ou os serviços deixam de estar vinculados às respectivas finalidades essenciais ou às delas decorrentes. Reportou-se ainda ao § 3º do art. 173.

Diante disso, e considerando que a ECT desenvolve atividade econômica, proveu o recurso extraordinário, por entender que sobre o imóvel da recorrida incide o IPTU.

Acompanhando a divergência, o Ministro Luis Roberto Barroso ressaltou a importância da jurisprudência e destacou que procura preservá-la, na medida do possível, salvo quando tenha, por uma questão de princípio, uma visão radicalmente oposta, como no caso em tela.

Para esse Ministro, os serviços postais não são definidos pela Constituição como serviço público, só diz a Carta Magna que a União deve mantê-lo. Seu entendimento resulta da interpretação dos incisos X, XI e XII do art. 21 da CF/88. Segundo afirma, o serviço postal já foi um serviço público, no início do século, quando só o Estado tinha infraestrutura e capacidade para prestar este tipo de serviço. Com a evolução histórica e tecnológica, deixou de ser um serviço público e passou a ser uma atividade econômica. Se era um monopólio e não foi previsto pela Constituição de 1988 como tal, porque não consta da lista de monopólios, entende que é atividade privada que não foi recepcionada como monopólio.

Asseverou o Ministro Barroso que o serviço postal é uma atividade econômica que, por mandamento constitucional, o Estado tem o dever de prestar; ainda que se considerasse um serviço público, não seria um serviço público de natureza autárquica, um serviço público típico e essencial; seria, no máximo, um serviço de utilidade pública, tipicamente prestado não por autarquias, mas por sociedades de economia mista ou por empresas públicas.

Destacou que a ideia de serviço público variou muito nos últimos anos e a jurisprudência do STF precisa refletir esta variação; que a ideia histórica e mais antiga de serviço público como expressão de soberania estatal, portanto prestado em regime de privilégio pelo Estado e em caráter não competitivo, foi cedendo espaço para um modelo das *public utilities*, em que o serviço público é prestado como uma atividade econômica, amplamente regulada, mas ele é prestado por empresas privadas em regime concorrencial.

Questionou o Ministro Roberto Barroso o monopólio postal na era da internet e do correio eletrônico. Segundo afirma, a carta, que é antieconômica, que é protegida pelo monopólio. Aí faz-se a alegação do subsídio cruzado, mas é preciso demonstrar que se financia uma atividade menos rentável com outra mais rentável. Chama-lhe atenção que a maior parte das atividades dos Correios hoje não é essa protegida pelo monopólio, portanto, nem em quantidade, nem em arrecadação, a entrega de cartas é a parcela mais importante da arrecadação. Então, se a maior parte dos serviços prestados não é protegida pelo privilégio – que pessoalmente entende que não existe do ponto de vista jurídico –, mas a prevalecer o entendimento de que eles têm o privilégio na entrega de cartas, esta é uma fração pequena da atividade dos Correios.

Concluiu seu voto afirmando que, como o IPTU é um imposto sobre a propriedade e como a propriedade é utilizada tanto para a parte monopolizada quanto para a não, acha que como a parte concorrencial excede a parte prestada em regime de privilégio, dar uma imunidade aos Correios significa dar uma vantagem competitiva contra as empresas privadas, que é vedada pelo art. 173 da Constituição.

Arrematando seu voto, o Ministro Barroso reafirma que, por ser atividade econômica e não serviço público, ainda que fosse em parte serviço público, a parte privada sobreleva a parte do serviço público. Por essas duas razões, a imunidade não deve se estender, inclusive porque, mesmo na parte em que se trata de serviço público, não é serviço público de natureza típica e autárquica para justificar a extensão, de modo que não vê um bom fundamento jurídico, nem um bom fundamento de justiça para reconhecer esta imunidade.

3. Análise crítica

Preliminarmente, cumpre destacar, como o fez o Ministro Dias Toffoli no presente julgado, que a questão da imunidade recíproca em relação à ECT repercute na esfera de direitos de todos os municípios da Federação, devido à natureza desta empresa e dos serviços por ela prestados. O reconhecimento da repercussão geral e posterior julgamento do mérito, permitiram ao STF ratificar a jurisprudência "com os benefícios daí decorrentes, entre os quais está a celeridade do julgamento", tendo em vista que a discussão "encontra-se amadurecida no âmbito da corte".

E a jurisprudência "é um valor em si, independente do seu mérito", conforme consignado no voto do Ministro Roberto Barroso.

Além do acórdão em tela, conforme registrado no voto do Relator, recentemente há muitas decisões que reconheceram a imunidade recíproca à ECT, como se pode observar nos seguintes julgados proferidos pelo STF: IPVA (ACO 879, de nov. 2014), ICMS (ACOs 958/865 e RE 627.051, de nov. 2014 – circulação de mercadorias e ACO 1.095, de out. 2015 – transporte de encomendas), ISS (RE 601.392, de fev. 2013), apenas para citar alguns.

Quando ao mérito da questão posta neste julgado, trata-se de matéria controvertida, havendo ricos argumentos em ambos os sentidos.

Embora a CF/88 reconheça literalmente a imunidade recíproca apenas às pessoas políticas e às autarquias e fundações, a jurisprudência do STF estendeu referida imunidade também às empresas públicas e às sociedades de economia mista, desde que prestadoras de serviços públicos.

No caso da ECT, tal imunidade tem sido a ela conferida sob o argumento de que trata de empresa prestadora de serviço público obrigatório e exclusivo do Estado e não como exploradora de atividade econômica, embora também ofereça serviços dessa natureza. Com efeito, esta empresa não se limita a atuar no âmbito da atividade-fim que justificou a sua criação por lei específica. Na prática ela explora em larga escala atividades econômicas em regime concorrencial, como serviços de encomendas, operações financeiras e serviços de transporte, de modo que a imunidade conferida a esta empresa não se coaduna com o § 2º do art. 173 da CF/88.

Ressalte-se que esta questão já foi debatida neste livro, por ocasião do estudo do RE 627.051, julgado em 12/11/2014, cuja conclusão do grupo foi na linha de que o STF ignorou texto constitucional expresso no sentido de que às estatais exploradoras de atividades econômicas não serão concedidos privilégios típicos do setor público (art. 173, § 1º, II); não demonstrou esta Corte qualquer apreço pela dinâmica da realidade das sociedades contemporâneas imersas no ambiente digital; com esta decisão, o STF implode o sistema federativo brasileiro, minando a capacidade arrecadatória dos Estados-membros.

Atualmente, a regra é o Estado atuar na economia apenas como regulador e fiscalizador da atividade econômica. Espera-se que com a privatização dos Correios, se e quando ocorrer, possa ser aplicada a Justiça, adotando-se para as receitas da empresa o regime da livre concorrência e, por consequência, conferindo igualdade de tratamento no âmbito econômico.

CAPÍTULO 21
RECURSO EXTRAORDINÁRIO Nº 928.902

Juliana Bezerra de Melo P. Santana

1. Recurso extraordinário nº 928.902 São Paulo[1]

Recorrente: CAIXA ECONÔMICA FEDERAL – CEF
Recorrido: MUNICÍPIO DE SÃO VICENTE-SP
Am. Curiae: MUNICÍPIO DE SÃO PAULO – SP e ASSOCIAÇÃO BRASILEIRA DAS SECRETARIAS DE FINANÇAS DAS CAPITAIS BRASILEIRAS – ABRASF
Relator: Ministro Alexandre de Moraes
Data de julgamento: 17/10/2018

1.1. Ementa

CONSTITUCIONAL E TRIBUTÁRIO. PROGRAMA DE ARRENDAMENTO RESIDENCIAL – PAR. POLÍTICA HABITACIONAL DA UNIÃO. FINALIDADE DE GARANTIR A EFETIVIDADE DO DIREITO DE MORADIA E A REDUÇÃO DA DESIGUALDADE SOCIAL. LEGÍTIMO EXERCÍCIO DE COMPETÊNCIAS GOVER-

[1] BRASIL. Supremo Tribunal Federal. *Recurso Extraordinário nº. 928.902/SP*, Relator: Min. Alexandre de Moraes, Tribunal Pleno, julgado em 17/10/2018, REPERCUSSÃO GERAL – MÉRITO DJe-198 DIVULG 11 -09-2019 PUBLIC 12-09-2019 EMENTA. Disponível em: http://portal.stf.jus.br/ processos/detalhe.asp?incidente=4882888>. Acesso em: 18 de fev. de 2022.

NAMENTAIS. INEXISTÊNCIA DE NATUREZA COMERCIAL OU DE PREJUÍZO À LIVRE CONCORRÊNCIA. INCIDÊNCIA DA IMUNIDADE TRIBUTÁRIA RECÍPROCA. RECURSO EXTRAORDINÁRIO PROVIDO. 1. Os fatores subjetivo e finalístico da imunidade recíproca em relação ao Programa de Arrendamento Residencial estão presentes, bem como a estratégia de organização administrativa utilizada pela União – com a utilização instrumental da Caixa Econômica Federal – não implica qualquer prejuízo ao equilíbrio econômico; pelo contrário, está diretamente ligada à realização e à efetividade de uma das mais importantes previsões de Direitos Sociais, no *caput* do artigo 6º, e em consonância com um dos objetivos fundamentais da República consagrados no artigo 3º, III, ambos da Constituição Federal: o direito de moradia e erradicação da pobreza e a marginalização com a redução de desigualdades sociais. 2. O Fundo de Arrendamento Residencial possui típica natureza fiduciária: a União, por meio da integralização de cotas, repassa à Caixa Econômica Federal os recursos necessários à consecução do PAR, que passam a integrar o FAR, cujo patrimônio, contudo, não se confunde com o da empresa pública e está afetado aos fins da Lei 10.188/2001, sendo revertido ao ente federal ao final do programa. 3. O patrimônio afetado à execução do Programa de Arrendamento Residencial (PAR) é mantido por um fundo cujo patrimônio não se confunde com o da Caixa Econômica Federal, sendo formado por recursos da União e voltado à prestação de serviço público e para concretude das normas constitucionais anteriormente descritas. 4. Recurso extraordinário provido com a fixação da seguinte tese: TEMA 884: Os bens e direitos que integram o patrimônio do fundo vinculado ao Programa de Arrendamento Residencial – PAR, criado pela Lei 10.188/2001, beneficiam-se da imunidade tributária prevista no art. 150, VI, "a", da Constituição Federal.

1.2. Tese fixada

Os bens e direitos que integram o patrimônio do fundo vinculado ao Programa de Arrendamento Residencial – PAR, criado pela Lei 10.188/2001, beneficiam-se da imunidade tributária prevista no art. 150, VI, a, da Constituição Federal.

Tema 884 – Imunidade tributária recíproca em relação ao IPTU incidente sobre bens imóveis mantidos sob a propriedade fiduciária da Caixa Econômica Federal, mas que não se comunicam com o patrimônio desta, porque integrados ao Programa de Arrendamento Residencial – PAR, criado e mantido pela União, nos termos da Lei 10.188/2001.

1.3. Especificação do caso e razões da submissão à repercussão geral

Trata-se de Recurso Extraordinário interposto pela Caixa Econômica Federal –CEF visando reforma de acórdão do Tribunal Regional Federal da 3ª Região.

A Corte *a quo* manteve decisão do Juízo de Execução Fiscal da 41ª Subseção Judiciária de São Vicente-SP, que rejeitou exceção de pré--executividade manejada pela instituição bancária.

Nas razões defensivas, a CEF argumenta que imóvel de propriedade fiduciária da recorrente, com origem no Programa de Arrendamento Residencial (PAR), instituído pela Lei nº 10.188/01, é de propriedade da União e, consequentemente, sobre ele incide a imunidade tributária recíproca prevista no art. 150, VI, "a", da Constituição Federal.

Sustentou, ainda, que o FAR – Fundo de Arrendamento Residencial – é constituído de patrimônio único e exclusivo da União Federal, sendo somente administrado e operacionalizado pela CEF, para fins de consecução do programa.

Acrescentou que "no âmbito do PAR, a Caixa é mero instrumento concretizador de um programa habitacional capitaneado e custeado pela União Federal, sendo a empresa pública apenas uma delegatária da União Federal na prestação de típico serviço público, totalmente segregada de sua atividade econômica.

Além disso, fez constar que não realiza atividade econômica, tampouco lucrativa no âmbito do FAR, posto que se trata de serviço público típico e de cumprimento de política pública social de moradia, onde a tributação de imóveis do referido Fundo onera diretamente a União Federal, sua financiadora, ferindo o pacto federativo.

O recorrido, cuja defesa fora acolhida na primeira e segunda instâncias, acentuou que a matrícula do imóvel, no registro competente, revela a sua aquisição pela CEF, ainda que no âmbito do PAR, o que, perante a Municipalidade, torna a instituição financeira a efetiva contribuinte de

IPTU, taxas do lixo e sinistro, não havendo que se cogitar, em favor de empresa pública, de imunidade recíproca, de acordo com a jurisprudência consolidada.

No transcurso do devido processo legal foi admitido o ingresso do Município de São Paulo e da ABRASF na qualidade de *amicus curiae*.

A Procuradoria Geral da República, atuando no feito, opinou pelo desprovimento do recurso.

1.4. Critério de conhecimento da repercussão geral

O tema em debate foi gravado no Pretório Excelso com a seguinte numeração e enunciado para análise de repercussão geral:

> **Tema 884** – Imunidade tributária recíproca em relação ao IPTU incidente sobre bens imóveis mantidos sob a propriedade fiduciária da Caixa Econômica Federal, mas que não se comunicam com o patrimônio desta, porque integrados ao Programa de Arrendamento Residencial – PAR, criado e mantido pela União, nos termos da Lei 10.188/2001. (DJe: 07/04/2016).

A repercussão geral no caso em comento foi reconhecida por maioria do Plenário, visto que a matéria apresentou relevância de natureza social, política e econômica, onde quedou-se *sub examine* se há ou não submissão ao regime de imunidade tributária recíproca (art. 150, VI, "a", da Constituição Federal), de imóveis vinculados ao Programa de Arrendamento Residencial (PAR) instituído pela Lei 10.188/2001.

2. Mérito da decisão

O Recurso Extraordinário nº 928.902/SP foi julgado em 17 de outubro de 2018, em sessão plenária presidida pelo Ministro Presidente Dias Toffoli, tendo sido conhecido e provido.

Nos termos do voto do Relator, Ministro Alexandre de Moraes, foi apreciado o tema 884 da repercussão geral, acordando o Colegiado, por maioria, em dar provimento ao recurso extraordinário, para extinguir a execução com relação aos valores cobrados a título de IPTU da CEF, condenando-se o recorrido ao pagamento das custas e honorários advocatícios.

Na oportunidade, restou vencido o Ministro Marco Aurélio de Melo.

2.1. Voto condutor

O Ministro Alexandre de Moraes apresentou seu voto condutor tecendo um histórico sobre o instituto da imunidade tributária recíproca que tem origem em 1819, nos Estados Unidos, quando a Suprema Corte julgou o famoso caso *McCulloch vs Maryland.*

Naquela época, a Corte americana entendeu pela impossibilidade do Estado de Maryland tributar filiais do Banco Nacional, tendo Marshall definido como previsão constitucional implícita a impossibilidade de "taxação" estadual em instrumentos federais.

O preclaro Relator discorreu que a imunidade recíproca é uma prerrogativa que decorre diretamente da autonomia das unidades federativas (art. 18 da CF) e pressupõe mútua autocontenção, no que diz respeito ao exercício das competências tributárias.

Acresceu que é por isso que se diz que a imunidade recíproca é uma norma implícita às federações, que em rigor nem necessitaria de previsão expressa.

Para tanto, ressaltou que a imunidade recíproca corresponde a um parâmetro oclusivo do poder tributante, por meio do qual o texto constitucional : (a) busca afirmar a igualdade dos diferentes entes políticos; (b) preserva a execução federativamente equilibrada das atribuições dos diferentes níveis de governo, sem que possa existir interferência na autonomia de cada um deles; e (c) reconhece que a arrecadação obtida por cada um deles é vertida em prol de finalidades públicas igualmente importantes para a realização dos projetos constitucionais.

Entendeu que referida imunidade está vinculada a finalidade pública.

Explicou que da leitura contextualizada dos arts. 150, IV, e §§ 2º e 3º; e 173, § 2º, da Constituição Federal nem todo patrimônio titularizado pelos entes federativos está compreendido na norma de imunidade recíproca, podendo haver tributação, como é o caso das pessoas de direito privado constituídas com capital público que se dediquem à exploração de atividade econômica.

Citou, a título de comparação, o Tema 385[2], onde da norma imunizante do art. 150, IV, da CF se extrai inconteste que bem imóvel do

[2] "A imunidade recíproca, prevista no art. 150, VI, a, da Constituição não se estende a empresa privada arrendatária de imóvel público, quando seja ela exploradora de atividade econômica com fins lucrativos. Nessa hipótese é constitucional a cobrança do IPTU pelo Município".

patrimônio de ente federativo, que já não mais esteja afetado a qualquer destinação social, funcionando apenas como elemento para alavancar o desempenho de atividade particular de propósitos exclusivamente econômicos, não usufrui de imunidade tributária.

A partir daí fundamentou que a hipótese vertente se diferenciava do Tema 385 e justificou:

> [...] os fatores subjetivo e finalístico da imunidade estão presentes, bem como a estratégia de organização administrativa utilizada pelo Estado não implica qualquer consequência prejudicial ao equilíbrio econômico; pelo contrário, está diretamente ligada a realizar a efetividade de uma das mais importantes previsões de Direitos Sociais, no caput do artigo 6º, e em consonância com um dos objetivos fundamentais da República consagrados no artigo 3º, III, ambos da Constituição Federal: o direito de moradia e erradicação da pobreza e a marginalização com a redução de desigualdades sociais.

Nesse raciocínio, entendeu que a imunidade recíproca se aplica ao caso vertente, considerando o exercício dessa importante atuação governamental, não havendo natureza comercial na questão.

É cediço que a Caixa Econômica Federal é empresa pública que, em essência, explora atividade econômica. Todavia, não houve dúvidas de que o patrimônio afetado à execução do Programa de Arrendamento Residencial (PAR) é mantido por um fundo cujo patrimônio não se confunde com o da CEF, sendo formado por recursos da União e voltado à prestação de serviço público e para concretude das normas constitucionais anteriormente descritas.

Expôs também que:

> O PAR foi criado pela Lei 10.188/2001 visando ao "atendimento da necessidade de moradia da população de baixa renda, sob a forma de arrendamento residencial com opção de compra" (art. 1º). O programa é gerido pelo Ministério das Cidades, mas operacionalizado pela Caixa Econômica Federal (CEF), cujas atividades exercidas em seu âmbito são remuneradas em montante fixado por ato conjunto dos Ministros de Estado das Cidades e da Fazenda. A matéria encontra-se, atualmente, regida pela Portaria Interministerial 684/2007, cujo art. 1º dispõe que "a remuneração da Caixa Econômica Federal – CAIXA compreende a

cobertura de todos os custos relacionados com as atividades de agente executor do Programa de Arrendamento Residencial - PAR e gestor do Fundo de Arrendamento Residencial - FAR".

Reforçando a análise, consignou que o PAR é destinado à população de baixa renda, o que comprova caráter eminentemente social do programa, que não representaria risco relevante à livre concorrência, uma vez que os arrendamentos residenciais a ele vinculados abrangem grupo específico de pessoas, com renda familiar não superior aos limites definidos pelo Ministério das Cidades.

Considerou que o PAR não representa exploração de atividade econômica pela CEF, mas sim prestação de serviço público, uma vez que se trata de atividade constitucionalmente atribuída à União cuja operacionalização foi delegada, por lei, a empresa pública federal, visando à consecução de direito fundamental.

Finalizou argumentando que o Fundo de Arrendamento Residencial possui, a toda evidência, típica natureza fiduciária: a União, por meio da integralização de cotas, repassa à Caixa Econômica Federal os recursos necessários à consecução do PAR, que passam a integrar o FAR, cujo patrimônio, contudo, não se confunde com o da empresa pública e está afetado aos fins da Lei 10.188/2001, sendo revertido ao ente federal ao final do programa, motivo pelo qual votou no sentido de conhecer e dar provimento ao recurso, com inversão do ônus sucumbencial.

Propôs, então, a seguinte tese:

> **Tema 884** - fixação da seguinte tese, para efeito de repercussão geral: Os bens e direitos que integram o patrimônio do fundo vinculado ao Programa de Arrendamento Residencial - PAR, criado pela Lei 10.188/01, beneficiam-se da imunidade tributária prevista no art. 150, VI, "a", da Constituição Federal.

2.2. Votos vencidos

O Ministro Marco Aurélio de Mello divergiu do voto condutor. Destacou a importância da matéria, considerando o interesse jurídico de diversos Municípios no Brasil.

Na oportunidade o Ministro acentuou que a diferença entre o fundo e a realidade que surge mediante a aplicação desse fundo, é a realidade retratada em imóveis.

Por isso não poderia cogitar de imunidade quanto à pessoa jurídica de direito privado, que é a Caixa Econômica, que exerce atividade econômica, atuando por meio de remuneração.

Completou que a Caixa fica, inclusive junto ao Registro de Imóveis, como proprietária dos imóveis, propriedade fiduciária, ou seja, propriedade temporária.

Ainda, destacou que a matrícula do imóvel, revela como proprietária não a União, mas a Caixa Econômica, ou seja, pessoa jurídica de direito privado.

Fundamentou, também, que o sistema não fecha, uma vez que a Caixa, proprietária fiduciária, não quer recolher o IPTU, mas celebra um contrato com opção de compra, em que o arrendatário fica obrigado a fazê-lo. Entende que há conflito.

Para o Ministro Marco Aurélio ou não se tem a incidência do IPTU sobre o imóvel – e explica que não se trata de incidência sobre o fundo, não se trata de incidência sobre esse ente inanimado que é o Programa de Arrendamento – ou se tem, pois não se pode falar que a incidência do imposto é subjetiva.

Diante de sua exposição, votou pelo desprovimento do recurso extraordinário.

3. Análise crítica

A análise pormenorizada do Recurso Extraordinário em testilha demonstra a relevância jurídica e social da matéria, onde se fez necessário o exame dos fundamentos legais para execução do PAR – Programa de Arrendamento Residencial e do FAR – Fundo de Arrendamento Residencial, restando claro que houve, pelo acórdão recorrido, ofensa ao art. 150, VI, I, da CF/88 , pois (a) "nos termos da Lei Federal n. 10.188/2001, o FAR – Fundo de Arrendamento Residencial é constituído de patrimônio único e exclusivo da União Federal, sendo somente administrado e operacionalizado pela Caixa, para fins de consecução do programa, sendo indiscutível o caráter público federal do seu patrimônio.

Tais premissas levaram o Plenário do Pretório Excelso a reconhecer a necessidade de aplicação da imunidade recíproca, pois a blindagem deferida pela Constituição somente incide sobre o patrimônio, a renda ou os serviços não afetados à exploração de atividade econômica.

In casu, capitaneando a exposição do Relator, o Programa de Arrendamento Residencial configura prestação de serviço público operacionalizado pela Caixa Econômica Federal sem finalidade lucrativa.

O fundo afetado à consecução do PAR é constituído por recursos da União, a quem reverterá o correspondente resíduo positivo, se for o caso, restando claro "que é composto com recursos da União, voltado à consecução de uma política pública respaldada constitucionalmente, fundamentada constitucionalmente, para acesso à moradia, para dar primazia ao princípio da igualdade e superar as desigualdades sociais, como ressaltou a Ministra Cármem Lúcia ao acompanhar o Relator.

Por tudo isso, conclui-se que o acórdão em estudo foi pautado na previsão constitucional, devidamente fundamentado e baseado em interpretação sistemática, razoável e proporcional da Constituição Federal, configurando a repercussão geral tendo em vista o interesse jurídico de inúmeros entes municipais sobre a matéria.

CAPÍTULO 22
RECURSO EXTRAORDINÁRIO Nº 1.320.054

KETTILLY INGRID DE QUEIROZ

1. Recurso extraordinário nº 1.320.054 – São Paulo[1]

Recorrente: Município de São Paulo
Recorrida: Companhia do Metropolitano de São Paulo – Metrô
Relator: Ministro Presidente
Data de julgamento: 06 de maio de 2021

1.1. Ementa

RECURSO EXTRAORDINÁRIO. REPRESENTATIVO DA CONTROVÉRSIA. TRIBUTÁRIO. EXECUÇÃO FISCAL. COMPANHIA DO METROPOLITANO DE SÃO PAULO – METRÔ. SOCIEDADE DE ECONOMIA MISTA PRESTADORA DE SERVIÇO PÚBLICO ESSENCIAL. IMUNIDADE RECÍPROCA. ARTIGO 150, VI, A, DA CONSTITUIÇÃO FEDERAL. EXTENSÃO. PRECEDENTES. ACÓRDÃO RECORRIDO EM CONSONÂNCIA COM A JURISPRUDÊNCIA DO SUPREMO TRIBUNAL FEDERAL. MULTIPLICIDADE DE

[1] BRASIL. Supremo Tribunal Federal. **Recurso Extraordinário nº** 1.320.054 – São Paulo, Relator(a): Min. PRESIDENTE, Tribunal Pleno, julgado em 06/05/2021, REPERCUSSÃO GERAL – MÉRITO DJe-092 DIVULG 13-05-2021 PUBLIC 14-05-2021. Disponível em: http://portal.stf.jus.br/processos/detalhe.asp?incidente=6146137. Acesso em: 05 de abr. de 2022.

RECURSOS EXTRAORDINÁRIOS. CONTROVÉRSIA CONSTITUCIONAL DOTADA DE REPERCUSSÃO GERAL. REAFIRMAÇÃO DA JURISPRUDÊNCIA DO SUPREMO TRIBUNAL FEDERAL. RECURSO EXTRAORDINÁRIO DESPROVIDO.

(RE 1320054 RG, Relator(a): MINISTRO PRESIDENTE, Tribunal Pleno, julgado em 06/05/2021, PROCESSO ELETRÔNICO REPERCUSSÃO GERAL - MÉRITO DJe-092 DIVULG 13-05-2021 PUBLIC 14-05-2021)

1.2. Tese fixada

As empresas públicas e as sociedades de economia mista delegatárias de serviços públicos essenciais, que não distribuam lucros a acionistas privados nem ofereçam risco ao equilíbrio concorrencial, são beneficiárias da imunidade tributária recíproca prevista no artigo 150, VI, *a*, da Constituição Federal, independentemente de cobrança de tarifa como contraprestação do serviço.

Tema 1140 - Abrangência da imunidade tributária recíproca, prevista no artigo 150, VI, *a*, da Constituição Federal, quando presente a prestação de serviço público essencial por sociedade de economia mista, ainda que mediante cobrança de tarifa dos usuários.

1.3. Especificação do caso e razões da submissão à repercussão geral

O Município de São Paulo interpôs Recurso Extraordinário, com fundamento em dispositivo constitucional, em face de acórdão da lavra do Tribunal de Justiça do Estado de São Paulo que concedeu imunidade tributária recíproca à Companhia do Metropolitano de São Paulo – Metrô, sociedade de economia mista, que explora serviço público de passageiros mediante o pagamento de tarifa.

O acórdão objeto do Recurso Extraordinário assim restou ementado:

APELAÇÃO – Execução Fiscal – IPTU. Exceção de pré-executividade acolhida. Imunidade, nos termos do art. 150, VI, *a*, da CF. Benefício extensível a sociedade de economia mista, prestadora de serviço público. Precedentes do STF e desta Corte. Sentença mantida. Recurso desprovido. (Doc. 11, p. 2)

Sustentou a referida entidade federativa, preliminarmente, a existência de repercussão geral, e, no mérito, violação aos artigos 150, VI, "a", e 173, § 1º e 2º[2], ambos da Constituição Federal.

No que respeita à repercussão geral, o Município de São Paulo aduziu que os créditos tributários em discussão se referiam ao bem-estar do povo paulistano, visto que a sua recuperação tem por objetivo prover as necessidades básicas da sociedade paulista, a exemplo de saúde, educação e transporte, de modo a configurar o interesse público requerido pelo instituto vindicado.

Por sua vez, no tocante ao mérito, a entidade municipal aventou que o artigo 150, VI, da Constituição da República, indica os entes subjetivamente imunes à tributação por impostos, elencando-os em um rol taxativo.

Ademais, segundo as razões do recorrente, a redação do § 2º do artigo 173 da Magna Carta de 1988 veda, de forma clara, a concessão de benefícios fiscais às empresas públicas e sociedades de economia mista,

[2] Art. 150. Sem prejuízo de outras garantias asseguradas ao contribuinte, é vedado à União, aos Estados, ao Distrito Federal e aos Municípios:
[...]
VI – instituir impostos sobre:
a) patrimônio, renda ou serviços, uns dos outros;
[...]

Art. 173. Ressalvados os casos previstos nesta Constituição, a exploração direta de atividade econômica pelo Estado só será permitida quando necessária aos imperativos da segurança nacional ou a relevante interesse coletivo, conforme definidos em lei.
§ 1º A lei estabelecerá o estatuto jurídico da empresa pública, da sociedade de economia mista e de suas subsidiárias que explorem atividade econômica de produção ou comercialização de bens ou de prestação de serviços, dispondo sobre:
I – sua função social e formas de fiscalização pelo Estado e pela sociedade;
II – a sujeição ao regime jurídico próprio das empresas privadas, inclusive quanto aos direitos e obrigações civis, comerciais, trabalhistas e tributários;
III – licitação e contratação de obras, serviços, compras e alienações, observados os princípios da administração pública;
IV – a constituição e o funcionamento dos conselhos de administração e fiscal, com a participação de acionistas minoritários;
V – os mandatos, a avaliação de desempenho e a responsabilidade dos administradores.
§ 2º As empresas públicas e as sociedades de economia mista não poderão gozar de privilégios fiscais não extensivos às do setor privado.

de maneira a rechaçar a aplicação do benefício à Companhia do Metropolitano de São Paulo – Metrô, ora recorrida.

Além disso, elucidou o Município de São Paulo que a recorrida exerce atividade concorrencial, possui lucro anual, não recebe recursos orçamentários para manter suas atividades e cobra tarifa de seus usuários, relevando, assim, a natureza privada das atividades desenvolvidas.

Em contraponto aos argumentos da entidade recorrente, a Companhia do Metropolitano de São Paulo - Metrô, pugnou pelo desprovimento do recurso, sustentando que presta serviço de natureza pública e essencial e de monopólio estatal.

Ressaltou a recorrida que a atividade a qual explora não se destina essencialmente ao aumento do patrimônio estatal e nem de particulares. Outrossim, 97% do capital da empresa pertence ao Estado de São Paulo, inexistindo ambiente concorrencial e refutado o intuito lucrativo.

1.4. Critério de conhecimento da repercussão geral

Diante da controvérsia suscitada e da multiplicidade de recursos extraordinários que detinham similar questão de direito, o Tribunal de Justiça do Estado de São Paulo elegeu o presente Recurso Extraordinário como representativo de controvérsia, e, em sendo o entendimento do Supremo Tribunal Federal, requereu fosse determinada a sua afetação ao regime de recursos repetitivos, com base no artigo 1.037 do Código de Processo Civil[3].

Em exame às razões recursais, a Suprema Corte entendeu que a matéria a ser analisada detinha considerável densidade constitucional para o reconhecimento do instituto da repercussão geral. Além do mais, segundo entendimento do STF, a temática poderia impactar em outros casos, especialmente diante da pluralidade de recursos sobre a questão em debate, aferida a partir de simples consulta à jurisprudência do Tribunal.

[3] Art. 1.037. Selecionados os recursos, o relator, no tribunal superior, constatando a presença do pressuposto do caput do art. 1.036, proferirá decisão de afetação, na qual:
I – identificará com precisão a questão a ser submetida a julgamento;
II – determinará a suspensão do processamento de todos os processos pendentes, individuais ou coletivos, que versem sobre a questão e tramitem no território nacional;
III – poderá requisitar aos presidentes ou aos vice-presidentes dos tribunais de justiça ou dos tribunais regionais federais a remessa de um recurso representativo da controvérsia.

2. Mérito da decisão

Consoante explicitado pelo Ministro Presidente, Luiz Fux, ora Relator do recurso em estudo, a jurisprudência do Supremo Tribunal Federal é firme no sentido de que as empresas públicas e as sociedades de economia mista delegatárias de serviços públicos essenciais são beneficiárias da imunidade tributária recíproca prevista no artigo 150, IV, "a", da Constituição Federal, ainda que haja a cobrança de tarifa como contraprestação do serviço[4].

No que cinge ao litígio em análise, a Suprema Corte citou ainda as decisões monocráticas proferidas no: ARE 1.311.571, Rel. Min. Gilmar Mendes, DJe de 18/3/2021; ARE 1.311.635, Rel. Min. Alexandre de Moraes, DJe de 17/3/2021; ARE 1.308.894, Rel. Min. Edson Fachin, DJe de 1º/3/2021; ARE 1.308.380, Rel. Min. Alexandre de Moraes, DJe de 26/2/2021; ARE 1.292.665, Rel. Min. Ricardo Lewandowski, DJe de 10/11/2020; e ARE 1.091.568, Rel. Min. Cármen Lúcia, DJe de 20/11/2019.

Dessa feita, concluiu o STF que o acórdão recorrido está em consonância com a jurisprudência alicerçada pela Corte, ao aplicar a imunidade recíproca à Companhia do Metropolitano de São Paulo – Metrô.

Assim sendo, para fins de repercussão geral foi acolhida a sugestão do Ministro Roberto Barroso de ajuste pontual na tese fixada, apresentada a seguinte proposta:

> As empresas públicas e as sociedades de economia mista delegatárias de serviços públicos essenciais, que não distribuam lucros a acionistas privados nem ofereçam risco ao equilíbrio concorrencial, são beneficiárias da imunidade tributária recíproca prevista no artigo 150, VI, *a*, da Constituição Federal, independentemente de cobrança de tarifa como contraprestação do serviço.

O Ministro Relator se manifestou pela existência de repercussão geral da questão constitucional discutida e pela reafirmação da jurisprudência da Corte Suprema, fixada a tese acima referenciada, desprovendo

[4] ARE 1.080.256-AgR; RE 905.900-AgR; RE 342.314-AgR-quinto; RE 1.188.668; ARE 1.112.414-AgR; RE 1.152.681-AgR; ARE 816.120-AgR; RE 918.700-AgR; ARE 1.173.440-AgR; ACO 2.149-AgR; ACO 2.304-AgR; RE 1.040.268-AgR; RE 897.104-AgR; RE 1.003.246-AgR; ARE 944.558-AgR; e RE 773.131-AgR.

o Recurso Extraordinário interposto e condenando a parte sucumbente na referida instância recursal ao pagamento de honorários advocatícios majorados ao máximo legal.

Em complemento à fundamentação do Relator, o Ministro Luís Roberto Barroso evidenciou que, via de regra, as empresas públicas e sociedades de economia mista estão submetidas ao regime jurídico de direito privado, nos termos do artigo 173, § 1º, II, da Constituição.

A opção eleita pelo constituinte guarda relação com o fato de que tais entidades são criadas pelo poder público a fim de desempenhar atividades sob regime mais flexível, *v.g.*, contratar empregados pelo regime celetista e, ainda, adquirir bens e serviços utilizando procedimento licitatório simplificado.

Não obstante, o Supremo Tribunal Federal possui entendimento no sentido que determinadas prerrogativas próprias de Fazenda Pública podem ser estendidas a empresas estatais, como, por exemplo, a imunidade recíproca. Para ilustrar o alegado, o Ministro citou a Empresa Brasileira de Correios e Telégrafos – ECT[5]; a Empresa Brasileira de Infraestrutura Aeroportuária – INFRAERO[6]; e as companhias estaduais de saneamento básico[7].

[5] EMENTA: RECURSO EXTRAORDINÁRIO. CONSTITUCIONAL. EMPRESA BRASILEIRA DE CORREIOS E TELÉGRAFOS. IMPENHORABILIDADE DE SEUS BENS, RENDAS E SERVIÇOS. RECEPÇÃO DO ARTIGO 12 DO DECRETO-LEI Nº 509/69. EXECUÇÃO.OBSERVÂNCIA DO REGIME DE PRECATÓRIO. APLICAÇÃO DO ARTIGO 100 DA CONSTITUIÇÃO FEDERAL. 1. À empresa Brasileira de Correios e Telégrafos, pessoa jurídica equiparada à Fazenda Pública, é aplicável o privilégio da impenhorabilidade de seus bens, rendas e serviços. Recepção do artigo 12 do Decreto-lei nº 509/69 e não-incidência da restrição contida no artigo 173, § 1º, da Constituição Federal, que submete a empresa pública, a sociedade de economia mista e outras entidades que explorem atividade econômica ao regime próprio das empresas privadas, inclusive quanto às obrigações trabalhistas e tributárias. 2. Empresa pública que não exerce atividade econômica e presta serviço público da competência da União Federal e por ela mantido. Execução. Observância ao regime de precatório, sob pena de vulneração do disposto no artigo 100 da Constituição Federal. Recurso extraordinário conhecido e provido. (RE 220906, Relator(a): Maurício Corrêa, Tribunal Pleno, julgado em 16/11/2000, DJ 14-11-2002 PP-00015 EMENT VOL-02091-03 PP-00430)

[6] EMENTA Agravo regimental no recurso extraordinário com agravo. Tributário. Imunidade recíproca. INFRAERO. Empresa pública prestadora de serviço público. Imunidade recíproca. Extensão. Data do fato gerador. Necessidade de reexame de fatos e provas. Impossibilidade. Precedentes. 1. O Supremo Tribunal Federal, em sede de repercussão geral, reafirmou seu entendimento jurisprudencial e concluiu pela possibilidade de extensão da imunidade tributária recíproca à Empresa Brasileira de Infraestrutura Aeroportuária INFRAERO, na qua-

lidade de empresa pública prestadora de serviço público. 2. Acórdão recorrido que registrou serem os períodos questionados, anteriores à Lei nº 12.648/2012. Necessidade de reanálise da legislação infraconstitucional e dos fatos e das provas dos autos. Incidência da Súmula nº 279/STF. 3. Agravo regimental não provido. Determino a majoração da verba honorária em valor equivalente a 10% (dez por cento) do total daquela já fixada (art. 85, §§ 2º, 3º e 11, do CPC), observada a eventual concessão do benefício da gratuidade da justiça. (ARE 987398 AgR, Relator(a): Dias Toffoli, Segunda Turma, julgado em 28/10/2016, PROCESSO ELETRÔNICO DJe-246 DIVULG 18-11-2016 PUBLIC 21-11-2016)

[7] EMENTA Agravo regimental em ação cível originária. Julgamento monocrático. Alegado error in procedendo e violação da ampla defesa. Não ocorrência. Previsão regimental. Imunidade tributária recíproca. Artigo 150, inciso VI, alínea a, da Constituição Federal. Sociedade de economia mista. Companhia Catarinense de águas e Saneamento (CASAN). Não preenchimento dos parâmetros traçados por esta Corte para a extensão da imunidade tributária recíproca. Precedente. Agravo não provido. 1. Não há error in procedendo ou violação da ampla defesa por alegada afronta ao Regimento Interno do STF, em seus arts. 250 (que prevê julgamento colegiado para as ações cíveis originárias) e 251 (que dispõe sobre a concessão de palavra às partes e ao PGR na sessão de julgamento), uma vez que esta Corte admite a possibilidade de o relator decidir, monocraticamente, pretensão sobre a qual a jurisprudência da Corte já tenha se posicionado, nos termos do art. 21, § 1º, do RISTF. Precedentes. 2. A Corte já firmou o entendimento de que é possível a extensão da imunidade tributária recíproca às sociedades de economia mista prestadoras de serviço público, observados os seguintes parâmetros: a) a imunidade tributária recíproca se aplica apenas à propriedade, bens e serviços utilizados na satisfação dos objetivos institucionais imanentes do ente federado; b) atividades de exploração econômica, destinadas primordialmente a aumentar o patrimônio do Estado ou de particulares, devem ser submetidas à tributação, por apresentarem-se como manifestações de riqueza e deixarem a salvo a autonomia política; e c) a desoneração não deve ter como efeito colateral relevante a quebra dos princípios da livre concorrência e do livre exercício de atividade profissional ou econômica lícita. Precedentes: RE nº 253.472/SP, Tribunal Pleno, Relator para o acórdão o Ministro Joaquim Barbosa, DJe de 1º/2/11 e e ACO 2243/DF, decisão monocrática, Relator Min. Dias Toffoli, DJe de 25/10/13. 3. A Companhia Catarinense de Águas e Saneamento (CASAN) é sociedade de economia mista prestadora de serviço público de abastecimento de água e tratamento de esgoto. Não obstante, a análise do estatuto social, da composição e do controle acionário da companhia revelam o não preenchimento dos parâmetros traçados por esta Corte para a extensão da imunidade tributária recíproca no RE nº 253.472/SP (Tribunal Pleno, Relator para o acórdão o Ministro Joaquim Barbosa, DJe de 1º/2/11) . 4. A pretendida desoneração tributária pela CASAN – que, a despeito de prestar serviço público, desempenha atividade econômica com persecução e distribuição de lucro – beneficiaria os agentes econômicos privados que participam de seu capital social, gerando risco de quebra do equilíbrio concorrencial e da livre iniciativa, o que não se pode admitir, sob pena de desvirtuamento da finalidade da imunização constitucional. 5. Agravo regimental não provido. (ACO 1460 AgR, Relator(a): Dias Toffoli, Tribunal Pleno, julgado em 07/10/2015, DJe-249 DIVULG 10-12-2015 PUBLIC 11-12-2015)

Sustentou o Ministro Barroso que prevalece na Suprema Corte a orientação de que são exigidos três requisitos para a extensão de prerrogativas da Fazenda Pública a sociedades de economia mista e empresas públicas: (i) a prestação de um serviço público; (ii) sem intuito lucrativo (ou seja, sem distribuição de lucros a acionistas privados); e (iii) em regime de exclusividade (leia-se, sem concorrência com outras pessoas jurídicas de direito privado).

3. Análise crítica

De início, no que respeita à repercussão geral, verifica-se que a matéria discutida no âmbito do RE nº 1.320.054/SP se reveste de significativa relevância, uma vez que a imunidade recíproca afasta a incidência de tributação, afetando, por conseguinte, a receita do ente tributante; ressaltados, dessa maneira, aspectos econômicos, políticos, sociais e jurídicos, os quais superam a esfera subjetiva das partes envolvidas.

Assim sendo, tem-se como preenchidos os requisitos reclamados pela Constituição (artigo 102, §3º[8]) e pelo Código de Processo Civil (artigo 1.035, §1º a §3º[9]) no que respeita àquele instituto.

[8] Art. 102. Compete ao Supremo Tribunal Federal, precipuamente, a guarda da Constituição, cabendo-lhe:

[...]

§ 3º No recurso extraordinário o recorrente deverá demonstrar a repercussão geral das questões constitucionais discutidas no caso, nos termos da lei, a fim de que o Tribunal examine a admissão do recurso, somente podendo recusá-lo pela manifestação de dois terços de seus membros.

[9] Art. 1.035. O Supremo Tribunal Federal, em decisão irrecorrível, não conhecerá do recurso extraordinário quando a questão constitucional nele versada não tiver repercussão geral, nos termos deste artigo.

§ 1º Para efeito de repercussão geral, será considerada a existência ou não de questões relevantes do ponto de vista econômico, político, social ou jurídico que ultrapassem os interesses subjetivos do processo.

§ 2º O recorrente deverá demonstrar a existência de repercussão geral para apreciação exclusiva pelo Supremo Tribunal Federal.

§ 3º Haverá repercussão geral sempre que o recurso impugnar acórdão que:

I – contrarie súmula ou jurisprudência dominante do Supremo Tribunal Federal;

II – (Revogado);

III – tenha reconhecido a inconstitucionalidade de tratado ou de lei federal, nos termos do art. 97 da Constituição Federal.

Quanto ao mérito, infere-se que a *ratio decidendi* da Suprema Corte encontra amparo na consolidada jurisprudência do Tribunal, a qual se inclina no sentido de que tanto as empresas públicas como as sociedades de economia mista delegatárias de serviços públicos considerados essenciais são beneficiárias da imunidade recíproca prevista no artigo 150, IV, *a*, da Constituição da República, sendo irrelevante para a concessão a cobrança de tarifa como contraprestação do serviço.

Em outras oportunidades, o Supremo Tribunal Federal firmou entendimento de que a exigência de contraprestação pelos serviços públicos prestados, mediante o pagamento de tarifas, não constitui óbice à incidência da imunidade recíproca sobre determinada sociedade de economia mista[10].

Não se pode olvidar que, a despeito de a Companhia do Metropolitano de São Paulo – Metrô possuir personalidade jurídica de direito privado, é sabido que a empresa utiliza seus bens para a satisfação das atividades voltadas ao transporte público metroviário, ferroviário e sobre pneus, na região paulista, ou seja, é tida como uma instrumentalidade estatal.

O serviço público prestado pela referida empresa constitui-se em monopólio estatal, a teor do que dispõe do artigo 158 da Constituição

[10] DIREITO TRIBUTÁRIO. AGRAVO INTERNO EM RECURSO EXTRAORDINÁRIO. SUPOSTA VIOLAÇÃO AO PRINCÍPIO DA COLEGIALIDADE. INEXISTÊNCIA. POSSIBILIDADE DE O RELATOR DECIDIR MONOCRATICAMENTE CONTROVÉRSIA JURÍDICA. SOCIEDADE DE ECONOMIA MISTA. IMUNIDADE TRIBUTÁRIA RECÍPROCA. APLICABILIDADE. COBRANÇA DE TARIFAS COMO CONTRAPRESTAÇÃO. FATO IRRELEVANTE QUE NÃO DESCARACTERIZA A IMUNIDADE. 1. O art. 557, caput, do Código de Processo Civil de 1973 permitia ao Relator negar seguimento ao recurso manifestamente inadmissível, improcedente, prejudicado ou em confronto com a súmula ou com jurisprudência dominante do respectivo tribunal, do Supremo Tribunal Federal ou de Tribunal Superior. 2. As empresas públicas e sociedades de economia mista delegatárias de serviços públicos de prestação obrigatória e exclusiva do Estado são beneficiárias da imunidade tributária recíproca prevista no art. 150, VI, a, da Constituição Federal. 3. A exigência de contraprestação pelos serviços públicos prestados, mediante o pagamento de tarifas, não constitui óbice à incidência da imunidade recíproca sobre determinada sociedade de economia mista. 4. Nos termos do art. 85, §11, do CPC/2015, fica majorado em 25% o valor da verba honorária fixada anteriormente, observados os limites legais do art. 85, §§ 2º e 3º, do CPC/2015. 5. Agravo interno a que se nega provimento. (RE 897104 AgR, Relator(a): ROBERTO BARROSO, Primeira Turma, julgado em 27/10/2017, ACÓRDÃO ELETRÔNICO DJe-283 DIVULG 07-12-2017 PUBLIC 11-12-2017)

do Estado de São Paulo, o qual informa que, em região metropolitana ou aglomeração urbana, o planejamento do transporte coletivo de caráter regional será efetuado pelo Estado, em parceria com os municípios que integram as respectivas entidades regionais, rechaçando-se a possibilidade de a atividade exercida pela recorrida ser desempenhada mediante regime concorrencial.

À vista disso, conclui-se que o acórdão em estudo foi pautado na previsão constitucional e em jurisprudência consolidada no Supremo Tribunal Federal, portanto, encontra-se devidamente fundamentado e baseado em lógica jurídica razoável e proporcional, não se vislumbrando nenhuma violação ou dissonância com a Carta Magna.

CAPÍTULO 23
RECURSO EXTRAÓRDINÁRIO nº 598.468

Ricardo Magaldi Messetti

1. Recurso extraórdinário nº 598.468[1] – Santa Catarina

Relator: Ministro Marco Aurélio
Redator do Acórdão: Ministro Edson Fachin
Voto vencedor: Ministro Edson Fachin
Data de julgamento: 22 de maio de 2020.

1.1. Ementa

RECURSO EXTRAORDINÁRIO COM REPERCUSSÃO GERAL. DIREITO TRIBUTÁRIO E CONSTITUCIONAL. IMUNIDADE INCIDENTE SOBRE RECEITAS DA EXPORTAÇÃO. EMPRESAS OPTANTES DO SIMPLES. APLICABILIDADE. RECURSO PROVIDO. 1. As imunidades ao poder de tributar devem ser interpretadas de acordo com sua finalidade, por isso o conteúdo do disposto no art. 149, § 2º, I, da CRFB autoriza reconhecer capacidade tributária ativa apenas sobre a "receita", afastando a sua incidência em relação à folha de salários, ao lucro e às movimentações financeiras das empresas

[1] BRASIL. Supremo Tribunal Federal. *Recurso Extraordinário nº 598.468/SC*, Relator(a): Min. Marco Aurélio. Disponível em: https://portal.stf.jus.br/processos/detalhe.asp?incidente=2668791. Acesso em: 11 de jan de 2022.

exportadoras. Não se deve estender a imunização das receitas à pessoa jurídica exportadora. Precedentes. 2. O sistema integrado de pagamento de impostos e contribuições das microempresas e empresas de pequeno porte (SIMPLES) atende à exigência de simplificação da cobrança de tributos, o que não implica atribuir à União capacidade para dispor sobre as situações jurídicas imunizadas, pois, embora tenha o legislador o dever de simplificar a cobrança, não detém competência para dispor sobre as imunidades. 3. A opção por um regime simplificado de cobrança não pode dar ensejo ao exercício de uma competência de que os entes políticos jamais dispuseram. 4. Recurso extraordinário a que se dá provimento, para, reformando o acórdão recorrido, conceder parcialmente a segurança pleiteada E reconhecer o direito à imunidade constitucional prevista no artigo 149, § 2º, e 153, § 3º, III, sobre as receitas decorrentes de exportação e sobre a receita oriunda de operações que destinem ao exterior produtos industrializados. 5. Tese fixada: As imunidades previstas nos artigos 149, § 2º, I, e 153, § 3º, III, da Constituição Federal são aplicáveis às receitas das empresas optantes pelo Simples Nacional.

1.2. Tese fixada

As imunidades previstas nos artigos 149, § 2º, I, e 153, § 3º, III, da Constituição Federal são aplicáveis às empresas optantes pelo Simples Nacional.

Tema 207 – Reconhecimento a contribuinte optante pelo SIMPLES das imunidades tributárias previstas nos artigos 149, § 2º, I e 153, § 3º, III, da Constituição Federal.

1.3. Especificação do caso e razões da submissão à repercussão geral

A sociedade empresária Brasília Pisos de Madeira LTDA. buscava com o recurso ver reconhecida a tese de que as sociedades empresárias optantes pelo Sistema Integrado de Pagamento de Impostos e Contribuições das Microempresas e das Empresas de Pequeno Porte – Simples, fazem jus às imunidades previstas nos artigos 149, § 2º, inciso I, e 153, § 3º, inciso III, da Constituição Federal.

Destacou que as imunidades constituem vedações absolutas ao poder de tributar, não devendo ser limitadas pelo legislador infraconstitucional ou pelas autoridades tributárias. Aduziu que, a partir da vigência da Emenda Constitucional nº 33/2001, as receitas decorrentes de exportação deixaram de integrar a base de cálculo das contribuições sociais. Asseverou, ainda, ser incabível, nas imunidades ditas objetivas, estabelecer condicionantes fáticas para o implemento do benefício, sendo que a tese adotada pelo Tribunal Regional da 4ª Região restringiu a imunidade às empresas de médio e grande porte.

Sob o ângulo da repercussão geral, afirmou estar em discussão matéria de interesse de milhares de empresas exportadoras. Sustentando que, ante a tributação inconstitucional do resultado das exportações, muitas empresas deixarão de exportar, causando a redução da oferta de empregos. Arguiu revelar-se configurada a repercussão econômica, social e jurídica do tema.

A União, por intermédio da Procuradoria Geral da Fazenda, sustentou, em contrarrazões recursais, em apertado escorço que não sendo o ingresso no regime simplificado uma imposição da Administração, mas mera e tão somente uma escolha da empresa optante, todas as vantagens, e também as restrições do sistema devem ser seguidas pelo contribuinte. Afirmou que seria desarrazoado entender inconstitucionais as restrições impostas pela Lei 9.317/1996, pois o regime unificado de recolhimento por ela previsto é incompatível com o disposto nos arts. 149, § 2º, inciso I, e 153, § 3º, inciso III, da Constituição Federal. Aduziu, por fim, que a Lei 9.317/1996 atenderia com precisão aos princípios trazidos pelo art. 179 da Carta Magna, ao simplificar o tratamento tributário dispensado às microempresas e empresas de pequeno porte pela redução dos encargos fiscais.

Em parecer, a Procuradoria Geral da República opinou pelo desprovimento do recurso extraordinário, ao fundamento de que a inscrição no regime simplificado não é obrigatória, cabendo ao contribuinte optar pelo regime que melhor atende às suas necessidades. Porém, uma vez efetuada a escolha pela adesão ao regime, com a consequente redução da carga tributária e simplificação das obrigações fiscais, o contribuinte renuncia a certas garantias constitucionais, não podendo se beneficiar de regime híbrido. A opção pelo regime unificado seria, então, incompatível com a imunidade prevista nos arts. 149, § 2º, I e 153, § 3º, III, da Constituição Federal.

1.4. Critério de conhecimento da repercussão geral

O Ministro Marco Aurélio, Relator do Recurso Extraordinário, opinou pelo reconhecimento da repercussão geral do caso, sendo que o Plenário Virtual do STF, por sua maioria, ausentes a Ministra Ellen Gracie e o Ministro Cezar Peluso, reconheceu a repercussão geral.

Destacou o Ministro Marco Aurélio em seu posicionamento que a decisão do Tribunal Regional Federal da 4ª Região implicou o afastamento de benefício constitucional, o afastamento da imunidade presente a circunstância de a contribuinte favorecer-se, sob certo ângulo, do Sistema Integrado de Pagamento de Impostos e Contribuições das Microempresas e das Empresas de Pequeno Porte – Simples, disciplinado mediante legislação ordinária. O conflito de interesses extravasa, em termos de adoção de entendimento, em termos de definição das regras envolvidas na espécie, os limites subjetivos do processo. Quando está em jogo tema constitucional, como no caso, há de se contar com a manifestação do guarda maior da Carta da República – o Supremo –, pacificando-se a matéria de uma vez por todas.

2. Mérito da decisão

O Recurso Extraordinário nº 598.468/SC foi julgado em sessão plenária virtual de 15 a 21 de maio de 2020, presidida pelo Ministro Dias Toffoli, por maioria de votos, dando parcial provimento ao recurso extraordinário, para, reformando o acórdão recorrido, conceder parcialmente a segurança pleiteada para reconhecer o direito à imunidade constitucional prevista nos artigos 149, § 2º, e 153, § 3º, III, sobre as receitas decorrentes de exportação e sobre a receita oriunda de operações que destinem ao exterior produtos industrializados, nos termos do voto do Ministro Edson Fachin, Redator para o acórdão, vencidos os Ministros Marco Aurélio (Relator), Ricardo Lewandowski, Roberto Barroso, e os Ministros Cármen Lúcia e Celso de Mello.

Em seguida, entendeu por bem o plenário do STF fixar a seguinte tese: "As imunidades previstas nos artigos 149, § 2º, I, e 153, § 3º, III, da Constituição Federal são aplicáveis às empresas optantes pelo Simples Nacional".

2.1. Voto condutor

Inicialmente, há de se destacar que a *ratio decidendi* do voto do Ministro Edson Fachin, redator para o acordo, é a mesma da do Ministro Marco Aurélio, Relator do RE. Todavia, o Ministro Edson Fachin, não obstante tenha acompanhado substancialmente o Ministro Marco Aurélio, seu posicionamento foi em menor extensão, negando a incidência da imunidade sobre a CSLL.

O Ministro Edson Fachin iniciou seu voto destacando que que o art. 149, § 2º, I, da CRFB já foi objeto de interpretação pela Suprema Corte. No RE 564.413, Rel. Ministro Marco Aurélio, Pleno, DJe 03.11.2010, o Tribunal assentou que "a imunidade prevista no inciso I do § 2º do artigo 149 da Carta Federal não alcança o lucro das empresas exportadoras". Consequentemente, "incide no lucro das empresas exportadoras a Contribuição Social sobre o Lucro Líquido". No cerne da argumentação acolhida pelo Plenário do Supremo Tribunal Federal, reside a necessidade de interpretação teleológica das imunidades.

Entende o Ministro Fachin que a imunidade ostenta natureza objetiva, ela não poderia ser interpretada de modo a comportar uma diferenciação que, por opção político-legislativa constitucional, o legislador não fez. Assim, o conteúdo do disposto no art. 149, § 2º, I, da CRFB não deve ser interpretado de forma a reconhecer capacidade tributária ativa não exercitável sobre outros aspectos que não a "receita", como seria o caso da Contribuição Social sobre o Lucro Líquido – CSLL e as contribuições sobre a folha de salários e os demais rendimentos do trabalho.

Feita esta distinção pelo Ministro Edson Fachin de seu posicionamento ao do Relator, Ministro Marco Aurélio, ressaltou o Ministro Fachin que as imunidades constituem uma limitação ao exercício da competência tributária, visto que as normas negativas (imunidades) se combinam com as normas concessivas para moldar a competência tributária. Não constituem, pois, propriamente, normas limitadoras, mas definidoras dos lindes da competência. Isso porque as normas concessivas e proibitivas são de mesmo nível e incidem simultaneamente.

No entendimento do Ministro, a instituição de tributo de forma contrária à regra de imunização traduz-se em invalidade da norma de incidência, porquanto o ente instituidor não detinha competência para formalizar a exação. Noutras palavras, são inválidas as normas tributárias que realizam a exação de hipóteses imunes. Os entes políticos que detêm a competência tributária não podem, portanto, exercer competência tributária face às hipóteses de imunidade.

Salienta, ainda, que o Simples é, nos termos em que originalmente previsto pelo art. 3º, *caput*, da Lei 9.317/96, o "sistema integrado de pagamento de impostos e contribuições das microempresas e empresas de pequeno porte". Trata-se, dessa forma, de norma que concretiza um regime especial ou simplificado de recolhimento de tributos, conforme exigência constante do art. 146, III, "d", da CRFB.

A rigor, não se trata, portanto, de novo tributo, mas da simplificação de sua cobrança. Tal simplificação não poderia, por evidente, dispor sobre a incidência de tributos sobre as situações jurídicas imunizadas, pois, embora tenha o legislador o dever de simplificar a cobrança, não detém competência para sobre elas dispor.

Ressalta, outrossim, que poder-se-ia até admitir que a opção pelo SIMPLES pudesse implicar eventuais desvantagens, mas tais desvantagens jamais poderiam conduzir à interpretação de reconhecer uma competência ativa quando a Constituição a exclui. As hipóteses de imunidade devem, portanto, incidir sobre as microempresas e as empresas de pequeno porte optantes do sistema integrado de pagamento de impostos e contribuições das microempresas e empresas de pequeno porte.

O Ministro trouxe à baila em seu voto a resolução do Comitê Gestor do Simples Nacional, órgão criado pelo art. 2º da Lei Complementar n. 123, de 14 de dezembro de 2006, Resolução CGSN n. 94, de 29 de novembro de 2011[2].

Finaliza o Ministro afirmando que a opção feita pela contribuinte não poderia dar ensejo ao exercício de uma competência de que os entes políticos jamais dispuseram. Destarte, entendeu por bem em dar parcial provimento ao recurso extraordinário, para, reformando o acórdão recorrido, conceder parcialmente a segurança pleiteada para reconhecer o direito à imunidade constitucional prevista no artigo 149, § 2º, e 153, § 3º, III, da CRFB sobre as receitas decorrentes de exportação e sobre a receita oriunda de operações que destinem ao exterior produtos industrializados.

[2] "Art. 30. Na apuração dos valores devidos no Simples Nacional, a imunidade constitucional sobre alguns tributos não afeta a incidência quanto aos demais, caso em que a alíquota aplicável corresponderá ao somatório dos percentuais dos tributos não alcançados pela imunidade. (Lei Complementar n. 123, de 2006, art. 2º, inciso I e § 6º)"

O Ministro Luiz Fux apresentou voto escrito acompanhando o Ministro Edson Fachin, merecendo especial destaque em seu voto a arguição de que a adesão ao SIMPLES não significa o completo afastamento das disposições constitucionais que limitam o poder de tributar, tanto que a própria Constituição assegura o caráter opcional do regime, em atendimento ao Princípio da Capacidade Contributiva. Especificamente em relação às imunidades constitucionais, porém, observa-se que o mero exame do argumento relativo à praticidade na tributação não é suficiente para afastar a sua aplicação.

Para o Ministro Luiz Fux, seja qual for a posição que se adote em relação à natureza jurídica da imunidade, a doutrina é unívoca em reconhecer que ela atua no plano da competência. É dizer, a norma imunizante compõe o plexo normativo que determina o desenho constitucional da competência tributária, assim como as normas dos arts. 153 a 156 da Constituição Federal.

Logo, o resultado do desrespeito à norma imunizante pelo legislador infraconstitucional é a produção de uma norma juridicamente inválida, eis que elaborada em desacordo com as regras constitucionais de competência nas quais encontra seu fundamento de validade.

O Ministro Gilmar Mendes também apresentou voto escrito acompanhando o Ministro Edson Fachin, destacando que aderindo ao regime tributário simplificado instituído pela LC 123, as microempresas e empresas de pequeno porte fazem uma análise da viabilidade econômico-financeira de sua adesão ao modelo, todavia o fato gerador de cada tributo continua sendo associado às suas legislações (marco jurídico), a despeito de a operacionalização, para fins de simplificação, ocorrer sobre uma base de cálculo escolhida (receita bruta ou faturamento sobre determinadas atividades).

Entretanto, os fatos geradores dos tributos ali englobados continuam sendo regidos por cada espécie tributário-constitucional-legal, de sorte que, não havendo a previsão legal de hipótese de incidência sobre determinada situação fenomênica, inexiste possibilidade de pagamento desse tributo por estar simplesmente inserido na forma de pagamento simplificado, instituído pelo Simples.

Diante desse cenário, o Poder exacional não pode ultrapassar o comando constitucional, que é objetivo (independe da escolha da tributação, por ser regra imunizante da própria atuação estatal, como etapa prévia da autorização legislativa de instituição do tributo), calhando saber sua delimitação normativa.

2.2. Votos vencidos

O Ministro Marco Aurélio, Relator do RE em questão, adotou as mesmas razões de decidir do Ministro Edson Fachin, somente com uma extensão maior, englobando também nas imunidades em questão a CSLL e as contribuições sociais sobre folha de salários. Destaca-se no voto do Ministro Marco Aurélio seu posicionamento de que o tratamento mais favorável exige reconhecimento prévio de obrigação tributária. Uma vez inexistente essa última, ante imunidade, surge impróprio, contrariada a finalidade das normas dos citados artigos 149 e 153, cogitar do elemento básico para observância da disciplina do Simples, ou seja, haver empresa devedora dos impostos.

Voto em posicionamento diametralmente oposto apresentou o Ministro Luís Roberto Barroso. Para o Ministro Barroso, a constitucionalidade da não aplicação dos art. 149, § 2º, e art. 153, § 3º, III, da Constituição, às empresas optantes do SIMPLES, instituído pela Lei nº 9.317/1996, recai sobre três fundamentos: (i) a adesão ao regime simplificado é opcional, portanto, permite ao contribuinte escolher a situação que julgar mais benéfica; (ii) os arts. 170, IX, e 179 determinam tratamento diferenciado e favorecido às microempresas e empresas de pequeno porte, permitindo ao legislador infraconstitucional criar regime em que esses contribuintes sejam privilegiados com base na praticabilidade; (iii) há precedentes desta Corte definindo que o legislador, a fim de promover o tratamento diferenciado e mais benéfico às micro e pequenas empresas, pode excepcionar determinados mandamentos constitucionais.

Para o Ministro Barroso a Lei nº 9.317/1996 criou regime tributário opcional e diferenciado para microempresas e empresas de pequeno porte. O fato de a adesão e de sua posterior desistência serem opção do contribuinte abre espaço para as empresas que julgarem ser mais vantajosa a manutenção da carga tributária original não aderirem ao regime ou, ainda, pedirem sua exclusão após o fim do ano calendário. Salienta que o regime simplificado da Lei nº 9.317/1996 foi criado com fundamento nos arts. 170, IX, e 179, da Constituição Federal, que incluem a proteção das microempresas e das empresas de pequeno porte, por meio de tratamento diferenciado e simplificado, dentro dos princípios da ordem econômica.

Entende o Ministro, outrossim, que com a instituição do SIMPLES pela Lei nº 9.317/1996, houve uma ponderação na aplicação de normas constitucionais, deixando de aplicar aquelas que, naquele momento, ameaçariam toda a estrutura do sistema simplificado, e privilegiando outras que incentivam as micro e pequenas empresas. Em outras palavras, aplicar as imunidades dos arts. 149, § 2º e 153, § 3º, III, da Constituição, significaria analisar operação por operação para concluir se as receitas envolvidas e os produtos industrializados estariam relacionados à exportação, para, então, exclui-los da incidência dos respectivos tributos.

Desta forma, o Ministro Barroso nega provimento ao recurso extraordinário, sugerindo a fixação da seguinte tese de repercussão geral: "é constitucional a exceção criada pela Lei nº 9.317/1996, em relação às imunidades dos arts. 149, § 2º e 153, § 3º, III, da Constituição às empresas optantes do SIMPLES."

Há de se destacar, por fim, que a Ministra Cármen Lúcia e o Ministro Celso de Mello foram considerados vencidos nos termos do art. 2º, § 3º, da Resolução nº 642, de 14 de junho de 2019, que dispõe que o ministro que não se pronunciar na sessão virtual no prazo de 05 (cinco) dias terá o voto computado como de acompanhamento ao posicionamento do Relator.

3. Análise crítica

Inicialmente, cumpre destacar que o reconhecimento da repercussão geral é de suma importância na espécie, pois, pelos próprios votos apresentados pelos Ministros no julgamento, observa-se que não havia um posicionamento pacificado sobe a matéria, tanto que em muitos casos se afastava as imunidades previstas nos artigos 149, §2º e 153, §3º, III, da CF às empresas optantes pelo SIMPLES, por entender que estas estariam a ter dois privilégios, o que não estaria em conformidade com a Carta da República.

Como a matéria por ora discutida é efetivamente relevante para a sociedade e por diversas vezes discutidas no âmbito judicial, o reconhecimento da repercussão geral, e o consequente julgamento definitivo do feito, ratificou o entendimento da Suprema Corte atribuindo eficácia *erga omnes* à decisão, permitindo maior segurança jurídica à população.

Ao fixar a tese de que "As imunidades previstas nos artigos 149, § 2º, I, e 153, § 3º, III, da Constituição Federal são aplicáveis às empresas optantes pelo Simples Nacional", o STF coloca uma "pá de cal" no assunto, trazendo a segurança jurídica necessária àquelas empresas que estão enquadradas no SIMPLES e praticam a atividade de exportação.

No tocante ao mérito do recurso, é importante salientar o reconhecimento pela Corte Suprema de que a opção pelo Sistema Integrado de Pagamento de Impostos e Contribuições das Microempresas e das Empresas de Pequeno Porte - Simples - não afasta as normas imunizantes da exação tributária, visto que, como é cediço, a imunidade é norma negativa de competência, ou seja, as imunidades são verdadeiras limitações ao poder de tributar. Porque restringem a competência tributária dos entes federados. São vedações constitucionais dirigidas ao legislador, que fica impedido de prever como hipótese de incidência determinada situação.

Gilmar Mendes e Paulo Gonet Branco (2016) com precisão conceituam:

> Tradicionalmente, as imunidades têm sido compreendidas, ao lado dos princípios, como espécies de 'limitações ao poder de tributar', na clássica terminologia de Aliomar Baleeiro. A diferença é que, enquanto estes disciplinam a forma de exercício da competência tributária, aquelas estabelecem hipóteses em que a competência não pode ser exercida de forma alguma. As imunidades estabeleceriam verdadeiros limites ou proibições ao exercício do poder de tributar. Em certo sentido, é possível reconhecer nelas meios de demarcar a competência tributária, isto é, diretrizes que compõem o próprio limite daquilo que é demarcado. A competência já nasce delimitada.[3]

Não paira dúvida que nas hipóteses de imunidade o legislador constitucional limitou a atuação estatal, não possibilitando que o legislador ordinário atue sobre específica hipótese de incidência. Destarte, o que caracteriza a imunidade é o fato de a Constituição, diretamente, excluir

[3] Mendes, Gilmar Ferreira; Branco, Paulo. *Curso de Direito Constitucional. 11 ed.* Saraiva: São Paulo, 2016, p. 1453/1456.

parcela da competência das pessoas políticas que, fosse a regra imunizante, estariam aptas a instituir tributo sobre aquele ao ou fato.

Desta feita, a opção pelo contribuinte de adesão ao SIMPLES não significa o completo afastamento das disposições constitucionais que limitam o poder de tributar. Em relação às imunidades constitucionais, observa-se que o mero exame do argumento relativo à praticidade na tributação não é suficiente para afastar a sua aplicação.

Isso porque, seja qual for a posição que se adote em relação à natureza jurídica da imunidade, a doutrina é unívoca em reconhecer que ela atua no plano da competência. É dizer, a norma imunizante compõe o plexo normativo que determina o desenho constitucional da competência tributária. Logo, o resultado do desrespeito à norma imunizante pelo legislador infraconstitucional é a produção de uma norma juridicamente inválida, eis que elaborada em desacordo com as regras constitucionais de competência nas quais encontra seu fundamento de validade.

Assim, correto o posicionamento adotado pelo STF em não afastar a imunidade dos artigos 149, § 2º e 153, § 3º, III, da CF às empresas optantes pelo SIMPLES. Todavia, correto também foi o posicionamento de não estender mencionada imunidade à CSLL e às contribuições sobre folha de salários, uma vez que tais hipóteses de incidência não estão abarcadas pelas normas imunizantes em questão.

CAPÍTULO 24
RECURSO EXTRAORDINÁRIO Nº 566.622

Henrique Paiva de Araujo

1. Recurso extraordinário nº 566.622 – Rio Grande do Sul[1]

Recorrente: SOCIEDADE BENEFICENTE DE PAROBÉ
Recorrido: UNIÃO
Relator: Ministro Marco Aurélio
Voto vencedor: Ministro Marco Aurélio
Data de julgamento: 23 de fevereiro de 2017.

1.1. Ementa

IMUNIDADE – DISCIPLINA – LEI COMPLEMENTAR. Ante a Constituição Federal, que a todos indistintamente submete, a regência de imunidade faz-se mediante lei complementar.

1.2. Tese fixada

A lei complementar é forma exigível para a definição do modo beneficente de atuação das entidades de assistência social contempladas pelo

[1] BRASIL. Supremo Tribunal Federal. *Recurso Extraordinário nº 566622 / RS*, Relator: Min. Marco Aurélio, Tribunal Pleno, julgado em 23/02/2017, DJe-186 DIVULG 22-08-2017 PUBLIC 23-08-2017. Disponível em: https://redir.stf.jus.br/paginadorpub/paginador.jsp?docTP=TP&docID=13413211>. Acesso em: 28 de dez. de 2021.

art. 195, § 7º, da CF, especialmente no que se refere à instituição de contrapartidas a serem por elas observadas.

Tema 32 – Reserva de lei complementar para instituir requisitos à concessão de imunidade tributária às entidades beneficentes de assistência social.

1.3. Especificação do caso e razões da submissão à repercussão geral

A Sociedade Beneficente Parobé ingressou com ação ordinária anulatória de débitos fiscais com objetivo de afastar a cobrança de contribuições sociais com fundamento que seria titular da imunidade tributária constante do art. 195, § 7º da CF/88, uma vez que cumpria os requisitos do art. 14 do CTN e dado que o art. artigo 55 da Lei nº 8.212, de 24 de julho de 1991, que veiculava condições adicionais, era, a seu ver, inconstitucional.

A sentença acolheu o pedido, reconhecendo a inconstitucionalidade incidental do referido dispositivo, com fundamento que este invadira matéria reservada constitucionalmente à lei complementar.

Interposto recurso de apelação pela União, o Tribunal Regional Federal da 4ª Região reformou a sentença, dado que a instituição não cumprira os requisitos dos art. 55 da Lei n. 8.212/91. Assentou a Corte o entendimento que o artigo 195, § 7º, da Constituição Federal, ao remeter à lei a disciplina sobre as exigências para a concessão da imunidade às entidades beneficentes de assistência social, assim o fez de forma genérica, sem referir-se a lei complementar, motivo pelo qual, tendo em vista a necessidade de disposição expressa para reserva de lei complementar, poderia ser regulado por lei ordinária.

Inconformada, a instituição interpôs recurso extraordinário sustentando a inconstitucionalidade do art. 55 da Lei n. 8.212/91, visto que violaria os artigos 146, II e 195, § 7º, da Constituição Federal.

Em contrarrazões, a Fazenda Nacional sustentou que o CTN não é instrumento hábil, e sim a Lei n. 8.212/91, para definir os requisitos da imunidade prevista no art. 195, § 7º, da CF/88.

O Ministério Público manifestou pelo provimento do recurso, com a declaração formal de inconstitucionalidade do artigo 55 da Lei nº 8.212, de 1991, por inobservância da reserva e lei complementar prevista no art. 146, II da Constituição Federal.

Foram admitidos como *amicus curiae* a Confederação Nacional dos Estabelecimentos de Ensino – CONFENEN e o Conselho Federal da Ordem dos Advogados do Brasil.

1.4. Critério de conhecimento da repercussão geral

Observada a existência de diversos processos semelhante, que superavam o interesse subjetivo, e da relevância da matéria, o Ministro Relator Marco Aurélio, em 18 de janeiro 2008, atribuiu repercussão geral para que a decisão ganhasse efeitos vinculativos.

Observou o Relator que a matéria possui relevância, dado o campo social de atuação das entidades beneficentes.

> REPERCUSSÃO GERAL – ENTIDADE BENEFICENTE DE ASSISTÊCIA SOCIAL – IMUNIDADE – CONTRIBUIÇÕES SOCIAIS – ARTIGO 195, § 7º, DA CONSTITUIÇÃO FEDERAL. Admissão pelo Colegiado Maior.

2. Mérito da decisão

O Recurso Extraordinário n. 562.622-1/RS foi julgado em 23 de fevereiro de 2017, em Sessão Plenária, sob a Presidência da Ministra Carmém Lúcia. O Tribunal, por maioria de votos, deu provimento ao recurso extraordinário nos termos do voto do Relator Ministro Marco Aurélio, vencidos os Ministros Teori Zavascki, Rosa Weber, Luiz Fux, Dias Toffoli e Gilmar Mendes. O Ministro Ricardo Lewandowski reajustou o voto para acompanhar o Relator.

A tese fixada foi a seguinte: "Os requisitos para o gozo de imunidade hão de estar previstos em lei complementar".

2.1. Voto condutor

O voto condutor foi proferido pelo Relator Ministro Marco Aurélio. O Ministro apontou que a análise da matéria demandava à Corte definir se os requisitos legais para que as entidades beneficentes de assistência social exerçam a imunidade relativa às contribuições de seguridade social podem ser previstos em lei ordinária ou se a disciplina deve vir, exclusivamente, em lei complementar, cuja escolha implicaria no reconhecimento da inconstitucionalidade formal do art. 55 da Lei n. 8.212/91.

Ressaltou o Relator que a corte já se debruçara sobre o tema, citando a Medida Cautelar proferida na ADI n. 1802/DF, onde o Relator, Ministro Sepúlveda Pertence, enfrentou a questão do campo de atuação da lei complementar e da lei ordinária no tocante à cláusula "atendidos os requisitos da lei" prevista no art. 150, VI, "c". Na ocasião, o Tribunal assentou competir ao legislador complementar "o que diga respeito aos lindes da imunidade" e ao ordinário, "a fixação de normas sobre a constituição e o funcionamento da entidade educacional ou assistencial imune". Ressaltou, contudo, que a decisão cautelar tem natureza precária e efêmera e que, assim, não haveria o entendimento definitivo da Corte sobre o tema.

Sustentou o Ministro que no tocante às imunidades do art. 150, VI, a Corte vem adotando intepretação teleológica, buscando sempre a melhor realização dos valores protegidos, visto que as normas de imunidade se destinam a conferir efetividade e a atribuir concreção a determinados direitos e garantias fundamentais reconhecidos e assegurados às pessoas e às instituições. Colacionou o Ministro os vários precedentes nesse sentido: Recursos Extraordinários nºs 237.718, 242.827/PE, 601.392/PR, 325.822/SP, entre outros.

O Ministro Relator reconheceu[2] sentido mais amplo ao termo "assistência social" constante do art. 195, § 7º, da CF/88, incluindo no conceito os serviços de saúde e educação. Além disso, manifestou o entendimento que toda pessoa jurídica que preste esses serviços, sem fins lucrativos e com caráter assistencial, está atuando em concerto com o Poder Público na satisfação de direitos fundamentais sociais. Ressalvou que os direitos sociais são, em última análise, a fonte de legitimação e diretriz interpretativa dessa regra constitucional de imunidade.

Por consequência, entendeu que a interpretação sistemática e teleológica deve ser aplicada à imunidade do art. 195, § 7º, de forma a restringir eventuais condições para sua fruição.

Nesse raciocínio, entendeu o Relator que cabe a aplicação do dispositivo em conjunto com o art. 146, II que estabelece a reserva de lei complementar para dispor sobre limitações ao poder de tributar, encontrando-se no CTN tal disciplina.

Para o Ministro Marco Aurélio o único papel possível no tema para a lei ordinária seria o de prever requisitos que não extrapolem os esta-

[2] Ver também Ação Direta de Inconstitucionalidade n. 2028-5.

belecidos no Código Tributário Nacional ou em lei complementar superveniente, vedada a criação de novos obstáculos, adicionais aos já previstos em ato complementar.

Sustenta o Relator que sob o pretexto de disciplinar aspectos das entidades pretendentes à imunidade, o legislador ordinário, sem a devida autorização do art. 146, II da CF/88 restringiu o alcance subjetivo da regra constitucional, impondo condições formais reveladoras de autênticos limites à imunidade.

Ressalta que não pode prevalecer a tese de constitucionalidade formal do artigo sob o argumento de este dispor acerca da constituição e do funcionamento das entidades beneficentes, uma vez que o dispositivo em análise não trata de controle pelo órgão competente, capaz de levar à adoção da medida suspensiva, mas condições prévias, impeditivas do exercício da imunidade.

Essas premissas levaram o Ministro a concluir que o art. 55 da Lei n. 8.212, de 1991, revogado pela Lei n. 12.101, de 2009, extrapolou os requisitos definidos no art. 14 do CTN. Isto porque o dispositivo condicionou o direito à imunidade à obtenção de título de utilidade pública federal e estadual, bem como de Certificado ou o Registro de Entidades de Fins Filantrópicos fornecido, exclusivamente, pelo Conselho Nacional de Serviço Social.

Concluiu assim o Relator que o artigo 55 da Lei n. 8.212, de 1991, prevê requisitos para o exercício da imunidade tributária, versada no § 7º do artigo 195 da Carta da República, que revelam verdadeiras condições prévias ao aludido direito e, por isso, deu provimento ao recurso, reconhecendo a inconstitucionalidade formal desse dispositivo.

Desta forma, observado que a decisão proferida no Tribunal de origem reconheceu o cumprimento do art. 14 do CTN pela requerente, manifestou o Relator pelo restabelecimento do entendimento constante da sentença, assegurando o direito à imunidade de que trata o artigo 195, § 7º, da Carta Federal e, consequentemente, pela desconstituição do crédito e extinção da execução fiscal.

2.2. Debate

O Ministro Luis Roberto Barroso asseverou que em sua visão o art. 195, § 7º, da CF/88 permite que lei ordinária fixe exigências a serem satisfeitas pelas entidades. Lembrou que os precedentes da Corte, na interpretação do dispositivo combinado com art. 146, II da Carta, exige lei complementar para dispor sobre interferência com o espectro objetivo das imunidades e lei ordinária para dispor sobre requisitos subjetivos associados à estrutura e funcionamento da entidade beneficente.

No entanto, em que pese a manifestação contrária nos debates, o Ministro Luis Roberto Barroso acompanhou o voto do Ministro Relator, visto que entendera que o mesmo se compatibilizava com a Jurisprudência da Corte no sentido de que a pretexto de disciplinar sobre o funcionamento e estrutura das entidades, na verdade impôs uma limitação material ao gozo da imunidade.

Também nos debates, a Ministra Cármen Lúcia ressalvou a concordância com a referida jurisprudência da Corte, embora em seu voto tenha acompanhado o Relator.

O Ministro Ricardo Lewandowski manifestou[3] concordância com os fundamentos do voto em sentido contrário proferido pelo Ministro Teori Zavascki, o qual manifestara que lei ordinária é suficiente no que toca aos aspectos de funcionamento constitutivos das entidades beneficentes e no que diz respeito a questões relativas à fiscalização e certificação. No entanto, acompanhou o voto do Relator.

2.3. Votos vencidos

Divergiram do Relator os Ministros Teori Zavascki, Rosa Weber, Luiz Fux, Dias Toffoli e Gilmar Mendes.

O Ministro Teori Zavascki abordou que o tema em questão é a legitimidade de dispositivos da legislação ordinária e infraconstitucional que estabeleceram requisitos e procedimentos a serem cumpridos para fins de enquadramento na qualificação de "entidades beneficentes de assistência social", indispensável para a fruição da imunidade prevista no art. 195, § 7º, do texto constitucional. Informou o Ministro que as

[3] "Então, é preciso fazer uma distinção entre esses requisitos materiais para o reconhecimento da imunidade e esses aspectos que eu chamaria de procedimentais. Para isso, basta uma lei ordinária a meu ver." BRASIL. Supremo Tribunal Federal. *Recurso Extraordinário n. 562.622/RS*. Relator(a): Ministro Marco Aurélio, Tribunal Pleno, julgado em 18-01-2008, ACÓRDÃO ELETRÔNICO REPERCUSSÃO GERAL - MÉRITO Divulg 23-02-2008 Public 25-04-2008. Disponível em: http://redir.stf.jus.br/paginadorpub/paginador.jsp?docTP=AC&docID=523573. Acesso em: 4 nov. 2020.

ADI's 2028; 2036; 2228; e 2621, então atribuídas à relatoria do Ministro Joaquim Barbosa, compartilhavam a mesma base discursiva.

Reafirmou o Ministro Teori Zavascki o entendimento manifestado nos precedentes da corte, o qual restringe a reserva de lei complementar ao que diga respeito aos lindes da imunidade, à demarcação do objeto material da vedação constitucional de tributar, mas remete à lei ordinária as normas reguladoras da constituição e funcionamento da entidade imune, voltadas a evitar que falsas instituições de assistência e educação sejam favorecidas pela imunidade, em fraude à Constituição.

Ressaltou que esse entendimento fora adotado pela Corte no RE n. 428.815 para validar o art. 55, II, da Lei 8.212/91, que exige a obtenção do certificado de entidade de fins filantrópicos como requisito para o enquadramento na situação de imunidade. Nesta ocasião, decidiu-se que "Sendo o Certificado de Entidade de Fins Filantrópicos mero reconhecimento, pelo Poder Público, do preenchimento das condições de constituição e funcionamento, que devem ser atendidas para que a entidade receba o benefício constitucional, não ofende os arts. 146, II, e 195, § 7º, da Constituição Federal a exigência de emissão e renovação periódica prevista no art. 55, II, da Lei 8.212/91".

O Ministro observou ainda que a jurisprudência do STF já se manifestara no sentido de que o art. 195, § 7º, da Constituição Federal tem natureza de regra específica e excepcional em relação à regra geral prevista no art. 146, II, da CF/1988 (cf. ADI-MC 2036/DF, Rel. Min. Moreira Alves, Pleno, DJ,). Naquela oportunidade, o voto condutor consignou a plausibilidade das duas interpretações, tanto a que privilegia a interpretação em consonância com o art. 146, II, como aquela que pontifica a regra prevista no art. 195, § 7º, como exceção à mencionada regra geral. E nesse sentido selecionou as matérias que necessitam de processo legislativo próprio de leis complementares de forma taxativa e exaustiva. Desta forma, ao intérprete não caberia presumir maior rigidez do texto constitucional.

Asseverou o Ministro que, conforme explicitado, há um domínio jurídico no tema suscetível de disciplina por lei ordinária, como o que diz respeito à outorga a determinado órgão da competência de fiscalizar, mediante a emissão de certificado.

O Ministro sugeriu assim, quanto ao Tema 32, que fosse consolidado, para efeitos de repercussão geral, a tese de que a reserva de lei complementar aplicada à regulamentação da imunidade tributária prevista no art. 195, § 7º, da CF limita-se à definição de contrapartidas a serem observadas para garantir a finalidade beneficente dos serviços prestados pelas entidades de assistência social, o que não impede seja o procedimento de habilitação dessas entidades positivado em lei ordinária.

A Ministra Rosa Weber, analisando precedentes do STF, advertiu que a jurisprudência da Corte perfilha o entendimento que somente reduz à reserva de lei complementar da regra constitucional o que diga respeito aos lindes das imunidades, no mesmo sentido que manifestara o Ministro Teori Zavascki.

2.4. A ação direta de inconstitucionalidade n. 2028-5

> AÇÃO DIRETA DE INCONSTITUCIONALIDADE. CONVERSÃO EM ARGUIÇÃO DE DESCUMPRIMENTO DE PRECEITO FUNDAMENTAL. CONHECIMENTO. IMUNIDADE. CONTRIBUIÇÕES SOCIAIS. ARTS. 146, II, e 195, § 7º, DA CONSTITUIÇÃO FEDERAL. REGULAMENTAÇÃO. LEI 8.212/91 (ART. 55). DECRETO 2.536/98 (ARTS. 2º, IV, 3º, VI, §§ 1º e 4º e PARÁGRAFO ÚNICO). DECRETO 752/93 (ARTS. 1º, IV, 2º, IV e §§ 1º e 3º, e 7º, § 4º). ENTIDADES BENEFICENTES DE ASSISTÊNCIA SOCIAL. DISTINÇÃO. MODO DE ATUAÇÃO DAS ENTIDADES DE ASSISTÊNCIA SOCIAL. TRATAMENTO POR LEI COMPLEMENTAR. ASPECTOS MERAMENTE PROCEDIMENTAIS. REGRAMENTO POR LEI ORDINÁRIA. Nos exatos termos do voto proferido pelo eminente e saudoso Ministro Teori Zavascki, ao inaugurar a divergência: 1. "[...] fica evidenciado que (a) entidade beneficente de assistência social (art. 195, § 7º) não é conceito equiparável a entidade de assistência social sem fins lucrativos (art. 150, VI); (b) a Constituição Federal não reúne elementos discursivos para dar concretização segura ao que se possa entender por modo beneficente de prestar assistência social; (c) a definição desta condição modal é indispensável para garantir que a imunidade do art. 195, § 7º, da CF cumpra a finalidade que lhe é designada pelo texto constitucional; e (d) esta tarefa foi outorgada ao legislador infraconstitucional, que tem autoridade para defini-la, desde Supremo Tribunal Federal Documento assinado digitalmente conforme MP nº 2.200-2/2001 de 24/08/2001, que institui a Infraestrutura de Chaves Públicas Brasileira – ICP-Brasil. O documento

> pode ser acessado no endereço eletrônico http://www.stf.jus.br/portal/autenticacao/ sob o número 12603260. Supremo Tribunal Federal Inteiro Teor do Acórdão – Página 1 de 139 Ementa e Acórdão ADI 2028 / DF que respeitados os demais termos do texto constitucional.". 2. "Aspectos meramente procedimentais referentes à certificação, fiscalização e controle administrativo continuam passíveis de definição em lei ordinária. A lei complementar é forma somente exigível para a definição do modo beneficente de atuação das entidades de assistência social contempladas pelo art. 195, § 7º, da CF, especialmente no que se refere à instituição de contrapartidas a serem observadas por elas.". 3. Procedência da ação "nos limites postos no voto do Ministro Relator". Arguição de descumprimento de preceito fundamental, decorrente da conversão da ação direta de inconstitucionalidade, integralmente procedente.

Diante dos novos requisitos estabelecidos pela Lei n. 9.732/98, em alteração ao art. 55 da Lei n. 8.212/91, para o reconhecimento de imunidade para entidades beneficentes de assistência social, a Confederação Nacional de Saúde-Hospitais, Estabelecimentos e Serviços – CNS ingressou com a ADI n. 2028-5 questionando a constitucionalidade.

Aduzia a Confederação que face ao disposto no art. 146, II da Constituição Federal de 1988, os requisitos a que se referem o § 7º do art. 195 do texto constitucional, para fruição da imunidade por entidades beneficentes de assistência social deveriam necessariamente ser veiculados por Lei Complementar.

Além disso, manifestou a requerente que entidade beneficente não é sinônimo de entidade filantrópica, colacionando precedentes do Tribunal que permitiam a cobrança pelos serviços, sem que isto afastasse o reconhecimento da imunidade (RE n. 74.792, RMS 22.192 e 22360) e sustentando que bastaria ser sem fins lucrativos para ser beneficente.

A Fazenda Pública sustentou a constitucionalidade dos requisitos previstos pela Lei nº 9.732/98, fundamentando que o direito à imunidade prevista no § 7º do art. 195 da CF/88 não abrangeria as organizações de saúde e educação.

Assim, defendeu a Fazenda que somente teria natureza de imunidade a exoneração para entidades beneficentes de assistência social *strictu sensu* e que as exonerações para entidade beneficentes de saúde ou educação se trataram de meras isenções e, dessa forma, poderiam ser modificadas por lei ordinária.

Em 14 de julho de 1999, por decisão monocrática do Ministro Marco Aurélio[4], confirmada por unanimidade pelo Pleno em 11 de novembro do mesmo exercício, com relatoria do Ministro Velloso[5], foi deferida liminar suspendendo a eficácia do art. 1º da Lei n. 9.732/98 na parte em que alterou a redação do art. 55, II da Lei n. 8.212/1991, e acrescentou-lhe os §§ 3º, 4º e 5º, bem como dos arts. 4º, 5º e 7º.

A decisão apoiou-se em três argumentos principais. Primeiro, que a jurisprudência da Corte assentou que somente é exigida lei complementar para regulamentar dispositivo da Constituição quando assim o Diploma exigir, sendo no caso aplicável o art. 146, II. Depois, que o sentido de beneficente empregado no Constituição de 1988 é amplo, e que, assim, englobaria atividades de saúde e educação. Finalmente, que a atividade desempenhada pela instituição não precisa ser exclusivamente gratuita para caracterização como entidade beneficente de assistência social.

Cabe observar que o Ministro Carlos Velloso não suspendeu a eficácia dos dispositivos por inconstitucionalidade formal, em violação do art. 146, II da CF/88, uma vez que a redação originária, não impugnada pelo recurso extraordinário, padeceria do mesmo vício, o que implicaria em um efeito repristinatório de norma também inconstitucional.

Entendeu o Ministro que caberia a medida cautelar com fundamento na inconstitucionalidade material, ou seja, que os dispositivos ora impugnados estabeleciam exigências que não poderiam ser feitas sequer por lei complementar, desvirtuando o conceito constitucional de entidade beneficente de assistência social, bem como limitando a extensão da imunidade.

Ademais, entendeu o Ministro Carlos Velloso, citando Cesarino Junior, que o direito assistencial é a parte do direito social relativo à concessão aos hipossuficientes dos meios de satisfação de suas necessidades vitais, sem qualquer contraprestação de sua parte. Entre essas necessidades se encontram as relativas à saúde e à educação como meio para atender os

[4] BRASIL. Supremo Tribunal Federal. *Medida Cautelar em Ação Direta de Inconstitucionalidade n. 2028-5*. Ministro Marco Aurélio. 14-07-1999. DJE 02/08/1999 – Disponível em: http://www.stf.gov.br. Acesso em: 15 nov. 2020.

[5] BRASIL. Supremo Tribunal Federal. *Medida Cautelar em Ação Direta de Inconstitucionalidade n. 2028*. Relator: Ministro Carlos Velloso. 11-11-1999. DJE 16-06-2000. Disponível em: http://www.stf.gov.br. Acesso em: 19 jul. 2020.

objetivos visados pelo art. 203. Assim, assentou a Corte que o art. 195, § 7º, da CF/88 adotou conceito mais amplo de assistência social que o previsto no art. 203 do Diploma.

Observada a relevância da matéria e o impacto que os dispositivos repercutiam nas instituições do Terceiro Setor, a ADI n. 2028-5 não era o único instrumento de controle concentrado de constitucionalidade que tratava sobre o tema.

Dessa forma, na ADI n. 2028-5 foi requerida a declaração da inconstitucionalidade (i) do art. 1º da Lei n. 9.732/1998, na parte em que alterou a redação do art. 55, III, da Lei n. 8.212/1991 e lhe acresceu os §§ 3º, 4º e 5º; e (ii) dos arts. 4º, 5º e 7º da Lei nº 9.732/1998, pedido esse que estava integralmente contido no objeto da ADI n. 2036, com acréscimo apenas da impugnação específica ao art. 7º da Lei n. 9.732/1998, ajuizada pela Confederação Nacional dos Estabelecimentos de Ensino – CONFENEN.

Também na ADI n. 2.228 discutia-se a constitucionalidade dos mesmos dispositivos, com a particularidade de haver sido requerida a declaração da inconstitucionalidade do art. 55, II, da Lei 8.212/1991, tanto na redação original quanto na redação que lhe foi dada pelo art. 5º da Lei n. 9.429/1996, tendo em vista o possível efeito repristinatório indesejado.

Ainda, na também na ADI n. 2621 havia sobreposição de pedido de inconstitucionalidade em relação à ADI n. 2028-5 acrescido apenas da declaração de inconstitucionalidade parcial, sem redução de texto, dos artigos 3º e 5º da Medida Provisória nº 2.187-13/2001, na parte em que alteraram o art. 55, II, da Lei nº 8.212/1991.

Essas identidades de pedidos levou o STF a realizar em conjunto o julgamento das ADIs n. 2028, 2036, 2228 e 2621, bem como do RE n. 566.622, tendo em vista que compartilhavam uma base discursiva comum, qual seja:

> [...] a legitimidade de dispositivos da legislação ordinária e infralegal que estabeleceram requisitos e procedimentos a serem cumpridos para fins de enquadramento na qualificação de "entidades beneficentes de assistência social", indispensável para a fruição da imunidade prevista no art. 195, § 7º, do texto constitucional.[6]

[6] BRASIL. Supremo Tribunal Federal. *Ação Direta de Inconstitucionalidade n. 2028-5*. Relator: Ministro Joaquim Barbosa. 02-03-2017. DJE 08/05/2017 – ATA Nº 62/2017. Disponível em:

O julgamento somente ocorreu em 02 de março de 2017, data em que não se encontrava mais vigente os referidos dispositivos da Lei n. 9.732/98, em virtude da revogação por diplomas posteriores. Por este motivo, decidiu o Supremo Tribunal Federal transformar a Ação Direta de Inconstitucionalidade (ADI) em Arguição de Descumprimento de Preceito Fundamental (ADPF).

O Relator, Ministro Joaquim Barbosa, destacou que entendia ser um argumento fraco o vício de processo legislativo para a construção dos critérios decisórios sobre imunidade tributária, e que nessa esteira o STF não decidira com força definitiva, nem com precisão, quais eram os critérios para fruição da imunidade que necessariamente deveriam ser veiculados por lei complementar.

Salientou que por ocasião do julgamento da medida cautelar na ADI n. 2.028-5 o Tribunal assentou, de forma inequívoca, que o art. 195, § 7º, da Constituição é hipótese de imunidade tributária, retirando as entidades beneficentes de assistência social do campo de competência para instituição e cobrança de contribuições previdenciárias.

O Ministro defendeu que vinculações mais restritivas em matéria da benemerência ou da filantropia exigem lei complementar, conforme prevê o art. 146, II da CF/88, citando como exemplo medidas que exigem que um determinado percentual da receita bruta seja destinado à prestação gratuita de serviços. Por outro lado, ressaltou que a Corte admitiu que aspectos secundários, puramente instrumentais, sejam normatizados por lei ordinária.

É importante salientar que, em que pese esses fundamentos, o Ministro Joaquim Barbosa acompanhou o Relator, Ministro Marco Aurélio, no provimento do RE n. 566.622.

Além disso, o Ministro Joaquim Barbosa registrou, que conforme já assentado na jurisprudência da Corte, a prestação de serviços remunerados não retira a condição de beneficente. No entanto, essa possibilidade não dispensa a entidade de retribuir à sociedade o benefício recebido.

Com essas premissas, o Ministro Joaquim Barbosa manifestou pela declaração de inconstitucionalidade do art. 55, II, da Lei n. 8.212/1991,

http://redir.stf.jus.br/paginadorpub/paginador.jsp?docTP=TP&docID=12850820. Acesso em: 19 jul. 2020.

tanto na redação original como na que lhe foi dada pelo art. 5º da Lei n. 9.429/1996; do art. 18, III e IV da Lei n. 8.742/1993 (sem especificar se na redação original ou na conferida pela Medida Provisória nº 2.187-13/ 2001); dos artigos 2º, IV, e 3º, VI e §§ 1º e 4º, e 4º, *caput* e parágrafo único do Decreto n. 2.536/1998; e dos artigos 1º, IV, 2º, IV, e §§ 1º e 3º, e 7º, § 4º, do Decreto n. 752/1993. O voto, no entanto, não tratou de todos os dispositivos impugnados pelo conjunto de Ações.

O Tribunal deliberou que o voto condutor do acórdão foi o proferido pelo Ministro Teori Zavascki, que embora veiculasse argumentos semelhantes ao voto do Relator, contemplara uma análise mais completa dos dispositivos impugnados, embora também tenha manifestado pela improcedência do RE n. 566.622, divergindo, portanto, da posição da maioria dos membros naquela ocasião.

Com essa análise mais ampla, o Ministro Teori Zavascki refutou a tese da improcedência das ações objetivas com fundamento em um efeito repristinatório indesejado. Isto porque entendeu que o texto primitivo do inciso III do art. 55 da Lei n. 8.212/91 apenas repetia as atividades e os destinatários identificados previstos no texto constitucional como possíveis alvos das ações de interesse social.

Assim, o Ministro Teori Zavascki reafirmou o entendimento firmado na medida cautelar adotada na ADI n. 2028-5, estabelecendo que a Constituição Federal não reúne elementos discursivos para dar concretização segura ao que se possa entender por modo beneficente de prestar assistência social.

Por outro lado, registrou que Instituição de Assistência Social sem fins lucrativos, prevista no art. 150, VI, "c" do texto constitucional não se confunde (não é conceito equiparável) com Entidade Beneficente de Assistência Social disposta no art. 195, § 7º, do mesmo diploma.

> Por seu turno, o art. 203 da Constituição define os contornos da assistência social, indicando quais as finalidades devem ser atingidas com as respectivas ações (art. 203, I a V). Para caracterizar-se como ação de assistência social, a prestação dos benefícios e serviços deve ainda ser universal, isto é, "prestada a quem dela necessitar", e gratuita, "independente de contribuição.
>
> Assim, observo que nenhum dos artigos citados (art. 150, VI, c, 195, § 7º e 203) condicionam o reconhecimento da imunidade à exclusi-

> vidade da prestação de serviços ou benefícios gratuitos, pois os conceitos de beneficência e ação de assistência social não se confundem no plano constitucional. A circunstância de a entidade cobrar pela prestação de alguns de seus serviços ou benefícios, ou ainda possuir outras fontes de receita que visem o lucro, não lhe retira a condição de beneficente.
>
> É evidente que a circunstância de a entidade cobrar pela prestação de alguns de seus serviços ou benefícios, ou ainda possuir outras fontes de receita que visem o lucro, não lhe retira a condição de beneficente, como aliás, já decidiu esta Corte em diversas oportunidades (cf., v.g., o RE 116.118, rel. min. Sydney Sanches, Segunda Turma, DJ de 16.03.1990; o RE 108.796, rel. min. Carlos Madeira, Segunda Turma, DJ de 12.09.1986; o RE 89.012, rel. min. Moreira Alves, Segunda Turma, RTJ 87/684).[7]

Quanto à regulamentação da imunidade por normas infraconstitucionais, entendeu que lei complementar é forma somente exigível para a definição do modo beneficente no que se refere à instituição de contrapartidas a serem cobradas das instituições, sendo dispensado para fiscalização e certificação delas.

Em face disso, manifestou o Ministro Relator que normas que determinam que um percentual da receita bruta seja destinado à prestação gratuita de serviços afetam o reconhecimento da própria salvaguarda constitucional, motivo pelo qual devem ser veiculadas por lei complementar, com processo mais rigoroso e melhor reflexão.

Com esses apontamentos, o Ministro Teori Zavascki propôs a seguinte tese para repercussão geral no âmbito do RE n. 566.622:

> A reserva de lei complementar aplicada à regulamentação da imunidade tributária prevista no art. 195, § 7º, da CF limita-se à definição de contrapartidas a serem observadas para garantir a finalidade beneficente dos serviços prestados pelas entidades de assistência social, o que não impede seja o procedimento de habilitação dessas entidades positivado em lei ordinária.[8]

[7] *Op. Cit.*
[8] *Op. Cit.*

Todavia, em que pese o voto proferido pelo Ministro Teori Zavascki ser condutor nas ações objetivas, no RE n. 566.622 restou vencedor o voto do Ministro Marco Aurélio.

2.5. Os embargos declaratórios

Diante da contradição entre a tese firmada no RE n. 566.622 e as decisões proferidas no julgamento das ADIs n. 2.028, 2.036, 2.228 e 2.621, foram apresentadas nestas, pela requerente, embargos declaratórios com pedido de efeitos infringentes para o reconhecimento da inconstitucionalidade de todos os dispositivos questionados.

Tendo em vista essa incompatibilidade, também no RE n. 566.622 foram interpostos pela União embargos declaratórios em face da obscuridade na tese fixada no tema 32, bem como pedindo a alteração do *decisium*, com o reconhecimento da procedência do recurso, diante da constitucionalidade dos dispositivos constantes do art. 55 da Lei n. 8.212/91.

O voto condutor em ambos os processos coube à Ministra Rosa Weber que não identificou nas decisões qualquer dos vícios – omissão, contradição, obscuridade e erro material – que respaldassem embargos de declaração, motivo pelo qual manifestou pelo desprovimento, embora tenha reconhecido a discussão em torno de duas teses centrais sobre a reserva de lei complementar.

A Ministra Rosa Weber apontou que restou consignado nas ações objetivas que aspectos meramente procedimentais referentes à certificação, fiscalização e controle administrativo são passíveis de definição em lei ordinária, e que dessa forma somente é exigível a lei complementar para a definição do modo beneficente de atuação das entidades de assistência social, em especial no que se refere à instituição de contrapartidas.

Manifestou o entendimento segundo o qual aspectos procedimentais, que não se referem à definição da forma beneficente de atuação das entidades de assistência social, podem ser dispostos por lei ordinária.

Com isso, a Ministra reconheceu que o tema n. 32, fixado sob o rito de repercussão geral, sugeria que toda e qualquer normatização relativa às entidades beneficentes deveria ser veiculada mediante lei complementar, razão pela qual era desejável sua alteração.

Isto porque, tal como disposto, o tema n. 32 poderia sugerir que não existiria espaço de atuação da lei ordinária no que tange a aspectos procedimentais.

Contudo, apesar da declaração de constitucionalidade do art. 55, II, da Lei n. 8.212/1991, na redação lhe foi dada pela Lei n. 9.429/1996, que exigia o Certificado Beneficente de Assistência social para o reconhecimento de imunidade, requisito afastado diante do reconhecimento do pedido formulado no RE n. 566.622, a Ministra não identificou incompatibilidade nas decisões.

Dessa forma, o Tribunal, por maioria, acolheu parcialmente os embargos de declaração para, sanando os vícios identificados: i) assentar a constitucionalidade do art. 55, II, da Lei n. 8.212/1991, na redação original e nas redações que lhe foram dadas pelo art. 5º da Lei n. 9.429/1996 e pelo art. 3º da Medida Provisória n. 2.187-13/2001; e ii) a fim de evitar ambiguidades, conferir à tese relativa ao tema n. 32 da repercussão geral a seguinte formulação: "A lei complementar é forma exigível para a definição do modo beneficente de atuação das entidades de assistência social contempladas pelo art. 195, § 7º, da CF, especialmente no que se refere à instituição de contrapartidas a serem por elas observadas".

Em face dessa última decisão, foram interpostos pela requerente novos embargos declaratórios, sustentando que fosse aclarado que somente as contrapartidas previstas no art. 14 do CTN podem ser exigidas para reconhecimento da imunidade. Em 11/10/2002 o STF decidiu os ED-ED no RE 566.662/RS, com a seguinte Ementa:

> EMENTA. EMBARGOS DE DECLARAÇÃO NOS EMBARGOS DE DECLARAÇÃO. RECURSO EXTRAORDINÁRIO SOB O RITO DA REPERCUSSÃO GERAL. TEMA Nº 32. ENTIDADE BENEFICENTE DE ASSISTÊNCIA SOCIAL. IMUNIDADE. ART. 195, § 7º, DA CONSTITUIÇÃO DA REPÚBLICA. DEFINIÇÃO DO MODO BENEFICENTE. INSTITUIÇÃO DE CONTRAPARTIDAS. RESERVA DE LEI COMPLEMENTAR. OMISSÃO E OBSCURIDADE. NÃO OCORRÊNCIA. EFEITO SUSPENSIVO. HIPÓTESE LEGAL AUTORIZADORA. AUSÊNCIA. EMBARGOS DE DECLARAÇÃO ACOLHIDOS PARA PRESTAR ESCLARECIMENTOS. 1. Esta Suprema Corte, ao fixar a tese do Tema nº 32 da Repercussão Geral ("A lei complementar é forma exigível para a definição do modo beneficente de atuação das entidades de assistência social contempladas pelo art. 195, § 7º, da CF, especialmente

no que se refere à instituição de contrapartidas a serem por elas observadas."), prestou, de forma exaustiva, a jurisdição, encerrando a controvérsia adstrita ao alcance do art. 195, § 7º, da Constituição Federal. 2. Ausência de contradição, omissão, obscuridade e erro material justificadores da oposição de embargos declaratórios, nos termos do art. 1.022 do CPC. Embargos de declaração acolhidos, sem efeitos infringentes, para prestar esclarecimentos.

Decisão que pôs termo ao caso.

3. Análise crítica

O tema central, tanto do RE n. 566.622 quanto da ADI n. 2028-5, consiste em responder (1) se há espaço, e, em sendo afirmativa a resposta, (2) qual seria de atuação da lei ordinária na conformação da imunidade do art. 195, § 7º e, por extensão, do art. 150, VI, "c", do texto constitucional.

Embora de menor relevância, uma vez que a matéria já se encontra assentada na jurisprudência, sobretudo do STF, insta trazer duas considerações que são prejudiciais à resposta do problema apresentado.

A primeira é que entendemos que o art. 195, § 7º, não reconhece imunidade a instituições que não se dediquem às atividades por ela definidas como de assistência social, cabendo a interpretação do dispositivo estar necessariamente vinculada ao art. 203 do mesmo diploma.

Nesse sentido, não concordamos com a atribuição de um sentido lato à expressão "assistência social", que incluiria saúde e educação, e um sentido stricto sensu em consonância às atividades previstas no art. 203 da CF/88.

Entendemos que o fundamento invocado para a existência dos dois conceitos, qual seja, a disposição prevista no art. 149, § 1º, da Carta, antes da redação conferida pela Emenda Constitucional n. 33/2001, não criava um conceito de assistência social independente de prestação, como determinado pelo art. 203, mas apenas previa fonte para custeio. Em síntese, a prestação do serviço não dependia do efetivo pagamento pelo servidor, a qual deveria e deve ser gratuita.

Com isso, entendemos que a Lei n 8.212/91, com alterações posteriores, e a Lei n. 12.101/91 previram verdadeiras isenções para as instituições beneficentes dedicadas à saúde e educação, não sendo elas, portanto, instrumento adequado para alterar essa natureza para imunidade. Assim, para essas hipóteses, não haveria que se falar de reserva de lei complementar.

A segunda questão diz respeito à leitura da expressão "atendidos os requisitos dispostos em lei" contida nos dois dispositivos constitucionais em análise, onde não são insignificantes os argumentos que sustentam haver uma exceção à reserva de lei complementar prevista no art. 146, II da CF/88.

Entretanto, reiteramos que essas matérias se encontram superadas pela jurisprudência do STF e mesmo pela doutrina, que deixou há tempos de debater sobre esses temas.

Assentadas essas premissas, não conseguimos visualizar à primeira pergunta outra resposta que não seja afirmativa. Não é razoável que somente lei complementar possa dispor sobre todos os aspectos que envolvem o reconhecimento dessas imunidades ou de qualquer outra norma imunitária.

Ora, não se discute em relação às outras hipóteses de imunidade do art. 150, VI a possibilidade de tratamento por via ordinária, sobretudo nas matérias que dizem respeito à identificação do destinatário do comando constitucional.

Dessa forma, não se questiona a validade de dispositivos que tratam da constituição e funcionamento de sindicatos, partidos políticos, autarquias e fundações.

Tampouco se sustenta que estas instituições não precisem estar instituídas e reconhecidas na forma que estes dispositivos determinam para eventual reconhecimento de imunidade tributária.

Isto porque essas normas não veiculam, a rigor, limitações ao poder de tributar, são normas de Direito Civil ou Administrativo que estabelecem requisitos subjetivos atrelados à estrutura e funcionamento dessas organizações.

Observe-se que o cumprimento dessas normas gera inquestionável ônus a essas instituições, o que não implica em dizer que se constitua em limitação ao poder de tributar.

Por outro lado, também não faz sentido que somente para as instituições do Terceiro Setor esses aspectos de constituição e funcionamento devam ser veiculados por lei complementar, dada a ausência de qualificadora da expressão "lei" mencionada nos referidos dispositivos.

Também não parece razoável a aplicação da interpretação teleológica para criar um tratamento diferenciado para as imunidades do terceiro setor, não apenas porque todas as demais hipóteses de imunidade também possuem fundamento em valores fundamentais, tais como liberdade religiosa, princípio federativo entre outros, como no caso em tela o valor fundamental subjacente, o princípio da solidariedade, irradia outros efeitos, como o dever de contribuir e o dever de colaboração com o Fisco.

Com isso, concordamos com a decisão proferida no âmbito do RE n. 566.622 e ADI n. 2028-5. Restando assentado qual seria o campo não reservado à lei complementar: normas que dizem respeito à constituição e funcionamento das instituições de assistência social, das instituições de educação e das entidades beneficentes de assistência social.

Inserem-se nessa seara os dispositivos que estabelecem a certificação das entidades beneficentes de assistência social, previstos na Lei n. 12.101/2009, a certificação como instituição social prevista pela LOAS e pelas legislações de cada ente da Federação, bem como o reconhecimento como instituição formal de ensino, nos termos da LDB. Tal posição foi consignada pelo STF quando assentou o critério objetivo-subjetivo para definição dos limites do legislador ordinário.

Por essa classificação, são disposições que integram o limite objetivo (material) as que dizem respeito ao patrimônio, renda e serviço das organizações. Dentro desse limite material inserem-se aquelas que estabelecem contrapartidas das instituições.

Por sua vez, integram o limite subjetivo, podendo ser tratadas por lei ordinária, as normas que disponham sobre constituição e funcionamento das entidades.

No entanto, essa não é única possibilidade de tratamento da matéria afora da reserva de lei complementar. As normas que regulamentam o processo administrativo de reconhecimento das imunidades não possuem natureza tributária, não suscitando, portanto, a aplicação do art. 146, II da Constituição Federal. A esse respeito, o STF[9] não apenas

[9] BRASIL. Supremo Tribunal Federal. *Ação Direta de Inconstitucionalidade n. 2028-5*. Relator: Ministro Joaquim Barbosa. 02-03-2017. DJE 08/05/2017 – ATA Nº 62/2017. Disponível em: http://redir.stf.jus.br/paginadorpub/paginador.jsp?docTP=TP&docID=12850820. Acesso em: 19 jul. 2020

manifestou que aspectos procedimentais podem ser disciplinados por lei ordinária, como registrou a constitucionalidade formal do dispositivo quando declarou[10] a inconstitucionalidade material, em razão da violação da garantia do contraditório e da ampla defesa, do art. 32, § 1º da Lei n. 12.101/2009, que tratava da hipótese de suspensão da imunidade.

A terceira hipótese que entendemos não estar sujeita à reserva de lei complementar são as disposições que tratam de deveres instrumentais impostos a essas instituições.

Isto porque a exigibilidade de cumprimento das obrigações acessórias não decorre do dever de contribuir para o custeio do Estado, mas do dever fundamental de colaboração com o Fisco, autônomo e paralelo àquele.

Não resultando do poder de tributar, o dever de colaboração alcança inclusive aquele que não está obrigado ao pagamento do tributo, seja em razão da não ocorrência da subsunção, seja porque contemplado com isenção ou imunidade. Disso decorre que a disciplina desses deveres instrumentais também não consiste em limitação ao poder de tributar, não sendo aplicável o art. 146, II da CF/88.

Esse entendimento vai ao encontro da jurisprudência do STF, que assentou que medidas de fiscalização, no controle das imunidades do Terceiro Setor, podem ser normatizadas por lei ordinária.

Não tratada expressamente na ADI n. 2028-5, mas invocada pela jurisprudência do STF em diversos precedentes, a última hipótese que identificamos como não sujeita à reserva de lei complementar refere-se às disposições que conferem concretude aos requisitos materiais dispostos nessas normas.

Com efeito, a generalidade dos dispositivos previstos na lei complementar podem suscitar dúvidas quanto a sua aplicação, trazendo insegurança às instituições que desejam se submeter às condições para usufruir das imunidades do art. 150, VI, "c" e do art. 195, § 7º e à própria atuação da administração fazendária.

No tocante aos critérios estabelecidos no art. 14 do CTN, não existe dúvidas quanto à necessidade de regulamentação do inciso III do dispo-

[10] BRASIL. Supremo Tribunal Federal. *Ação Direta de Inconstitucionalidade n. 4480*. Relator: Ministro Gilmar Mendes. 27-03-2020. DJ 14-04-2020. Disponível em: http://www.stf.gov.br. Acesso em: 5 maio 2020.

sitivo. Ao prescrever o dever de manutenção de receitas e despesas de acordo com formalidades capazes de assegurar a exatidão dessas informações, a lei complementar remeteu essas normatizações ao legislador ordinário e ao poder regulamentar.

No entanto, também para os outros incisos do art. 14 do CTN a regulamentação mostrou-se necessária. Isso porque a verificação do cumprimento desses requisitos demanda o controle de medidas que possam buscar sua burla por via oblíqua.

Destarte, remunerações desproporcionais ou pagamentos de serviços em valores muito acima do mercado revelam-se em violações à proibição de distribuição de qualquer parcela do patrimônio ou renda das instituições, prevista no I do art. 14 do CTN.

O STF chancelou essa última hipótese afora da reserva de lei complementar quando, por exemplo, admitiu a constitucionalidade formal e material de dispositivos que estabelecem limites à remuneração de dirigentes das instituições como condição para o reconhecimento de imunidade tributária.

Debruçando-se sobre o campo de incidência da lei complementar, observado o parâmetro do critério material/subjetivo adotado pelo STF, temos, diante da ausência de definição constitucional do conceito prestação beneficente de "assistência social", que essa atribuição integra os limites objetivos na regulamentação das imunidades.

Cabe de início refutar posicionamentos que sustentam que a simples ausência de fins lucrativos possa ser entendida como sinônimo de prestação beneficente.

No que toca à expressão "filantrópica", cujo conceito de fato não é idêntico ao de "sem fins lucrativos", dada a redação do art. 199, § 1º da CF/88, o STF já assentou[11] que entidades beneficentes devem ter essa natureza, ressalvando, no entanto, que a prestação remunerada de partes dos serviços oferecidos não a descaracteriza.

Em face dessa polissemia, entendemos que a expressão filantropia não contribui ou não se mostra definitiva para análise da contrapartida a ser oferecida à sociedade.

[11] BRASIL. Supremo Tribunal Federal. *Recurso Extraordinário n. 116.118*. Relator Ministro Sydney Sanches, Segunda Turma, DJ de 16.03.1990; o RE 108.796, Relator Ministro Carlos Madeira, Segunda Turma, DJ de 12.09.1986; o RE n. 89.012, Relator Ministro Moreira Alves, Segunda Turma, RTJ 87/684.

As imunidades do Terceiro Setor encontram seu fundamento no princípio da solidariedade, o qual atua retirando a capacidade contributiva daqueles que já concorrem para o desempenho de finalidade pública. Disso resulta que, necessariamente, o destinatário da imunidade seja instituição voltada a esse fim.

Nesse sentido, merece atenção a decisão proferida no RE n. 599.194[12], que embora tivesse julgado improcedente o pedido da Fazenda Pública pela falta da apresentação de provas, admitiu a análise, para fins de reconhecimento da imunidade tributária, do retorno à sociedade proporcionado por instituição de ensino voltada a uma parcela reduzida e abastada da população. Isto dado que em tese ocorreria o oposto do resultado pretendido pela norma de imunidade, resultando na dispensa do dever de contribuir ao custeio do Estado àqueles já favorecidos e, dessa forma, subsidiando interesses privados com recursos públicos.

Conforme esclarece Rogério Tobias Carvalho "os verdadeiros destinatários da garantia da norma constitucional não são as pessoas jurídicas, que não são um fim em si próprias, mas sim os carentes por ela assistidos, os quais fazem parte do imenso tecido social mais pobre da população"[13].

É importante salientar que no caso da imunidade conferida a entidades beneficentes esse encargo da sociedade é duplo. Isto é, o reconhecimento da imunidade para contribuições previdenciárias implica não apenas na abstenção da exigência destas, como no dever de oferecer a prestação de serviços previdenciários em favor de seus empregados.

Esse duplo ônus não passou despercebido ao STF que assinalou que a não exigência, à luz do texto constitucional, da gratuidade plena e irrestrita dos serviços prestados para reconhecimento da imunidade, "não implica reconhecer a desnecessidade de a entidade beneficiada retribuir de forma sólida e proporcional a desoneração que lhe é concedida"[14].

[12] BRASIL. Supremo Tribunal Federal. *Agravo Regimental em Recurso Extraordinário n. 599.194.* Relator: Ministro Joaquim Barbosa. 14-09-2010. DJ 07-10-2010. Disponível em: http://www.stf.gov.br. Acesso em: 20 ago. 2020.

[13] CARVALHO, Rogério Tobias. *Imunidade tributária e contribuições para a seguridade social.* Rio de Janeiro: Renovar, 2006, p. 112.

[14] BRASIL. Supremo Tribunal Federal. *Ação Direta de Inconstitucionalidade n. 2028-5.* Relator: Ministro Joaquim Barbosa. 02-03-2017. DJE 08/05/2017 – ATA Nº 62/2017. Disponível em: http://redir.stf.jus.br/paginadorpub/paginador.jsp?docTP=TP&docID=12850820. Acesso em: 19 jul. 2020.

Disso resulta que, dada a ausência de tratamento pela Constituição, a definição do modo beneficente de assistência social pelo legislador deve necessariamente contemplar prestação, ao menos parcial, de serviços em caráter gracioso à sociedade.

Essas contrapartidas à sociedade inserem-se no limite material e somente podem ser dispostas por lei complementar, conforme assentou o STF no RE 566.622 e na ADI n. 2028.

Cumpre registrar, todavia, que a Corte já admitira que algumas compensações apenas regulamentam a forma como deve ocorrer a aplicação integral dos recursos obtidos nos objetivos institucionais da organização, conforme determina o art. 14, I do CTN, razão pela qual poderiam ser disciplinadas por lei ordinária, critério esse que se adequaria a nossa quarta hipótese.

Entendeu na ocasião a Corte que a determinação de oferta de bolsas integrais e parciais à parcela carente da sociedade consistia apenas em critério objetivo de contabilidade compensatória da aplicação financeira em gratuidade por parte das instituições de educação.

Essa interpretação foi adotada na ADI n. 3330[15] que julgou a constitucionalidade das contrapartidas a serem cumpridas pelas entidades beneficentes para fruição da imunidade do art. 195 § 7º, da CF/88 estabelecidas pela Lei n. 11.096/2005, que instituiu o Programa Universidade para Todos – PROUNI.

Também na ADI n. 2545/DF[16] restou assentada a constitucionalidade do art. 12 *caput* que estabelece a obrigação da aplicação em bolsas de estudo de 50% do valor que a instituição se beneficiou com a imunidade.

É preciso considerar, no entanto, que essas decisões não se fundamentam apenas nesse argumento, pautando-se a primeira também pela alegação de que o dispositivo apenas atingiria instituições não contempladas pela imunidade do art. 150, VI, “c” e a segunda pela prejudicialidade da matéria ocasionada por alteração legislativa posterior.

[15] BRASIL. Supremo Tribunal Federal. *Ação Direta de Inconstitucionalidade n. 3330*. Relator: Ministro Ayres Britto. 03-05-2012. DJE 22-03-2013 – ATA Nº 62/2017. Disponível em: http://www.stf.gov.br. Acesso em: 10 nov. 2020.

[16] BRASIL. Supremo Tribunal Federal. *Ação Direta de Inconstitucionalidade n. 2545*. Relator: Ministra Cármen Lúcia. 22-11-2016. DJE 01-08/2017. Disponível em: http://www.stf.gov.br. Acesso em: 10 nov. 2020.

CAPÍTULO 25
RECURSO EXTRAÓRDINÁRIO Nº 600.867

Aline Guiotti Garcia
Kettilly Ingrid de Queiroz
Luiz Henrique Pinheiro Bittencourt

1. Recurso extraórdinário nº 600.867 – São Paulo[1]

Recorrente: COMPANHIA DE SANEAMENTO BÁSICO DO ESTADO DE SÃO PAULO – SABESP
Recorrido: MUNICÍPIO DA ESTÂNCIA BALNEÁRIA DE UBATUBA
Relator: Ministro Joaquim Barbosa
Voto vencedor: Ministro Joaquim Barbosa
Data de julgamento: 29 de junho de 2020

1.1. Ementa

EMENTA: TRIBUTÁRIO. IPTU. IMUNIDADE RECÍPROCA. SOCIEDADE DE ECONOMIA MISTA. NATUREZA JURÍDICA DE DIREITO PRIVADO. PARTICIPAÇÃO ACIONÁRIA DISPERSA E NEGOCIADA EM BOLSA DE VALORES. EXAME DA RELAÇÃO ENTRE OS SER-

[1] BRASIL. Supremo Tribunal Federal. *Recurso Extraordinário nº. 600.867 / SP*, Relator(a): Min. Joaquim Barbosa Redator(a) do acórdão: Min. Luiz Fux Julgamento: 29/06/2020 Publicação: 30/09/2020 Órgão julgador: Tribunal Pleno, DJe-239 DIVULG 29-09-2020 PUBLIC 30-09-2020. Disponível em https://jurisprudencia.stf.jus.br/pages/search/sjur432798/false. Acesso em 13 de novembro de 2021.

VIÇOS PÚBLICOS PRESTADOS E O OBJETIVO DE DISTRIBUIÇÃO DE LUCROS A INVESTIDORES PÚBLICOS E PRIVADOS COMO ELEMENTO DETERMINANTE PARA APLICAÇÃO DA SALVAGUARDA CONSTITUCIONAL. SERVIÇO PÚBLICO DE SANEAMENTO BÁSICO SEM FINS LUCRATIVOS. CF/88, ARTS. 5º, II, XXXV, LIV E LV; 37, INCISOS XIX E XXI E § 6º; 93, IX; 150, VI; E 175, PARÁGRAFO ÚNICO. PRECEDENTES QUE NÃO SE ADEQUAM PERFEITAMENTE AO CASO CONCRETO. IMUNIDADE QUE NÃO DEVE SER RECONHECIDA. REDATOR PARA ACÓRDÃO (ART. 38, IV, *B*, DO RISTF). FIXAÇÃO DA TESE DE REPERCUSSÃO GERAL.

1. A matéria foi decidida por maioria pelo Plenário do Supremo Tribunal Federal, que acompanhou o voto do I. Relator, Min. Joaquim Barbosa. Redação da proposta de tese de repercussão geral (art. 38, IV, b, do RISTF).

2. A imunidade tributária recíproca (art. 150, IV, "a", da Constituição) não é aplicável às sociedades de economia mista cuja participação acionária é negociada em Bolsas de Valores, e que, inequivocamente, estão voltadas à remuneração do capital de seus controladores ou acionistas, unicamente em razão das atividades desempenhadas.

3. O Supremo Tribunal Federal nos autos do RE 253.472, Redator para o acórdão Min. Joaquim Barbosa, DJe 1º/2/2011, já decidiu, verbis: atividades de exploração econômica, destinadas primordialmente a aumentar o patrimônio do Estado ou de particulares, devem ser submetidas à tributação, por apresentarem-se como manifestações de riqueza e deixarem a salvo a autonomia política.

4. In casu, trata-se de sociedade de economia mista de capital aberto, autêntica S/A, cuja participação acionária é negociada em Bolsas de Valores (Bovespa e New York Stock Exchange, e.g.) e que, em agosto de 2011, estava dispersa entre o Estado de São Paulo (50,3%), investidores privados em mercado nacional (22,6% – Bovespa) e investidores privados em mercado internacional (27,1% – NYSE), ou seja, quase a metade do capital social pertence a investidores. A finalidade de abrir o capital da empresa foi justamente conseguir fontes sólidas de financiamento, advindas do mercado, o qual espera receber lucros como retorno deste investimento.

5. A peculiaridade afasta o caso concreto da jurisprudência da Suprema Corte que legitima o gozo da imunidade tributária.

6. Recurso Extraordinário improvido pela maioria do Supremo Tribunal Federal.

7. Proposta de tese de repercussão geral: Sociedade de economia mista, cuja participação acionária é negociada em Bolsas de Valores, e que, inequivocamente, está voltada à remuneração do capital de seus controladores ou acionistas, não está abrangida pela regra de imunidade tributária prevista no art. 150, VI, "a", da Constituição, unicamente em razão das atividades desempenhadas.

1.2. Tese

Sociedade de economia mista, cuja participação acionária é negociada em Bolsas de Valores, e que, inequivocamente, está voltada à remuneração do capital de seus controladores ou acionistas, não está abrangida pela regra de imunidade tributária prevista no art. 150, VI, 'a', da Constituição, unicamente em razão das atividades desempenhadas.

Tema 508 – Imunidade tributária recíproca para sociedade de economia mista com participação acionária negociada em bolsa de valores.

1.3. Especificação do caso e razões da submissão à repercussão geral

O RE 600.867 trata da imunidade recíproca descrita no artigo 150, VI, "a", da CF/88, onde a Companhia de Saneamento Básico do Estado de São Paulo – SABESP defendeu a tese de imunidade de IPTU em face do Município da Estância Balneária de Ubatuba, com base no texto constitucional gizado abaixo:

> Art. 150. Sem prejuízo de outras garantias asseguradas ao contribuinte, é vedado à União, aos Estados, ao Distrito Federal e aos Municípios:
>
> (...)
>
> VI – instituir impostos sobre: (Vide Emenda Constitucional nº 3, de 1993)
>
> a) patrimônio, renda ou serviços, uns dos outros;
>
> (...)
>
> § 2º A vedação do inciso VI, «a», é extensiva às autarquias e às fundações instituídas e mantidas pelo Poder Público, no que se refere ao patrimônio, à renda e aos serviços, vinculados a suas finalidades essenciais ou às delas decorrentes.

§ 3º As vedações do inciso VI, «a», e do parágrafo anterior não se aplicam ao patrimônio, à renda e aos serviços, relacionados com exploração de atividades econômicas regidas pelas normas aplicáveis a empreendimentos privados, ou em que haja contraprestação ou pagamento de preços ou tarifas pelo usuário, nem exonera o promitente comprador da obrigação de pagar imposto relativamente ao bem imóvel.

Foi também evidenciada a questão de a Recorrente Extraordinária estar vinculada ao preceito constitucional expresso no artigo 173, § 2º, da Constituição que diz:

Art. 173. Ressalvados os casos previstos nesta Constituição, a exploração direta de atividade econômica pelo Estado só será permitida quando necessária aos imperativos da segurança nacional ou a relevante interesse coletivo, conforme definidos em lei.

(...)

§ 2º As empresas públicas e as sociedades de economia mista não poderão gozar de privilégios fiscais não extensivos às do setor privado".

A SABESP logrou êxito na primeira instância (Comarca de Ubatuba/SP), onde a Magistrada reconheceu a imunidade tributária a favor da SABESP, não pela natureza jurídica da empresa (artigo 173, § 2º da CF/88), que é de direito privado (art. 44 do Código Civil), mas levou em consideração a delegação dos serviços públicos prestados pela concessionária (atividade prestada). No entanto, na segunda instância, o Tribunal de Justiça de São Paulo, de forma unânime, deu provimento ao Recurso de Apelação esclarecendo que:

"(...) embora a embargante seja sociedade de economia mista criada pela Lei 119/73, com o objetivo de planejar, executar e operar os serviços públicos de saneamento básico em todo o Estado de São Paulo é dotada de personalidade jurídica de direito privado regendo-se, por normas de direito privado. Ora, quanto aos serviços públicos concedidos há que se observar a disciplina do artigo 13 do Código Tributário Nacional[2], ou

[2] CTN. Art. 13. O disposto na alínea a do inciso IV do artigo 9º não se aplica aos serviços públicos concedidos, cujo tratamento tributário é estabelecido pelo poder concedente, no que se refere aos tributos de sua competência, ressalvado o que dispõe o parágrafo único.

seja, em regra a imunidade não beneficia os concessionários públicos, da mesma forma que não beneficia as empresas públicas e as sociedades de economia mista. Ademais, preceitua o artigo 173, §2º da Constituição Federal que "as empresas públicas e sociedades de economia mista não poderão gozar de privilégios fiscais não extensivos às do setor privado.

Tribunal de Justiça do Estado de São Paulo ementou assim o seu julgado:

> EMBARGOS À EXECUÇÃO FISCAL - IPTU, exercícios de 2002 a 2004 - Município de Ubatuba - SABESP, sociedade de economia mista - pretendido reconhecimento da imunidade prevista no art. 150, VI, 'a' da Constituição Federal - Impossibilidade - Inteligência do artigo 173, § 2º da Constituição Federal, já que as empresas de economia mista não gozam dos privilégios fiscais não extensivos ao setor privado - RECURSO PROVIDO.

Irresignada, a SABESP recorreu extraordinariamente, com base no art. 102, III, "a" da Constituição contra acórdão prolatado pelo Tribunal de Justiça paulista.

No Supremo Tribunal Federal, por maioria de votos, a Colenda Corte decidiu pelo não reconhecimento da imunidade constitucional, mormente com base na tese levantada pelo Ministro Relator Joaquim Barbosa, onde delineia três estágios básicos necessário à aplicabilidade da imunidade citada (veremos com mais detalhes no item voto do Relator). Ficaram vencidos os Ministros Roberto Barroso e Cármen Lúcia.

1.4. Critério de conhecimento da repercussão geral

A Repercussão Geral é um instrumento processual limitativo da admissibilidade do Recurso Extraordinário, expansivo e interpretativo a todo judiciário, que visa primordialmente reduzir e uniformizar os recursos e julgados perante o Supremo Tribunal Federal, para tanto se vale de critérios de relevância jurídica, política, social ou econômica. Este instituto foi incorporado ao regime constitucional brasileiro pela Emenda Constitucional nº 45 de 30/12/2004.

No caso em análise, a Repercussão Geral, prevista no art. 102, § 3º da Constituição Federal de 1988, foi reconhecida em acórdão de

08/12/2011, nos termos da ementa abaixo transcrita, onde, por unanimidade, o Tribunal fixou a seguinte tese de repercussão geral (tema 508):

> Sociedade de economia mista, cuja participação acionária é negociada em Bolsas de Valores, e que, inequivocamente, está voltada à remuneração do capital de seus controladores ou acionistas, não está abrangida pela regra de imunidade tributária prevista no art. 150, VI, 'a', da Constituição, unicamente em razão das atividades desempenhadas.

Como se nota, a tese da Repercussão Geral levou em consideração a presença no caso da Sabesp de dois fatores para afastar a imunidade, quais sejam: a) a relevância da participação privada na sociedade de economia mista. No caso da Sabesp, em agosto de 2011, 49,7% de suas ações estavam nas mãos de investidores privados, e b) o intuito primordial da empresa em distribuir lucros aos seus controladores e acionistas, razão pela qual abriu seu capital ao mercado privado.

2. Mérito da decisão

2.1. Voto condutor

O Relator do RE nº 600.867 foi o Ministro Joaquim Barbosa. Depreende-se da leitura do voto do Ministro, que dentre os argumentos suscitados pela empresa-recorrente para vindicar a imunidade indicada no artigo 150, VI, "a", da CF/88, estão:

> a) A atividade desempenhada deve ser considerada serviço público não sujeito à exploração privada;
>
> b) A empresa-recorrente não busca obter lucro;
>
> c) A responsabilidade subsidiária imposta ao Poder Público que criou a sociedade de economia mista justifica a extensão da salvaguarda constitucional;
>
> d) O Supremo Tribunal Federal reconheceu a aplicabilidade da mesma proteção às empresas públicas e sociedades de economia mista, como a ECT e a Infraero, e não existe razão para distinguir a situação da Sabesp.

Na oportunidade, foi indeferido o pedido de ingresso nos autos na qualidade de *amicus curiae*, apresentado pelo Município de São Paulo/SP, visto que apresentado posteriormente à inclusão do recurso em pauta de julgamento.

No mérito da decisão, destacou o Ministro que a jurisprudência da Suprema Corte acerca da imunidade recíproca é notória e significativamente estável.

Destacou o Relator que no RE 253.472 foi proposto ao Plenário um teste constitucional composto por três estágios, a fim de se aferir a aplicabilidade da imunidade tributária recíproca, para os casos em que fundada dúvida sobre os riscos de a aplicação da referida imunidade violar outros valores constitucionais expressivos.

As etapas do teste proposto pelo Ministro são:

> 1.1. A imunidade tributária recíproca se aplica à propriedade, bens e serviços utilizados na satisfação dos objetivos institucionais imanentes do ente federado, cuja tributação poderia colocar em risco a respectiva autonomia política. Em conseqüência ('sic'), é incorreto ler a cláusula de imunização de modo a reduzi-la a mero instrumento destinado a dar ao ente federado condições de contratar em circunstâncias mais vantajosas, independentemente do contexto.
>
> 1.2. Atividades de exploração econômica, destinadas primordialmente a aumentar o patrimônio do Estado ou de particulares, devem ser submetidas à tributação, por apresentarem-se como manifestações de riqueza e deixarem a salvo a autonomia política.
>
> 1.3. A desoneração não deve ter como efeito colateral relevante a quebra dos princípios da livre-concorrência e do exercício de atividade profissional ou econômica lícita. Em princípio, o sucesso ou a desventura empresarial devem pautar-se por virtudes e vícios próprios do mercado e da administração, sem que a intervenção do Estado seja favor preponderante.

Ressaltou o Ministro que, embora haja comando legal estabelecido pelo Decreto-lei nº 200/1967, no sentido de que caso o Poder Público almeje se enveredar pelo mercado aberto à concorrência, ou distribuir lucros a si e a terceiros, deverá criar empresa pública ou uma sociedade de economia mista, na prática, percebe-se exemplos diametralmente opostos ao modelo normativo, ou seja, apesar da criação de tais pessoas jurídicas não é possível inferir a distribuição de lucros a qualquer espécie de investidor, seja público ou privado.

A exemplo do argumento, o Ministro fez menção ao caso analisado no RE 580.264[3], nominado em seu voto como "Hospitais Sulinos", que, em seu entendimento, se trata de pessoa jurídica destinada à atuação no mercado ou voltada à distribuição de lucros, mas que funciona como mera instrumentalidade estatal.

Segundo o Ministro, no presente caso, o Estado de São Paulo optou por prestar serviços de esgotamento e de fornecimento de água por intermédio da administração indireta, o que motivou a criação da SABESP, que possui capital aberto e ações negociadas na Bolsa de Valores de São Paulo e na Bolsa de Valores de Nova Iorque.

No voto do Relator, verifica-se que a SABESP obteve um lucro líquido de R$ 475,0 milhões, no terceiro trimestre de 2013, valor superior quando comparado com o terceiro trimestre de 2012 (31,3%).

Dentre os pontos suscitados pelo Ministro destacaram-se (i) o fato de que, em 15.07.2013, a agência Moody's considerou a SABESP investimento viável para rentabilidade; e (ii) que seus investidores fazem jus à distribuição de lucros, observados os ditames legais aplicáveis, como dividendos, juros sobre capital próprio, debêntures, partes negociáveis etc.

Em que pese não haja reprovação quanto à aferição de lucros, o Ministro Relator evidenciou em seu voto que "[...] a Constituição expressamente coloca à iniciativa privada o exercício de atividades econômicas, assegura a propriedade e o produto das escolhas feitas com esses recursos."

Nas palavras do Relator, a intervenção direta estatal na economia e no mercado é expressamente subsidiária, de forma que é considerado um "desvio sistêmico" assegurar garantias indissociáveis do Estado e

[3] EMENTA: CONSTITUCIONAL. TRIBUTÁRIO. RECURSO EXTRAORDINÁRIO. REPERCUSSÃO GERAL. IMUNIDADE TRIBUTÁRIA RECÍPROCA. SOCIEDADE DE ECONOMIA MISTA. SERVIÇOS DE SAÚDE. 1. A saúde é direito fundamental de todos e dever do Estado (arts. 6º e 196 da Constituição Federal). Dever que é cumprido por meio de ações e serviços que, em face de sua prestação pelo Estado mesmo, se definem como de natureza pública (art. 197 da Lei das leis). 2. A prestação de ações e serviços de saúde por sociedades de economia mista corresponde à própria atuação do Estado, desde que a empresa estatal não tenha por finalidade a obtenção de lucro. 3. As sociedades de economia mista prestadoras de ações e serviços de saúde, cujo capital social seja majoritariamente estatal, gozam da imunidade tributária prevista na alínea a do inciso VI do art. 150 da Constituição Federal.

do interesse público aos empreendimentos que dispõem de capacidade contributiva e possuem a função de distribuir os resultados da atividade econômica ao patrimônio dos empreendedores.

Entendeu o Ministro Relator que o simples fato de um ente federado ser sócio majoritário em uma sociedade de economia mista ou em uma empresa pública não é, por si só, uma circunstância tida como relevante, visto que não é função primária estatal aferir lucros ou receita de qualquer pessoa jurídica.

Outrossim, destacou o Ministro que se o Estado de São Paulo optou pela prestação de serviços essenciais por intermédio de pessoa jurídica que seja capaz de distribuir lucros, verifica-se, por conseguinte, a capacidade contributiva, rechaçando-se qualquer tipo de risco ao pacto federativo, não havendo se falar em desprover municípios e a própria União de recursos tidos por legítimos, sob o argumento de se assegurar àquela pessoa jurídica vantagem econômica que em nada afeta a harmonia federativa.

Caso a carga tributária se mostre proibitiva, ressaltou o Ministro Relator que o Estado poderá optar por outra forma de pessoa jurídica para a prestação do serviço, que refute a possibilidade de acumulação e distribuição de lucros.

Assim, o Ministro finalizou o seu voto sublinhando que em situações nas quais o ente federado crie uma instrumentalidade estatal dotada de capacidade contributiva, que acumule e distribua lucros, e que contrate pelo regime celetista, vê-se a perfeita coexistência entre o respeito ao pacto federativo e a autonomia local, que guarda relação direta com a imunidade tributária recíproca, exaustivamente estudada a partir do caso *McCulloch vs. Maryland*[4], negando provimento ao recurso extraordinário.

O Ministro Relator foi acompanhado pelos Ministros Teori Zavascki, Luiz Fux, Rosa Weber, Gilmar Mendes, Dias Toffoli e Marco Aurélio.

[4] [...] as decisões abordam o caso para mostrar a origem da doutrina das imunidades tributárias implícitas e depois discorrem sobre a evolução dessa doutrina no sentido de não privilegiar particulares à desoneração de contribuir financeiramente com o Estado. Decidiu-se, por exemplo, que a Petrobras não tem imunidade tributária, mesmo nas atividades de seu monopólio, visto que tem acionistas particulares que lucram com a atividade econômica (BRASIL, 2010a). Disponível em: https://www12.senado.leg.br/ril/edicoes/56/221/ril_v56_n221_p247.pdf, acesso em 9 dez de 2021.

2.2. Votos vencidos

Os votos divergentes foram apresentados pelos seguintes Ministros:

Luís Roberto Barroso: Dentre as suas razões, explicitou o Ministro que a extensão de imunidade recíproca às sociedades de economia mista tem sido um tema controvertido no âmbito da Corte Suprema, o que demanda uma análise pontual dos casos submetidos à apreciação. Ademais, aventou o Ministro que a Segunda Turma tem se posicionado no sentido de que nos casos em que haja intuito de lucro, desde que ainda se trate de serviço público em ambiente não concorrencial, prevalece o entendimento de que a imunidade tributária recíproca deve ser reconhecida[5]. Propõe o Ministro que seja tributada apenas a distribuição dos lucros, de forma a onerar o particular que vai se beneficiar, visto que, em seu entendimento, o saneamento básico é um serviço público típico e a imunidade decorre da natureza jurídica do serviço, e não da natureza jurídica da empresa. Em seus argumentos, esclareceu o Ministro que é preciso diferenciar uma empresa estatal concessionária de um serviço público essencial, tida como um monopólio natural, de uma empresa concessionária de um serviço público geral, como, por exemplo, o transporte público prestado por empresas privadas, totalmente privadas, sem participação estatal e em regime concorrencial.

Cármen Lúcia: A Ministra, em seu voto-vista, entendeu que o saneamento básico é serviço público típico da função estatal, competindo ao Poder Público o dever de universalizar esse serviço e implementar a prestação regionalizada. Ao realizar um resgate histórico das discussões do tema na Suprema Corte, a Ministra aponta que dentre as empresas estatais prestadores de serviço público de saneamento básico, algumas delas negociam ações em bolsa de valores, a exemplo da Companhia Catarinense de Águas e Saneamento – Casan, e da Companhia de Saneamento de Minas Gerais – Copasa MG, e, mesmo disponibilizando ações para negociação em bolsa de valores, as referidas empresas têm

[5] EMENTA: AGRAVO REGIMENTAL NO RECURSO EXTRAORDINÁRIO. TRIBUTÁRIO. IMPOSTO PREDIAL E TERRITORIAL URBANO – IPTU. SOCIEDADE DE ECONOMIA MISTA CONCESSIONÁRIA DE SERVIÇO PÚBLICO. IMUNIDADE RECÍPROCA: APLICABILIDADE. PRECEDENTES. AGRAVO REGIMENTAL AO QUAL SE NEGA PROVIMENTO. (RE 773131 AgR, Relator(a): CÁRMEN LÚCIA, Segunda Turma, julgado em 17/12/2013, PROCESSO ELETRÔNICO DJe-026 DIVULG 06-02-2014 PUBLIC 07-02-2014).

reconhecida a imunidade tributária no pagamento de impostos, notadamente o IPTU[6]. Ressaltou a Ministra que reconhecer a imunidade recí-

[6] 1) RE nº 1.188.668/MG: Os autos envolviam a CEMIG e a questão do reconhecimento da imunidade recíproca à sociedade de economia mista no recolhimento do IPTU. A Ministra Carmén Lúcia, Relatora do presente RE, corroborou os argumentos suscitados pela CEMIG, dando provimento ao recurso extraordinário interposto pela referida empresa, uma vez que, em seu entendimento, *[...] Na espécie vertente, tem-se a prestação exclusiva de serviço público essencial (geração e transmissão de energia elétrica) por ente da Administração Pública indireta (sociedade de economia mista), não por empresa particular concessionária de serviço público, circunstância a atrair a incidência da imunidade recíproca.*
2) RE nº 1.097.339/MG: Aqui, discutiu-se a questão de ser aplicável ou não a imunidade tributária à CEMIG. O Ministro Edson Fachin foi o Relator do recurso, dando provimento parcial à insurgência interposta pela CEMIG, por entender que *[...] As pessoas administrativas delegatárias de serviços públicos ou do poder de polícia titularizam interesses públicos, que lhes dão grande cópia de prerrogativas, inclusive no que concerne à tributação, a elas se aplicando, por inteiro, a imunidade do art. 150, VI, a, da CF.* Ainda ressaltou o Ministro Relator que há entendimento consolidado na Suprema Corte no sentido de que *[...] a imunidade recíproca pode ser estendida a empresas públicas ou sociedades de economia mista prestadoras de serviço público de cunho essencial e exclusivo não-concorrencial.*
3) RE nº 1.003.246/MG: O cerne da questão dizia respeito ao reconhecimento da imunidade tributária à CEMIG, no que se refere ao IPTU. O Ministro Celso de Mello figurou como Relator nos autos, reconhecendo o pleito da CEMIG, fundamentando a decisão no julgamento do RE 773.131-AgR/MG, que teve como Relatora a Ministra Carmén Lúcia, assim ementado: "AGRAVO REGIMENTAL NO RECURSO EXTRAORDINÁRIO. TRIBUTÁRIO. IMPOSTO PREDIAL E TERRITORIAL URBANO – IPTU. SOCIEDADE DE ECONOMIA MISTA CONCESSIONÁRIA DE SERVIÇO PÚBLICO. IMUNIDADE RECÍPROCA: APLICABILIDADE. PRECEDENTES. AGRAVO REGIMENTAL AO QUAL SE NEGA PROVIMENTO."
4) RE nº 918.704/MG: Nos autos, a CEMIG interpôs o recurso extraordinário questionando a cobrança do IPTU e da Contribuição para o Custeio do Serviço de Iluminação Pública (Cosip), por entender ter direito à imunidade recíproca sobre o imóvel tributado, diante da sua destinação à prestação de serviço público. A Ministra Rosa Weber, Relatora do recurso, deu parcial provimento à insurgência, por entender que a recorrente integra a Administração Pública indireta, concessionária do serviço de geração e transmissão de energia elétrica, alcançável pela imunidade recíproca. No que respeita à Cosip, a Relatora destacou que a decisão recorrida atendeu à orientação fixada na Suprema Corte, no seguinte sentido: "CONSTITUCIONAL. TRIBUTÁRIO. RE INTERPOSTO CONTRA DECISÃO PROFERIDA EM AÇÃO DIRETA DE INCONSTITUCIONALIDADE ESTADUAL. CONTRIBUIÇÃO PARA O CUSTEIO DO SERVIÇO DE ILUMINAÇÃO PÚBLICA – COSIP. ART. 149-A DA CONSTITUIÇÃO FEDERAL. LEI COMPLEMENTAR 7/2002, DO MUNICÍPIO DE SÃO JOSÉ, SANTA CATARINA. COBRANÇA REALIZADA NA FATURA DE ENERGIA ELÉTRICA. UNIVERSO DE CONTRIBUINTES QUE NÃO COINCIDE COM O DE BENEFICIÁRIOS DO SERVIÇO. BASE DE CÁLCULO QUE LEVA EM CONSIDERAÇÃO O CUSTO DA

proca apenas às empresas estatais com o capital social exclusivamente público pode *[...] gerar desequilíbrio na prestação do serviço público de saneamento básico e inibir investimentos nas ações relacionadas à universalização e o alcance dessa atividade essencial para dignidade da pessoa, a saúde, a moradia digna e até mesmo ambiente sustentável e equilibrado.* De acordo com o entendimento da Ministra, a contraprestação do serviço público essencial remunerada por tarifa ou preço público não possui o condão de descaracterizar a sociedade de economia mista para fins de reconhecimento da imunidade tributária elencada no 150, VI, 'a', da CF/88. Assim, defende a Ministra que os investimentos e meios necessários direta ou indiretamente necessários para a prestação desse serviço público típico pelo ente estatal não deve ser tributado, corroborando entendimento do Mi-

ILUMINAÇÃO PÚBLICA E O CONSUMO DE ENERGIA. PROGRESSIVIDADE DA ALÍQUOTA QUE EXPRESSA O RATEIO DAS DESPESAS INCORRIDAS PELO MUNICÍPIO. OFENSA AOS PRINCÍPIOS DA ISONOMIA E DA CAPACIDADE CONTRIBUTIVA. INOCORRÊNCIA. EXAÇÃO QUE RESPEITA OS PRINCÍPIOS DA RAZOABILIDADE E PROPORCIONALIDADE. RECURSO EXTRAORDINÁRIO IMPROVIDO. I – Lei que restringe os contribuintes da COSIP aos consumidores de energia elétrica do município não ofende o princípio da isonomia, ante a impossibilidade de se identificar e tributar todos os beneficiários do serviço de iluminação pública. II – A progressividade da alíquota, que resulta do rateio do custo da iluminação pública entre os consumidores de energia elétrica, não afronta o princípio da capacidade contributiva. III – Tributo de caráter sui generis, que não se confunde com um imposto, porque sua receita se destina a finalidade específica, nem com uma taxa, por não exigir a contraprestação individualizada de um serviço ao contribuinte. IV – Exação que, ademais, se amolda aos princípios da razoabilidade e da proporcionalidade. V – Recurso extraordinário conhecido e improvido." (RE 573.675, Rel. Min. Ricardo Lewandowski, Tribunal Pleno, DJe 22.5.2009.)"

5) RE nº 580.264/RS: EMENTA: CONSTITUCIONAL. TRIBUTÁRIO. RECURSO EXTRAORDINÁRIO. REPERCUSSÃO GERAL. IMUNIDADE TRIBUTÁRIA RECÍPROCA. SOCIEDADE DE ECONOMIA MISTA. SERVIÇOS DE SAÚDE. 1. A saúde é direito fundamental de todos e dever do Estado (arts. 6º e 196 da Constituição Federal). Dever que é cumprido por meio de ações e serviços que, em face de sua prestação pelo Estado mesmo, se definem como de natureza pública (art. 197 da Lei das leis). 2. A prestação de ações e serviços de saúde por sociedades de economia mista corresponde à própria atuação do Estado, desde que a empresa estatal não tenha por finalidade a obtenção de lucro. 3. As sociedades de economia mista prestadoras de ações e serviços de saúde, cujo capital social seja majoritariamente estatal, gozam da imunidade tributária prevista na alínea "a" do inciso VI do art. 150 da Constituição Federal. 3. Recurso extraordinário a que se dá provimento, com repercussão geral. (RE 580264, Relator(a): JOAQUIM BARBOSA, Relator(a) p/ Acórdão: AYRES BRITTO, Tribunal Pleno, julgado em 16/12/2010, REPERCUSSÃO GERAL – MÉRITO DJe-192 DIVULG 05-10-2011 PUBLIC 06-10-2011 EMENT VOL-02602-01 PP-00078)

nistro Barroso no sentido de que se a atividade gerar lucros e, por conseguinte, a distribuição de dividendos, se verifica a tributação.

3. Análise crítica

Como visto, a SABESP solicita o reconhecimento de imunidade do IPTU em face do Município da Estância Balneária de Ubatuba. Ela o faz baseada no artigo 150, VI, 'a', da CF/88 e ressalta (i) o caráter público da atividade desempenhada; (ii) a ausência de intuito lucrativo; (iii) a responsabilidade subsidiária do Poder Público; e (iv) o reconhecimento da imunidade recíproca pelo STF a empresas de economia mista, como a ECT e a Infraero.

Deste modo, não sem fundamento, a procedência do pedido foi reconhecida em primeira instância, bem como foi reconhecida pelos votos divergentes dos Ministros Luís Roberto Barroso e Carmen Lúcia. Em acréscimo à argumentação da empresa, destaca-se que, como levantado pelo Ministro, a Segunda Turma havia se posicionado no sentido de que, ainda que haja intuito de lucro, se se tratar de serviço público em ambiente não concorrencial, deve-se reconhecer a imunidade recíproca. A Ministra opinou no mesmo sentido e, através da citação de diversos julgados anteriores, indicou casos em que a imunidade foi reconhecida a empresas de economia mista, como a Casan e Copasa/MG.

Entretanto, prevaleceu a tese levantada pelo Relator, o Ministro Joaquim Barbosa, de maneira semelhante ao que fora decidido pelo Tribunal de Justiça do Estado de São Paulo. Em suma, a discussão centralizou-se entre a escolha do principal critério para caracterizar a imunidade recíproca: Serviço Público Prestado X Natureza Jurídica da Empresa. Afinal, independente do serviço prestado, caso a empresa, além de ser uma sociedade de economia mista, negocie ações em Bolsa de Valores e, para tanto, vise o lucro e a distribuição de dividendos aos seus acionistas, então não haverá o direito à imunidade recíproca.

Destaca-se que o Relator fundamenta sua posição especialmente no RE 253.472, julgado em 2011 pelo Plenário do STF, em que foram propostos três critérios para caracterização da imunidade recíproca. Tendo em vista sua relevância, vale a pena copiá-los:

> 1.1. A imunidade tributária recíproca se aplica à propriedade, bens e serviços utilizados na satisfação dos objetivos institucionais imanentes

> do ente federado, cuja tributação poderia colocar em risco a respectiva autonomia política. Em conseqüência ('sic'), é incorreto ler a cláusula de imunização de modo a reduzi-la a mero instrumento destinado a dar ao ente federado condições de contratar em circunstâncias mais vantajosas, independentemente do contexto.
>
> 1.2. Atividades de exploração econômica, destinadas primordialmente a aumentar o patrimônio do Estado ou de particulares, devem ser submetidas à tributação, por apresentarem-se como manifestações de riqueza e deixarem a salvo a autonomia política.
>
> 1.3. A desoneração não deve ter como efeito colateral relevante a quebra dos princípios da livre-concorrência e do exercício de atividade profissional ou econômica lícita. Em princípio, o sucesso ou a desventura empresarial devem pautar-se por virtudes e vícios próprios do mercado e da administração, sem que a intervenção do Estado seja favor preponderante.

Ademais, destaca-se que, no terceiro trimestre de 2013, a empresa obteve um lucro líquido de R$ 475,0 milhões. Em agosto de 2011, 49,7% de suas ações estavam nas mãos de investidores privados. Portanto, a relevância da participação privada na sociedade de economia mista e o intuito de distribuir lucros aos seus controladores e acionistas, corroboraram para a decisão do Relator.

Evidentemente, ambos os posicionamentos são relevantes e bem fundamentados. Entretanto, deve ser prestigiada a posição do Ministro Joaquim Barbosa ao aplicar critérios previamente definidos pela Corte em caso semelhante, conferindo-lhe segurança jurídica. Além disto, percebe-se o realce dado ao princípio constitucional da livre concorrência, tendo em vista que, ao negar-se a imunidade, a empresa (que possui intuito lucrativo, pois deve remunerar seus acionistas) foi aproximada do regime privado imposto às empresas comuns. Afinal, em momento algum a Constituição Federal determinou que tais empresas tivessem tratamento tributário favorecido, como indica seu artigo 173, § 2º.

A imunidade recíproca é aquela concedida à determinada pessoa[7]. Portanto, a personalidade do ente imune importa mais do que o serviço

[7] Art. 150, VI, a, CF: É vedado à União, aos Estados, ao Distrito Federal e aos Municípios instituir impostos sobre patrimônio, renda ou serviços, uns dos outros.

prestado para sua caracterização. Por isso, entendemos que andou bem o Ministro Joaquim Barbosa ao privilegiar o critério da natureza jurídica da empresa ao invés do serviço público prestado e, consequentemente, negar a imunidade recíproca à SABESP.

CAPÍTULO 26
RECURSO EXTRAORDINÁRIO Nº 727.851

DANIEL VICENTE EVALDT DA SILVA

1. Recurso extraordinário nº 727.851 – Minas Gerais [1]

Recorrente: Estado de Minas Gerais
Recorrido: Município de Juiz de Fora
Relator: Ministro Marco Aurélio
Data de julgamento: 22 de junho de 2020

1.1. Ementa

EMENTA – ACÓRDÃO DE JULGAMENTO

IPVA – ALIENAÇÃO FIDUCIÁRIA – ADQUIRENTE – PESSOA JURÍDICA DE DIREITO PÚBLICO. Incide a imunidade prevista no artigo 150, inciso VI, alínea "a", da Constituição Federal, em se tratando de contrato de alienação fiduciária em que pessoa jurídica de direito público surge como devedora.[2]

[1] BRASIL. Supremo Tribunal Federal. *Recurso Extraordinário n. 727.851/MG*, Relator(a): MARCO AURÉLIO, Tribunal Pleno, julgado em 22/06/2020, PROCESSO ELETRÔNICO REPERCUSSÃO GERAL – MÉRITO DJe-179 DIVULG 16-07-2020 PUBLIC 17-07-2020.
[2] BRASIL. Supremo Tribunal Federal. *Op. Cit.*

1.2. Tese fixada

Não incide IPVA sobre veículo automotor adquirido, mediante alienação fiduciária, por pessoa jurídica de direito público.

Tema 685 – Extensão da imunidade tributária recíproca ao IPVA de veículos adquiridos por município no regime da alienação fiduciária.

1.3. Especificação do caso e razões da submissão à repercussão geral

Conforme exposto no Acórdão de julgamento, cuida-se, na origem, de Ação ajuizada pelo Município de Juiz de Fora em face do Estado de Minas Gerais, postulando a declaração de inexistência de relação jurídico-tributária entre ambos, ao fundamento de que o Estado não poderia cobrar IPVA sobre veículos objeto de alienação fiduciária contratada pelo ente municipal e que constem sobre sua posse direta, vinculados à finalidade pública. Em havendo a exação, estar-se-ia, de acordo com o Município, diante de violação à imunidade recíproca estabelecida no artigo 150, VI, "a", da CF/1988.

O juízo de primeiro grau decidiu pela improcedência da ação, tendo havido recurso ao Tribunal de Justiça do Estado de Minas Gerais, por meio de remessa necessária, que acabou por reformar a decisão *a quo*, assentando-se a imunidade do Município de Juiz de Fora em relação ao Imposto sobre a Propriedade de Veículos Automotores – IPVA, já que os automóveis teriam sido adquiridos mediante alienação fiduciária. Considerou o Tribunal que, não obstante estarem os veículos alienados fiduciariamente, encontravam-se sob a posse direta do Município, integrando o seu patrimônio, razão suficiente a atrair a imunidade recíproca.

O Estado de Minas Gerais interpôs o Recurso Extraordinário, com fundamento no art. 103, inciso III, alínea "a", da CF/1988, alegando-se ter havido na decisão recorrida violação ao artigo 150, inciso VI, alínea "a", da Lei Maior, requerendo da Suprema Corte manifestação sobre a extensão da imunidade recíproca concedida à municipalidade, que, na condição de responsável tributária solidária, é chamada a quitar a dívida do IPVA não paga pelo contribuinte principal.

É que o Estado de Minas Gerais editou as Leis Estaduais nº 12.735/1997, nº 14.937/2003 e nº 19.988/2011, que preveem a responsabilidade solidária quanto ao pagamento do IPVA entre o proprietário do veículo e o devedor fiduciário.

Sustentou que os veículos alienados fiduciariamente não integrariam o patrimônio do Município, mas da instituição financeira com a qual ele celebrou o contrato. Assim, o responsável pelo tributo seria o credor fiduciário, e não o devedor fiduciante, circunstância a afastar a imunidade recíproca.

A Procuradoria-Geral da República opinou pelo provimento do recurso, já que a instituição financeira é que deteria a propriedade resolúvel do bem e o Município teria a propriedade sob condição suspensiva.

Em outubro de 2013, o STF reconheceu a repercussão geral, fixando o tema 685[3].

Foi negado o ingresso, como terceira interessada, da Federação Brasileira de Bancos - FEBRABAN, indeferindo-se, ainda, o pedido de suspensão nacional dos processos versando a matéria[4].

Em junho de 2020, o STF negou provimento ao Recurso Extraordinário, nos termos do voto do Relator, por unanimidade, fixando-se a seguinte tese: "Não incide IPVA sobre veículo automotor adquirido, mediante alienação fiduciária, por pessoa jurídica de direito público".

É o que se passou.

1.4. Critério de conhecimento da repercussão geral

A Recorrente, o Estado de Minas Gerais, afirmou que o pleito ultrapassava o interesse subjetivo das partes, mostrando-se relevante do ponto de vista econômico, social e jurídico, por afetar inúmeras pessoas com vínculo específico com os Estados-membros.

O Recorrido, Município de Juiz de Fora, não se manifestou em contrarrazões.

O Ministro Relator, Marco Aurélio, consignou, sucintamente, que "o tema, de índole constitucional, está a merecer o crivo do Colegiado Maior".

[3] Extensão da imunidade tributária recíproca ao IPVA de veículos adquiridos por município no regime da alienação fiduciária.

[4] BRASIL. Supremo Tribunal Federal. RE 727851 AgR, Relator(a): Marco Aurélio, Tribunal Pleno, julgado em 20/09/2018, ACÓRDÃO ELETRÔNICO DJe-235. DIVULGADO em 05-11-2018, PUBLICADO em 06-11-2018. "O simples fato de representados da Federação requerente poderem ter o volume de vendas influenciado pela conclusão a ser alcançada pelo Plenário não gera interesse suficiente a levar à admissão no processo".

O Tribunal, por unanimidade, reputou constitucional a questão e, também por unanimidade, reconheceu a existência de repercussão geral.

Ficou assim ementado o julgamento da Repercussão Geral[5]:

> IPVA - AUTOMÓVEL - ALIENAÇÃO FIDUCIÁRIA - RELAÇÃO JURÍDICA A ENVOLVER O ESTABELECIMENTO FINANCEIRO E O MUNICÍPIO - IMUNIDADE RECÍPROCA ADMITIDA NA ORIGEM - RECURSO EXTRAORDINÁRIO - REPERCUSSÃO GERAL CONFIGURADA. Possui repercussão geral a controvérsia relativa à incidência da imunidade recíproca, prevista no artigo 150, inciso VI, alínea "a", da Carta da República, no tocante ao Imposto sobre a Propriedade de Veículos Automotores - IPVA a recair em automóvel alienado fiduciariamente por instituição financeira a município.

2. Mérito da decisão julgamento

2.1. Voto condutor

O Ministro Relator, Marco Aurélio, sustentou em seu voto condutor que a propriedade referida na Lei Maior há de ser tomada em sentido amplo, de maneira a alcançar a posse a qualquer título, a exemplo do que assentado no Recurso Extraordinário nº 253.472/SP, em relação ao Imposto sobre a Propriedade Predial e Territorial Urbana, que, aliás, é o comando do artigo 32 do CTN. Assim, o critério para a aplicação da regra de imunidade deveria ser a titularidade da posse direta.

Considerou o Ministro que a alienação fiduciária é o negócio jurídico por meio do qual o devedor fiduciante, em garantia de direito creditório, transfere ao credor fiduciário a propriedade resolúvel de bem móvel ou imóvel, mantendo-se na posse direta.

Assim, na visão do Ministro Relator, se o contribuinte do Imposto fosse o agente fiduciário, ou seja, a instituição bancária, teria que se chegar à conclusão, por consequência, de que todos os veículos alienados fiduciariamente deveriam ser licenciados no Município de domicílio do credor. Isso subverteria o pacto federativo, ao centralizar a arrecadação

[5] BRASIL. Supremo Tribunal Federa. RE 727851 RG, Relator(a): MARCO AURÉLIO, Tribunal Pleno, julgado em 17/10/2013, ACÓRDÃO ELETRÔNICO DJe-214 DIVULGADO 28-10-2013, PUBLICADO 29-10-2013.

de IPVA em poucos Municípios, em especial, naqueles em que domiciliados os credores fiduciários.

Na mesma linha, o Ministro Alexandre de Moraes consignou que o artigo 1º do Decreto-Lei nº 911/1969, que regulamenta a alienação fiduciária em garantia, dispõe que o contrato transfere ao credor o domínio resolúvel e a posse indireta da coisa móvel alienada, independentemente da tradição efetiva do bem, tornando-se o alienante ou devedor em possuidor direto e depositário com todas as responsabilidades e encargos que lhe incumbem, de acordo com a lei civil e penal.

Para o Ministro Alexandre de Moraes, se as Leis Estaduais trouxeram previsão expressa no sentido de que haverá responsabilidade entre o proprietário e o devedor fiduciário para o pagamento do tributo, seria clara a violação ao artigo 150, VI, "a", da CF/1988. Isso porque os bens adquiridos pelos Municípios encontrar-se-iam afetados à finalidade pública, de forma que a incidência do IPVA violaria o pacto federativo.

À unanimidade, o Tribunal conheceu do Recurso Extraordinário, mas no mérito lhe negou provimento.

Esta foi a decisão final do julgamento:

> O Tribunal, por unanimidade, apreciando o tema 685 da repercussão geral, negou provimento ao recurso extraordinário, nos termos do voto do Relator. Foi fixada a seguinte tese: "Não incide IPVA sobre veículo automotor adquirido, mediante alienação fiduciária, por pessoa jurídica de direito público". Falou, pela interessada Federação Brasileira de Bancos, o Dr. Leonardo Augusto Andrade. Afirmou suspeição o Ministro Roberto Barroso. Plenário, Sessão Virtual de 12.6.2020 a 19.6.2020.

3. Análise crítica

A decisão da Suprema Corte é correta. O ponto de partida está, obviamente, em compreender-se o instituto da imunidade recíproca. Trata-se, nos dizeres de Nelson Nery Júnior[6], de uma limitação constitucional ao poder de tributar. Ela existe para assegurar a independência entre as pessoas jurídicas de Direito Público, já que entre elas não há hierarquia,

[6] NERY JR., Nelson. NERY, Rosa Maria de Andrade. 7ª ed. São Paulo: Thomson Reuters, 2019, p. 1293.

nem subordinação[7], dando-se efetividade pronta e imediata ao postulado da isonomia dos entes federados[8].

A imunidade recíproca é, então, elemento fundamental na proteção e mesmo viabilização da engenharia política federativa, como ficou assentado no caso *McCulloch vs. Maryland*[9], e é muito significativa para a consolidação da teoria dos poderes implícitos e da limitação do poder de tributar dos Estados[10].

Assim, não há dúvidas de que o texto constitucional protege o patrimônio dos entes federativos contra tributação de outros entes federativos, assegurando sua existência autônoma (art. 150, VI, "a", da CF/1988). Assim, se os veículos são dos Municípios, a imunidade em face do IPVA, imposto Estadual, é medida que se impõe.

A dúvida poderia remanescer pela natureza do modo pelo qual os Municípios adquiram tais veículos. Isso porque, no caso, como ficou evidenciado, os veículos foram adquiridos por meio de contrato de alienação fiduciária.

Ora, o Estado-membro editou leis para assegurar que a cobrança do IPVA se desse sem distinção entre o agente financeiro e o comprador do veículo (devedor fiduciário) (responsabilidade tributária solidária). A argumentativa é que a propriedade do veículo seria, em um contrato de alienação fiduciária, do agente financeiro. Propriedade esta resolúvel, frise-se. Assim, não poderia ser alcançado pela imunidade recíproca.

O primeiro ponto a se ressaltar é que, em hipótese alguma, o Estado de MG poderia ter cobrado IPVA do Município. Exata e precisamente porque ele é imune ao IPVA, como assevera o art. 150, VI, "a", da CF/1988. Poderia, se desejasse, cobrar do Banco credor, ensejando daí outra discussão jurídica, a saber, se, o agente financeiro credor, por ser o proprietário tabular do veículo, poderia ser o responsável tributário do IPVA. Não foi o que o Estado de MG fez, como se vê no objeto do recurso extraordinário em comento.

[7] SCHOUERI, Luis Eduardo. **Direito tributário.** 8. Ed. São Paulo: Saraiva, 2018, p. 439.

[8] CARVALHO, Paulo de Barros. Curso de Direito Tributário – 29ª Ed. São Paulo: Saraiva, 2018, p. 208.

[9] ESTADOS UNIDOS DA AMÉRICA. Supreme Court. McCulloch v. Maryland, 17 U.S. 4. First Party: McCulloch. Second Party: Maryland. March 5, 1819.

[10] CASAGRANDE, C. L. BARREIRA, J. H. O caso McCulloch v. Maryland e sua utilização na jurisprudência do STF. RIL Brasília a. 56 n. 221 jan./mar. 2019 p. 247-270.

Ora, como se vê na Lei nº 9.514/1997, a alienação fiduciária de bem imóvel, é o negócio jurídico pelo qual o devedor, ou fiduciante, com o escopo de garantia, contrata a transferência ao credor, ou fiduciário, da propriedade resolúvel de coisa imóvel.

O contrato de alienação fiduciária de bem móvel infungível, por sua vez, é regido pelo Código Civil, em que seu art. 1.361 estatui ser fiduciária a propriedade resolúvel de coisa móvel infungível que o devedor, com escopo de garantia, transfere ao credor.

O § 2º do mesmo artigo estabelece que no contrato de alienação fiduciária há desdobramento da posse, tornando-se o devedor possuidor direto da coisa. Compreende-se, então, que o proprietário e possuidor indireto é o agente financeiro. Já o devedor fiduciário tem a posse direta e o direito pleno à propriedade tão logo cumpra com as obrigações financeiras do contrato, como se vê no § 3º do art. 1.361 do Código Civil.

Além disso, o artigo 1º do Decreto-Lei 911/1969, que regulamenta a alienação fiduciária em garantia, estabelece que o contrato de alienação fiduciária em garantia transfere ao credor o domínio resolúvel e a posse indireta da coisa móvel alienada, independentemente da tradição efetiva do bem. Torna-se o alienante/devedor depositário com todas as responsabilidades e encargos que lhe incumbem de acordo com a lei civil e penal.

Portanto, é o devedor o responsável pelo bem para todos os fins. No caso, por se tratar de veículo, seu registro é feito no Estado do devedor. As responsabilidades civil, administrativa e mesmo penal também são do devedor. Isso por força de lei.

Então, trata-se de patrimônio do Município, afetado à gestão pública.

Ora, se a propriedade é resolúvel, significa dizer que está subordinado a uma condição resolutiva ou advento do termo. A propriedade deixa de ser plena, passando a ser limitada. Esclarecedor é o ensinamento de Maria Helena Diniz[11], que afirmar que a condição e o termo resolutivo, operam retroativamente, de modo que os direitos que se constituíram em sua pendência serão desfeitos, exatamente, como se nunca tivessem existido.

Assim é que o credor fiduciário só pode ser responsabilizado pelo tributo se executar a garantia, passando, como consequência, a ter a posse direta do bem. E mesmo assim somente após esta execução.

[11] Diniz, Maria Helena. *Curso de Direito Civil Brasileiro*. 22 ed. São Paulo: Saraiva, 2007.

Portanto, a decisão do STF, no caso, é correta já que a propriedade tabular é irrelevante para definir-se o alcance da imunidade recíproca. Ademais, quando se reconhece a natureza do contrato de alienação fiduciária, que é apenas meio para que o devedor alcance a propriedade e garantia da dívida do credor.

Lamenta-se, contudo, não haver uma lei complementar para organizar a incidência do IPVA. Se o Congresso Nacional não se furtasse ao seu dever legislativo, poderia estabelecer os limites para a cobrança deste tributo, em especial, no tema de aquisição de veículos por entes públicos.

CAPÍTULO 27
RECURSO EXTRAÓRDINÁRIO Nº 759244 – SÃO PAULO

Ricardo Victor Ferreira Bastos

1. Recurso extraordinário nº 759244 – São Paulo[1]

Recorrente: BIOENERGIA DO BRASIL S/ A
Recorrido: UNIÃO
Relator: Ministro EDSON FACHIN
Voto vencedor: Ministro EDSON FACHIN
Data de julgamento: 12 de fevereiro de 2020.

1.1. Ementa

RECURSO EXTRAORDINÁRIO. REPERCUSSÃO GERAL. DIREITO TRIBUTÁRIO. IMUNIDADE TRIBUTÁRIA DAS EXPORTAÇÕES. CONTRIBUIÇÕES PREVIDENCIÁRIAS. RECEITAS DECORRENTES DE EXPORTAÇÃO. EXPORTAÇÃO INDIRETA. TRADING COMPANIES. Art.22-A, Lei n.8.212/1991. 1. O melhor discernimento acerca do alcance da imunidade tributária nas exportações indiretas se realiza a partir da compreensão da natureza objetiva da imunidade, que está a indicar que imune não é o contribuinte, 'mas sim o bem

[1] BRASIL. Supremo Tribunal Federal. *Recurso Extraordinário nº 759244*. Relator(a): Edson Fachin, Tribunal Pleno, julgado em 12/02/2020. Disponível em: https://redir.stf.jus.br/paginadorpub/paginador.jsp?docTP=TP&docID=752324318. Acesso em: 24 de nov. de 2021.

quando exportado', portanto, irrelevante se promovida exportação direta ou indireta. 2. A imunidade tributária prevista no art.149, § 2º, I, da Constituição, alcança a operação de exportação indireta realizada por trading companies, portanto, imune ao previsto no art. 22-A, da Lei n.8.212/1991. 3. A jurisprudência deste STF (RE 627.815, Pleno, DJe 1º/10/2013 e RE 606.107, DjE 25/11/2013, ambos rel. Min. Rosa Weber,) prestigia o fomento à exportação mediante uma série de desonerações tributárias que conduzem a conclusão da inconstitucionalidade dos §§1º e 2º, dos arts. 245 da IN 3/2005 e 170 da IN 971/2009, haja vista que a restrição imposta pela Administração Tributária não ostenta guarida perante à linha jurisprudencial desta Suprema Corte em relação à imunidade tributária prevista no art.149, § 2º, I, da Constituição. 4. Fixação de tese de julgamento para os fins da sistemática da repercussão geral: "A norma imunizante contida no inciso I do § 2º do art. 149 da Constituição da República alcança as receitas decorrentes de operações indiretas de exportação caracterizadas por haver participação de sociedade exportadora intermediária." 5. Recurso extraordinário a que se dá provimento.

1.2. Tese fixada

A norma imunizante contida no inciso I do § 2º do art. 149 da Constituição da República alcança as receitas decorrentes de operações indiretas de exportação caracterizadas por haver participação de sociedade exportadora intermediária.

Tema nº 674: Aplicabilidade da imunidade referente às contribuições sociais sobre as receitas decorrentes de exportação intermediada por empresas comerciais exportadoras ("trading companies").

1.3. Especificação do caso e razões da submissão à repercussão geral

À luz dos artigos 102, III, § 3º[2] da Constituição Federal e art. 1035, § 1º, do Código de Processo Civil, foi reconhecida acerca da aplicação,

[2] § 3º No recurso extraordinário o recorrente deverá demonstrar a repercussão geral das questões constitucionais discutidas no caso, nos termos da lei, a fim de que o Tribunal examine a admissão do recurso, somente podendo recusá-lo pela manifestação de dois terços de seus membros.

ou não, da imunidade prevista no art. 149, § 2º, I,[3] da Constituição às exportações indiretas, isto é, aquelas intermediadas por "trading companies", especificamente a Instrução Normativa SRP nº. 03/2005[45], cujo art. 245, §§ 1º e 2º, e [6], teria limitado a referida imunidade às hipóteses de exportação direta.[7] [8]

A discussão do reconhecimento da repercussão geral passa pela alegação de contrariedade aos princípios constitucionais tributários da legalidade, anterioridade e irretroatividade, tendo em vista que a incidência tributária teria sido efetivada por lei e também não poderia ser retroativa. Outro ponto crucial relacionou-se a ao fato de a matéria estar relacionada à reserva de lei complementar nos termos do art. 146 da Constituição Federal.

[3] Art. 149. Compete exclusivamente à União instituir contribuições sociais, de intervenção no domínio econômico e de interesse das categorias profissionais ou econômicas, como instrumento de sua atuação nas respectivas áreas, observado o disposto nos arts. 146, III, e 150, I e III, e sem prejuízo do previsto no art. 195, § 6º, relativamente às contribuições a que alude o dispositivo. § 2º As contribuições sociais e de intervenção no domínio econômico de que trata o caput deste artigo: I – não incidirão sobre as receitas decorrentes de exportação;

[4] Dispõe sobre as normas gerais de tributação previdenciária e de arrecadação das contribuições sociais administradas pela Secretaria da Receita Previdenciária - SRP e dá outras providências.

[5] Instrução normativa revogada pela Instrução Normativa RFB nº 971, de 13 de novembro de 2009.

[6] Art. 245. Não incidem as contribuições sociais de que trata este Capítulo sobre as receitas decorrentes de exportação de produtos, cuja comercialização ocorra a partir de 12 de dezembro de 2001, por força do disposto no inciso I do § 2º do art. 149 da Constituição Federal, alterado pela Emenda Constitucional nº 33, de 11 de dezembro de 2001. § 1º Aplica-se o disposto neste artigo exclusivamente quando a produção é comercializada diretamente com adquirente domiciliado no exterior. § 2º A receita decorrente de comercialização com empresa constituída e em funcionamento no País é considerada receita proveniente do comércio interno e não de exportação, independentemente da destinação que esta dará ao produto.

[7] Cabe destacar que a referida instrução normativa é objeto da ADI 3.572, Rel. Min. Marco Aurélio, ainda pendente de julgamento quando do reconhecimento da repercussão geral. Tal demanda foi extinta por perda do objeto em decisão monocrática proferida pelo Ministro Marco Aurélio em 20.03.2018, a qual transitou em julgado em 24.4.2018. Para o Ministro Marco Aurélio, "o preceito impugnado foi expressamente revogado pelo artigo 509, inciso I, alínea "a", da Instrução Normativa MPS/SRP nº 3, de 14 de julho de 2005".

[8] Outra demanda relacionada ao presente recurso foi a Ação Direta de Inconstitucionalidade 4.735 de relatoria do Ministro Alexandre de Moraes a qual foi julgada procedente es era aborda da quando da análise do voto condutor presente no item 1.3 abaixo.

O Relator, Ministro Luis Roberto Barroso, apresentou os seguintes argumentos para admissão do recurso:

- Não incidência da Súmula 284/STF – fundamentação recursal permite a adequada compreensão da controvérsia;
- preliminar formal e fundamentada de repercussão geral;
- preenchimento dos demais requisitos de admissibilidade.

Para o Relator a controvérsia possui cunho constitucional, pois relaciona-se ao alcance da interpretação da imunidade prevista no art. 149, § 2º, I; a restrição instituída pela norma infralegal (instrução normativa) pode ser tratada à luz dos princípios da legalidade e da isonomia, em razão da distinção entre exportadores diretos e indiretos; a decisão recorrida teria debatido a demanda apenas à luz da Constituição e na IN/SRP nº 03/2005, não mencionando a incidência de qualquer outra norma.

Cabe ressaltar que o Relator apontou que o objeto da demanda seria válido, pois, apesar da revogação da IN/SRP nº 03/2005, o dispositivo em questão é reproduzido no art. 170, §§ 1º e 2º, da IN/RFB nº 971/2009, que a sucedeu. Assim, buscou-se a transcendência da temática afeta à sistemática da repercussão geral, isto é, a "aplicabilidade da imunidade referente às contribuições sociais sobre as receitas decorrentes de exportação intermediada por trading companies."

1.4. Critério de conhecimento da repercussão geral

Em relação aos critérios da repercussão geral, o Ministro apontou o aspecto econômico como destaque para seu reconhecimento, alegando que "a controvérsia é relevante do ponto de vista econômico e ultrapassa os interesses subjetivos da causa", especialmente por estar relacionadas a todas as empresas brasileiras exportadoras por meio da intermediação de uma "trading company", o que implica na maior parcela dos exportadores, os quais não possuem ligação direta com o mercado internacional.

2. Mérito da decisão

2.1. Voto condutor

O presente recurso extraordinário refere-se a Mandado de Segurança impetrado por Bioenergia do Brasil S/A em face de ato do delegado da receita previdenciária em Araçatuba. Em 1º de agosto de 2005, com a edição da Instrução Normativa 3/2005, da Secretaria da Receita Previdenciária, estabeleceu-se que as exportações indiretas seriam tributadas como se fossem vendas internas. Apresenta como pedido a concessão de liminar visando suspender o § 2º do artigo 245 da IN/SRP n. 3/2005 e o julgamento do Mandado de Segurança totalmente procedente, confirmando a limitar.

Na sentença do Mandado de Segurança, reconheceu-se a inconstitucionalidade da IN/SRP n. 3/2005 e confirmou a segurança que havia sido conferida liminarmente, determinando a não sujeição da impetrada aos efeitos do artigo 245, §§ 1º e 2º da referida IN.

Foi apresentada apelação, tendo o TRF-3 reformado a decisão de 1ª instância alegando que:

> No particular do caso vertente, nenhum desando pratica a normação infra-legal atacada, IN 03/05, pois límpido o propósito da disposição constitucional em tela, de proteger da incidência corriqueira a receita decorrente de exportação, não a oriunda de venda a um terceiro que então vá exportar, até porque obviamente se reconhece o próprio impetrante, no alcance que deseja, está a agir como um "exportador indireto": ora, o tema é de pura técnica legislativa, quisesse o legislador constituinte dar à vedação em pauta o tom almejado, assim o teria expresso, beneficiando todo o plexo da cadeia produtiva pátria, envolto com a atividade· de venda ao exterior.

A Bioenergia do Brasil S/A apresentou o Recurso Extraordinário nº 759.244/SP, em sessão presidida pelo Ministro Dias Toffoli, de relatoria do Ministro, Edson Fachin, tendo sido conhecido e improvido por unanimidade.

A causa de pedir da presente demanda foi sintetizada em uma pergunta pelo Ministro Relator. Para ele a questão gira em torno de saber "se as operações de exportação de sociedade empresarial vocacionada à comercialização de açúcar e álcool derivados da cana-de-açúcar, quando realizadas por intermédio de outra pessoa jurídica, cujo objeto social precípuo é a exportação de mercadorias sob encomenda de terceira pessoa, estão ou não abrangidas pela regra imunizante do inc. I do § 2º do art. 149 da Constituição Federal", no período de dezembro de 2001 até a sentença definitiva.

O Tribunal conheceu do recurso extraordinário e deu-lhe provimento, reformando o acórdão recorrido, no sentido da inviabilidade de exações baseadas nas restrições presentes no art. 245, §§ 1º e 2º, da Instrução Normativa SRP n. 3/2005, referentes às exportações de açúcar e álcool feitas por intermédio de sociedades comerciais exportadoras. Na oportunidade, foi declarada a suspeição o Ministro Roberto Barroso. Ausente, por estar de licença médica, o Ministro Celso de Mello.

A discussão tratada nos autos refere-se à imunidade prevista no art. 149, § 2º, I,[9] da Constituição às exportações indiretas, isto é, aquelas intermediadas por "trading companies", especificamente a Instrução Normativa SRP nº. 03/2005[10][11], cujo art. 245, §§ 1º e 2º, teria limitado a referida imunidade às hipóteses de exportação direta. Conhecido o recurso extraordinário, foi dado provimento a ele com a reforma do acórdão recorrido sendo determinada a inviabilidade das cobranças baseadas nas restrições constantes do art. 245, §§ 1º e 2º, da Instrução Normativa 3/2005, no que tange às exportações de açúcar e álcool realizadas por intermédio de sociedades comerciais exportadoras.

Na oportunidade, foi fixada tese no tema 674 da repercussão geral com o seguinte teor: "A norma imunizante contida no inciso I do § 2º do art. 149 da Constituição da República alcança as receitas decorrentes de

[9] Art. 149. Compete exclusivamente à União instituir contribuições sociais, de intervenção no domínio econômico e de interesse das categorias profissionais ou econômicas, como instrumento de sua atuação nas respectivas áreas, observado o disposto nos arts. 146, III, e 150, I e III, e sem prejuízo do previsto no art. 195, § 6º, relativamente às contribuições a que alude o dispositivo. § 2º As contribuições sociais e de intervenção no domínio econômico de que trata o caput deste artigo: I – não incidirão sobre as receitas decorrentes de exportação;

[10] Dispõe sobre as normas gerais de tributação previdenciária e de arrecadação das contribuições sociais administradas pela Secretaria da Receita Previdenciária – SRP e dá outras providências.

[11] Instrução normativa revogada pela Instrução Normativa RFB nº 971, de 13 de novembro de 2009.

operações indiretas de exportação caracterizadas por haver participação negocial de sociedade exportadora intermediária".

2.2. Votos vencidos

Votação unanime.

3. Análise crítica

A decisão, tomada de modo unânime pelo Supremo Tribunal Federal, parece ter seguido por um caminho bem condizente no que refere a equilíbrio da carga tributária e dessa relação com ás imunidades que possuem um aspecto fundamental na busca de uma tributação mais razoável e, até mesmo, justa do ponto de vista da base da cadeia produtiva.

As regras de imunidade, na verdade as regras de não tributação, numa perspectiva mais genérica, não estão postas no texto constitucional possuem valor histórico sendo tratadas de modo relevante por diversos Estados modernos, entretanto.

A Constituição Federal de 1988, como norma máxima do ordenamento jurídico de nosso país, assim como nos demais ramos do direito, contém as bases normativas e principiológicas do direito tributário. Especificamente, as regras de não ocorrência da competência tributária, possuem um campo especialíssimo no texto constitucional, com maior ênfase no título VI da Constituição Federal, "Da tributação e do orçamento" dentro do qual se encontra a seção II que trata das limitações constitucionais ao poder de tributar.

É importante ressaltar que a nossa Constituição Federal enumera ao longo de todo seu corpo as reais limitações ao exercício da competência tributária, mas não de forma exaustiva, pois esse ponto é, conforme apontado por ÁVILA[12] um sistema normativo aberto. Em relação a essa questão, destaque-se o teor do art. 150 da CF, dispositivo que inaugura a Seção denominada "Das limitações do poder de tributar", devendo-se observar que o texto constitucional não exclui outras proteções quando diz "*sem prejuízo de outras garantias asseguradas ao contribuinte, é vedado à União, aos Estados, ao Distrito Federal e aos Municípios*".

Essas matérias tratadas nas disposições constitucionais referentes às limitações constitucionais ao poder de tributar, bem como em diversos

[12] ÁVILA, Humberto. *Sistema constitucional tributário*. 4ª ed., rev. atual. São Paulo: Saraiva, 2010.

trechos da própria Constituição, estão divididas em dois grandes vetores[13]: os princípios constitucionais tributários e as imunidades tributárias, sendo ambos normas que são veículos de proteção do cidadão e que constituem, em sua grande maioria, cláusulas pétreas, por serem classificadas como garantias fundamentais dos contribuintes.

Marcos Valadão possui passagem elucidativa acerca dessa abrangência:

> Limitações ao poder de tributar são os dispositivos constitucionais que interferem na atividade exacional do Estado, de forma a conter sua ação. Distinguem-se, assim, as limitações ao poder de tributar, stricto senso, das normas que delimitam a própria competência tributária (normas pré-instituidoras das exceções), ou seja, as normas que determinam a discriminação das rendas tributárias. Contudo, estas normas contêm características limitadores ao poder de tributar (no caso, a própria competência). Assim, é correto o entendimento de que as limitações ao poder de tributar, em sentido amplo, abarcam, também, a discriminação das rendas tributárias.
>
> (..)
>
> Neste sentido, as limitações ao poder de tributar correspondem ao gênero do qual a imunidade tributária é espécie. As limitações constitucionais ao poder de tributar, no mais das vezes, decorrem de princípios insertos na Constituição, como princípios da legalidade tributária e tem, portanto, escopo ampliado em relação às imunidades.[14]

A decisão que aqui se abordou possui asserto ao tratar as imunidades levando em consideração a sua distinção em imunidades objetivas e subjetivas, posto que o que a Constituição buscou fazer no inciso I do § 2º do art. 149 foi imunizar a coisa, o objeto, o bem exportado que deve sair do país sem peso da tributação sobre a operação e remessa ao exterior:

[13] É oportuno esclarecer que as imunidades tributárias estão espalhadas por toda a constituição, não estando apenas no título da tributação e do orçamento, havendo regra de imunidade no art. 5º do texto constitucional diz em seu inciso XXXIV: são a todos assegurados, independentemente do pagamento de taxas: a) o direito de petição aos Poderes Públicos em defesa de direitos ou contra ilegalidade ou abuso de poder;

[14] Valadão, Marcos Aurélio Pereira. *Limitações constitucionais ao poder de tributar.* Belo Horizonte: Del Rey, 2000, p. 115.

> O melhor discernimento acerca do alcance da imunidade tributária nas exportações indiretas se realiza a partir da compreensão da natureza objetiva da imunidade, que está a indicar que imune não é o contribuinte, 'mas sim o bem quando exportado' inciso I do § 2º do art. 149, portanto, irrelevante se promovida exportação direta ou indireta.

Acertou o STF ao apontar a tese de que: "A norma imunizante contida no inciso I do § 2º do art. 149 da Constituição da República alcança as receitas decorrentes de operações indiretas de exportação caracterizadas por haver participação de sociedade exportadora intermediária", especialmente, pela importância que a exportação de produtos e mercadorias ou bens (aqui não se levou em conta diferença entre ambos) sem tributos representa. A imunidade do tipo objetiva possui caráter impessoal e não leva em conta o fato de que a operação é promovida de forma direta e indireta.

Por fim, foi muito acertada a invocação de diversos julgados relacionados ao tema, dentre eles:

a) Recurso Extraordinário nº 237.718, no qual foi firmado que a imunidade tributária do patrimônio das instituições de assistência social (CF, art. 150, VI), possui como vetor a ideia de que sua aplicabilidade deve "preexcluir a incidência do IPTU sobre imóvel de propriedade da entidade imune, ainda quando alugado a terceiro, sempre que a renda dos aluguéis seja aplicada em suas finalidades institucionais".

b) Recurso Extraordinário nº 474.132, no qual se fixou que "a imunidade prevista no art. 149, § 2º, I, da Constituição, introduzida pela Emenda Constitucional nº 33/2001, não alcança a Contribuição Social sobre o Lucro Líquido (CSLL), haja vista a distinção ontológica entre os conceitos de lucro e receita".

c) Recurso Extraordinário n. 566.259, no qual se firmou entendimento sobre o teor do art. 149, § 2º, I, da Constituição Federal tendo ficado assentado que: "é claro ao limitar a imunidade apenas às contribuições sociais e de intervenção no domínio econômico incidentes sobre as receitas decorrentes de exportação", na oportunidade a interpretação das regras imunizantes foi firmada como restritiva.

d) Recurso Extraordinário nº 564.413, cuja tese possui o seguinte teor: "A Contribuição Social sobre o Lucro Líquido – CSLL incide sobre o lucro decorrente das exportações". Nesse julgado asseverou-se que a imunidade prevista no artigo 149, § 2º, inciso I, da Constituição Federal, com a redação dada pela Emenda Constitucional nº 33/2001, não alcança o lucro decorrente de exportações;

Cabe ressaltar a invocação de outros recursos como precedentes quando do julgamento do recurso que aqui se discorre: Recursos Extraordinários nºs 330.817, 606.107, 627.815 e 723.651.

Como visto, o STF acertou na decisão proferida no Recurso Extraordinário 759.244 por todo o exposto acima, aplicando de modo correto as regras e premissas relacionadas às imunidades tributárias.

CAPÍTULO 28
RECURSO EXTRAORDINÁRIO Nº 565.048

Danilo Borges Meira

1. Recurso extraordinário nº 565.048 – Rio Grande do Sul[1]

Recorrente: Maxpol – Industrial de Alimentos Ltda.
Recorrido: Estado do Rio Grande do Sul
Relator: Ministro Marco Aurélio
Voto Vencedor: Não houve
Data de julgamento: 29 de maio de 2014

1.1. Ementa

TRIBUTO – ARRECADAÇÃO – SANÇÃO POLÍTICA. Discrepa, a mais não poder, da Carta Federal a sanção política objetivando a cobrança de tributos – Verbetes nº 70, 323 e 547 da Súmula do Supremo. TRIBUTO – DÉBITO – NOTAS FISCAIS – CAUÇÃO – SANÇÃO POLÍTICA – IMPROPRIEDADE. Consubstancia sanção política visando o recolhimento de tributo condicionar a expedição de notas fiscais a fiança, garantia real

[1] BRASIL. Supremo Tribunal Federal. **Recurso Extraordinário nº 565.048/RS,** Relator: Min. Marco Aurélio, Tribunal Pleno, julgado em 29/05/2014, ACÓRDÃO ELETRÔNICO REPERCUSSÃO GERAL – MÉRITO DJe-197 Divulg 29-05-2014 Public 09-10-2014. Disponível em: <http://stf.jus.br/portal/diarioJustica/verDiarioProcesso.asp?numDj=197&dataPublicacaoDj=09/10/2014&incidente=2561427&codCapitulo=5&numMateria=146&codMateria=1>. Acesso em: 31 jan 2022.

ou fidejussória por parte do contribuinte. Inconstitucionalidade do parágrafo único do artigo 42 da Lei nº 8.820/89, do Estado do Rio Grande do Sul.

1.2. Tese fixada

É inconstitucional o uso de meio indireto coercitivo para pagamento de tributo – "sanção política" –, tal qual ocorre com a exigência, pela Administração Tributária, de fiança, garantia real ou fidejussória como condição para impressão de notas fiscais de contribuintes com débitos tributários.

Tema 31 – Exigência de garantia real ou fidejussória para impressão de documentos fiscais de contribuintes inadimplentes.

1.3. Especificação do caso e razões da submissão à repercussão geral

O Governador do Rio Grande do Sul, em cumprimento ao disposto no artigo 66, item IV, da Constituição do Estado, após a Assembleia Legislativa decretar, sancionou e promulgou a Lei 8.820, de 27 de janeiro de 1989, que instituiu o Imposto sobre Operações Relativas à Circulação de Mercadorias e sobre Prestações de Serviços de Transporte Interestadual e Intermunicipal e de Comunicação – ICMS e dá outras providências.

Segundo o Relator da matéria no STF, o recurso extraordinário foi interposto, em processo revelador de mandado de segurança, contra o acórdão, de folhas 119 a 130, por meio do qual o Tribunal de Justiça do Rio Grande do Sul deu provimento parcial à apelação do Estado para, reconhecida a constitucionalidade do parágrafo único do artigo 42 da Lei estadual nº 8.820, de 27 de janeiro de 1989, assentar a legitimidade de a Fazenda Pública autorizar a impressão de talonários de notas fiscais, encontrando-se o contribuinte em mora quanto ao ICMS, somente mediante a prestação, pelo devedor, de fiança idônea, garantia real ou outra fidejussória capaz de cobrir obrigações tributárias futuras decorrentes de operações mercantis presumidas, envolvidos os documentos fiscais requeridos. O pronunciamento ficou assim resumido:

APELAÇÃO CÍVEL E REEXAME NECESSÁRIO. ICMS. AUTORIZAÇÃO PARA IMPRIMIR DOCUMENTOS FISCAIS. EXI-

GÊNCIA DE PAGAMENTO, PARCELAMENTO OU GARANTIA RELATIVAMENTE AO ICMS VENCIDO, QUANTO DE GARANTIA RELATIVAMENTE AO VINCENDO.

1. O Fisco pode, por cautela, ante reiterada inadimplência e débito que ultrapassa em muito o capital social, condicionar a autorização para imprimir documentos fiscais, à prestação de garantia real ou fidejussória, conforme a escolha da devedora, a fim de cobrir operações futuras decorrentes da autorização, cujo valor é estimado segundo o volume de operações dos últimos seis meses. É ilegal a exigência de pagamento, parcelamento ou garantia relativamente ao ICMS vencido. Exegese do art. 42, parágrafo único, e art. 39, § 2º, da Lei-RS 8.820/89. A exigência de garantia, em tais circunstâncias, denunciadoras de que a sociedade vem usando o documento fiscal para apenas captar do público a quantia correspondente ao imposto, como se fosse uma debênture, nada tem a ver com as situações das Súmulas 70, 323 e 547 do STF.

2. Por maioria, apelação provida em parte e no mais sentença confirmada em reexame necessário.

Para o Ministro Marco Aurélio, o Juízo, ao deferir a segurança, assegurou o direito do contribuinte devedor à impressão de blocos de notas fiscais independentemente do oferecimento de garantias. Ao reformar a sentença, a maioria dos integrantes da Primeira Câmara Cível do Tribunal de origem entendeu ser razoável a exigência, que não se mostraria excessiva nem consubstanciaria meio indireto de cobrança de débitos tributários vencidos. Configuraria coação a pagamento apenas no "plano puramente psicológico", e não no jurídico, ante a falta de vínculo entre os débitos existentes e a garantia imposta. Esta não serviria a cobrir o passado, mas revelaria "precaução" ou "cautela do Fisco" em relação aos futuros e presumidos débitos tendo em conta os "maus antecedentes" do contribuinte inadimplente.

Em seguida, concluiu pela ausência de violação aos artigos 5º, inciso XIII, e 170, parágrafo único, da Constituição Federal, em razão do fato de o exercício dos direitos consagrados nesses dispositivos encontrar-se sujeito às restrições estabelecidas em lei. Igualmente, não haveria afronta ao artigo 5º, incisos XXXV e LV, da Carta de 1988, considerada a circunstância de o contribuinte estar livre para resistir, na esfera administrativa ou judicial, à pretensão do Estado. Também não resultaria em interdição do estabelecimento, bastando o contribuinte prestar a garantia ou, assim não podendo ou não desejando, requerer a emissão de notas fiscais avulsas para mantê-lo em funcionamento.

Consignou, ainda, que a recorrente possui débito de R$ 51.478,02 (cinquenta e um mil, quatrocentos e setenta e oito reais e dois centavos), superior ao capital social de R$ 30.000,00 (trinta mil reais). Isso representaria "desequilíbrio" e indicaria que a contribuinte, há muito tempo, utilizava "o sistema de nota fiscal apenas como instrumento de captação do dinheiro público". Asseverou tratar-se de uma "debenturização" do imposto, afastada, então, a adequação dos Verbetes nº 70, 323 e 547 da Súmula do Supremo.

Houve voto vencido no sentido da inconstitucionalidade da norma impugnada, reconhecendo-se a ofensa ao artigo 5º, incisos XIII, XXXV, LIV e LV, e 170 da Carta da República. Apontou-se a inviabilidade de prevalecer, sob uma óptica axiológica dos fatos, a presunção de inadimplência futura do contribuinte sobre o direito constitucional ao livre exercício da atividade econômica. Destacou-se a natureza remota e improvável da inadimplência até consumação do fato, bem como a possibilidade de o Fisco, por meio de ação própria, reaver o tributo. Frisou-se restar ao contribuinte "fechar suas portas e, antes, apagar as luzes" diante dos obstáculos criados pelo preceito atacado. Fez-se ver cuidar-se de espécie de sanção política, várias vezes declarada inconstitucional pelo Supremo.

No extraordinário, de folhas 157 a 189, interposto com alegada base nas alíneas "a" e "c" do permissivo constitucional e admitido na origem, a recorrente articula com a transgressão dos artigos 5º, incisos XIII, XXXV, LIV e LV, e 170 do Diploma Maior. Aduz que a exigência de garantia para a impressão de documentos fiscais, em razão da existência de débitos tributários, acarreta indevida obstrução ao exercício da atividade econômica. Afirma não poder se valer o Fisco de meios indiretos de coerção para arrecadação tributária. Cita os Verbetes nº 70, 323 e 547 da Súmula do Supremo e as decisões relativas ao Recurso Extraordinário nº 409.956/RS, Relator Ministro Carlos Velloso, julgado em 2 de agosto de 2004, ao Agravo Regimental no Recurso Extraordinário nº 216.983/SP, Relator Ministro Carlos Velloso, apreciado em 6 de outubro de 1998, e à Medida Cautelar na Petição nº 2.772/RS, Relator Ministro Celso de Mello, examinada em 18 de outubro de 2002.

No tocante à repercussão geral, sustenta a relevância do tema em face da circunstância de a matéria concernir a inúmeras empresas que não poderão obter documentos fiscais se não apresentarem as garantias. Ressalta a presença de interesse público, porquanto o fato impede o regular exercício da atividade empresarial.

Segundo o Ministro, nas contrarrazões de folhas 180 a 185, o Estado do Rio Grande do Sul alega, em preliminar, o descabimento do recurso por falta de repercussão geral da questão aduzida e ausência de prequestionamento dos dispositivos constitucionais apontados como violados. Evoca os Verbetes nº 282 e 356 da Súmula do Supremo. Citando o óbice revelado no Verbete nº 280 também da Súmula do Tribunal, explicita que o acórdão impugnado ficou fundamentado em legislação local.

Quanto ao mérito, salienta o direito de proteger o crédito público contra contribuintes que deixem de recolher o Imposto Sobre Circulação de Mercadorias e Serviços. Diz da possibilidade de imposição de requisitos legais ao exercício de qualquer atividade econômica.

O denominado Plenário Virtual admitiu configurada a repercussão geral, sendo elaborada a seguinte ementa:

> REPERCUSSÃO GERAL - DÉBITO FISCAL - IMPRESSÃO DE NOTAS FISCAIS - EXIGÊNCIA DE GARANTIA. Admissão pelo Colegiado Maior.

O Ministério Público, às folhas 201 e 202, opina pelo provimento do recurso. Remete, como razão do parecer, à decisão proferida no Agravo Regimental no Agravo de Instrumento nº 424.182, Relator Ministro Carlos Velloso, julgado em 30 de setembro de 2003.

1.4. Critério de conhecimento da repercussão geral

O Recurso Extraordinário analisado foi submetido à repercussão geral pelo Ministro Relator Marco Aurélio, em 18 de janeiro de 2008. que, na ocasião, admitiu a repercussão geral, a fim de que, julgando sob tal ângulo, a Corte venha a editar verbete vinculante de súmula.

Sob o ângulo da repercussão geral, sustenta a relevância do tema, em face da circunstância de a matéria atingir inúmeras empresas que não poderão obter documentos fiscais se não apresentarem as garantias. Assevera a presença de forte interesse público, considerando que tal fato impede o regular exercício da atividade empresarial.

O Relator aduz que o Tribunal de Justiça do Estado do Rio Grande do Sul veio a placitar lei estadual que, no tocante a credenciamento para comercialização, acaba por exigir do contribuinte garantia, com o objetivo de evitar inadimplementos futuros.

Segundo o Ministro, está-se diante de situação concreta a versar cerceio à liberdade econômica, tratamento a implicar verdadeira coação política quanto ao recolhimento de tributo, o que não se coaduna com reiterados pronunciamentos do Supremo, citando o RE 413.782/SC e o RE 434.987/RS.

Com isso, fixou-se o tema da Repercussão Geral nº 31, descrito da seguinte forma: "É inconstitucional o uso de meio indireto coercitivo para pagamento de tributo – "sanção política" –, tal qual ocorre com a exigência, pela Administração Tributária, de fiança, garantia real ou fidejussória como condição para impressão de notas fiscais de contribuintes com débitos tributários.".

2. Mérito da decisão

O Recurso Extraordinário nº 565.048/RS foi julgado em 29 de maio de 2014, em Sessão Plenária presidida pelo Ministro Joaquim Barbosa, onde estavam presentes os Ministros Celso de Mello, Marco Aurélio, Gilmar Mendes, Ricardo Lewandowski, Cármen Lúcia, Dias Toffoli, Luiz Fux, Rosa Weber, Teori Zavascki e Roberto Barroso.

O Tribunal, por unanimidade e nos termos do voto do Relator, conheceu e deu provimento ao recurso extraordinário, no qual, votou o Presidente, Ministro Joaquim Barbosa.

2.1. Voto condutor

O Relator do recurso, Ministro Marco Aurélio, afirmou ser contrário à coerção para o pagamento de débito tributário. Para ele, a Fazenda deve buscar o Poder Judiciário visando à cobrança da dívida, via execução fiscal, "mostrando-se impertinente recorrer a métodos que acabem inviabilizando a própria atividade econômica, como é o relativo à proibição de as empresas, em débito no tocante a obrigações – principal e acessórias –, vir a emitir documentos considerados como incluídos no gênero fiscal".

O Relator frisou que a lei contestada permite que a administração pública condicione a autorização de impressão de notas fiscais, em caso de contribuinte devedor do Imposto sobre a Circulação de Mercadorias e Serviços (ICMS), à prestação de fiança, garantia real ou fidejussória, equivalente ao débito estimado do tributo relativo ao período subsequente de seis meses de operações mercantis presumidas. "Em outras palavras, o sujeito passivo é obrigado a apresentar garantia em virtude de débitos passados, mas calculada tendo em conta débitos futuros, incertos quanto à ocorrência e ao montante", ressaltou.

Segundo o Ministro, essas normas vinculam a continuidade da atividade econômica do contribuinte ao oferecimento de garantias ou ao pagamento prévio da dívida. "Ante a impossibilidade de impressão de notas fiscais, o contribuinte encontra-se coagido a quitar pendência sem mais poder questionar o passivo, sob pena de encerrar as atividades", salientou, ao acrescentar que "se trata de providência restritiva de direito, complicadora ou mesmo impeditiva, da atividade empresarial para forçá-lo a adimplir".

Para o Ministro Marco Aurélio, o Estado não pode privar o cidadão "do meio idôneo estabelecido no arcabouço normativo e informado pelo princípio da ampla defesa, o executivo fiscal, para utilizar em substituição a mecanismos indiretos mais opressivos de cobrança de tributos". Atuando dessa forma, prossegue o Ministro, o Estado desrespeita o devido processo legal, "tanto na dimensão processual quanto na substancial".

Por fim, o Ministro avaliou que cabe ao Supremo afastar restrições excessivas e abusivas, apenas toleráveis em um contexto ditatorial. De acordo com ele, não há dúvida de que o preceito questionado contraria os dispositivos constitucionais evocados, ou seja, a garantia do livre exercício do trabalho, ofício ou profissão e de qualquer atividade econômica, assim como o devido processo legal. O Relator citou, como precedente, o RE 413.782.

Dessa forma, o Ministro Marco Aurélio deu provimento ao recurso para deferir a solicitação, assegurando o direito da empresa à obtenção de autorização para impressão de talonários de notas fiscais, independentemente de prestação de fiança, garantia real ou outra fidejussória. Ele declarou a inconstitucionalidade do parágrafo único do artigo 42 da Lei 8.820/1989, do Estado do Rio Grande do Sul.

2.1.1. *Voto do Ministro Joaquim Barbosa*

Senhores Ministros, esta Suprema Corte tem uma venerável série de precedentes que consideram inconstitucionais quaisquer instrumentos de indução indireta, por sacrifícios de direitos fundamentais, destinados a levar o sujeito passivo ao recolhimento do valor do tributo que se supõe devido. As chamadas sanções políticas são absolutamente incompatíveis com a Constituição.

Somente são admissíveis as medidas extremas se, em ponderação, ficar demonstrado sem dúvida razoável que a intenção da pessoa jurídica é obter sistematicamente vantagens econômicas com a contumaz sonegação. Porém, precisamos nos lembrar que a isolada falta de pagamento de valor do tributo, a inadimplência tributária, é insuficiente para caracterizar a intenção criminosa do sujeito passivo.

De fato, há muito superamos na Constituição e na legislação de regência a responsabilidade tributária objetiva e a destruição da capacidade laborativa de contribuinte eventualmente inadimplente. A época da *bancarrota* italiana, e da Muralha dos Fazendeiros-Gerais (*Ferme générale*) no *ancién regime française*, deve ficar como triste memória e lição, registrada na seguinte estrofe:

> *"Le mur murant Paris rend Paris murmurant;*
> *Pour augmenter son numéraire;*
> *Et raccourcir notre horizon;*
> *La Ferme a jugé nécessaire;*
> *De mettre Paris en prison".*

Para exemplificar o rigor da jurisprudência desta Suprema Corte contra as sanções políticas, remeto os eminentes pares aos seguintes precedentes: RE 550.769 (rel. Min. Joaquim Barbosa, Pleno, j. 25.05.2013), RE 633239 AgR, Relator(a): Min. Joaquim Barbosa, Segunda Turma, julgado em 22/03/2011, DJe-065 DIVULG 05-04-2011 PUBLIC 06-04-2011 EMENT VOL-02497-02 PP-00367); RE 591033, Relator(a): Min. Ellen Gracie, Tribunal Pleno, julgado em 17/11/2010, REPERCUSSÃO GERAL – MÉRITO DJe-038 DIVULG 24-02-2011 PUBLIC 25-02-2011 EMENT VOL-02471-01 PP-00175) e DI 173, Relator(a): Min. Joaquim Barbosa, Tribunal Pleno, julgado em 25/09/2008, DJe-053 DIVULG 19- 03-2009 PUBLIC 20-03-2009 EMENT VOL-02353-01 PP-00001.

No caso em exame, a Fazenda Estadual não provou, acima de dúvida razoável, que o recorrente é empresa que deriva sua maior vantagem concorrencial de inadimplência preordenada e sistemática. Um empreendedor pode acumular dívidas simplesmente por ser administrativamente inapto, ou por externalidades como situação econômica desfavorável ou concorrentes mais eficazes.

Ante o exposto, deu provimento ao recurso extraordinário interposto pelo contribuinte.

2.1.2. *Voto do Ministro Luis Barroso*

O Ministro Luis Barroso intervém para afirmar que acompanha e quer louvar o voto cuidadoso, detalhado e erudito do Ministro Marco Aurélio.

2.1.3. *Voto do Ministro Celso de Mello*

O Ministro Celso de Mello ressalta a impossibilidade constitucional de o Poder Público, apoiando-se em disposições meramente legais – como sucede na espécie (parágrafo único do art. 42 da Lei gaúcha nº 8.820/89) –, impor restrições destinadas a compelir o contribuinte inadimplente a pagar o tributo ou a cumprir obrigações tributárias (principais ou acessórias) e de cuja aplicação resulta, quase sempre, em decorrência do caráter gravoso e indireto da coerção utilizada pelo Estado, a inviabilização do exercício, pela empresa devedora, de atividade econômica lícita.

Para o Ministro, cabe acentuar, neste ponto, que o Supremo Tribunal Federal, tendo presentes os postulados constitucionais que asseguram a livre prática de atividades econômicas lícitas (CF, art. 170, parágrafo único), de um lado, e a liberdade de exercício profissional (CF, art. 5º, XIII), de outro – e considerando, ainda, que o Poder Público dispõe de meios legítimos que lhe permitem tornar efetivos os créditos tributários –, firmou orientação jurisprudencial, hoje consubstanciada em enunciados sumulares (Súmulas 70, 323 e 547), no sentido de que a imposição, pela autoridade fiscal, de restrições de índole punitiva, quando motivadas tais limitações pela mera inadimplência do contribuinte, revela-se contrária às liberdades públicas ora referidas.

Assim, adverte, que não se reveste de natureza absoluta a liberdade de atividade empresarial, econômica ou profissional, eis que inexistem, em nosso sistema jurídico, direitos e garantias impregnados de caráter absoluto.

A circunstância de não se qualificarem como absolutos os direitos e garantias individuais proclamados no texto constitucional não significa que a Administração Tributária possa frustrar o exercício da atividade empresarial ou profissional do contribuinte inadimplente, impondo-lhe exigências gravosas que, não obstante as prerrogativas extraordinárias que já garantem, eficazmente, o crédito tributário, visem, em última análise, a constranger o devedor a satisfazer débitos fiscais que sobre ele incidam, especialmente naquelas situações em que se revelam contestáveis as pretensões tributárias do Estado.

O Ministro Celso de Mello, considerando as razões expostas, também conhece e dá provimento ao presente recurso extraordinário, para declarar a inconstitucionalidade do parágrafo único do art. 42 da Lei nº 8.820, de 27/01/1989, editada pelo Estado do Rio Grande do Sul.

2.2. Votos vencidos

Conforme anteriormente exposto, vez ter se tratado de decisão unânime, não houve voto divergente no julgamento ora em análise.

3. Análise crítica

O julgado aqui analisado teve como objeto uma questão de grande relevância jurídica, econômica, social e política. O que cumpre os requisitos para efeito de repercussão geral, previstos no § 1º do art. 1.035, da Lei nº 13.105, de 16 de março de 2015, que institui o Código de Processo Civil.

O autor levantou questões fundamentais para o exercício de direitos previstos na Constituição de 1988, alegando infringência ao direito à livre iniciativa, ao exercício de ofício e do devido processo legal.

A matéria já foi discutida diversas vezes desde a década de 60, culminando em três súmulas já pacificadas no STF, mas que conforme o Ministro Celso de Mello, demonstra o seu descumprimento pelo legislador nos dias atuais.

O Recurso Extraordinário foi distribuído para o Ministro Marco Aurélio que reconheceu a repercussão geral suscitada pela parte autora.

Como Relator, o Ministro Marco Aurélio discorreu a respeito de cada ponto acatando os argumentos trazidos ao Tribunal.

A entidade empresarial se viu inconformada com uma lei promulgada pelo Governo do Rio Grande do Sul que exigia, para aqueles contribuintes inadimplentes e de dívida superior ao capital social, a garantia correspondente ao valor de 6 (seis) meses futuros de presumível fato gerador de ICMS, para a emissão de documentos fiscais.

Desta forma, alegou que afrontaria o seu direito de livre exercício da atividade empresarial e do exercício de seu ofício.

O Relator acatou os argumentos e acrescentou que, está longe de ser razoável impedir o contribuinte de obter os documentos fiscais essenciais para o livre exercício de atividades econômicas em função do montante de débito apontado.

O Ministro Joaquim Barbosa, reforçou dizendo que, somente são admissíveis as medidas extremas se, em ponderação, ficar demonstrado sem dúvida razoável que a intenção da pessoa jurídica é obter sistematicamente vantagens econômicas com a contumaz sonegação.

Já o Ministro Celso de Mello afirma que, em que pese os direitos se revestirem de caráter absoluto, eles não o são. Para ele, a circunstância de não se qualificarem como absolutos os direitos e garantias individuais proclamados no texto constitucional não significa que a Administração Tributária possa frustrar o exercício da atividade empresarial ou profissional do contribuinte inadimplente, impondo-lhe exigências gravosas.

A recorrente alegou, ainda, que o devido processo legal não estava sendo observado. A administração Pública possui meios próprios para satisfazer a dívida tributária sem constranger a atuação empresarial.

O Relator conclui que a Fazenda deve buscar o Judiciário visando à cobrança, via executivo fiscal, do que é devido, mostrando-se impertinente recorrer a métodos que acabem inviabilizando a própria atividade econômica, como é o relativo à proibição de as empresas em débito, no tocante a obrigações, principal e acessórias, vir a emitir documentos considerados como incluídos no gênero fiscal.

Para o Ministro Joaquim Barbosa, as chamadas sanções políticas são absolutamente incompatíveis com a Constituição.

O Ministro Celso de Mello afirma que, o fato irrecusável, nesta matéria, como já evidenciado pela própria jurisprudência desta Suprema Corte, é que o Estado não pode valer-se de meios indiretos de coerção, convertendo-os em instrumentos de acertamento da relação tributária, para, em função deles – e mediante interdição ou grave restrição ao exercício da atividade empresarial, econômica ou profissional –, constranger o contribuinte a adimplir obrigações fiscais eventualmente em atraso.

Os votos dos Ministros analisados foram fundamentados em doutrina relevante acerca da matéria analisada. Dentre os autores mencionados, inclui-se Ruy Barbosa Nogueira, Humberto Ávila, Hugo de Brito Machado, Eduardo Fortunato Bim, Ricardo Lobo Torres, Helenilson Cunha Pontes e outros.

Por fim, o que se extrai do presente julgado é que se trata de uma matéria bastante discutida durante muitas décadas e que ainda não é observada pelo legislador, o que não a torna menos relevante em virtude dos temas levantados.

Aqueles que detêm a iniciativa de propor Projetos de Leis devem observar se a matéria proposta já foi levada ao judiciário, evitando assim, movimentar a máquina pública sem uma efetividade maior.

Contudo, é demonstrado que o sistema de normas brasileiro detém uma segurança jurídica eficaz, controlando aquelas normas que destoam de todo o restante do sistema, conforme leciona o professor Humberto Ávila[2]:

> A lei, objeto do controle de constitucionalidade, deve ser aperfeiçoável e lacunosa – O problema da lei não está propriamente em deixar de promover o ideal constitucional, mas em fazê-lo de modo desproporcional, pela ausência de diferenciações necessárias, quer por ser muito ampla, quer por ser muito restrita.

À vista de todo o exposto, conclui-se que o acórdão em estudo foi pautado na previsão constitucional, portanto, encontrando-se devidamente fundamentado e baseado em lógica jurídica razoável e proporcional, não se vislumbrando nenhuma violação ou dissonância com a Carta Magna.

[2] Ávila, Humberto. *Segurança Jurídica: entre permanência, mudança e realização no Direito Tributário.* São Paulo: Malheiros, 2011. p. 510.

CAPÍTULO 29
RECURSO EXTRAORDINÁRIO Nº 566.259

LEIDSON RANGEL OLIVEIRA SILVA

1. Recurso extraordinário nº 566.259 – Rio Grande do Sul[1]

Recorrente: A. Guerra S/A Implementos Rodoviários
Recorrido: União
Relator: Ministro Ricardo Lewandowski
Voto vencedor: Ministro Ricardo Lewandowski
Data de julgamento: 12 de agosto de 2010.

1.1. Ementa

CONSTITUCIONAL. IMUNIDADE TRIBUTÁRIA. ART. 149, § 2º, I, DA CONSTITUIÇÃO FEDERAL. EXTENSÃO DA IMUNIDADE À CPMF INCIDENTE SOBRE MOVIMENTAÇÕES FINANCEIRAS RELATIVAS A RECEITAS DECORRENTES DE EXPORTAÇÃO. IMPOSSIBILIDADE. INTERPRETAÇÃO ESTRITA DA NORMA. RECURSO EXTRAORDINÁRIO DESPROVIDO.

I – O art. 149, § 2º, I, da Constituição Federal é claro ao limitar a imunidade apenas às contribuições sociais e de intervenção no domínio econômico incidentes sobre as receitas decorrentes de exportação.

[1] BRASIL. Supremo Tribunal Federal. *Recurso Extraordinário nº. 566.259/RS,* Relator: Min. Ricardo Lewandowski, Tribunal Pleno, julgado em 12/08/2010. Disponível em: <https://redir.stf.jus.br/paginadorpub/paginador.jsp?docTP=AC&docID=614536>. Acesso em: 27 fev. 2022.

II – Em se tratando de imunidade tributária a interpretação há de ser restritiva, atentando sempre para o escopo pretendido pelo legislador.

III – A CPMF não foi contemplada pela referida imunidade, porquanto a sua hipótese de incidência – movimentações financeiras – não se confunde com as receitas.

IV – Recurso extraordinário desprovido.

1.2. Tese fixada

A imunidade tributária prevista no art. 149, § 2º, I, da Constituição Federal é restrita às contribuições sociais e de intervenção no domínio econômico incidentes sobre as receitas decorrentes de exportação. Não contempla, assim, a CPMF, cuja hipótese de incidência – movimentações financeiras – não se confunde com receitas.

Tema 52 – Incidência da Contribuição Provisória sobre Movimentação Financeira – CPMF sobre as receitas oriundas de exportação.

1.3. Especificação do caso e razões da submissão à repercussão geral

Trata-se de Recurso Extraordinário oriundo do Estado do Rio Grande do Sul, interposto por A. Guerra S/A Implementos Rodoviários contra acórdão proferido pelo Tribunal Regional Federal da 4ª Região, em sede de mandado de segurança. O TRF negou provimento à apelação apresentada contra sentença que julgou mandado de segurança, decidindo pela improcedência do pedido e denegando a segurança.

Na origem, a impetrante pleiteava o reconhecimento do direito à exclusão da base de cálculo da Contribuição Provisória sobre Movimentação Financeira – CPMF das receitas decorrentes das operações de exportação, com a compensação dos valores recolhidos indevidamente a esse título a contar de janeiro de 2002.

Como apontam a apelação e as razões deste Recurso Extraordinário, a recorrente sustentou, em síntese, que a) a Emenda Constitucional nº 33, de 2001, ao incluir o inciso I, § 2º ao art. 149 da CF/88, instituiu norma de imunidade, retirando do campo de incidência das contribuições sociais as receitas de exportações; b) a CPMF é espécie do gênero contribuição social contida no citado art. 149; e c) o benefício constitucional abarca, inclusive, a CPMF, nos casos em que a movimentação financeira do valor recebido for decorrente de exportação.

A União, em suas contrarrazões, defendeu, por um lado, que apenas as contribuições sociais gerais é que poderiam estar alcançadas pela imunidade. Por outro, sustentou que a CPMF incide sobre movimentação financeira, e não sobre exportação, conceitos diferentes, e que o primeiro não estaria alcançado pelo dispositivo constitucional imunizante.

1.4. Critério de conhecimento da repercussão geral

Ao submeter a questão discutida neste Recurso Extraordinário ao rito da repercussão geral, o Relator apontou que a recorrente sustentava a existência de repercussão assentada na relevância do ponto de vista jurídico.

Além da repercussão jurídica da matéria, o Ministro entendeu que também estava presente a repercussão geral sob o prisma econômico, dado que a matéria afeta todos aqueles que efetuam exportações, podendo assim, causar impacto na economia brasileira.

Em igual sentido se pronunciou o Ministro Marco Aurélio, também reconhecendo a repercussão geral e destacando que inúmeros processos em tramitação na corte versavam sobre aquele tema.

A publicação da decisão aponta que a repercussão geral foi reconhecida em 04/04/2008, tendo sido consignada apenas a manifestação destes dois Ministros e apontando a ausência da Ministra Ellen Gracie, sem, no entanto, explicitar como votaram os demais membros da corte.

Reconhecida a repercussão geral, o tema recebeu o número 0052 e o título "incidência da Contribuição Provisória sobre Movimentação Financeira - CPMF sobre receitas oriundas de exportação".

2. Mérito da decisão

O Recurso Extraordinário foi julgado pelo Plenário do Supremo Tribunal Federal em 12 de agosto de 2010.

Na sessão, o Relator, Min. Ricardo Lewandowski, proferiu voto pelo conhecimento do recurso e no mérito pela negativa de provimento, ao concluir que a imunidade tributária prevista no art. 149, § 2º, inciso I da Constituição Federal não é extensível à CPMF incidente sobre movimentações financeiras relativas a receitas decorrentes de exportação. Fundamentou sua decisão nos argumentos que serão adiante explicitados.

No mesmo sentido votaram os Ministros Celso de Mello, Ellen Gracie, Gilmar Mendes, Ayres Britto e Joaquim Barbosa. Em sentido contrário votaram os Ministros Marco Aurélio e Cézar Peluso.

Assim, por maioria de votos, o tribunal decidiu o tema 0052 da Repercussão Geral, conhecendo, mas negando provimento ao Recurso Extraordinário.

Apesar de não constar explicitamente no acórdão, o sítio do STF aponta para a fixação da tese segundo a qual a "imunidade tributária prevista no art. 149, § 2º, I, da Constituição Federal é restrita às contribuições sociais e de intervenção no domínio econômico incidentes sobre as receitas decorrentes de exportação. Não contempla, assim, a CPMF, cuja hipótese de incidência - movimentações financeiras - não se confunde com receitas".

2.1. Voto condutor

O Ministro Ricardo Lewandowski, Relator do RE 566.259, iniciou o seu voto afirmando que a matéria debatida se referia ao art. 149, § 2º, inciso I da Constituição Federal de 1988, inserido pela Emenda Constitucional nº 33, de 11 de dezembro de 2001.

A alteração constitucional estabeleceu a imunidade das receitas de exportação, relativamente às contribuições sociais e de intervenção no domínio econômico.

Para o Relator, a questão debatida concentrava-se em saber se a imunidade instituída pela Emenda nº 33, de 2001, alcançava ou não a Contribuição Provisória sobre Movimentação ou Transmissão de Valores e de Créditos e Direitos de Natureza Financeira - CPMF.

O Relator entendeu que não, e sustentou sua decisão em argumentos que podem ser classificados em três ordens. A primeira, a de que inexiste autorização para que a imunidade alcance a CPMF. A segunda, a de que receita e movimentação financeira são hipóteses de incidência e fatos imponíveis distintos. E a terceira, de que neste tema, o valor solidariedade prepondera sobre os de cunho econômico.

No que atine à inexistência de permissivo constitucional, o Relator destacou que a CPMF, regrada nos arts. 74, 75, 79 e 80 do ADCT, encontra disciplina no art. 195 e que não há no dispositivo constitucional inserido pela Emenda nº 33, de 2001, autorização para inclusão da CPMF no âmbito da imunidade.

Reforçando este argumento o Ministro destacou que o silêncio do constituinte derivado também deveria ser levado em consideração para a conclusão à qual chegou. Referia-se ao fato de que ao promulgar a Emenda Constitucional nº 37, de 12 de junho de 2002, portanto posterior à Emenda Constitucional nº 33, de 2001, o constituinte previu diversas hipóteses de não-incidência da CPMF sem fazer qualquer menção às receitas decorrentes de exportação.

Ao abordar a existência de distintas hipóteses de incidência o Relator afirmou que as movimentações financeiras decorrem das receitas, mas com elas não se confundem, apresentando assim hipóteses de incidência tributária diversas.

Consignou que trata-se de fatos imponíveis diferentes, uma vez que a hipótese de incidência da CPMF é a movimentação ou transmissão de valores e de créditos e direitos de natureza financeira (art. 74 do ADCT, inserido pela EC 12/1996, Lei 9.311/96 e Lei 9.539/97), não estando assim diretamente relacionada com as receitas de exportações.

Alertou que se fosse adotada a interpretação da recorrente, chegar-se-ia ao extremo de que todo e qualquer fato econômico ou financeiro decorrente das receitas de exportação também estaria abrangido pela imunidade constitucional.

Por fim, afirmou que a CPMF é uma contribuição destinada ao custeio da seguridade social, especificamente da Previdência Social, do Fundo Nacional de Saúde e do Fundo de Combate à Erradicação da Pobreza, conforme arts. 74, 75, 79 e 80 do ADCT.

Consignou que o financiamento da seguridade social encontra arrimo no princípio da solidariedade, que prepondera sobre qualquer outro de cunho econômico, visto estar ele diretamente referenciado ao postulado da dignidade humana, pilar sobre o qual se assenta o próprio arcabouço republicano.

Após pedido de vista, a Ministra Ellen Gracie apresentou voto no mesmo sentido do Relator. Em sua manifestação abordou a classificação das contribuições especiais para consignar que a contribuição em discussão se enquadrava como contribuição da seguridade social e que a elas aplicam-se as normas gerais previstas no art. 149 da Constituição Federal e as normas especiais previstas no art. 195 e nos arts. 74 a 90 do ADCT.

No seu entendimento, as normas especiais não tornam inaplicáveis as disposições do art. 149. Apontou jurisprudência do STF para afirmar que o dispositivo introduzido pela EC 33/2001 veicula uma imunidade objetiva, de modo que se faz necessário compreender o que deve ser entendido como "receitas de exportação".

Concluiu que a imunidade das receitas de exportação não se aplica à CPMF pois, por um lado, essa contribuição incide sobre base econômica "movimentação ou transmissão de valores e de créditos e direitos de natureza financeira", de natureza diversa da base "receita de exportação" e, por outro, a extensão da imunidade à CPMF resultaria na desconsideração do art. 85 do ADCT, que listou exaustivamente as operações que estão imunes àquela contribuição, não constando do rol operações realizadas com recursos de exportações.

Os Ministros Ricardo Lewandowski e Ellen Gracie foram os únicos a apresentar votos.

2.2. Votos vencidos

Sem efetuar qualquer aprofundamento quanto aos seus argumentos, o Ministro Marco Aurélio afirmou que a não aplicação da imunidade à movimentação financeira esvaziaria o texto constitucional.

Sustentou que quando a Constituição se refere à imunidade relativa à receita ela afasta a aplicação da CPMF a uma movimentação da receita. Nesse sentido, votou para dar provimento ao recurso, no que foi acompanhado pelo Ministro Cezar Peluso.

3. Análise crítica

A autorização constitucional para a instituição de uma contribuição sobre movimentação financeira foi concedida pela Emenda Constitucional nº 12, de 1996, que introduziu o art. 74 ao Ato das Disposições Constitucionais Transitórias – ADCT.

De acordo com o dispositivo, a União poderia instituir contribuição provisória sobre movimentação ou transmissão de valores e de créditos e direitos de natureza financeira, cujo produto da arrecadação seria destinado integralmente ao Fundo Nacional de Saúde, para financiamento das ações e serviços de saúde.

No plano infraconstitucional, a contribuição conhecida pela sigla "CPMF" foi disciplinada pela Lei nº 9.311, de 24 de outubro de 1996, cujos arts. 2º e 3º cuidaram dos fatos geradores e da não incidência, respectivamente. Não tendo, esse último dispositivo, por acaso, afastado a incidência sobre as receitas de exportação.

Inicialmente prevista para durar dois anos, alterações posteriores no regramento constitucional acabaram estendendo a sua aplicação até dezembro de 2007.

No presente Recurso Extraordinário os argumentos suscitados pelo contribuinte colocam em causa a incidência da CPMF sobre as movimentações financeiras cujos recursos decorrem das receitas de exportações. Em seu entendimento, tais movimentações, fator gerador da CPMF, realizadas com as receitas oriundas de operações de exportação também estariam alcanças pela imunidade, pois as movimentações nada mais corresponderiam do que à soma das receitas por ele auferidas em razão das transações com o exterior.

Assim, a questão central a ser esclarecida neste julgado diz respeito à aplicação do art. 149, § 2º, I, da Constituição Federal, que determina a não-incidência (imunidade[2]) das contribuições sociais e de intervenção no domínio econômico sobre as receitas decorrentes de exportação.

Dois argumentos, em especial, foram sustentados pelo recorrente. O primeiro, o de que a CPMF é uma contribuição social alcançada pelas disposições do art. 149, em especial o inciso I do § 2º; o segundo, o de que, sendo uma contribuição social a que se refere o *caput* do artigo, consequentemente, as receitas de exportações e as movimentações financeiras delas oriundas, sujeitas à incidência da CPMF, estariam alcançadas pela imunidade prevista no citado inciso, uma vez que tais movimentações tiveram origem em receitas de exportações, objeto da imunidade.

Da atenta leitura dos votos proferidos pelos Ministros Ricardo Lewandowski e Ellen Grace, depreende-se que as razões de decidir

[2] Em que pese o texto constitucional, por vezes, adote expressões como "não incidirão", "isenção", dentre outras, o STF tem entendido que as situações a que se referem dizem respeito a imunidades. É o que se observa, por exemplo, na ADI 2.028-DF. Para a corte, versa sobre imunidade qualquer norma constitucional que proíba determinada tributação, ainda que mediante a utilização de expressões como "isenção", não-incidência" ou qualquer outro termo com o mesmo sentido.

estão ancoradas no argumento desenvolvido quanto às distintas bases econômicas adotadas para fins de incidência de cada tributo.

Ao nosso ver, tanto o Relator, Ministro Ricardo Lewandowski, quanto a ministra Ellen Gracie, foram precisos quanto aos argumentos apresentados para a rejeição da tese sustentada pelo contribuinte, de modo que a decisão proferida pela Corte se encontra adequadamente fundamentada e em consonância com os preceitos constitucionais.

Há que se destacar, em especial, a distinção realizada pela Ministra quanto às diversas bases econômicas existentes e a necessidade de compromisso com o sentido técnico-tributário dos termos que a elas remetem.

No caso em análise, como bem consignado pela Magistrada, "o raciocínio de que a receita abrangeria todas as demais bases, por ser mais ampla, não é juridicamente consistente. Isso porque cada base econômica tem tratamentos constitucional e infraconstitucional distintos, ensejando a instituição e cobrança de tributo específico".

Aqui, deve-se relembrar que o *caput* do art. 74 do ADCT fixou a própria base de incidência da contribuição, deixando claro que ela incidiria sobre "a movimentação ou transmissão de valores e de créditos e direitos de natureza financeira" sem, no entanto, efetuar qualquer qualificação quanto à sua origem.

Para além dessa previsão, e ainda que não tenha sido preponderante para o deslinde do caso, deve-se relembrar que o art. 85 do ADCT, inserido pela Emenda Constitucional nº 37, de 2002, listou exaustivamente as operações sobre as quais não haveria incidência de CPMF, nelas não constando as receitas de exportação.

Ademais, conforme consignado nos votos, a imunidade prevista no art. 149 § 2º, I, busca alcançar "as receitas de exportação", e não "as empresas exportadoras", o que denota a existência de uma imunidade objetiva[3].

Nesse cenário, o alargamento da imunidade converteria uma imunidade objetiva em uma imunidade subjetiva, e tornaria por desonerar por completo a empresa exportadora, o que não aparenta ter sido a opção adotada pelo constituinte derivado reformador.

Por fim, ainda que não tenha sido o argumento preponderante para a conclusão à qual chegou o STF, importa realçar o enquadramento feito

[3] Sobre a classificação das imunidades em subjetiva e objetiva ver COSTA, Regina Helena. *Curso de Direito Constitucional*. São Paulo: Saraiva, 2009, p. 81.

pela Ministra Ellen Gracie quanto à classificação da CPMF como uma contribuição de seguridade social, e que deu sustentação a sua razão de decidir baseada nas bases econômicas.

Ao mesmo tempo em que desenvolveu um raciocínio classificando a CPMF como uma contribuição para a seguridade social, a Ministra argumentou que a esse tipo de contribuição aplicam-se as "normas gerais" do art. 149 e as "normas especiais" de natureza constitucional que complementam o regramento geral, como é o caso, relativamente à CPMF, das disposições previstas nos arts. 74 a 90 do ADCT, resultando daí uma relação de complementariedade normativa.

No caso concreto da CPMF, essa relação de complementariedade e a existência de uma norma especial não torna, à partida, inaplicável o inciso I do § 2º do art. 194, mas exige a verificação do seu real alcance, face, inclusive, às disposições especiais que regulam o tributo. Como dito, em que pese esse raciocínio não tenha sido, por si só, suficiente para decidir a controvérsia, é inegável que ele deu sustentação para a formulação seguinte, relacionada à distinção entre as bases econômicas de incidência.